LES
MOTEURS DIESEL

TYPE FIXE ET TYPE MARINE

TOURS. — IMPRIMERIE DESLIS FRÈRES ET Cie.

LES
MOTEURS DIESEL

TYPE FIXE ET TYPE MARINE

PAR

A. P. CHALKLEY

B.Sc. (LONDRES), A.M.INST.C.E., A.I.E.E.

AVEC UNE INTRODUCTION

PAR

Feu M. le Dr Rudolf DIESEL

Traduit sur la quatrième édition anglaise revue et augmentée

PAR

CH. LORDIER

INGÉNIEUR CIVIL DES MINES
ANCIEN INSPECTEUR DU MATÉRIEL ET DE LA TRACTION A LA COMPAGNIE DES CHEMINS DE FER DE L'OUEST
INGÉNIEUR CONSULTANT (MÉCANIQUE, CHEMINS DE FER, MÉTALLURGIE)

PARIS

H. DUNOD et E. PINAT, ÉDITEURS

47 ET 49, QUAI DES GRANDS-AUGUSTINS

1919

PRÉFACE DE LA PREMIÈRE ÉDITION

L'intérêt que le moteur Diesel a suscité en Angleterre depuis deux ans est remarquable par son caractère de spontanéité et de généralité. Il ne faut pas en chercher bien loin la raison. Les questions soulevées sont plutôt d'ordre commercial que technique, et les discussions que ce moteur a fait naître ne sont nullement limitées au monde des ingénieurs. C'est ce que l'auteur a eu en vue en traitant ce sujet; il s'est efforcé de rendre ce livre pratique pour tous ceux qui, pour des raisons très différentes, ressentent la nécessité de se familiariser avec le moteur Diesel, et c'est avec intention que certaines notions élémentaires y ont été traitées pour venir en aide au lecteur non technicien. Jusqu'ici on n'a publié aucun livre uniquement consacré à ce type de moteur, et il est inutile de dire que l'importance qu'il a prise depuis quelque temps est plus que suffisante pour justifier pareille entreprise.

En matière scientifique, il est quelquefois possible, avec beaucoup d'attention, de se faire une opinion à peu près exacte quant à l'avenir réservé à certaines questions. L'adoption générale des moteurs Diesel sur terre est un fait acquis, et comme il existe déjà environ 300 navires actionnés par ces moteurs, on peut prédire en toute sécurité qu'ils obtiendront un très grand succès, étant donné surtout que l'on touche presque à la fin de la période d'essais si désirable en pareille matière. Même en admettant que les espérances du début n'aient été que partiellement réalisées, l'introduction du moteur Diesel sur le marché aura peut-être plus d'importance qu'aucune autre invention récente touchant la science de l'ingénieur.

Les divers constructeurs dont les noms sont cités dans ce livre ont beaucoup aidé l'auteur, qui tient à exprimer sa gratitude au Dr Ernest Müller et qui est particulièrement reconnaissant au Dr Diesel pour l'amabilité extrême qu'il lui a témoignée, ainsi que pour la manière dont il s'est intéressé à la préparation de ce livre.

A.-P. CHALKLEY.

Londres, décembre 1911.

PRÉFACE DE LA QUATRIÈME ÉDITION

Le présent volume constitue la seconde révision complète depuis la première publication de l'ouvrage, ces deux révisions ayant été rendues indispensables par les progrès rapides réalisés dans l'étude et dans la construction du moteur Diesel, plus particulièrement en ce qui concerne le type marin.

Tandis que la pratique a conduit à l'adoption de types jusqu'à un certain point définitifs en ce qui concerne la construction des moteurs fixes, on sent que l'application du moteur à la navigation est encore dans l'enfance. C'est par conséquent dans les chapitres du livre qui traite des moteurs Diesel destinés à la propulsion des navires qu'ont été faites les principales additions. Le nombre des figures a été presque doublé, et, outre l'augmentation de texte provenant de la description des moteurs de types nouveaux qui ont été construits depuis la publication de la dernière édition, on a ajouté un chapitre consacré à l'étude des moteurs Diesel. De plus, tout le texte a été soigneusement révisé et des additions considérables ont été faites dans le corps du volume.

En saluant respectueusement la mémoire de feu M. le Dr Diesel de qui l'amitié qu'il me témoignait avait pour moi plus de prix qu'il ne se l'imaginait, je suis touché du fait que la plus grande satisfaction qu'il éprouvait était de voir que l'œuvre dont il avait été le promoteur se propageait à travers le monde entier avec tant de rapidité et de succès.

A.-P. CHALKLEY.

Londres, octobre 1914.

INTRODUCTION

Par feu M. le Dr Rudolf DIESEL

J'accède très volontiers à la demande que m'a faite l'auteur d'ajouter une introduction à ce livre, parce que je suis très heureux qu'un effort soit tenté pour présenter la question du moteur Diesel sous une forme concise et bien ordonnée, étant donnée la grande quantité d'écrits, épars dans la littérature scientifique, auxquels a donné lieu cette question.

Depuis la première apparition du moteur Diesel, il y a environ quatorze ans, plusieurs milliers de ces moteurs ont été installés dans des usines de tous genres, répandues dans tous les pays industriels et dans les coins les plus reculés du globe ; on a ainsi acquis la preuve que l'on peut avoir confiance dans le moteur quand il est convenablement installé ; son fonctionnement est aussi satisfaisant que celui des meilleurs types de moteurs existants, et il est en général plus simple à cause de l'absence de tout appareil auxiliaire; de plus, le combustible peut être ainsi employé directement dans le cylindre du moteur dans son état primitif naturel, sans avoir subi aucune transformation préalable.

En 1897, après quatre années d'expériences difficiles, j'achevais, dans les ateliers d'Augsbourg, la construction du premier moteur ayant réalisé un succès commercial. Les nombreuses commissions d'ingénieurs et de savants et les délégués de divers pays qui essayèrent le moteur proclamèrent alors qu'il permettait d'atteindre un rendement calorifique supérieur à celui de toute autre machine thermique connue. Grâce à l'expérience acquise depuis lors par la pratique et aux perfectionnements apportés petit à petit à la construction, on a obtenu des résultats encore plus satisfaisants; actuellement, le rendement thermique du moteur est d'environ 48 0/0 et le rendement effectif atteint dans quelques cas jusqu'à près de 35 0/0.

Les connaissances techniques et la science font des progrès constants, et plus tard ces chiffres pourront même être améliorés ; mais, dans l'état actuel de nos connaissances, on ne peut atteindre un rendement supérieur par aucun des procédés en usage pour transformer la chaleur en travail. Tout progrès ultérieur ne semble possible qu'en employant un autre procédé de transformation, avec un mode de fonctionnement essentiellement nouveau, que l'on ne peut concevoir à l'heure actuelle.

Le moteur Diesel est donc une machine qui développe directement dans le cylindre l'énergie empruntée au combustible, sans l'emploi d'aucun procédé de transformation préalable, et cela avec le maximum de rendement qu'il semble possible de réaliser dans l'état actuel de la science. C'est, par conséquent, le moteur le plus simple et, en même temps, le plus économique qui existe.

La réalisation de ces deux conditions explique son succès, qui consiste dans le principe nouveau de son mode de fonctionnement et non dans des perfectionnements de construction ou dans des modifications apportées à des types de moteurs existants. Naturellement, les questions de construction et le soin apporté dans l'étude des détails ont une importance considérable à propos du moteur Diesel, comme à propos de tout autre moteur, mais là n'est pas la cause de la grande importance prise par ce moteur dans l'industrie mondiale.

Une autre raison de cette prépondérance consiste en ce fait, que le moteur Diesel a détruit le monopole de la houille et a donné la solution la plus générale du problème de l'emploi du combustible liquide pour la production de la force motrice.

Le moteur Diesel est donc devenu par rapport au combustible liquide, mais d'une manière plus simple et plus économique, ce que la vapeur et le moteur à gaz sont par rapport à la houille ; on a ainsi doublé les ressources dont dispose l'homme dans l'ordre de la production de la force motrice, et on a trouvé un emploi pour un produit naturel jusqu'ici inutilisé.

Par conséquent, le moteur Diesel a notablement influé sur les progrès de l'industrie des combustibles liquides ; elle suit une marche ascendante que l'on ne pouvait prévoir auparavant.

Je ne puis m'étendre ici sur ce sujet, mais on peut dire en général que, grâce à l'intérêt qu'ont porté les producteurs de pétrole à cette importante question, on ouvre constamment de nouveaux puits et l'on inaugure tous les jours de nouveaux travaux de développement ; les recherches géologiques les plus récentes ont démontré qu'il existe probablement autant, sinon plus, de pétrole que de houille dans les entrailles de la terre et que les gisements de pétrole occupent des positions géographiques beaucoup plus favorables et sont plus répandues que les houillères.

Les progrès réalisés par le moteur Diesel ont également exercé une très grande influence sur les entreprises qui se rattachent à l'industrie du pétrole, ainsi que le démontre le développement marqué qu'a pris dans ces derniers temps le commerce du transport du pétrole et spécialement le grand accroissement du nombre des

navires-citernes qui emploient eux-mêmes le moteur Diesel comme moyen de
propulsion.

Mais l'influence du moteur Diesel sur l'industrie mondiale ne doit pas en rester là. Déjà, en 1899, j'utilisais dans mon moteur les sous-produits de la distillation de la houille et de la fabrication du coke — huile de goudron ou de créosote — avec le même succès que le combustible liquide naturel. Ces huiles ne présentent cependant pas, en général, les qualités voulues pour l'emploi dans les moteurs Diesel, et leur composition est sujette à de continuelles variations. Ce n'est que récemment que les fabriques de produits chimiques ont réussi à préparer la qualité d'huile requise, et ce produit est aujourd'hui définitivement entré dans la pratique en ce qui concerne son emploi dans le moteur Diesel.

Il s'ensuit que le moteur Diesel exerce une grande influence sur les deux industries annexes — la fabrication du gaz et celle du coke — dont les sous-produits ont pris récemment une telle importance qu'un grand mouvement d'opinion commence à se produire à propos de cette question. Il est impossible de l'étudier ici plus à fond, mais un fait découle clairement de cette agitation : à savoir que la houille, qui paraissait devoir être menacée par cette concurrence des combustibles liquides, va au contraire entrer dans une nouvelle ère de progrès en ce qui concerne son utilisation dans le moteur Diesel.

L'huile de goudron peut être employée dans le moteur Diesel avec un rendement de trois à cinq fois supérieur à celui que donne la houille dans la machine à vapeur ; il s'ensuit que la houille peut être utilisée beaucoup plus économiquement quand on ne la brûle pas, comme chez les barbares, sous des chaudières et sur des grilles, mais quand on la convertit en coke et en goudron par distillation. Le coke est ensuite employé dans les usines métallurgiques comme moyen de chauffage.

Les sous-produits utilisables du goudron doivent être extraits et employés dans les industries chimiques, tandis que l'huile de goudron ainsi que ses dérivés combustibles et, dans certains cas, le goudron lui-même peuvent être d'un emploi exceptionnellement favorable dans les moteurs Diesel.

Il y a par conséquent grand intérêt à employer la plus grande quantité possible de charbon suivant cette méthode perfectionnée et économique ; de cette manière, l'extraction de la houille et les industries chimiques qui s'y rapportent subissent l'influence du moteur Diesel qui apporte, non pas une entrave, mais au contraire une aide à l'industrie de la houille. L'évolution réelle de la question des combustibles a déjà commencé et fait actuellement de rapides progrès dans le sens suivant : d'une part, emploi des combustibles liquides dans les moteurs Diesel, d'autre part, emploi des combustibles gazeux ou de coke dans les moteurs à gaz ; les combustibles solides ne seraient plus du tout employés pour la production de la force motrice ; on les utiliserait seulement sous la forme perfectionnée de coke pour tous les cas où l'on a besoin d'une source de chaleur pour la métallurgie ou le chauffage.

Les combustibles liquides mentionnés ci-dessus n'épuisent nullement la liste des combustibles que l'on peut employer dans les moteurs Diesel. C'est un fait bien connu que le lignite, dont la production représente environ 10 0/0 de celle de la houille, donne, par distillation à sec, un goudron qui, traité pour obtenir de la paraffine pure, abandonne un sous-produit appelé huile de paraffine. Toutes les sortes de lignite ne conviennent pas pour cette fabrication. Cependant on produit une telle quantité de cette huile que, jusqu'à présent, elle a fourni, par exemple en Allemagne, une très forte proportion des demandes de combustible liquide pour moteurs Diesel. On peut encore considérer d'autres produits offerts sur le marché, mais en quantités bien moindres, tels que l'huile de schiste, etc. Certains pays, comme par exemple la France et l'Écosse, produisent de grandes quantités de cette huile que l'on emploie dans beaucoup d'installations de moteurs Diesel.

On ignore généralement que l'on peut employer directement dans les moteurs Diesel des huiles animales ou végétales. En 1900, la Société Otto avait exposé à l'Exposition universelle de Paris un petit moteur Diesel qui, sur la demande du Gouvernement français, marchait à l'huile d'arachide (¹) et fonctionnait tellement bien que très peu de gens s'apercevaient du changement.

Le moteur était construit pour employer les huiles ordinaires et fonctionnait à l'huile végétale sans aucune modification.

J'ai récemment recommencé ces essais sur une grande échelle avec un plein succès et ils ont entièrement confirmé les résultats obtenus précédemment. Le Gouvernement français avait en vue l'utilisation des grandes quantités d'arachide ordinaire ou d'arachide souterraine dont on dispose dans les colonies africaines et qui sont d'une culture facile; on pourrait ainsi doter les colonies d'usines de production de force motrice et d'établissements industriels, sans qu'il soit nécessaire d'y importer de la houille ou du combustible liquide.

Des essais semblables, couronnés du même succès, ont également été faits à Saint-Pétersbourg avec de l'huile de castor. On a même essayé avec plein succès les huiles animales, telles que l'huile de poisson.

Bien qu'actuellement la possibilité d'employer les huiles végétales et animales dans les moteurs Diesel semble ne pas avoir grande signification, cet emploi peut prendre avec le temps un développement tel qu'il atteigne une importance égale à celui des combustibles liquides naturels et de l'huile de goudron. Il y a douze ans, nous n'étions pas plus avancés en ce qui concerne les huiles de goudron que nous ne le sommes aujourd'hui quant aux huiles végétales; et quelle importance n'ont-elles pas prise actuellement? Nous ne pouvons prédire aujourd'hui le rôle que ces

______

(¹) Plante très cultivée en Afrique dont le nom botanique est : *Arachis hypogæa* L.

huiles peuvent être appelées à jouer aux colonies dans l'avenir. Cependant, grâce à elles, on entrevoit la certitude que l'on pourra produire de la force motrice par la transformation agricole de la chaleur du soleil, même quand notre réserve naturelle de combustibles solides et liquides sera totalement épuisée.

Après avoir brièvement exposé l'importance du moteur Diesel au point de vue de l'industrie mondiale en général, je désirerais ajouter quelques mots en ce qui concerne son importance au point de vue de l'Angleterre en particulier.

Nous examinerons au cours de cette étude les trois points suivants, savoir :

1° L'Angleterre est exclusivement un pays producteur de houille ;
2° L'Angleterre est la plus grande puissance coloniale du monde ;
3° L'Angleterre est la première nation du globe au point de vue naval.

1° L'Angleterre, qui ne possède (en aucune façon jusqu'à présent) pas de gisements de combustibles liquides naturels, est purement un pays producteur de houille ; malgré ce fait, on a dernièrement exprimé, souvent et énergiquement cette opinion que l'Angleterre n'avait rien à faire avec le moteur Diesel et qu'elle agirait contre ses intérêts vitaux en aidant à développer l'adoption de ce moteur parce qu'elle négligerait sa propre richesse en houille et se mettrait sous la dépendance des autres pays en employant du combustible liquide.

Ces allégations sont toutes les deux fausses, et c'est le contraire qui est vrai, parce que c'est l'intérêt majeur de l'Angleterre que la machine à vapeur, qui dévore la houille, soit remplacée par le moteur Diesel plus économique ; grâce à un tel changement, on pourra en particulier réaliser des économies quant à la richesse la plus importante du pays qui est la houille, ce qui prolongerait la durée des mines ; d'autre part, le moteur Diesel permet d'apporter, dans l'ordre d'idées le plus rationnel, un sérieux perfectionnement à l'emploi de la houille et aux résultats des industries chimiques annexes. Enfin, grâce à ce mode d'utilisation de la houille (c'est-à-dire à l'emploi direct du goudron et des huiles de goudron dans les moteurs Diesel), l'Angleterre s'affranchit de toute dépendance des pays étrangers en ce qui concerne son approvisionnement de combustibles liquides.

2° On peut difficilement concevoir jusqu'à quel point l'Angleterre peut venir en aide à ses colonies au moyen du moteur Diesel ; même quand il ne consomme que des huiles minérales, le moteur Diesel est une machine essentiellement apte au service colonial, car on n'a à transporter dans la colonie, sur les côtes ou à l'intérieur, que le quart ou le sixième du poids de combustible que l'on aurait à transporter dans le cas d'une machine à vapeur : en effet, dans les colonies, les dépenses du fret dont est grevé le combustible sont le facteur décisif dans le calcul du rendement des installations de force motrice.

De plus, le transport du combustible liquide est incomparablement plus facile et plus commode que le transport de la houille, et enfin, les difficultés du transport d'une batterie de chaudières — particulièrement accentuées quand il s'agit de l'intérieur — font souvent abandonner l'installation d'une usine de force motrice à vapeur.

« On peut mentionner, dans cet ordre d'idées, qu'on vient de poser de Matadi à Léopoldville sur le Congo, pour le transport du pétrole brut, une « pipe line » de 400 kilomètres de longueur, grâce à laquelle ce pays immense va être pourvu d'une source constante de combustible liquide qui apportera un élément essentiel de vitalité — la force motrice — aux entreprises de transport, à l'agriculture, ainsi qu'aux autres industries qu'on est sur le point d'installer. Cet exemple admirable pourrait être imité dans les colonies anglaises. Il n'est pas nécessaire d'insister sur la portée des résultats qu'aurait une telle manière de procéder au point de vue de la prospérité des colonies. »

Rappelons, comme on l'a mentionné ci-dessus, que le moteur Diesel peut fonctionner à l'huile végétale ; il n'est donc pas difficile de voir que ce fait, qui ouvre un nouvel horizon pour la prospérité industrielle des colonies, est d'une importance plus grande pour l'Angleterre que pour tout autre pays, à cause du grand nombre de ses possessions. Le problème serait donc résolu à ce point de vue aussi rapidement que possible : le moteur Diesel peut être alimenté au moyen de produits essentiellement coloniaux, et il peut aussi aider puissamment au développement de l'agriculture dans le pays où il fonctionne. Ceci semble être aujourd'hui un rêve d'avenir, mais je me risque à prédire, avec une entière conviction, que ce mode d'emploi du moteur Diesel peut, dans un temps donné, acquérir une grande importance.

3° Enfin l'Angleterre est la plus grande puissance maritime du globe.

Quand le premier succès remporté par le moteur Diesel comme moteur de marine fut porté l'an dernier en Angleterre à la connaissance du public ; quand il fut admis comme un fait acquis que déjà un grand nombre de petits navires appartenant à la marine marchande et à la marine militaire étaient munis de moteurs Diesel et que des progrès constants s'accomplissaient journellement sur une grande échelle, que déjà de grands paquebots transatlantiques étaient actionnés par des moteurs Diesel et qu'en même temps on construisait un navire de guerre qui devait être muni d'un moteur Diesel très puissant, alors il se produisit dans ce pays, qui est plutôt froid, un mouvement de vive agitation.

Et alors tout alla bien ! Les rapports relatant des voyages en mer satisfaisants avec des moteurs Diesel par le mauvais temps devinrent plus nombreux. Les capitaines commandant des navires munis de moteurs Diesel certifièrent qu'on peut avoir pleine confiance dans ces moteurs et qu'ils fonctionnent convenablement, on publia des chiffres démontrant l'économie réalisée : on ne peut pas mettre plus longtemps en doute que dans cet ordre d'idées le moteur Diesel provoquera une des plus grandes révolutions de l'industrie moderne.

Il est tout simplement impossible que la plus puissante nation maritime du globe ne tire aucun avantage d'un tel changement. Placée en face de la concurrence avec d'autres nations, l'Angleterre est obligée de tirer tout l'avantage possible de ce nouveau mode de production de la force motrice qui s'écarte de la routine actuelle

Enfin, disons quelques mots au sujet de la construction. Le moteur Diesel doit être construit avec un soin extrême, en employant les meilleurs matériaux afin qu'il puisse remplir toutes les conditions voulues.

Les ateliers les mieux outillés devront seuls s'occuper de cette construction. Il y a quatorze ans, il existait très peu d'ateliers capables de l'entreprendre ; on peut dire que, grâce au moteur Diesel, l'établissement des grands moteurs a été amené à un haut degré de perfection, de même que la fabrication des petits moteurs a été profondément modifiée depuis l'invention du moteur d'automobile.

Le moteur Diesel n'est donc pas un moteur bon marché, et je voudrais ajouter ici un avertissement pour empêcher qu'aucune tentative fût jamais faite pour essayer de construire des moteurs Diesel à bon marché, mal finis, particulièrement établis en vue de l'exportation.

Ces conditions fondamentales, relatives au mode de construction du moteur Diesel, ne sont pas un désavantage comme on en a eu des preuves fréquentes ; au contraire, elles sont précisément la meilleure raison de la forte position qu'il occupe sur le marché et constituent une garantie de sa valeur.

DIESEL.

MOTEURS DIESEL

CHAPITRE PREMIER

THÉORIE GÉNÉRALE DES MOTEURS THERMIQUES
AVEC APPLICATION SPÉCIALE AUX MOTEURS DIESEL

Détente des gaz. — Détente adiabatique. — Détente isothermique. — Cycles de travail. — Cycles thermodynamiques. — Cycle à température constante. — Cycle à volume constant. — Cycle à pression constante. — Cycle du moteur Diesel. — Rendement élevé du moteur Diesel : ses causes.

Détente des gaz. — Bien qu'il ne soit pas nécessaire d'entrer ici dans aucun détail au sujet de la théorie des moteurs thermiques, nous donnerons cependant une étude générale des lois qui régissent la détente des gaz ainsi que les rendements théorique et pratique que peuvent atteindre les moteurs marchant aux combustibles gazeux, afin de faire comprendre le fonctionnement du moteur Diesel et les causes de son rendement élevé, qui surpasse celui de tous les autres moteurs thermiques. On trouvera, dans n'importe quel traité de thermodynamique appliquée aux moteurs thermiques, l'origine des diverses formules citées ci-après, et nous ne donnons ici d'autres explications que celles qui ont directement trait à la théorie du moteur Diesel.

Quand on considère la détente des gaz et la production de travail qui en est la conséquence, il existe toujours, pour un même poids de gaz, une relation définie entre le volume, la pression et la température, à un moment quelconque de la détente ; cette relation est donnée par la formule :

$$PV = \eta T,$$

dans laquelle :

P = la pression absolue en kilogrammes par mètre carré ;
V = le volume en mètres cubes ;
T = la température absolue en degrés centigrades ;
η = constante.

La même formule s'applique évidemment quel que soit le système d'unités employé, métrique ou autre, à condition d'attribuer dans chaque cas une valeur différente à η. La valeur de η varie avec les différents gaz ; elle est égale à la différence entre les chaleurs spécifiques du gaz à pression et à volume constants et peut être exprimée comme suit :

$$\eta = \frac{K_p - K_v}{A},$$

K_p étant la chaleur spécifique du gaz à pression constante ;
K_v — — — — volume constant ;

A étant l'équivalent calorifique du travail $= \frac{1}{425}$.

Si l'on adopte le système d'unités employé ci-dessus, on a dans le cas de l'air :

$$K_p = 0,2375$$
$$K_v = 0,1684$$
$$\eta = 0,0691 \times 425 = 29,27$$

Dans les formules qui suivent, on verra l'importance du rapport des deux chaleurs spécifiques $\frac{K_p}{K_v}$, que l'on représente, en général, par le symbole γ; pour l'air on a $\gamma = 1,41$; pour les autres gaz employés dans les moteurs thermiques, la valeur de γ est un peu moindre ; 1,32 par exemple est la valeur de γ qui correspond ordinairement au gaz d'éclairage.

Puisque pour tous les gaz on a :

$$PV = \eta T,$$

il est évident que, pour une même quantité de gaz, on peut déterminer la pression, le volume ou la température si l'on connaît les deux autres données.

On a :

$$\frac{P_1 V_1}{T_1} = \frac{P_2 V_2}{T_2},$$

P_1, V_1, T_1, représentant respectivement la pression, le volume et la température du gaz à l'état initial, et P_2, V_2, T_2, représentant la pression, le volume et la température du même poids de gaz à un autre état.

Pour étudier comment se comportent les gaz pendant la détente, on considère généralement deux modes de détente qui ne sont d'ailleurs réalisés ni l'un ni l'autre d'une manière parfaite dans les moteurs thermiques tels qu'on les construit.

1° Détente à pression constante ;

2° Détente pendant laquelle la pression et le volume varient suivant la formule $PV^n = C^{te}$.

La deuxième catégorie comprend les deux modes spéciaux de détente qui ont le plus d'importance dans la théorie des moteurs thermiques à savoir :

a) Détente adiabatique suivant la formule :

$$PV^\gamma = C^{te};$$

b) Détente isothermique suivant la formule :

$$PV = C^{te}.$$

Détente adiabatique. — Quand un gaz se détend adiabatiquement, il n'y a ni perte ni gain de chaleur pendant la détente, toute la chaleur étant employée à la production d'un travail externe, et il est évident que ce mode de détente ne peut jamais être réalisé dans la pratique.

Le rapport entre la température et le volume a de l'importance pour l'étude du rendement des cycles suivant lesquels fonctionnent les moteurs Diesel et les autres moteurs thermiques; ce rapport s'établit comme suit :

On a pour un gaz quelconque :

$$(1) \qquad \frac{P_1 V_1}{T_1} = \frac{P_2 V_2}{T_2}, \qquad \text{d'où} \qquad P_1 T_2 = P_2 T_1 \frac{V_2}{V_1}.$$

On a également :

$$(2) \qquad P_1 V_1^\gamma = P_2 V_2^\gamma, \qquad \text{d'où} \qquad \frac{V_2}{V_1} = \frac{P_1^{\frac{1}{\gamma}}}{P_2^{\frac{1}{\gamma}}}.$$

Substituant (2) dans (1), on a :

$$P_1 T_2 = P_2 T_1 \times \frac{P_1^{\frac{1}{\gamma}}}{P_2^{\frac{1}{\gamma}}} \qquad \text{ou} \qquad \frac{T_2}{T_1} = \frac{P_2}{P_1} \times \frac{P_1^{\frac{1}{\gamma}}}{P_2^{\frac{1}{\gamma}}},$$

C'est-à-dire :

$$(3) \qquad \frac{T_2}{T_1} = \frac{P_2^{1-\frac{1}{\gamma}}}{P_1^{1-\frac{1}{\gamma}}} = \left(\frac{P_2}{P_1}\right)^{\frac{\gamma-1}{\gamma}}.$$

On pourrait de même démontrer l'égalité :

$$(4) \qquad \frac{T_2}{T_1} = \left(\frac{V_1}{V_2}\right)^{\gamma-1}.$$

Détente isothermique. — Dans le cas de la détente isothermique, la température du gaz reste invariable pendant toute la durée de la détente, par conséquent son énergie interne demeure la même et la quantité de chaleur cédée au gaz est équivalente au travail externe effectué.

Dans ce mode de détente, représenté par la formule générale $PV = \eta T$, la pression variera à l'inverse du volume, puisque la température T reste constante. L'équation $PV = C^{te}$ représentant une hyperbole équilatère, on donne quelquefois à la détente isothermique le nom de détente hyperbolique.

On verra facilement le rapport qui existe entre les courbes de détente isothermique et adiabatique sur un diagramme représentant les pressions et les volumes (*fig.* 1), dans lequel la courbe isothermique est au-dessus de la courbe adiabatique; la figure 2 représente les mêmes courbes pendant la compression ; la courbe adiabatique est alors au-dessus de la courbe isothermique.

Pendant la compression adiabatique, la température doit s'élever après la compression.

En effet, on a :

$$\frac{T_2}{T_1} = \left(\frac{P_2}{P_1}\right)^{\frac{\gamma-1}{\gamma}} > 1.$$

Il en résulte que si l'on compare les compressions adiabatique et isothermique, on peut atteindre dans le premier cas une température plus élevée que dans le second (dans lequel il n'y a pas élévation de température), tout en adoptant la même pression finale de compression ; c'est pour cette raison que

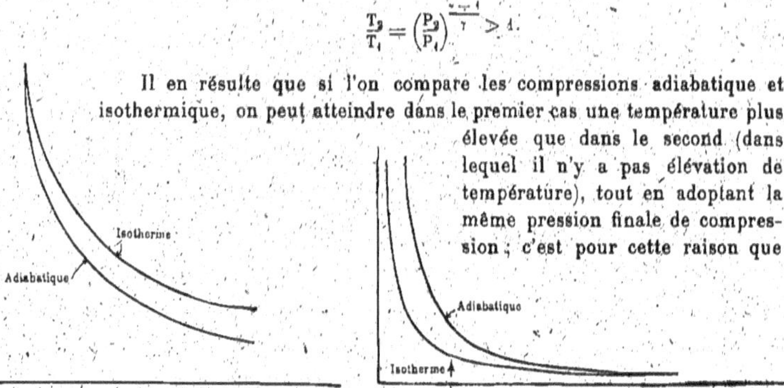

Fig. 1. — Courbes isotherme et adiabatique.　　　Fig. 2. — Courbes isotherme et adiabatique.

les moteurs à gaz fonctionnent suivant la compression adiabatique plutôt que suivant la compression isothermique, puisque l'on doit réaliser une température élevée avec une pression minimum.

Cycles de travail. — Tous les moteurs thermiques fonctionnent suivant un cycle de phénomènes mécaniques continuellement répétés. Le cycle le plus généralement employé est le cycle à quatre temps, dans lequel le fluide moteur accomplit une série complète de phénomènes pendant quatre courses du piston, c'est-à-dire pendant deux tours de l'arbre manivelle. Il est évident que si dans une machine un cycle complet peut être parcouru en deux courses au lieu de quatre, on doublera ainsi la puissance qu'il est possible d'obtenir pour un cylindre de dimensions données. Cette considération a conduit à adopter des moteurs à gaz fonctionnant suivant un cycle à deux temps et à en généraliser l'emploi.

Comme on le verra plus loin, le moteur Diesel à deux temps a déjà fait beaucoup de progrès et doit nécessairement être adopté pour les grandes puissances ; l'emploi définitif de ce type de moteur pour la propulsion des navires ne fait donc aucun doute pour l'avenir.

Le moteur à deux temps comporte une course motrice sur deux, tandis qu'avec le cycle à quatre temps il n'y a qu'une course motrice sur quatre. On a donc grand avantage à employer le cycle à deux temps et aussi le principe du double effet, grâce auquel à chaque course du piston correspond un effort moteur. On discutera plus loin les conséquences de ce système appliqué aux moteurs Diesel, et il n'est pas utile d'entrer dans plus de détails à ce sujet quant à présent.

Cycles thermo-dynamiques. — Les principes d'après lesquels fonctionnent théoriquement tous les moteurs thermiques peuvent être classés en trois catégories principales, suivant la succession des changements d'état par lesquels passe continuellement le fluide moteur; ces cycles sont dénommés cycles thermo-dynamiques par opposition avec les cycles mécaniques mentionnés dans le paragraphe précédent.

En fait, aucun moteur réel ne suit exactement les lois du moteur théorique, mais ces principes fournissent une base de comparaison nécessaire et commode; ces cycles sont les suivants :

1° Cycle à température constante ;
2° Cycle à volume constant;
3° Cycle à pression constante.

Il existe, pour les moteurs dans lesquels le fluide moteur passe par un de ces cycles, un certain rendement qui ne peut être dépassé ni même atteint et, en étudiant le rendement maximum possible dans chaque cas, nous serons conduits à établir les différences qui existent entre les moteurs Diesel et les autres moteurs thermiques.

Cycle à température constante. — Dans ce cycle, la source considérée cède toute sa chaleur à une température qui reste constante pendant toute la durée du cycle, et la chaleur est également dégagée à une température constante, évidemment plus basse que la température à laquelle la chaleur est absorbée.

Tous les cycles peuvent être représentés sous la forme de diagrammes par une série de courbes fermées rapportées à deux coordonnées rectangulaires.

La droite verticale (ordonnée) représente la pression et la droite horizontale (abscisse) représente le volume du gaz à chaque phase de la compression, et de la détente. Ces courbes sont les diagrammes d'indicateurs de moteurs parfaits fonctionnant suivant les divers cycles. La figure 3 représente le cycle à température constante; la droite OP représente les pressions et la droite OV, les volumes du gaz; bc est la courbe de compression le long de laquelle le gaz est comprimé adiabatiquement à partir du point b où le volume est V_2, la pression P_2 et la température T_1, jusqu'en c où la pression est P_3, le volume V_3 et la température T_3.

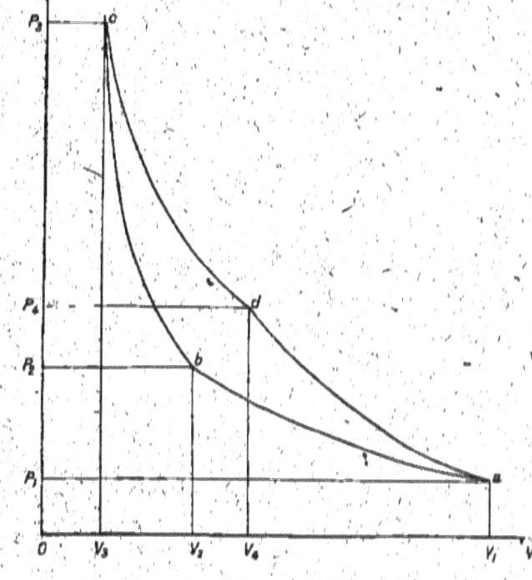

Fig. 3. — Diagramme d'un cycle à température constante.

La chaleur est absorbée de c en d à la température constante T_3, la pression et le volume en d étant respectivement P_4 et V_4. De d en a il y a détente adiabatique, la pression, le volume et la température en a étant respectivement P_1, V_1 et T_1. De a en b la chaleur est dégagée à la température constante T_1, ce qui complète le cycle.

Le rendement d'un moteur fonctionnant suivant ce cycle peut être facilement exprimé en fonction des températures limites maximum et minimum pendant la durée du cycle.

Si l'on représente par :

Q_3 la quantité de chaleur absorbée par le gaz ;
Q_1 la quantité de chaleur abandonnée à la température minimum ;

$Q_3 - Q_1$ représente la quantité de chaleur utile employée pour accomplir le travail, et le rendement n du cycle est exprimé par l'égalité :

$$n = \frac{Q_3 - Q_1}{Q_3}.$$

Comme en général $Q = wkT$, w étant le poids du gaz et k sa chaleur spécifique, il en résulte que w et k étant invariables pendant la durée du cycle, la quantité de chaleur est toujours directement proportionnelle à la température absolue, c'est-à-dire que le rendement n du cycle est déterminé par l'égalité :

$$n = \frac{T_3 - T_1}{T_3}.$$

Cette expression représente le rendement du cycle à température constante, T_3 étant la température maximum et T_1 la température minimum pendant la durée complète du cycle.

Aucun moteur réel ne peut avoir un rendement aussi élevé que le moteur idéal à température constante, et une machine à vapeur à rendement ordinaire, fonctionnant entre des limites de $10^{kg},5$ par centimètre carré de pression et de 711 millimètres de vide, c'est-à-dire entre des limites de températures absolues de 437° C. et de 295° C., aurait, dans le cas d'une machine parfaite, un rendement de :

$$\frac{437 - 295}{437} = 32,5\ 0/0.$$

En fait, les machines à vapeur ont un rendement économique qui atteint rarement la moitié de celui du moteur idéal à température constante ; par conséquent, une machine à vapeur ordinaire aurait un rendement réel un peu inférieur à 16 0/0, ce qui est comparable aux rendements possibles des moteurs à gaz et des moteurs Diesel calculés plus haut.

Cycle à volume constant. — Un moteur fonctionnant suivant le cycle à volume constant diffère de celui qui fonctionne suivant le cycle à température constante en ce que, pendant tout le temps qui correspond à l'absorption de chaleur, le volume du gaz reste constant et que la chaleur est abandonnée dans les mêmes conditions. Le cycle est représenté figure 4. Comme ci-dessus, la droite OP représente les pressions et la droite OV les volumes. La compression a lieu adiabatiquement le long de la courbe ab, la pression, le volume et la température varient de P_1, V_1, T_1 en a, à P_2, V_2, T_2 en b. Il y a ensuite absorption de chaleur à volume constant V_2, la pression et la température s'élevant jusqu'aux valeurs P_3, T_3. La détente adiabatique a lieu ensuite suivant la courbe cd, jusqu'à ce que le volume revienne à sa valeur primitive V_1, la pression et la température étant P_3, T_3 et, finalement, la chaleur est abandonnée à volume constant jusqu'à ce que l'on revienne à la pression et à la température initiales P_1, T_1.

Pour obtenir le rendement thermique du moteur idéal à volume constant, posons :

$$Q_2 = \text{la chaleur absorbée par le fluide};$$
$$Q_3 = \text{la chaleur abandonnée par le fluide}.$$

La quantité de chaleur utilisée est $Q_2 - Q_3$ et le rendement est $\dfrac{Q_2 - Q_3}{Q_2}$ ou $1 - \dfrac{Q_3}{Q_2}$.

Considérons 1 kilogramme de gaz pour éliminer le poids qui reste constant pendant tout le cycle. La quantité de chaleur absorbée ou dégagée pendant un changement d'état à volume constant est d'une manière générale $Q = k_v (T_a - T_b)$, T_a et T_b étant les températures absolues respectives avant et après le changement d'état.

On en tire :

$$Q_2 = k_v (T_3 - T_2),$$
$$Q_3 = k_v (T_4 - T_1).$$

Il s'ensuit pour le rendement la valeur :

$$n = 1 - \frac{T_4 - T_1}{T_3 - T_2}.$$

La formule 4, page 3, correspondant à la détente adiabatique, fournit la relation :

$$\frac{T_4}{T_3} = \left(\frac{V_2}{V_1}\right)^{\gamma - 1} = \frac{T_1}{T_2},$$

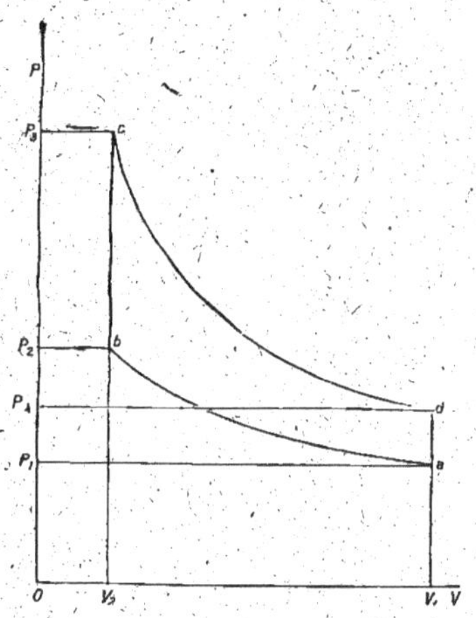

Fig. 4. — Diagramme d'un cycle à volume constant.

puisque le volume V_1 reste constant pendant que la température passe de T_4 à T_1 et que le volume V_2 reste constant pendant qu'elle passe de T_2 à T_3,

On a donc :

$$\frac{T_4 - T_1}{T_3 - T_2} = \frac{T_4}{T_3} = \frac{T_1}{T_2}.$$

C'est-à-dire :

$$n = 1 - \frac{T_4}{T_3};$$

d'où :

$$n = 1 - \left(\frac{V_2}{V_1}\right)^{\gamma - 1}$$

Le rapport $\frac{V_1}{V_2}$ est habituellement appelé rapport de compression et désigné par r, de sorte que la formule générale qui exprime le rendement du cycle à volume constant est :

$$n = 1 - \frac{1}{r^{\gamma - 1}}.$$

En pratique, tous les moteurs à gaz fonctionnent suivant un cycle qui se rapproche beaucoup du cycle à volume constant.

Cycle à pression constante. — Dans ce cycle, toute la chaleur est absorbée et cédée à pression constante, la détente et la compression du gaz ayant lieu adiabatiquement comme ci-dessus. La figure 5 représente le cycle à pression constante rapporté aux coordonnées pression, volume.

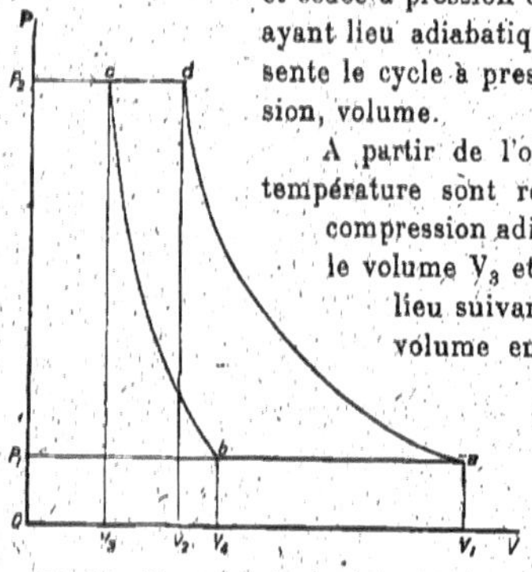

A partir de l'origine, en b, où la pression, le volume et la température sont respectivement P_1, V_2 et T_2, le gaz subit une compression adiabatique jusqu'en c, où la pression devient P_2, le volume V_3 et la température T_3. L'absorption de chaleur a lieu suivant la courbe cd à la pression constante P_2; le volume en d est V_4 et la température T_4. La détente adiabatique se produit ensuite, suivant la courbe da jusqu'en a, point où la pression, le volume et la température sont respectivement P_1, V_1, T_1.

La chaleur est ensuite cédée à la pression constante P_1, suivant la courbe ab, jusqu'à l'origine b, point où se reproduisent les conditions initiales de pression, de volume et de température.

Posons comme plus haut :

$Q_2 =$ la chaleur absorbée par le fluide ;
$Q_1 =$ la chaleur cédée par le fluide.

Le rendement n du cycle est donc égal à :

$$\frac{Q_2 - Q_1}{Q_2}$$

Fig. 5. — Diagramme d'un cycle à pression constante.

Si l'on considère 1 kilogramme de gaz, on a :

$$Q_2 = k_P (T_4 - T_3),$$

et

$$Q_1 = k_P (T_1 - T_2),$$

d'où :

$$n = 1 - \frac{T_1 - T_2}{T_4 - T_3}.$$

La détente suivant la courbe da et la compression suivant la courbe bc ont lieu adiabatiquement. On tire donc de la formule 3, page 3 :

$$\frac{T_1}{T_4} = \left(\frac{P_1}{P_2}\right)^{\frac{\gamma-1}{\gamma}} = \frac{T_2}{T_3}.$$

D'où :

$$\frac{T_1}{T_4} = \frac{T_1 - T_2}{T_4 - T_3}.$$

Il en résulte que l'on a pour expression du rendement n :

$$n = 1 - \frac{T_1}{T_4} = 1 - \left(\frac{P_1}{P_2}\right)^{\frac{\gamma-1}{\gamma}},$$

mais puisque la détente a lieu adiabatiquement, on a :

$$\left(\frac{P_1}{P_2}\right)^{\frac{\gamma-1}{\gamma}} = \left(\frac{V_2}{V_1}\right)^{\gamma-1}.$$

On peut donc exprimer le rendement sous la forme suivante :

$$n = 1 - \left(\frac{V_2}{V_1}\right)^{\gamma-1} = 1 - \frac{1}{r^{\gamma-1}},$$

expression identique à celle que l'on a obtenue pour le rendement du cycle à volume constant ; d'ailleurs, en fait, les rendements des cycles à température constante, à volume constant et à pression constante sont identiques.

D'après ce qui précède, quel que soit le cycle suivant lequel fonctionne un moteur thermique, plus l'on pourra augmenter le rapport de compression, plus l'on diminuera la valeur de la fraction $\frac{1}{r^{\gamma-1}}$, qui a pour effet d'abaisser le rendement possible au-dessous de l'unité, et plus on fera croître le rendement du moteur, si les pertes d'ordre mécanique ou autres n'augmentent pas dans la même proportion. C'est pour cette raison que, dans tous les moteurs à gaz, il faut chercher à réaliser un rapport de compression élevé.

Dans les moteurs à combustion interne du type ordinaire, c'est-à-dire dans les moteurs travaillant suivant le cycle à volume constant, la valeur du rapport de compression est limitée par ce fait que, pendant la course d'aspiration, il pénètre dans le cylindre un mélange d'air et de gaz qui est ensuite comprimé pendant la course de compression. La pression finale de compression ne peut atteindre qu'une valeur relativement basse, parce que, si l'on s'approchait trop de la température de combustion du mélange, jusqu'à atteindre ce point, l'inflammation se produirait avant le commencement de la course de travail, c'est-à-dire qu'il y aurait allumage anticipé.

Dans le moteur Diesel, on introduit et on ne comprime dans le cylindre que de l'air pur, et l'admission du combustible n'a lieu qu'*après* la compression, de sorte que l'on peut employer des pressions beaucoup plus élevées que dans les moteurs à gaz ordinaires ; tout danger d'allumage anticipé est donc absolument écarté. Actuellement, le rapport de compression des moteurs Diesel est d'environ 12, alors qu'il ne dépasse pas 6 ou 7 pour les moteurs à gaz, ce qui démontre la possibilité d'atteindre avec les moteurs Diesel des rendements plus élevés qu'avec les types ordinaires de moteurs à combustion interne. On peut facilement mettre ce fait en évidence en calculant les rendements thermiques dans les deux cas avec $r = 6$ et $r = 12$. Dans le premier cas, on a $n = 0,51$, tandis que dans le second cas $n = 0,63$, ce qui fait ressortir un gain supérieur à 23 0/0. Cependant quelques autres facteurs influent sur le rendement des moteurs ; on les mettra mieux en lumière en étudiant le cycle du moteur Diesel tel qu'on le construit.

Cycle du moteur Diesel. — On étudiera complètement le cycle complet suivant lequel fonctionne le moteur Diesel dans le chapitre suivant ; il suffira, pour le but que nous nous proposons ici, d'expliquer que dans le moteur ordinaire à quatre temps, tel qu'on le construit actuellement, le cycle de fonctionnement est à très peu près semblable au cycle à pression constante, sauf que le dégagement de chaleur au moment de l'échappement a lieu plutôt à volume constant qu'à pression constante et que la détente, ainsi que la compression, n'ont pas lieu d'une manière tout à fait adiabatique, ce qui est évidemment impossible avec les moteurs thermiques actuels.

La figure 6 représente très exactement le cycle Diesel rapporté aux coordonnées ordinaires, pression, volume. La compression a lieu adiabatiquement suivant la courbe ab ; il y a ensuite absorption de chaleur à volume constant jusqu'en c, puis détente adiabatique jusqu'en d et dégagement de chaleur jusqu'au moment de l'échappement à volume constant en a. Les pressions et les volumes, à chaque changement d'état, sont indiqués sur le diagramme avec les températures correspondantes.

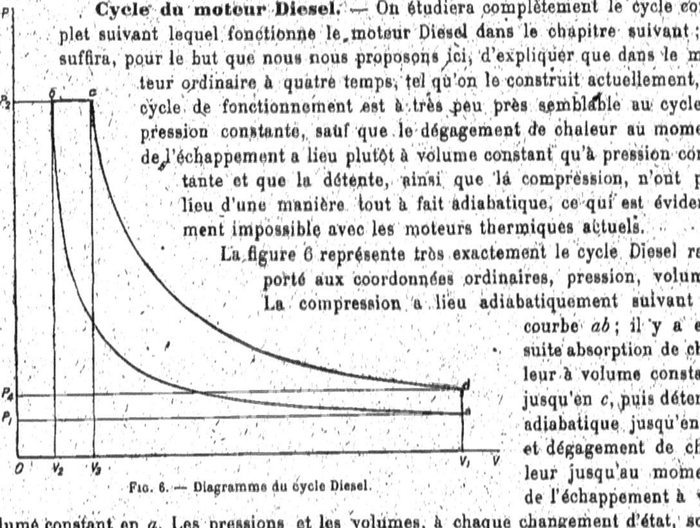

Fig. 6. — Diagramme du cycle Diesel.

Posons :

$Q_2 =$ la chaleur absorbée par le fluide ;
$Q_1 =$ la chaleur cédée jusqu'au moment de l'échappement,

le rendement du cycle est :

$$\eta = \frac{Q_2 - Q_1}{Q_2} \qquad \text{ou} \qquad 1 - \frac{Q_1}{Q_2}.$$

Puisque la chaleur est absorbée à pression constante, on a :

$$Q_2 = k_p \, (T_3 - T_2),$$

et puisque la chaleur est cédée à volume constant, on a :

$$Q_1 = k_v \, (T_1 - T_4).$$

De la formule générale $\frac{PV}{T} = C^{te}$, on tire :

$$\frac{P_2 V_3}{T_3} = \frac{P_2 V_2}{T_2} \qquad \text{ou} \qquad T_3 = T_2 \frac{V_3}{V_2} ;$$

d'où :

$$Q_2 = k_p T_2 \left(\frac{V_3}{V_2} - 1 \right),$$

et semblablement :

$$T_4 = T_1 \times \frac{P_4}{P_1}.$$

De la formule générale relative à la détente adiabatique $PV^\gamma = C^{te}$, on tire :

$$P_1 = P_2 \left(\frac{V_2}{V_1} \right)^\gamma,$$

$$P_4 = P_3 \left(\frac{V_3}{V_1} \right)^\gamma ;$$

d'où :

$$T_4 = T_1 \left(\frac{P_4}{P_1} \right) = T_1 \left(\frac{V_3}{V_1} \right)^\gamma.$$

Substituant cette valeur dans l'expression de Q_1, on a :

$$Q_1 = k_v T_1 \left\{ \left(\frac{V_3}{V_2} \right) - 1 \right\}.$$

L'expression $\frac{V_3}{V_2}$ est le rapport du volume correspondant à la fermeture de l'admission au volume de l'espace nuisible et peut être représentée par R. Le rendement du cycle Diesel peut donc être exprimé en substituant ces valeurs dans la formule :

$$\eta = 1 - \frac{Q_1}{Q_2},$$

qui devient :

$$n = 1 - \frac{k_v T_1 (R^\gamma - 1)}{k_p T_2 (R - 1)},$$

$$n = 1 - \frac{T_1}{T_2} \times \frac{R^\gamma - 1}{\gamma (R - 1)}.$$

Puisque la compression de a en b est adiabatique, on a, comme ci-dessus, $\dfrac{T_1}{T_2} = \dfrac{1}{r^{\gamma - 1}}$, et l'expression finale du rendement du moteur Diesel est :

$$n = 1 - \frac{1}{r^{\gamma - 1}} \times \frac{R^\gamma - 1}{\gamma (R - 1)}.$$

On voit, d'après ce qui précède, que le rapport de fermeture de l'admission exerce une influence importante sur le coefficient thermique d'un moteur Diesel qui dépend de deux variables, le rapport de compression et le rapport de fermeture de l'admission.

On peut faire ressortir l'effet produit par la variation de la fermeture de l'admission en donnant des valeurs réelles à R et à γ. En prenant $\dfrac{1}{15}$ du volume engendré par le piston pour valeur de l'espace nuisible et $\dfrac{1}{10}$ pour valeur de la fermeture de l'admission, ce qui est la valeur ordinaire qui correspond à la pleine charge dans les moteurs Diesel, on a, en se reportant à la figure 6,

$$V_3 - V_2 = \frac{V_s}{10} \qquad \text{et} \qquad V_2 = \frac{V_s}{15},$$

d'où :

$$V_3 - \frac{V_s}{15} = \frac{V_s}{10} \qquad \text{ou} \qquad V_3 = \frac{V_s}{6},$$

de sorte que :

$$R = \frac{V_3}{V_2} = 2,5.$$

Supposons que l'on ait $r = 12$ et $\gamma = 1,41$ (chiffre un peu supérieur à celui des moteurs réels), le rendement thermique du cycle Diesel, calculé d'après la formule précédente, ressort à environ 0,56, tandis qu'avec les mêmes valeurs de r et de γ, mais avec R $= 1,5$, le rendement devient 0,61.

Dans les remarques précédentes, on a supposé que γ reste constant, ce qui est évidemment le cas pour un mélange spécial.

En comparant les rendements des moteurs à gaz ordinaires et des moteurs Diesel, on remarquera cependant que le rendement d'un cycle quelconque augmente quand γ croît, ce qui arrive quand le mélange gazeux renferme une plus grande proportion d'air, c'est-à-dire, en terme général, quand il est plus pauvre. Dans les moteurs Diesel, le mélange est beaucoup plus pauvre que dans les moteurs à gaz, ce qui contribue jusqu'à un certain point à rendre ce type de moteur plus économique.

Causes du rendement élevé du moteur Diesel. — En résumant l'analyse qui précède, on peut dire brièvement que le rendement supérieur du moteur Diesel est dû à plusieurs causes ; la première est un heureux emploi de pressions finales de compression élevées rendues possibles par ce fait que l'on ne comprime dans le cylindre que de l'air pur et non un mélange de combustible et d'air, pour lequel la température d'inflammation limite toujours la pression finale de compression. En second lieu, on peut employer un mélange plus pauvre que dans les moteurs à gaz, le poids de combustible nécessaire est moindre et la perte due à la chaleur entraînée par l'eau de refroidissement est réduite d'autant. De plus, d'autres raisons exercent probablement une influence importante, principalement la combustion parfaite du combustible due à la pression élevée qui règne pendant toute la période de combustion et les avantages d'ordre mécanique tels que l'excellence du procédé d'injection. Il est évident que les huiles à point d'inflammation élevé conviennent très bien aux moteurs Diesel, ce qui permet d'employer des résidus d'huiles brutes très bon marché. D'autre part, il est nécessaire d'employer un compresseur séparé pour injecter le combustible avec de l'air comprimé à une pression plus élevée que celle de l'air comprimé dans le cylindre ; il en résulte une légère perte de rendement qui est ordinairement d'environ 6 0/0, et qui n'a pas grande importance.

On doit rappeler avec précision que le cycle du moteur Diesel lui-même n'entre pour rien dans l'économie du moteur, parce qu'en fait, le cycle à pression constante a un rendement un peu moindre que le cycle à volume constant suivant lequel fonctionnent la plupart des moteurs à gaz, pourvu que les conditions de travail soient les mêmes. En d'autres termes, pour une même valeur de la pression finale de compression, le moteur à volume constant serait supérieur au moteur à pression constante ; mais, pour les raisons déjà données, il est impossible qu'un moteur à gaz puisse approcher des conditions que l'on réalise facilement avec le moteur Diesel. Les limites de pression du fluide moteur sont fixées par la résistance maximum des matériaux qui ont servi à l'établissement des organes du moteur, et le cycle Diesel donne l'économie maximum correspondant à ces limites de pression.

Étant donné que l'on emploie dans le moteur Diesel des pressions finales de compression beaucoup plus élevées (qui ne sont cependant pas les pressions maximum) que dans les moteurs à gaz, la température à la fin de la combustion est beaucoup moins élevée dans le premier cas que dans le second ; en effet, la période de combustion du mélange est aussi longue que l'explosion dans le cylindre d'un moteur à gaz ; l'eau de l'enveloppe absorbe donc une quantité de chaleur plus grande. Cependant, dans le moteur Diesel, la combustion n'est nullement isothermique et la température s'élève sensiblement après l'injection du combustible ; il se produit également une légère élévation de température après la fermeture de la soupape d'admission de combustible ; il n'en subsiste pas moins ce fait important que, dans les moteurs Diesel, les températures sont plus basses malgré l'emploi de pressions élevées.

Le tableau suivant donne la consommation réelle en calories par cheval-heure, pour divers types de moteurs, tels que machines à vapeur avec et sans condensation, turbines à vapeur surchauffées, moteurs à gaz du type à aspiration et moteurs Diesel. Les chiffres cités représentent en général les résultats limites obtenus en pratique et les rendements donnés sont calculés d'après l'équivalent mécanique d'un cheval-heure qui est égal à :

$$\frac{75 \times 3600}{425} = 635 \text{ calories.}$$

On a ajouté les valeurs des pressions correspondantes atteintes.

TYPES DE MOTEURS	PRESSIONS en kgs. par cm²	CALORIES par cheval heure	RENDEMENT 0/0
Machines à vapeur sans condensation.		7 560 à 9 576	8,4 à 6,6
Machines à vapeur à condensation et turbines à vapeur surchauffée......	11 à 11,5	4 284 à 6 300	15 à 16
Moteurs à gaz à aspiration..........	21 à 26	2 772 à 3 528	23 à 18
Moteurs Diesel,...................	35 à 42	1 890 à 2 016	34 à 32

Les moteurs Diesel à deux temps ont un rendement inférieur d'environ 2 0/0 à ceux du type à quatre temps à marche lente, tous les rendements correspondent à des moteurs marchant à pleine charge et sont naturellement moindres avec des puissances plus faibles.

Ces chiffres expriment tous des rendements effectifs, mais les rendements thermiques sont beaucoup plus élevés — le rendement pour les moteurs Diesel varie par exemple de 42 à 48 0/0.

Diagrammes d'indicateurs relevés dans la pratique sur des moteurs Diesel. — Il est inutile de dire que les diagrammes d'indicateurs réels, obtenus dans la pratique sur des moteurs Diesel, ne sont pas du tout identiques au diagramme idéal donné page 10. En même temps, grâce à un réglage très soigné du moteur, on peut obtenir un très bon diagramme correspondant complètement à une combustion prolongée à pression constante, bien qu'il ne soit ordinairement possible de réaliser ce diagramme qu'à pleine charge. La pression maximum atteinte après la course de compression est généralement comprise entre 3^{kg},164 et 3^{kg},506, la moyenne ordinaire étant de 3^{kg},305.

Dans les moteurs à deux temps, la pression est souvent inférieure à ces chiffres, bien qu'ils soient dépassés dans quelques cas, particulièrement, par exemple, dans un moteur Junkers, pour des raisons que l'on comprendra d'après la description que nous donnons plus loin de ce moteur. On peut quelquefois améliorer considérablement le diagramme en modifiant la levée de la soupape de combustible. En général, l'importance de cette levée est comprise entre 3 et 4 millimètres bien que la levée réelle, permise au marteau de la came, puisse dépasser considérablement ce chiffre afin de permettre un jeu raisonnable entre le marteau et le galet du levier de la soupape de combustible. L'importance du jeu à permettre dépend du degré de précision avec lequel le moteur a été étudié et de l'expérience acquise. Dans quelques cas, ce jeu peut atteindre de 3 à 4 millimètres et, dans d'autres cas, il peut ne pas dépasser un demi-millimètre.

Le tableau suivant donne les cotes réelles des soupapes d'un des cylindres d'un moteur du type à quatre temps tournant à 300 tours par minute, développant 300 chevaux mesurés au frein et muni de quatre cylindres.

Les dimensions des cylindres étaient de 380 millimètres d'alésage avec 420 millimètres de course.

Pourcentage de l'ouverture de la soupape de combustible avant le point mort supérieur........... 0,7
Levée de la soupape de combustible en millimètres 3,1
Pourcentage de la fermeture de la soupape de combustible après le point mort supérieur...... 8
Pourcentage de l'ouverture de la soupape de démarrage après le point mort supérieur.......... 2
Course de la soupape de démarrage en millimètres 5
Pourcentage de la fermeture de la soupape de démarrage après le point mort supérieur........ 38
Jeu entre le galet et la came (Soupape d'aspiration fermée) en millimètres................... 0,2
Pourcentage d'ouverture de la soupape d'aspiration d'air après le point mort supérieur........ 6
Course de la soupape d'aspiration d'air en millimètres................................... 30
Pourcentage de la fermeture de la soupape d'aspiration d'air après le point mort supérieur..... 8
Jeu entre le galet et la came (soupape d'aspiration d'air fermée) en millimètres............... 0,2
Pourcentage d'ouverture de la soupape d'échappement avant le point mort supérieur........... 25
Course de la soupape d'échappement en millimètres..................................... 29,8
Pourcentage de la fermeture de la soupape d'échappement après le point mort supérieur...... 3
Jeu entre le galet et la came (soupape d'échappement fermée) en millimètres 0,4
Tuyère d'admission de combustible... 4,2
Diamètre des trous percés dans les plaques du vaporisateur en millimètres 2
Écart entre les trous des plaques du vaporisateur....................................... 3
Diamètre de la soupape d'essai de combustible en millimètres 1,1
Espace réservé pour la compression dans le cylindre moteur en millimètres................. 21,3
Garniture à placer dans la tête supérieure de la bielle motrice........................... 2,5

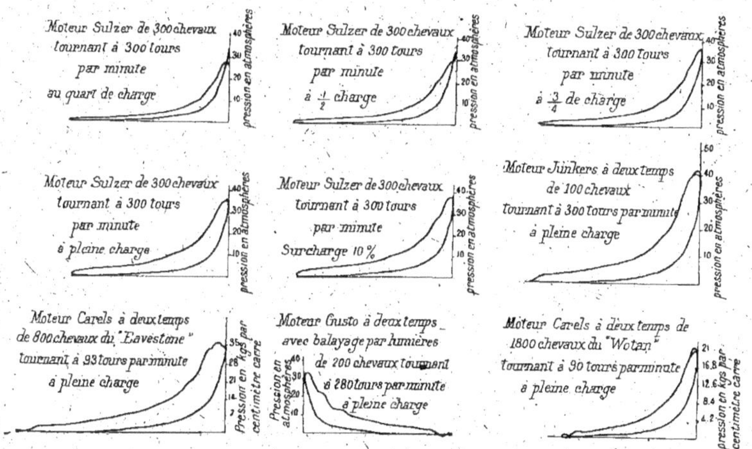

FIG. 7. — Diagrammes types d'indicateur relevés sur divers moteurs Diesel.

Dans un moteur de marine à deux temps du type Sulzer avec balayage par des lumières, ayant quatre cylindres de 310 millimètres d'alésage et de 450 millimètres de

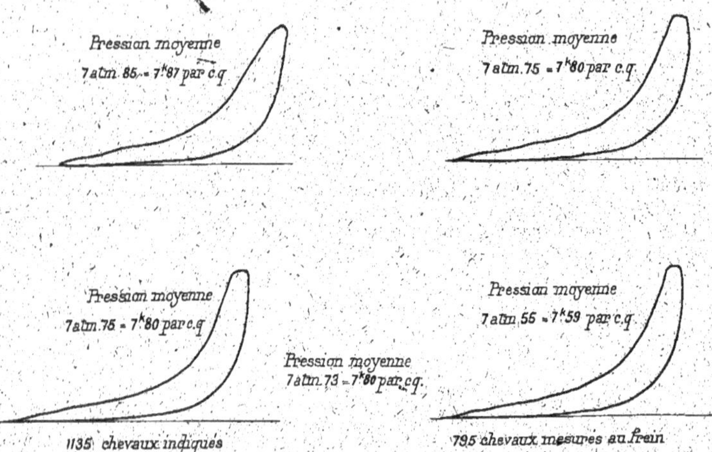

Fɪɢ. 8. — Diagrammes d'indicateur relevés sur un moteur Diesel de marine à deux temps, système Sulzer de 800 chevaux à quatre cylindres.

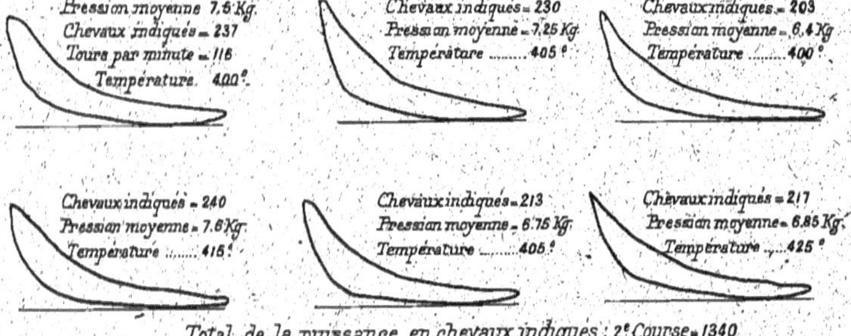

Fɪɢ. 9. — Diagrammes d'indicateur relevés simultanément sur les six cylindres d'un moteur Diesel à quatre temps, type marine.

course, tournant à 280 tours par minute, les levées de la soupape de combustible étaient les suivantes :

LEVÉES DE LA SOUPAPE DE COMBUSTIBLE D'UN MOTEUR DE 380 CHEVAUX A DEUX TEMPS.

	LEVÉE MINIMUM				LEVÉE MAXIMUM			
	Angle d'avance	Angle d'ouverture après le point mort	Durée de la course 0/0	Levée de la soupape mm.	Angle d'avance	Angle d'ouverture après le point mort	Durée de la course 0/0	Levée de la soupape mm.
Marche avant....	3° 38′	23° 30′	4,94	1,50	10° 13′	43° 41′	16,24	5
Marche arrière...	4° 18′	24° 44′	5,46	1,75	10° 5′	43° 13′	15,94	5

Au cours des descriptions de divers moteurs Diesel données plus loin, on explique que dans quelques types il existe une pompe à combustible pour chaque cylindre, tandis que dans d'autres moteurs il n'existe qu'une seule pompe à combustible pour peut-être quatre ou six cylindres. Dans la pratique du moteur fixe, on emploie beaucoup plus fréquemment une seule pompe et on alimente de combustible une boîte de distribution d'où partent des tuyaux qui se dirigent vers les diverses soupapes de combustible des cylindres ; mais, pour les moteurs de marine, spécialement pour ceux du type à deux temps, la plupart des constructeurs préfèrent employer une seule pompe à combustible pour chaque cylindre. Cependant, quand une seule pompe à combustible doit alimenter un certain nombre de cylindres, il est particulièrement important de s'assurer, au moyen de diagrammes d'indicateur, que tous les cylindres fournissent approximativement la même quantité de travail, sinon l'un des cylindres pourrait facilement subir une forte surcharge, bien que le moteur lui-même ne développe que le débit normal. La série de diagrammes que donne la figure 9 a été prise simultanément sur un moteur à quatre temps à six cylindres de 1.500 chevaux indiqués et, dans ce cas, une seule pompe à combustible alimente tous les cylindres. On peut voir que la différence est très nettement marquée, bien qu'elle ne soit pas considérable.

CHAPITRE II

MARCHE ET FONCTIONNEMENT DU MOTEUR DIESEL

Moteur à quatre temps. — Moteur à deux temps. — Moteur à deux temps à double effet. — Moteur horizontal. — Moteur vertical à grande vitesse. — Avantages relatifs des divers types de moteurs. — Limite de puissance des moteurs Diesel. — Poids des moteurs Diesel. — Combustible pour moteurs Diesel.

La différence essentielle qui existe entre le moteur Diesel et tous les autres moteurs utilisant des combustibles liquides ou gazeux est que ce moteur est en réalité un moteur *à combustion* interne dont le fonctionnement est tout à fait l'opposé de celui des autres moteurs à gaz ou à huile qui sont, à strictement parler, des moteurs à *explosion* interne.

Moteur à quatre temps. — Dans les moteurs à gaz à quatre temps du type ordinaire à explosion, on introduit à l'intérieur du cylindre, pendant la course d'aspiration, un mélange de gaz et d'air qui est comprimé pendant la course suivante.

On détermine ensuite l'explosion du mélange de gaz par un agent extérieur (au moyen d'un allumage, par exemple) pendant la troisième course, qui est la course de travail moteur du cycle. Le mode de fonctionnement du moteur Diesel, tel qu'il a été partiellement expliqué dans le dernier chapitre, est basé sur un principe sensiblement différent.

Un moteur à quatre temps fonctionne comme suit, si nous considérons un moteur vertical du type ordinaire :

1° Pendant la première course de retour du piston, l'air, emprunté directement à l'atmosphère, est aspiré dans le cylindre du moteur en passant par un cylindre à rainures et ensuite par la soupape principale d'entrée d'air placée sur le fond supérieur du cylindre. A la fin de la course, le cylindre plein d'air pur, dont la pression est pratiquement égale à la pression atmosphérique, est prêt pour la course de compression ;

2° Pendant la course suivante, l'air est comprimé à la pression voulue, qui est en général de 35 kilogrammes par centimètre carré, tandis que la température atteint 538° à 593° C., toutes les soupapes étant naturellement fermées pendant que s'accomplit cette partie du cycle. Pendant cette période de compression, le moteur effectue une certaine quantité de travail négatif, ce qui diminue quelque peu le rendement du cycle; mais, comme la compression est très approximativement adiabatique, on récupère presque tout le travail ;

3° Pendant la première période de la troisième course qui est la course motrice, l'huile employée comme combustible est injectée dans le cylindre au-dessus du piston, par un jet d'air porté à une pression supérieure à celle qui règne dans le cylindre (environ 56 kilogrammes par centimètre carré); cette introduction a lieu au moyen d'une soupape à pointeau, de forme spéciale. La combustion se produit pendant cette période, puisque la température de l'air comprimé dans le cylindre est supérieure au point d'inflammation de l'huile employée comme combustible. La durée de cette période de la course dépend du réglage des soupapes, mais la fermeture de l'admission n'a pas ordinairement lieu plus tard que le moment qui correspond au dixième de la course à pleine charge. Après la fermeture de l'admission, quand la soupape d'admission du combustible se ferme, la combustion continue pendant une courte période ; la détente a lieu ensuite, puis il y a production de travail sur le piston pendant le reste de la course.

Au moment exact où le piston va atteindre l'extrémité de sa course, la soupape d'échappement commence à s'ouvrir et la pression baisse rapidement, car il est évident que la réalisation d'une détente presque complète exigerait l'emploi de cylindres démesurément grands ;

4° Pendant la course finale, la soupape d'échappement reste ouverte, les gaz brûlés sont expulsés hors du cylindre dans le tuyau d'échappement et un nouveau cycle commence, le cylindre étant prêt à recevoir une nouvelle injection d'air frais à la prochaine course de retour du piston.

La figure 10 représente un diagramme d'indicateur relevé sur un moteur Diesel; ab correspond à la première course, ou course d'aspiration, pendant laquelle l'air est aspiré ; pendant le parcours bc, l'air subit une compression plus ou moins adiabatique ; cd représente la combustion du fluide moteur pendant la période d'admission de la prochaine course et de la détente du mélange qui a lieu ensuite jusqu'à ce que la soupape d'échappement s'ouvre en e, pendant le reste de la course ef; la pression tombe d'autant

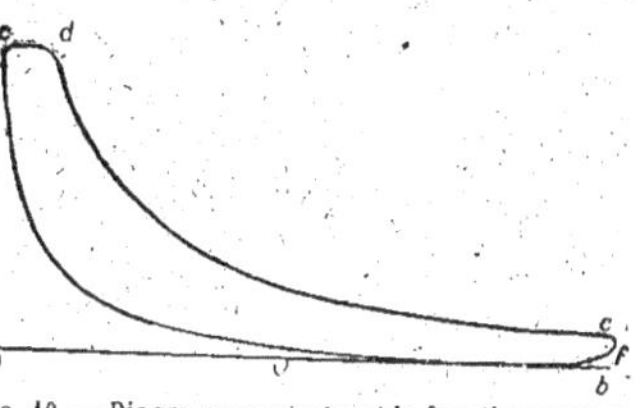

Fig. 10. — Diagramme montrant le fonctionnement d'un moteur Diesel.

plus rapidement qu'il y a expulsion d'une partie des gaz ; fa représente la course finale, pendant laquelle tous les produits de la combustion sont évacués à travers la soupape d'échappement.

A l'origine, M. Diesel se proposait de construire un moteur fonctionnant pratiquement suivant le cycle à température constante ; bien que les moteurs, tels qu'on les construit actuellement, aient un fonctionnement quelque peu différent de celui que l'inventeur avait eu l'intention de réaliser au début, la copie de la description annexée au brevet, reproduite dans l'appendice de ce volume, présentera de l'intérêt comme document historique et indiquera le but que poursuivait Diesel en établissant ses premiers moteurs.

Comme on le voit, d'après le diagramme, et d'après la description du fonctionnement des moteurs Diesel, la courbe du cycle correspondant à la combustion, qui devait être primitivement une isotherme, est en réalité une courbe à pression constante, et, en fait, elle n'est nullement une isotherme, puisque la température s'élève considérablement pendant que le combustible brûle et probablement pendant une courte période postérieure à la fermeture de l'admission. Ce genre de combustion, ainsi voulu et réalisé par Diesel, est décrit dans son second brevet.

Cependant il est très important de noter, au point de vue de la pratique, que la durée de la combustion est considérable et que, par conséquent, le temps nécessaire pour se débarrasser de la chaleur par l'intermédiaire de l'eau qui circule dans l'enveloppe est plus long que dans les moteurs à gaz où l'explosion est instantanée et où l'élévation de température doit être nécessairement très rapide.

Il s'ensuit que, pour les mêmes pressions *maximum* réalisées dans les cylindres d'un moteur à gaz et d'un moteur Diesel, l'élévation de température est beaucoup plus considérable dans le premier cas que dans le second ; on doit rappeler ici que ces pressions maximum ne sont pas très différentes, mais que, dans les moteurs à gaz, le point le plus élevé n'est pas atteint pendant la compression, mais seulement après la combustion du mélange. Un moteur Diesel peut fonctionner avec des pressions finales de compression beaucoup plus fortes qu'un moteur à gaz et n'être cependant pas soumis à des températures aussi élevées; ceci conduit à ce fait, déjà bien établi, que l'on peut obtenir par cylindre des puissances plus considérables qu'avec les types ordinaires de moteurs à combustion interne, bien que d'autres facteurs influent cependant sur cette question.

Il est évident, d'après la description précédente, que le moteur Diesel n'est pas plus un moteur à démarrage automatique que les autres moteurs à combustion interne ; la méthode employée pour mettre le moteur en marche consiste invariablement dans l'admission au cylindre d'une certaine quantité d'air qui y pénètre par une soupape spéciale de démarrage montée dans le plateau de cylindre et disposée de manière à ne pas pouvoir fonctionner en même temps que la soupape d'admission de combustible. On fait tourner le moteur à la main jusqu'à ce que la manivelle soit exactement au point mort, et il fonctionne comme un moteur à air comprimé jusqu'à ce qu'il ait atteint une vitesse suffisante pour qu'il puisse commencer à fonctionner comme moteur à huile, ce qui a lieu au bout de deux ou trois tours. Il est, par conséquent, nécessaire d'insuffler de l'air comprimé, à la fois pour produire le démarrage du moteur et pour alimenter le jet d'air nécessaire à l'injection du combustible dans le cylindre quand le moteur est en marche. Le dispositif habituel consiste dans l'établissement de trois réservoirs cylindriques à air de faibles dimensions; deux servent pour le démarrage (un comme secours) et un pour l'alimentation du jet d'injection qui est ensuite entretenu par un compresseur d'air commandé par le moteur lui-même et dont la capacité est telle qu'il puisse facilement fournir tout l'air nécessaire pour maintenir la pression voulue. Toutes les soupapes du modèle de moteur vertical sont ménagées dans le plateau de cylindre; ce moteur vertical est jusqu'ici presque universellement adopté, bien que le type horizontal soit maintenant construit sur une grande échelle par quelques maisons. Dans un moteur monocylindrique à quatre temps, il existe donc quatre soupapes : la soupape d'admission de combustible, la soupape d'entrée d'air, la soupape d'échappement et la soupape de démarrage. Chaque soupape est commandée séparément par un levier mû par une came calée sur un arbre à cames qui prend son mouvement sur l'arbre manivelle, par l'intermédiaire d'une paire de roues dentées et d'un arbre vertical. Toutes les soupapes sont maintenues sur leurs sièges par de puissants ressorts. Il est clair qu'il suffit d'un simple réglage de chaque came pour que les soupapes soient facilement mises à même de s'adapter aux exigences du moteur; par conséquent, il est évident que, dans un moteur à plusieurs cylindres, il suffit d'une seule soupape de démarrage (bien qu'il y en ait quelquefois plusieurs), puisque l'on met le moteur en marche en agissant sur un seul cylindre; les autres cylindres ne sont donc pourvus que d'une soupape d'admission de combustible, d'une soupape d'entrée d'air et d'une soupape d'échappement. La figure 11, qui représente un diagramme d'indicateur relevé sur un moteur de 250 chevaux, montre combien il est facile de s'apercevoir d'un défaut dans le réglage des soupapes, car il est évident, d'après un simple exa-

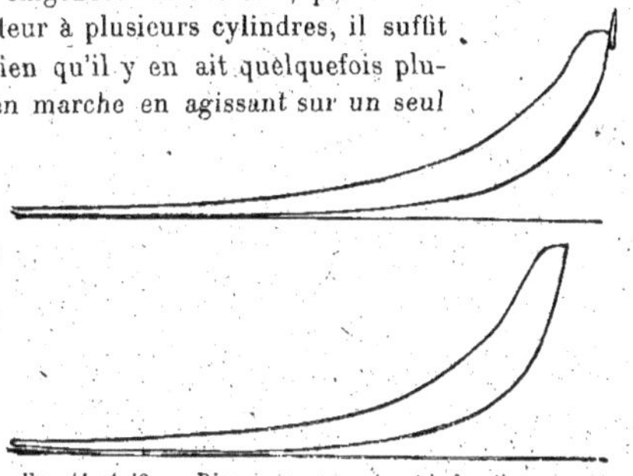

Fig. 11 et 12. — Diagrammes montrant le fonctionnement d'un moteur Diesel.

men de ce diagramme, que la combustion a lieu trop tard, parce que la soupape d'admission de combustible ne s'ouvre pas assez tôt. La figure 12 représente un diagramme d'indicateur relevé sur le même cylindre après réglage de la soupape, dans lequel l'existence d'une droite de combustion horizontale à la pression maximum montre que l'admission du combustible a lieu au moment propice.

Le compresseur d'air est disposé de différentes manières par les divers constructeurs de moteurs Diesel ; quelques-uns préfèrent le commander par un levier articulé sur la bielle, tandis que d'autres font commander le piston ou les pistons du compresseur par des excentriques calés sur l'arbre moteur. Ordinairement on emploie des compresseurs à deux ou à trois phases ; particulièrement pour les moteurs de grande puissance et pour les moteurs marins, un compresseur d'air auxiliaire indépendant commandé par un moteur Diesel, ou par tout autre moteur, est absolument indispensable. La régulation du moteur peut être réalisée de diverses manières, mais le principe généralement appliqué consiste à régler simplement la quantité d'huile admise au cylindre au moyen d'une petite pompe d'alimentation commandée par des excentriques calés sur l'arbre du régulateur. Ce mode de régulation donne évidemment un rendement meilleur que celui qu'on adopte le plus généralement dans les moteurs à gaz auxquels on appliqué le principe du tout ou rien, bien qu'évidemment quelques autres méthodes plus efficaces soient aujourd'hui employées dans les moteurs plus modernes.

On donnera dans le chapitre suivant des détails complets sur la construction des divers types de moteurs Diesel et il est inutile d'en poursuivre ici la discussion.

Moteur à deux temps. — Pendant les quelques années qui ont suivi l'introduction du moteur Diesel sur le marché, on ne construisit que des moteurs à simple effet à quatre temps; plus tard, on a réalisé un grand progrès en construisant un moteur fonctionnant d'après le cycle à deux temps. D'une manière générale, le fonctionnement d'un moteur à deux temps est le suivant :

1° Considérons le piston à l'extrémité de sa course dans sa position inférieure. Le cylindre est plein d'air à une pression voisine de la pression atmosphérique, et cet air est comprimé pendant la première course du cycle, ou course ascendante, jusqu'à ce qu'il atteigne la pression correspondant au maximum de la compression habituelle, soit 35 kilogrammes par centimètre carré, de même que dans la seconde course du cycle à quatre temps.

2° Pendant la seconde course doit s'effectuer la série d'opérations suivantes, à savoir : la combustion, la détente, l'expulsion des gaz brûlés, jusqu'à ce que l'échappement se produise ainsi que le remplissage du cylindre avec de l'air frais. Pendant la première partie de la course, le combustible est pulvérisé à l'intérieur du cylindre après avoir traversé la soupape d'admission sous l'action d'un jet d'air comprimé, comme ci-dessus. Cette soupape se ferme ensuite, et la détente a lieu pendant que le piston accomplit un trajet correspondant à environ 75 0/0 de sa course ; en ce point, l'échappement s'ouvre et l'évacuation des produits de la combustion commence. Une nouvelle quantité d'air, à la pression d'environ 280 à 560 grammes par centimètre carré, pénètre ensuite dans le cylindre par une soupape spéciale ou par une lumière pratiquée dans le cylindre ; cet air est fourni par une pompe, appelée pompe de balayage, distincte du compresseur d'air qui fournit l'air utilisé pour l'allumage ainsi que pour le démarrage, et dont la nécessité apparaît suffisamment. Tous les gaz d'échappement sont ainsi obligés de traverser les lumières d'échappement, et à la fin de la course, le cylindre qui reste plein d'air pur, avec toutes les soupapes fermées, est prêt pour la première course du cycle suivant.

Le diagramme de ce cycle ne diffère pas matériellement de celui du cycle à quatre temps, ainsi que le montre la figure 13 qui représente le cycle à deux temps. *cd* représente la combustion du fluide combustible et *de* la détente qui a lieu jusqu'en *e*. Quand les lumières d'échappement commencent à s'ouvrir, il se produit le long de *ef* une chute de température rapide et notable jusqu'en *f*.

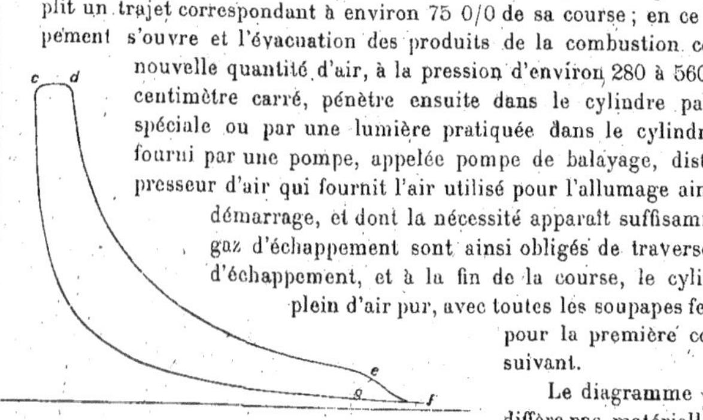

Fig. 13. — Diagramme d'un cycle à deux temps.

pendant la période d'échappement, le cylindre se remplit d'air provenant de la pompe de balayage. Il n'existe plus de droite horizontale représentant l'arrivée de l'air à la pression atmosphérique, comme dans le diagramme du cycle à quatre temps, parce que tout l'air est admis à une pression supérieure à la pression atmosphérique. L'admission de l'air continue le long de fg, jusqu'à un point fixé à l'avance g, au delà duquel la compression a lieu. La soupape ou lumière de balayage s'ouvre un peu plus tard que la lumière d'échappement, de sorte que la pression a déjà diminué quelque peu avant l'admission de l'air servant au balayage.

En ce qui concerne les détails de construction, le cycle à deux temps diffère du cycle à quatre temps par la disposition des soupapes et par l'existence d'une pompe de balayage dans le premier cas. D'autre part, les moteurs sont identiques. Dans les moteurs puissants, cette pompe est ordinairement placée dans le prolongement des cylindres du moteur, et son piston est commandé par une bielle articulée sur un prolongement de l'arbre manivelle, tandis que, dans d'autres cas, il est actionné par des leviers articulés sur la bielle motrice.

Les pompes de balayage sont étudiées pour fournir de l'air à une pression variant de 280 à 560 grammes par centimètre carré et qui dépend beaucoup des dimensions et du modèle des soupapes de balayage. Il n'y a pas de soupape d'admission d'air atmosphérique, et l'introduction de l'air servant au balayage peut avoir lieu par des soupapes montées dans le plateau de cylindre ou par des lumières ménagées près du fond de cylindre. Les lumières d'échappement, toujours disposées verticalement, s'étendent le long des parois du cylindre, à partir du fond de course du piston, sur une longueur correspondant à environ 15 0/0 de cette course.

Moteur à double effet à deux temps. — Dans ce cycle, à chaque course correspond un travail utile, et l'on peut en comprendre le fonctionnement en considérant chaque cylindre comme deux cylindres séparés ; les mêmes lumières d'échappement centrales servent pour chaque cylindre, et des soupapes d'admission séparées sont disposées à chaque extrémité. Le cylindre doit nécessairement être beaucoup plus long que celui d'un moteur à simple effet et le piston est un peu moins long que la moitié de la longueur du cylindre. Le fonctionnement est le suivant.

Considérons le piston dans sa position inférieure, quand il découvre complètement les soupapes centrales d'échappement; l'espace au-dessus du piston est rempli d'air pur qui a été injecté par la pompe de balayage ; au-dessous du piston, à l'intérieur du cylindre, se trouve l'air qui a été comprimé à haute pression pendant la dernière course de descente. La course ascendante est donc une combinaison des deux courses telles qu'elles ont lieu dans le moteur à simple effet à deux temps décrit plus haut. Au-dessus du piston l'air est comprimé, tandis que sous le piston il y a d'abord injection de combustible et combustion, puis détente, et finalement ouverture des soupapes de balayage, admission de l'air de balayage, et expulsion des gaz brûlés à travers les lumières d'échappement, qui sont découvertes comme auparavant, quand le piston atteint la fin de sa course.

Moteur horizontal. — Bien que Diesel lui-même ait construit un type de moteur horizontal au début de ses travaux, tous les moteurs Diesel construits jusqu'à il y a un an ou deux étaient du type vertical, pour des raisons d'ordre commercial. Cependant, on a récemment construit un moteur horizontal perfectionné qui peut présenter des avantages dans certains cas, quand, par exemple, la place disponible est limitée en hauteur, tandis qu'elle ne l'est pas en surface ; le moteur horizontal est, en effet, beaucoup moins haut, mais occupe une surface beaucoup plus grande que le moteur vertical.

Ce moteur se construit à simple ou à double effet et ne diffère pas, dans ses détails essentiels, du moteur vertical, en ce qui concerne le mode général de fonctionnement. La soupape d'admission de combustible est disposée horizontalement à l'extrémité du cylindre, tandis que l'entrée d'air, ainsi que les soupapes d'échappement ou de balayage suivant le cas, sont placées sur la génératrice supérieure du cylindre ; le tout est actionné par des leviers commandés par des cames ou par des excentriques calés sur un arbre horizontal, à peu près comme dans les moteurs à gaz horizontaux ordinaires ; l'arbre à cames est commandé au moyen d'engrenages par l'arbre moteur principal.

Le compresseur, ordinairement accouplé directement sur l'arbre manivelle, peut être du type à deux ou à trois phases ; il est généralement du type duplex. Le moteur possède l'avantage d'être aisément accessible dans toutes ses parties pour le nettoyage et les réparations ; la pression sur la plaque de fondation et sur le massif est notablement diminuée ; la dépense initiale d'installation est donc un peu moindre que pour un moteur vertical.

Moteurs verticaux à grande vitesse. — Quand il s'agit d'installations fixes, principalement destinées à la commande des dynamos pour la production de l'électricité, les moteurs à grande vitesse offrent plus d'avantages que les moteurs à marche lente, car leur emploi permet de diminuer les dimensions, le prix et le poids de la dynamo, ce qui réduit d'autant leur propre importance et leur poids. La vitesse habituelle du moteur Diesel vertical ordinaire à quatre temps, à marche lente, varie, suivant la puissance, de 150 à 250 tours par minute ; mais le modèle à grande vitesse, qui est maintenant construit par un grand nombre de maisons, tourne à des vitesses comprises entre 180 et 350 tours et plus.

Le principe de ce moteur est exactement le même que celui du moteur à marche lente, mais tous les organes sont ordinairement protégés par une enveloppe, et on a recours au graissage forcé sous une pression de $3^{kg},5$ à $5^{kg},6$ par centimètre carré.

La chambre des manivelles, hermétiquement close, est munie de portes de visite comme il en existe dans les moteurs verticaux à vapeur parce que l'arbre à came et les cames tournent, en général, en vases clos dans un bain d'huile.

Les avantages que l'on attribue au moteur à grande vitesse sont, en dehors de l'économie qui résulte du mode de commande, la réduction d'encombrement, de poids et de hauteur, ainsi qu'une légère diminution du capital investi.

Avantages relatifs des divers types de moteurs. — L'étude et la construction des machines offrent, en général, matière à compromis, et il est difficile, ou même impossible, d'énoncer des lois générales qui puissent toujours être appliquées, parce que, dans beaucoup de cas spéciaux, des considérations particulières modifient la manière de faire ordinaire qui conduirait au dispositif le plus convenable et le plus efficace. Les remarques suivantes, relatives aux applications des divers types de moteurs, peuvent être, en conséquence, regardées comme devant s'appliquer dans les cas où aucune considération spéciale ne rend opportun ou nécessaire l'abandon de la pratique habituelle.

Les constructeurs ont actuellement une grande expérience des moteurs Diesel à marche lente du type à quatre temps, dont le rendement doit forcément être légèrement plus élevé que celui de tout autre moteur ; d'autre part, leur commodité absolue et la modicité des dépenses d'exploitation qu'ils entraînent ont été surabondamment démontrées pendant les quinze dernières années.

Ces faits suffisent pour justifier la généralisation des applications de ce type pendant une longue période de temps et, quand il s'agit de moteurs de puissances faibles ou modérées, il est difficile d'entrevoir les raisons qui pourraient conduire à ne pas les adopter pour les installations fixes, excepté dans les cas où l'on ne dispose que d'une surface ou d'une hauteur très limitées. On tend depuis quelques années à employer des moteurs plus puissants ; cette tendance ira probablement en s'accentuant de plus en plus dans l'avenir, et, considérée à ce point de vue, la question prend un aspect quelque peu différent. La puissance maximum qu'il est prudent de développer dans un moteur à quatre temps est relativement faible, et comme, en adoptant un nombre de cylindres supérieur à quatre ou à six, on atteindrait un maximum qui rendrait le moteur trop lourd, on arrive à la conception d'un point limite dans la puissance du moteur. Si l'on ne désire pas employer malgré tout le système à quatre temps, quand cette limite est atteinte, on doit sacrifier la petite différence de rendement qui existe entre les deux modèles à la réalisation d'un fonctionnement meilleur.

Beaucoup de constructeurs établissent des modèles types de moteurs à quatre temps atteignant 700 et même 1.000 chevaux ; mais, au-dessus de cette puissance, on adopte le dispositif à simple effet à deux temps. En poursuivant ce mode de raisonnement, on peut établir que, pour des moteurs très puissants, le dernier terme de l'évolution est le moteur à double effet à deux temps, mais cette solution n'apparaît pas forcément comme nécessaire. On a déjà construit des moteurs Diesel à simple effet et à deux temps développant 1.200 HP par cylindre, et la réalisation d'un moteur monocylindrique développant 2.000 HP n'apparaît pas comme une difficulté insurmontable, de sorte que, s'il ne s'agit que de la simple question de pouvoir obtenir une grande puissance, l'adoption du double effet n'est pas indispensable. Comme on l'a expliqué, l'emploi du double effet comporte certaines difficultés, telles que la question du refroidissement du piston et des tiges de piston et la possibilité de troubles dans le fonctionnement des garnitures des tiges de piston ; ces difficultés ont certainement été surmontées d'une manière satisfaisante par quelques constructeurs, mais elles n'ont cependant jamais été étudiées très sérieusement ; il faut en tenir compte quand on doit se prononcer sur les avantages relatifs du moteur ; il faut aussi remarquer que l'on arrive, pour les cylindres de balayage, à des dimensions tellement considérables qu'elles annulent en partie le bénéfice procuré par l'emploi du moteur à double effet en ce qui concerne l'économie d'encombrement. Il est possible que, pour de très grandes puissances, on ait recours au moteur à double effet horizontal.

Dans le moteur à simple effet à deux temps, la puissance obtenue par cylindre est théoriquement le double de celle que donnerait le cycle à quatre temps, parce qu'avec le double effet on peut développer des puissances beaucoup plus grandes et que, par conséquent, le moteur est considérablement plus léger pour la même puissance. Les proportions théoriques ne correspondront pas complètement à celles que l'on obtient dans la pratique, à cause de l'impossibilité d'utiliser efficacement le volume total du cylindre dans les moteurs à deux temps.

Ceci provient de la nécessité de loger les lumières d'échappement et, si possible, les lumières de balayage dans les parois du cylindre et, si l'on compare les types à deux et à quatre temps, on peut généralement poser en principe que l'on n'utilise réellement qu'environ 75 à 80 0/0 du volume du cylindre. Toutes choses égales d'ailleurs, il paraît prudent d'adopter le type à deux temps et de donner la préférence aux moteurs à double effet ; mais, cependant, nous signalerons quelques considérations particulières qui influent sur la question. Le rendement d'un moteur à deux temps n'est pas tout à fait aussi élevé que celui d'un moteur à quatre temps, parce que l'introduction de l'air de balayage ne permet pas d'atteindre la détente la plus parfaite et que, de plus, la commande de la pompe de balayage entraîne une autre perte de puissance ; on peut prendre comme règle générale que le moteur à deux temps a un rendement inférieur de 3 à 4 0/0 à celui du moteur à quatre temps, ce qui est suffisant pour justifier l'emploi du dernier, à moins que l'espace disponible pour l'installation du moteur ne soit limité, parce qu'évidemment le moteur à quatre temps prend beaucoup plus de place que le moteur à deux temps.

En ce qui concerne les moteurs Diesel du type marin, le moteur à quatre temps doit être certainement écarté pour les grands navires, malgré son rendement élevé. On a déjà construit plusieurs moteurs marins de 1.500 chevaux à quatre temps, mais il est peu probable que l'on continue à en construire ; cette solution n'a probablement été adoptée que depuis que l'on a acquis une grande expérience de ce type de moteurs ; on désirait diminuer autant que possible ce que l'on peut appeler les risques expérimentaux de l'installation. Deux raisons importantes rendent le moteur à deux temps bien préférable au moteur à quatre temps pour les applications à la marine ; la première est la réduction d'encombrement et de poids, la seconde est la facilité plus grande que l'on a de renverser le sens de la marche des moteurs à deux temps, comparativement à la complication de mécanisme et aux difficultés qu'offrent à ce point de vue les moteurs à quatre temps. De plus, les moteurs à deux temps du type marin ont un autre avantage à leur actif, c'est qu'ils n'exigent pas en réalité de soupapes d'échappement, car ils sont simplement munis de lumières qui, balayées à chaque tour par l'air de balayage, ne s'encrassent pas, et n'exigent pas de nettoyage.

En pratique, dans un moteur Diesel à quatre temps, les seuls organes à surveiller sont les soupapes d'échappement et d'admission de combustible ; elles doivent, si possible, être nettoyées une fois tous les quinze jours ; mais, si on a le soin de maintenir l'échappement propre et exempt de suie, la soupape d'échappement peut rester en service pendant au moins six mois sans être nettoyée.

La fréquence des nettoyages est un inconvénient sur les navires accomplissant de longs voyages, bien que divers moyens aient été étudiés pour surmonter cette difficulté, tels que le dispositif qui consiste à isoler les cylindres l'un de l'autre et à démonter la soupape d'admission de combustible pendant un ralentissement de la marche du moteur, méthode qui a été employée à plusieurs reprises.

Il est naturellement préférable d'écarter complètement la nécessité des nettoyages, ce qui supprime toute possibilité de troubles dans le fonctionnement de la machine.

Pour les puissances inférieures à 1.500 ou 2.000 chevaux cependant, il n'est pas douteux qu'un grand avenir soit réservé au moteur à quatre temps, malgré son infériorité en ce qui concerne le poids, le prix de revient et la complication ; ce fait a été surabondamment démontré par le succès des divers navires actuellement en service qui sont actionnés par des moteurs Diesel à quatre temps.

La question est maintenant de savoir s'il faut employer le moteur à deux temps à simple effet ou à double effet : on peut mentionner, en passant, que les maisons qui construisent le moteur Diesel rejettent actuellement le système à double effet bien que des moteurs de ce type fonctionnent aujourd'hui d'une manière satisfaisante. On peut obtenir des puissances par cylindre plus considérables et, en fait, le nombre des cylindres moteurs peut être réduit de moitié par rapport à celui qu'exige le moteur à simple effet, pour la même puissance et pour le même couple de rotation. La principale objection que l'on puisse faire est qu'il existe toujours un certain danger d'échauffement des garnitures de tiges de piston, accident qui s'est quelquefois produit avec des moteurs à gaz à double effet ; le danger est d'ailleurs plus grand pour les moteurs Diesel, étant donné l'emploi simultané de températures et de pressions élevées, et de pressions plus inégales. Le moteur à double effet est nécessairement plus compliqué que le moteur à simple effet, et bien que ce fait ne soit pas un obstacle à son succès, on doit rechercher la simplicité pour les moteurs marins et apporter la plus grande attention aux questions d'accessibilité des organes et de facilité de réparations, dans toute étude qui doit être soumise à l'approbation d'un ingénieur mécanicien de navire. Les moteurs à double effet exigent de puissantes pompes de balayage, dont les dimensions sont comparables à celles des cylindres moteurs, de sorte que l'économie d'encombrement et de poids n'est pas aussi considérable que l'on pourrait s'y attendre à première vue. De plus, on doit veiller avec le plus grand soin au refroidissement des pistons, des tiges de pistons, des lumières d'échappement, etc.

Dans un moteur à double effet, il est impossible de placer l'admission de combustible au centre de la culasse du cylindre, parce qu'elle est traversée par la tige de piston ; en effet, dans les moteurs horizontaux, la tige de piston est quelquefois disposée de manière à traverser le fond arrière du cylindre, ce qui permet de supporter le poids du piston. Ceci conduit à la nécessité de placer l'admission de combustible excentriquement, méthode qui ne donne pas un aussi bon rendement et qui, de plus, complique beaucoup la distribution : les soupapes placées sur le fond de cylindre ne sont pas d'un accès aussi facile pour les visites et les réparations. Si dans le type vertical le combustible est introduit au centre du fond de cylindre supérieur et excentriquement par rapport au fond de cylindre intérieur, il en résulte une différence dans la distribution des pressions pendant les courses de montée et de descente du piston, différence dont il faut tenir compte dans l'étude. Un autre fait qui, jusqu'à un certain point, constitue un inconvénient pour le moteur à double effet, est l'égalité des espaces nuisibles existant entre le piston et le plateau de cylindre à chaque extrémité ; il est par conséquent impossible de monter les extrémités des cylindres de la même manière que celles des moteurs à simple effet, notamment par l'introduction ou le retrait d'une cale à l'arrière du coussinet de grosse tête de la tige de piston, et l'on doit adopter un dispositif spécial.

En fait il y a peu de raisons de supposer que l'on doive adopter soit le moteur à simple effet, soit le moteur à double effet à l'exclusion l'un de l'autre parce que, si l'on peut atteindre des puissances aussi considérables qu'il peut être nécessaire, dans des cylindres travaillant à simple effet, le but principal du système à double effet disparaît. Évidemment le choix d'un type de moteur marin peut être influencé par des considérations autres que les considérations purement théoriques, et le seul pronostic que l'on puisse exprimer en ce qui concerne l'avenir du moteur type marine est que l'adoption exclusive du système à deux temps est extrêmement probable, une fois que l'on aura dépassé la période expérimentale qui durera encore plusieurs années ; mais la question de savoir lequel triomphera finalement du moteur à simple effet ou du moteur à double effet est un problème que l'expérience de l'avenir peut seule résoudre.

Vitesses des moteurs. — On pensait autrefois que les vitesses des moteurs Diesel, correspondant au maximum d'économie, devaient être légèrement plus élevées qu'il n'était désirable au point de vue du rendement de l'hélice, particulièrement pour les cargos à faible vitesse auxquels ce moteur est spécialement applicable. Il semble cependant, d'après les résultats récents de la pratique, qu'il y ait peu de raisons de supposer que le moteur Diesel doive être considéré comme inférieur aux machines à vapeur, bien que la plupart des premiers navires à moteurs aient été munis de moteurs fonctionnant à des vitesses beaucoup plus élevées que les machines à vapeur de même puissance.

En tout cas, la différence n'est pas très importante au point de vue de la consommation réelle totale de combustible, mais on désire, en même temps, pour beaucoup de raisons, que le moteur Diesel réponde autant que possible aux exigences de la pratique actuelle en matière de marine. Même les moteurs d'une puissance aussi faible que ceux de 800 chevaux sont étudiés pour marcher à la vitesse de 100 tours par minute et au-dessous ; des moteurs récents de 2.000 chevaux ont été étudiés pour une vitesse normale de 90 tours par minute, dans le cas de navires marchant à 10 ou 12 nœuds.

On a trouvé commode de faire tourner ces moteurs à des vitesses minimum inférieures de 25 à 30 0/0 à la vitesse normale, ce qui laisse une marge pratique suffisante dans la plupart des cas.

Le moteur Diesel satisfait par conséquent à toutes les exigences, en ce qui concerne la vitesse, bien qu'on ait néanmoins employé dans certains cas un réducteur de vitesse mécanique ou hydraulique, et, dans au moins un cas, un système de transmission électrique utilisant des moteurs Diesel fixes à grande vitesse.

Limite de puissance des moteurs Diesel. — Un des principaux obstacles qui s'opposent au développement des moteurs à combustion interne est la difficulté de réaliser un moteur de grande puissance, fonctionnant d'une manière satisfaisante, sans multiplier à l'excès le nombre des cylindres. La nécessité de l'obtention de moteurs à grande puissance a conduit à l'introduction des moteurs à gaz à deux temps et à double effet, principalement pour permettre l'emploi des gaz de hauts fourneaux ; l'expérience acquise à ce sujet a été utilisée pour le plus grand avantage des constructeurs de moteurs Diesel. On construit actuellement des moteurs à gaz des divers types atteignant 4.000 chevaux munis de cylindres de 1.000 chevaux chacun, et on n'a rencontré aucune difficulté insurmontable dans la construction ou dans l'exploitation de ces moteurs. Il existe plusieurs raisons pour lesquelles des moteurs fonctionnant suivant le cycle Diesel sont capables de développer de plus grandes puissances par cylindre que les moteurs à gaz fonctionnant suivant le cycle à volume constant. Comme on peut le remarquer en examinant les diagrammes d'indicateur relevés sur un moteur Diesel, la pression moyenne effective exercée sur le piston est notablement plus élevée que dans le cas d'un moteur à gaz ; la moyenne, qui varie de 7 kilogrammes à $7^{kg},73$ par centimètre carré, atteint même dans quelques cas $8^{kg},78$ par centimètre carré, alors qu'elle ne dépasse pas $4^{kg},2$ à $4^{kg},9$ par centimètre carré dans les moteurs à gaz. Pour un cylindre ayant le même volume, un moteur Diesel développera donc une puissance plus élevée qu'un moteur à gaz. L'élévation de température est l'élément qui a probablement le plus d'influence sur la limitation des dimensions des cylindres de moteurs ; comme on l'a vu, elle est moindre dans les moteurs Diesel que dans les moteurs à gaz, parce que, dans les premiers, l'espace nuisible a un volume moins considérable que dans les seconds, car il ne dépasse pas 6 à 8 0/0, tandis qu'il atteint 25 0/0 et plus dans les moteurs à quatre temps, bien que la proportion ne conserve pas la même valeur quand il s'agit de moteurs à grande puissance ou à deux temps. Il est difficile de dire exactement à l'heure actuelle quelle est la puissance maximum qu'il serait facile de développer en toute sécurité dans un cylindre de moteur Diesel, et on ne pourra pas être fixé sur ce point d'une manière exacte tant que l'on n'aura pas acquis l'expérience de l'avenir. Le diamètre du piston ne peut pas être augmenté d'une manière sérieuse à cause de la pression élevée qui résulte de la compression et des pressions excessives qui se produiraient sur la bielle motrice et sur la manivelle, parce que, avec des cylindres de très grand diamètre, il devient quelque peu difficile de réaliser un refroidissement efficace de la tige de piston.

Cette question a surtout de l'importance dans le cas des moteurs marins, car il est vrai de dire que l'on peut aujourd'hui construire des moteurs Diesel du type fixe développant toute la puissance que l'on peut raisonnablement désirer. Etant donné l'expérience déjà acquise en ce qui concerne les moteurs de grande puissance, l'opinion des ingénieurs est que l'on ne rencontre pas de difficultés insurmontables dans la construction de moteurs Diesel à deux temps et à simple effet développant 2.000 chevaux par cylindre ou de moteurs à double effet développant 4.000 chevaux.

En fait, on a déjà construit deux moteurs à deux temps à double effet à trois cylindres d'une puissance supérieure à 8.000 chevaux qui fonctionnent d'une manière satisfaisante ; l'un d'eux développe près de 2.800 chevaux par cylindre. Par conséquent, des moteurs de 15.000 à 20.000 chevaux paraissent être dans les limites d'une réalisation immédiatement possible. On pourra très probablement construire très prochainement des moteurs développant près de 4.000 chevaux par cylindre, ce qui permettra d'obtenir les plus grandes puissances que l'on puisse souhaiter de réaliser quant à présent.

POIDS DES MOTEURS DIESEL A QUATRE CYLINDRES

DIAMÈTRE des CYLINDRES en millimètres	COURSE des PISTONS en millimètres	NOMBRE de TOURS par minute	NOMBRE de CHEVAUX mesurés au frein	POIDS en TONNES	POIDS par CHEVAL mesuré au frein en kilogrammes	TYPE
345	490	195	200	30	149	vertical à 4 temps à simple effet
445	633	175	400	54	136	id.
533	762	167	600	85	142	id.
659	925	150	1.000	154	154	id.
584	821	150	1.200	140	117	horizontal à 4 temps à double effet
758	1.030	125	2.000	218	109	id.
942	1.334	94	3.000	356	119	id.
1.030	1.438	94	4.000	414	103	id.
430	657	187	400	50	125	horizontal à 4 temps à simple effet
481	719	167	500	66	132	id.
508	762	167	600	75	125	id.
533	801	167	700	86	123	id.
497	772	167	1.000	70	70	horizontal à 2 temps à simple effet
618	821	150	1.500	110	73	id.
688	925	150	2.000	150	75	id.

Poids des moteurs Diesel. — Les poids des divers moteurs Diesel fixes présentent un grand intérêt en ce qui concerne leur comparaison ; on n'a considéré pour le moment que les moteurs fixes ; les moteurs de marine étant envisagés à part dans le chapitre des moteurs Diesel marins. L'économie de poids est avantageuse à divers égards, dont le plus intéressant est peut-être la possibilité de diminuer considérablement le prix de revient, point de vue très important en ce qui concerne les moteurs à pétrole du type à compression élevée.

Le tableau précédent, qui indique les poids réels de quelques moteurs de la Société d'Augsbourg-Nuremberg, ne s'applique pas en général à tous les types, mais les différences ne sont pas grandes et les chiffres sont suffisamment exacts pour permettre les comparaisons. Les moteurs horizontaux sont plus légers que ceux du type vertical et les moteurs verticaux à deux temps ne paraissent pas aussi avantageux que les moteurs horizontaux, bien qu'ils se rapprochent de très près de ces derniers. Les poids donnés suffisent pour montrer qu'on peut construire un moteur Diesel à deux temps au prix de 150 à 200 francs par cheval mesuré au frein, tandis que le prix du type à quatre temps est voisin de 250 francs, même pour les modèles puissants.

Combustibles pour moteurs Diesel. — D'une manière générale, on peut dire qu'en pratique toutes les huiles peuvent être employées dans les moteurs Diesel. Les principales huiles que l'on produise actuellement et que l'on puisse obtenir en grande quantité sont les huiles naturelles que fournissent les puits de mines exploités dans toutes les parties du monde et les huiles résultant de la distillation de la houille et du lignite. La question s'est posée de savoir si le développement de l'emploi du moteur Diesel n'aurait pas pour conséquence une raréfaction du pétrole disponible pouvant produire une élévation de prix qui diminuerait le grand avantage que présente actuellement ce moteur au point de vue de l'économie. Cependant, si l'on considère que la production mondiale annuelle des puits de pétrole est voisine de 50 millions de tonnes et augmente rapidement, il est difficile d'imaginer que cette crainte puisse devenir une réalité. A l'heure actuelle, tous les moteurs Diesel existant consomment une faible proportion de la production mondiale; de plus, l'opinion unanime des géologues est qu'il existe dans beaucoup de régions du globe de vastes gisements de pétrole encore inexploités, et que la réserve de production est presque illimitée. Il semble cependant que dans l'avenir, par suite de l'augmentation des demandes de pétrole brut, la production se développera dans de larges proportions, et que le prix du pétrole doive plutôt tendre vers la baisse que vers la hausse. Il paraît peu douteux que l'on découvre actuellement plus de gisements pétrolifères que de mines de houille, par conséquent, une augmentation de prix du pétrole est moins vraisemblable qu'une hausse de la houille.

Il s'est produit et il se produit encore des variations temporaires et artificielles dans les prix, à cause des conditions dans lesquelles l'huile est offerte sur le marché; mais il ne faut pas attacher trop d'importance à ce fait, bien qu'il puisse à certains moments nuire au développement des moteurs Diesel.

Il faut cependant rappeler ce fait que la plupart des pays dans lesquels l'emploi des machines s'est le plus développé — principalement la plupart des pays européens — ne sont pas des pays producteurs de pétrole, et dépendent par conséquent, de sources étrangères pour leur approvisionnement en huiles naturelles, Ce fait n'a pas beaucoup d'importance en Angleterre et dans d'autres pays, tels que la Belgique, le Danemark et la Suède où il n'existe pas de droits d'entrée sur le pétrole importé ; la différence est grande au contraire en Allemagne, en France, en Italie et en Espagne où les droits sont élevés ; le cas est particulièrement grave en Allemagne et en France et, dans ce dernier pays, les droits sont tellement élevés, qu'ils empêchent l'emploi des moteurs Diesel marchant au pétrole brut. La question peut être expliquée clairement en citant les prix approximatifs des pétroles bruts que l'on peut obtenir à l'heure actuelle. La valeur approchée sur le gisement est de 18^{fr},75 à 31^{fr},25 par tonne prise au puits, et atteint 43^{fr},75 à 61^{fr},50 par tonne rendue dans un port européen. En Allemagne, les droits d'entrée sont d'environ 45^{fr},20 par tonne, c'est-à-dire à peu près équivalents à la valeur réelle du pétrole, ce qui rend la dépense de combustible d'un moteur Diesel marchant au pétrole naturel brut beaucoup plus élevée qu'en Angleterre. C'est pour cette raison que l'on a étudié de très près, en Allemagne et ailleurs, la question de l'utilisation d'huiles autres que les pétroles bruts ; on a surtout employé les huiles provenant de la distillation de la houille et du lignite que l'on peut obtenir en quantités importantes. Les huiles de lignite conviennent à tous égards pour les moteurs Diesel et sont employées depuis de longues années, mais leur prix est élevé (93^{fr},75 par tonne) et on ne réalise ainsi qu'une faible économie, par comparaison avec les pétroles bruts importés.

On produit en Allemagne beaucoup plus de goudron provenant de la distillation de la houille que de goudron de lignite : on dispose pour la vente d'un tonnage de goudron de houille, qui est environ le double de celui du goudron de lignite, à un prix inférieur à 50 francs par tonne. A l'origine, on rencontrait, dans l'emploi de l'huile de goudron de houille dans les moteurs Diesel, une difficulté qui résultait de son point d'inflammation élevé, qui est égal ou supérieur à 210°C. Avec les moteurs de construction ordinaire, on avait donc besoin, dans le cylindre, d'une compression beaucoup plus élevée pour enflammer le combustible qu'en employant les résidus de pétrole dont le point d'inflammation est inférieur à 93° C.

Afin d'éviter une compression exagérée, on a généralement adopté un dispositif qui a donné satisfaction à tous égards : il consiste à injecter dans le cylindre, au moyen du pulvérisateur, un peu de pétrole brut immédiatement avant l'introduction de la charge principale d'huile de goudron ou en même temps que cette charge ; la dose habituellement admise varie de 5 à 10 0/0 du poids total de combustible.

Cette précaution n'est même pas toujours nécessaire, si l'on adopte le réchauffage préalable.

Le combustible injecté au début s'enflamme et la température qui résulte de cette combustion suffit pour allumer l'huile, dont le point d'inflammation est plus élevé, quand il pénètre dans le cylindre, sans qu'il soit nécessaire d'augmenter la pression correspondant à la compression. On peut employer la même soupape d'admission de combustible pour les deux injections, et elle convient sans modification pour toutes les autres huiles. Ce dispositif, qui a été appliqué avec beaucoup de succès, est aujourd'hui très généralement adopté. Le pouvoir calorifique de l'huile de goudron de houille est d'environ 16.000 B. Th. U. (8.880 cal.), alors que celui des pétroles bruts ou des résidus varie de 18.000 à 19.000 B. Th. U. (9.990 à 10.545 cal.) ; la consommation d'un moteur Diesel de puissance moyenne, fonctionnant à pleine charge, est légèrement plus élevée qu'avec les huiles naturelles et varie en rapport inverse des pouvoirs calorifiques correspondants ; elle est ordinairement d'environ 204 grammes par cheval-heure mesuré au frein pour des moteurs de puissance modérée.

Le pétrole employé dans les moteurs Diesel en Angleterre et dans tous les pays de production, ainsi que dans ceux où le pétrole est exempt de droits de douane, est connu sous le nom d'huile brute ou résiduelle. On l'obtient en traitant le pétrole par distillation à la sortie du puits ; les huiles légères, telles que la benzine et le pétrole lampant, distillent en premier lieu et abandonnent l'huile résiduelle. Son poids spécifique est ordinairement compris entre 0,85 et 0,92 ; étant donné son point d'inflammation élevé, elle ne convient nullement pour l'éclairage, pas plus que pour la plupart des moteurs à explosion tels que les moteurs à pétrole, bien qu'on puisse l'utiliser dans certains moteurs, tels que ceux de Brons et Bolinder.

Bien que la question du prix de l'huile combustible pour moteurs Diesel ait une très grande importance, elle n'exercera jamais sur la prospérité de l'industrie du moteur Diesel une influence vitale, quelle que puisse être la hausse du combustible. En effet, comme on le verra plus loin, l'économie de combustible que procure ce type de moteur n'est pas le seul avantage qui puisse le faire prendre en considération.

On emploie aujourd'hui, pour actionner les moteurs Diesel, un très grand nombre d'huiles de pétrole différentes parmi lesquelles on peut mentionner l'huile brute du Texas et de Tarakan ainsi que les huiles résiduelles provenant de nombreux autres pays. Les pétroles de Californie, de Roumanie et ceux qui proviennent des gisements de la Galicie ont été communément utilisés pendant nombre d'années. Récemment, étant données les énormes quantités d'huiles fournies par le Mexique, on a employé aussi le pétrole mexicain. Le pétrole de la Trinité est maintenant offert sur le marché, ainsi que celui de la Perse, de sorte qu'il y a un grand choix.

Il n'y a pas grand'chose à dire en ce qui concerne la composition des pétroles, parce qu'en pratique tous conviennent parfaitement pour chaque type de moteur Diesel. Le seul point à noter est que les pétroles à base d'asphalte sont susceptibles de laisser déposer une quantité considérable de cendre sur les soupapes et sont par conséquent inférieurs à ceux qui ne sont pas à base d'asphalte. Le pétrole mexicain est peut-être l'un des meilleurs à ce point de vue. En ce qui concerne la question de la teneur en soufre, que beaucoup de personnes considèrent comme un élément important et nuisible des pétroles destinés à être employés dans les moteurs Diesel, on a démontré récemment, par un grand nombre d'essais, que leur effet réel est pratiquement négligeable (même quand il existe dans le pétrole à une teneur atteignant 4 ou 5 0/0). Ceci provient principalement du fait qu'il n'existe pas d'humidité dans le cylindre du moteur Diesel et que, sans humidité, il n'y a pas formation d'acide sulfurique, ce qui est la principale cause des inconvénients dus à la présence du soufre. Les vues actuelles sont si précises que l'Amirauté a modifié son cahier des charges pour la fourniture de pétrole afin de se conformer aux nouvelles idées à ce sujet. Le poids spécifique de la plupart des pétroles employés dans les moteurs Diesel varie entre 0,9 et 0,97 ; le point d'inflammation est généralement compris entre 220° à 250° Fahr. (105° C. à 121° C.).

On peut obtenir d'intéressants détails complémentaires en ce qui concerne l'emploi du pétrole comme combustible dans les moteurs Diesel en consultant l'ouvrage du Dr Sommer : *Le pétrole considéré comme source d'énergie à bord des navires*, ouvrage dont est extrait le tableau suivant :

	POIDS SPÉCIFIQUE	DEGRÉS BAUMÉ	POUVOIR CALORIFIQUE APPROXIMATIF DÉTERMINÉ PAR ESSAI		0/0
			Calories	Unités thermiques britanniques	
Pétrole léger roumain.......	0,871	31,9	10,712	19,282	100,0
Combustible de l'Amirauté...	0,907	24,25	10,696	19,253	99,8
Combustible roumain.......	0,927	20,95	10,557	19,003	98,5
Résidus roumains..	0,928	20,8	10,558	19,004	98,5
Pétrole brut de la Trinité....	0,945	18,05	10,200	18,360	95,2
Résidus roumains..........	0,946	17,9	10,540	18,918	98,1
Pétrole brut de Tarakan	0,948	17,6	10,487	18,877	97,8
Résidus de la Trinité.......	0,964	15,5	10,224	18,405	95,4

L'Amirauté britannique a publié un cahier des charges pour pétrole combustible qui a été modifié à une époque relativement récente et dont les termes actuels sont les suivants :

Qualité. — Le pétrole combustible fourni doit consister en hydrocarbures liquides et peut être soit : a) de l'huile de schiste, ou b) du pétrole, comme on peut l'exiger, soit c) un produit de distillation ou un résidu de pétrole, et il doit satisfaire aux exigences de l'Amirauté en ce qui concerne le point d'inflammation, la fluidité aux basses températures, la teneur en soufre, la présence de l'eau, l'acidité et l'absence d'impuretés.

Le point d'inflammation ne doit pas être inférieur à 175° Fahr. (80° C.) à l'essai de précision (Abel ou Pensky-Martens) (ceci correspond à un point d'inflammation de 200° Fahr. (93° C.) en 1910).

L'huile de combustible fournie doit être aussi exempte que possible d'acide et, en tout cas, la quantité d'acide ne doit pas excéder 0,05 0/0 calculés sous forme d'acide oléique, quand on essaie l'huile en l'agitant avec de l'eau distillée et en déterminant par titration, au moyen d'alcali décinormal, la quantité d'acide retenue par l'eau, le méthylorange étant employé comme indicateur (en 1910 on exigeait que le pétrole fût exempt d'acidité).

La quantité d'eau fournie avec l'huile ne doit pas dépasser 0,5 0/0.

La viscosité de l'huile fournie ne doit pas dépasser 2.000 pour un débit de 50 centimètres cubes, à la température de 32° Fahr. (0° C.), la détermination étant faite au moyen du viscosimètre étalon de Sir Boverton Redwood (modèle de l'Amirauté pour les huiles combustibles).

L'huile fournie doit être exempte de matières terreuses, charbonneuses, fibreuses ou d'autres impuretés susceptibles d'obstruer les brûleurs.

Si l'agent réceptionnaire l'exige, l'huile doit être filtrée par pompage à la sortie des réservoirs ou du navire-citerne au moyen de filtre en toile métallique ayant 16 mailles par pouce.

La qualité et l'espèce de l'huile fournie doivent être complètement décrites. La source d'origine d'où l'huile a été obtenue sera indiquée en détail, de même que le traitement auquel elle a été soumise et le lieu du traitement. Le rapport de la qualité de l'huile fournie à celle de l'huile brute type est indiqué sous forme d'un pourcentage.

Étant donné le large emploi de l'huile de goudron en Allemagne, et son utilisation probable en Angleterre sur une beaucoup plus vaste échelle dans l'avenir, la spécification de cette huile de goudron, telle que la fournit une grande firme allemande, mérite d'être citée.

Spécification d'une huile de goudron appropriée aux moteurs Diesel (Communiqué par le Syndicat allemand de production du goudron d'Essen-sur-Ruhr). — 1° Les huiles de goudron ne contiendront que des traces d'éléments insolubles dans le xylol. Cet essai est effectué comme suit : on mélange 25 grammes d'huile avec 25 grammes de xylol, on agite et on filtre. On sèche et on pèse le papier-filtre avant de l'employer et, après la filtration, on le lave complètement dans du xylol chaud. Après nouveau séchage, le poids ne doit pas avoir augmenté de plus d'un décigramme ;

2° La teneur en eau ne doit pas excéder 1 0/0. L'essai pour la détermination de la teneur en eau est fait par la méthode bien connue au xylol ;

3° Le résidu de coke ne doit pas dépasser 3 0/0 ;

4° Quand on effectue l'essai pour la détermination du point d'ébullition, au moins 60 0/0 en volume de l'huile traitée doit distiller sous l'influence de la chaleur jusqu'à ce que la température de 300° C. soit atteinte. L'essai d'ébullition et l'analyse sont effectués conformément aux règles énoncées par le Syndicat ;

5° Le pouvoir calorifique minimum ne doit pas être inférieur à 8.800 calories par kilogramme (15.800 B. T. U's par livre). Pour les huiles d'un pouvoir calorifique moindre, l'acheteur a le droit de déduire 2 0/0 du prix net de l'huile fournie, pour chaque calorie en moins au-dessous de ce minimum ;

6° Le point d'inflammation, déterminé dans un creuset ouvert par la méthode de von Holde pour les huiles de graissage, ne doit pas être inférieur à 65° C. ;

7° L'huile doit être complètement fluide à 15° C. L'acheteur n'a pas le droit de refuser les huiles sous prétexte que des émulsions apparaissent après cinq minutes d'agitation quand l'huile est refroidie à 8°.

On doit inviter les acheteurs à munir leurs citernes servant à l'emmagasinage de l'huile et les tuyauteries d'huile, de dispositifs de chauffage afin de dissoudre les émulsions causées par toute chute de température au-dessous de 15° C. ;

8° Si une émulsion a été causée par le refroidissement des huiles dans la citerne pendant le transport, l'acheteur doit la dissoudre au moyen de cet appareil.

Les résidus insolubles doivent être déduits du poids de l'huile fournie.

CHAPITRE III

CONSTRUCTION DU MOTEUR DIESEL

Remarques générales. — Moteur à simple effet à quatre temps. — Dispositions générales. — Démarrage et marche normale. — Description du moteur à quatre temps. — Soupapes et cames. — Régulation du moteur. — Types de moteurs à quatre temps. — Moteur à grande vitesse. — Moteur horizontal. — Moteur à deux temps. — Compresseurs d'air pour moteurs Diesel. — Moteurs à injection de combustible liquide dans les moteurs Diesel.

Remarques générales. — Un point doit attirer la plus sérieuse attention dans la construction des moteurs Diesel, c'est qu'elle exige une exécution plus soignée que celle des machines à vapeur ordinaires.

Un moteur Diesel convenablement étudié, et bien construit, n'est surpassé par aucun moteur au point de vue de la confiance qu'on peut lui accorder et de la simplicité du fonctionnement, mais il est essentiel que les matériaux employés soient bien choisis, que le moteur soit exécuté par des ouvriers d'élite et qu'on apporte la plus grande précision dans l'ajustage des soupapes, de la distribution et des autres organes. On pourrait penser que ces questions n'ont pas d'importance, mais il existe une différence si évidente entre le fonctionnement d'un moteur en bon ordre de marche, construit comme doit l'être un moteur Diesel, et un moteur qui n'a pas été établi avec plus de soin qu'on n'en apporte d'ordinaire dans la construction d'une machine à vapeur que nous n'aurions aucune excuse si nous nous étendions sur cette question.

Il existe un axiome bien connu en matière de construction de moteurs à combustion interne : « C'est dans l'attention que l'on apporte aux détails d'étude et de construction que réside la différence entre le succès et l'échec. » Cet axiome peut spécialement s'appliquer au moteur Diesel dont la marche satisfaisante dépend entièrement de la pression élevée réalisée dans le cylindre pendant la compression.

En pratique, tous les constructeurs de moteurs Diesel les exécutent actuellement d'après des modèles types, mode d'opérer qui est rendu relativement facile par le fait que les moteurs puissants possèdent deux, trois, quatre, etc., cylindres du petit modèle type. Grâce à cette manière d'opérer, quelques constructeurs importants ont jusqu'à cinquante modèles de moteurs fixes du type à quatre temps de 10 à 1.000 chevaux, qu'ils réalisent en partant d'une quinzaine de moteurs types, monocylindriques, dont les puissances varient de 10 à 250 chevaux. Quelques-uns de ces moteurs ont la même force avec un nombre de cylindres différent; mais on peut, en se basant sur ce point de départ, obtenir environ trente-cinq moteurs de forces différentes, bien qu'il n'existe en réalité que quinze modèles.

Cette question de modèles est de toute première importance en ce qui concerne l'abaissement du prix de revient, l'interchangeabilité des pièces entre les divers moteurs, la diminution des engrenages de rechange dans les installations complètes, particulièrement quand on emploie des moteurs de forces différentes; ces avantages peuvent être facilement appréciés par toutes les personnes qui ont l'expérience de la conduite des grandes installations. Si, à propos de la construction de tout autre moteur, cette question avait fait l'objet de pareille attention et si, comme cela pourrait être le cas, tous les organes importants du moteur avaient été exécutés avec beaucoup de soin sur calibres, il ne serait pas douteux qu'on pût emprunter un de ces organes à un moteur pour le monter sur un autre de la même série. Beaucoup de constructeurs soutiennent que cette interchangeabilité est possible avec tous leurs moteurs, et quelques-uns d'entre eux se font un point d'honneur d'interchanger les organes de plusieurs moteurs sur le banc d'essais pour prouver la véracité du fait.

Moteur à simple effet à quatre temps. — Les figures 14 et 15 sont des diagrammes montrant, en élévation et en plan, la disposition générale d'un moteur Diesel vertical monocylindrique du type ordinaire avec tous les accessoires nécessaires. Le cylindre K est venu de fonte avec le bâti du moteur du type A qui est fixé par des boulons très longs à la plaque de fondation B. Le plateau de cylindre, ou culasse, K', d'une construction robuste, est fondu indépendamment du cylindre principal et du bâti;

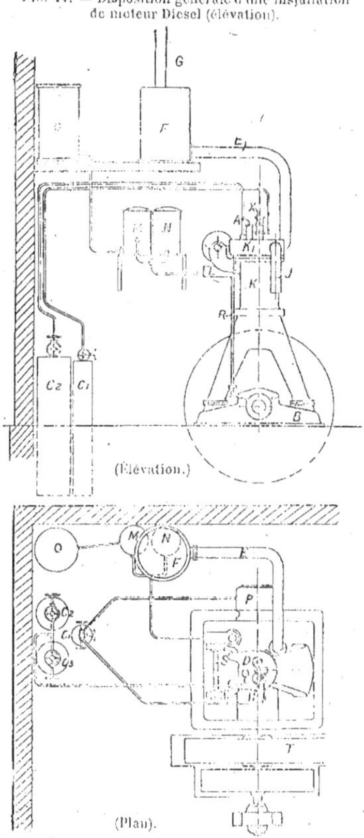

Fig. 14. — Disposition générale d'une installation de moteur Diesel (élévation).

Fig. 15. — Disposition générale d'une installation de moteur Diesel (plan).

il comporte toutes les soupapes au nombre de quatre. A est la soupape de démarrage reliée par une tuyauterie aux réservoirs de démarrage C₄ et C₃; D est la soupape d'échappement que les gaz d'échappement traversent pour passer du cylindre dans le tuyau d'échappement E, et de là dans le silencieux F (souvent placé en contre-bas) auquel est fixé un long tuyau G qui sert à l'échappement des gaz dans l'atmosphère ; H est la soupape d'entrée d'air qui aspire l'air puisé dans la chambre des machines pour le refouler dans le cylindre par l'intermédiaire d'un tuyau d'admission J de construction spéciale ; X est la soupape d'admission de combustible avec pulvérisateur dont le rôle est d'admettre le combustible dans le cylindre, au moment propice, sous la forme d'une pluie fine.

La soupape d'admission de combustible est alimentée de pétrole par la pompe L dont le fonctionnement est commandé par le régulateur ; la chambre de la pompe à combustible est constituée par un petit réservoir dans lequel le pétrole tombe au sortir du filtre M. Le tuyau d'admission de combustible est disposé de manière à pouvoir être alimenté par un autre petit récipient cylindrique N qui contient ordinairement de la paraffine ; en effet, il y a avantage à faire marcher le moteur à la paraffine pendant quelques minutes, ce qui contribue au nettoyage du cylindre et des soupapes.

Le filtre à combustible est lui-même relié par un tuyau à un grand réservoir à pétrole O, placé à un niveau élevé, et dont les dimensions doivent être telles qu'il puisse contenir une réserve suffisante pour plusieurs jours. Les réservoirs de pétrole principaux qui peuvent contenir le pétrole nécessaire à plusieurs mois sont ordinairement installés sous terre ; le pétrole en est extrait par une petite pompe mue d'une manière quelconque. La circulation de l'eau nécessaire au refroidissement est installée de manière que l'eau pénètre dans l'enveloppe par un tuyau débouchant au fond du cylindre et sorte du plateau de cylindre par le sommet.

Ce tuyau est ordinairement interrompu et l'évacuation de l'eau s'effectue par un canal ouvert, ce qui permet de s'assurer facilement qu'il n'y a pas d'arrêt dans la circulation de l'eau.

Quelquefois cependant l'eau est chère et on installe une tour de refroidissement ; la même eau sert alors continuellement et circule naturellement dans un circuit fermé ; il est préférable d'employer autant que possible une tuyauterie à circuit ouvert et, dans tous les cas, on fixera sur chaque cylindre un thermomètre qui indiquera la température de l'eau de refroidissement.

Si on se reporte aux figures 14 et 15, P représente le compresseur d'air qui est ici commandé par l'arbre manivelle du moteur (bien que cette commande puisse être effectuée de diverses manières) ; il fournit l'air à haute pression nécessaire pour l'injection du combustible et pour le démarrage du moteur ; cet air est emmagasiné dans le réservoir à air C_1, qui contient l'air servant à l'injection du combustible. Tous les récipients C_1, C_2, C_3, sont reliés par une conduite d'air et par des soupapes : on peut donc faire baisser la pression dans l'un d'eux en l'isolant des autres, et si l'on considère les deux réservoirs C_2, C_3, l'un d'eux peut être regardé comme jouant le rôle d'une réserve par rapport à l'autre.

Quand le moteur est en marche normale, la seule dépense d'air est évidemment celle qui est nécessaire à l'injection de combustible, et le compresseur refoule cet air directement dans le réservoir C_1 ; les soupapes peuvent donc être réglées de manière à donner à la pression la valeur voulue ; en même temps les réservoirs de démarrage sont de nouveau remplis de manière à constituer une réserve toujours prête pour la remise en marche du moteur. L'arbre vertical du régulateur R, qu'on peut voir représenté sur les figures 14 et 15, est mû par un engrenage avec vis sans fin calé sur l'arbre manivelle qui actionne, au moyen d'un autre système d'engrenages, l'arbre à cames horizontal S ; sur ce dernier arbre, supporté par deux paliers à coussinets montés sur le cylindre, sont calées toutes les cames qui commandent les diverses soupapes logées dans le plateau ou culasse de cylindre.

L'arbre du régulateur actionne en même temps la pompe à combustible L et le régulateur, dont le fonctionnement simultané règle la vitesse de rotation du moteur. Les cames et les leviers de soupapes qu'elles commandent ne sont pas représentés sur les figures 14 et 15, mais les soupapes occupent les positions relatives généralement adoptées comme étant les plus convenables pour la disposition des quatre cames sur l'arbre à cames. Les soupapes d'aspiration et d'échappement d'air sont placées sur le côté extérieur (longitudinalement), tandis que les soupapes d'admission de combustible et de démarrage sont disposées les unes à côté des autres ; on peut aussi enclencher leurs leviers entre eux, afin que deux soupapes ne puissent être ouvertes en même temps. La soupape d'admission de combustible est naturellement placée au centre du plateau de cylindre ; le pétrole pénètre donc par le centre, ce qui donne une répartition égale des pressions exercées sur le piston pendant la combustion.

Il existe toujours un troisième palier extérieur distinct du socle du moteur et qui sert pour le volant T monté entre ce palier et le palier intérieur de l'arbre manivelle. Les moteurs Diesel ne sont jamais construits avec un volant en porte-à-faux, comme les moteurs dont l'arbre moteur est supporté par deux paliers.

Démarrage et marche normale. — Le démarrage et la mise en marche normale du moteur ont lieu comme suit : le levier de mise en marche du moteur est placé dans la position de démarrage, c'est-à-dire, dans une position telle que le levier commandant la soupape d'admission de combustible ne fonctionne pas et que cette soupape reste fermée aussi longtemps que le levier commandant la soupape de démarrage placée sur le cylindre est dans sa position de fonctionnement, c'est-à-dire qu'il est actionné par sa came calée sur l'arbre à cames quand cet arbre tourne, ce qui détermine l'ouverture de la soupape de démarrage.

Le moteur est tourné à bras jusqu'à ce qu'il arrive au point mort ; on fait marcher à la main la soupape d'admission de combustible pour s'assurer que le tuyau d'admission de pétrole est plein d'huile et la soupape d'insufflation d'air montée sur le réservoir C_1 s'ouvre de manière à admettre une certaine quantité d'air à haute pression sur la soupape d'admission de combustible au moment où elle va s'ouvrir. La soupape placée sur le réservoir de mise en marche qui doit être utilisé s'ouvre ensuite, et le moteur démarre en fonctionnant à l'air comprimé. On lui laisse faire deux ou trois tours ; puis on manœuvre le levier de mise en marche ; par conséquent, le levier commandant la soupape de démarrage montée sur le moteur cesse d'être actionné par sa came ; la soupape reste donc fermée, tandis que la même manœuvre amène le levier de la soupape d'admission de combustible dans sa position de fonctionnement ; la soupape d'admission de combustible s'ouvre ainsi quand sa came de commande vient à tourner.

Les organes de distribution sont disposés de telle façon que la manivelle de mise en marche étant dans la position de démarrage, le levier de commande de la soupape d'admission de combustible est maintenu hors de l'action de sa came calée sur l'arbre à cames, tandis que, quand le levier de mise en marche est ramené en arrière dans la position de marche normale, le levier de commande de la soupape de mise en marche est maintenu semblablement éloigné de sa came.

Description du moteur à simple effet à quatre temps. — Les figures 16 et 17 représentent en élévation les coupes longitudinale et transversale d'un moteur Diesel monocylindrique du type ordinaire à marche lente, à simple effet et à quatre temps, tel que le construit la Société anonyme par actions pour la construction de machines d'Augsbourg-Nuremberg. Les quatre soupapes sont logées dans le plateau d'avant du cylindre ; la soupape aspiratrice d'entrée d'air E et la soupape d'échappement A sont semblables. Ces soupapes, du type conique ou à champignon, s'ouvrent vers le bas directement dans le cylindre et sont maintenues sur leurs sièges par des ressorts puissants dont la tension peut être réglée à la demande.

L'orifice de sortie de la soupape d'échappement est relié par une tuyauterie au silencieux, tandis qu'à l'orifice d'aspiration et d'entrée d'air est accouplé un tuyau qui puise l'air dans l'atmosphère. Ce tuyau consiste, en réalité, en un cylindre fermé muni d'un certain nombre de fentes longitudinales très étroites disposées ordinairement en deux séries comme le montre la figure ; on évite ainsi l'introduction de la poussière, tout en réduisant au minimum le bruit dû à l'entrée brusque de l'air aspiré. La soupape d'admission de combustible avec son pulvérisateur B — qui constitue peut-être l'organe le plus important du moteur — est montée directement au centre du cylindre et fait comme partie du plateau ; l'aiguille est maintenue en place par un ressort réglable. La soupape de démarrage V est montée aussi près que possible de la soupape d'admission de combustible ; elle est d'un modèle à peu près semblable à celui des soupapes d'échappement et d'aspiration, sauf qu'elle est beaucoup plus petite. L'arbre à cames H sur lequel sont calées les quatre cames S (*fig.* 17) est supporté par deux paliers fixés sur des supports boulonnés sur la paroi de fonte du cylindre ; on peut voir un de ces supports sur la figure 17. Les leviers des soupapes commandés par les diverses cames pivotent autour d'un axe supporté par deux petits montants fixés sur le plateau N du cylindre ; on peut voir (*fig.* 17) le levier D de came de la soupape de démarrage et le levier F de la soupape d'admission de combustible. L'axe du régulateur vertical C qui commande l'arbre à cames, la pompe à soupape S pour l'admission du combustible, le régulateur, et, dans certains moteurs, les petites pompes de graissage est actionné par l'arbre manivelle principal au moyen d'une vis qui tourne dans l'huile et munie d'un embrayage voisin du bâti, ce qui en facilite le démontage et la visite.

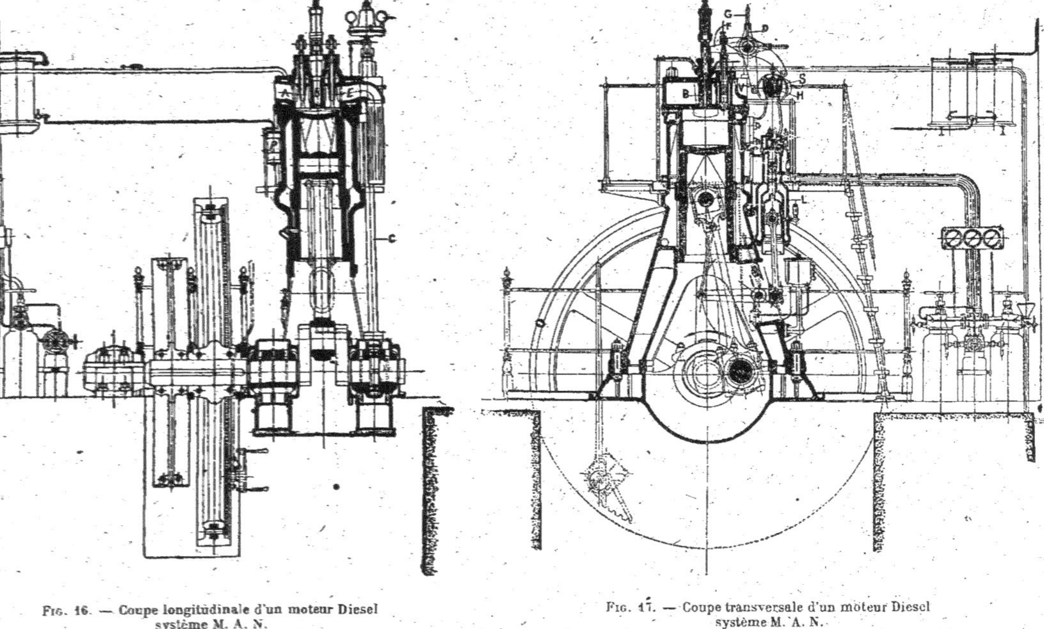

Fig. 16. — Coupe longitudinale d'un moteur Diesel
système M. A. N.

Fig. 17. — Coupe transversale d'un moteur Diesel
système M. A. N.

La boîte ou carter de distribution renferme les roues dentées qui servent à faire tourner l'arbre à cames à une vitesse qui est la moitié de celle de la vitesse de l'arbre principal du moteur.

Le régulateur M, du modèle ordinaire, règle la vitesse du moteur en faisant varier la quantité de combustible admise au cylindre, de la manière que nous indiquerons plus loin.

La chemise intérieure du corps cylindrique est distincte de l'enveloppe extérieure du cylindre ; elles sont toutes deux en fonte et on a réservé un espace important pour constituer la chemise d'eau ; l'eau de refroidissement pénètre dans le cylindre par le fond et sort au sommet du plateau de cylindre par le tuyau d'évacuation P.

Fig. 19. — Moteur Diesel type M.-A. N. de 880 chevaux.

Dans certains moteurs, le tuyau et la soupape d'échappement sont également pourvus d'une chemise d'eau, ce qui augmente légèrement leur rendement.

Dans tous les cas, il est essentiel que le plateau de cylindre N soit bien refroidi afin d'empêcher les soupapes de chauffer ; il est d'une construction très robuste et fixé au cylindre par huit prisonniers de fort diamètre.

Le piston est ordinairement du type à fourreau légèrement conique au sommet ; il est particulièrement long, afin d'augmenter la longueur de la surface des coussinets d'une manière suffisante pour réduire les pressions dues à l'obliquité de la tige de piston. L'étanchéité est ordinairement obtenue au moyen de six à huit segments Ramsbottom a ; le graissage a lieu au moyen d'un petit tuyau qui communique avec la chemise intérieure du cylindre, dans le voisinage du centre ; il débouche dans un espace annu-

Fig. 18. — Moteur système Augsbourg à quatre temps de 1.000 chevaux.

laire ménagé dans cette chemise et muni d'un certain nombre de trous très petits percés dans la chemise et permettant l'accès de l'huile au piston.

Les coussinets de bielle, du modèle ordinaire réglable à rattrapage de jeu, sont très bien graissés. La bielle motrice commande le compresseur d'air L de ce moteur par l'intermédiaire de leviers de transmission; le cylindre du compresseur est boulonné sur la face avant du cylindre du moteur, bien que cette disposition ne soit pas adoptée d'une manière générale, car souvent la commande a lieu directement par l'arbre manivelle, à son extrémité opposée à celle sur laquelle est calé le volant; les cylindres sont fixés à la plaque de fondation. Le compresseur représenté dans les figures 16 et 17 est du modèle à double phase employé pour les petits moteurs, et le cylindre est aussi à refroidissement d'eau; on emploie la même eau qui a déjà servi dans la chemise d'eau du cylindre du moteur ou, si on le désire, de l'eau fournie par un tuyau branché sur la conduite principale d'adduction d'eau.

Au sortir du compresseur, l'air sous pression est conduit directement par une tuyauterie en cuivre dans le réservoir qui renferme l'air destiné à l'injection.

Les figures 18 et 19 représentent deux moteurs à quatre temps type M. A. N. ; le premier est un moteur de 880 chevaux et le second un moteur de 1.000 chevaux.

Soupapes et cames. — On peut étudier ici le fonctionnement des diverses cames, question qui a beaucoup d'importance, parce que des cames commandant les soupapes par l'intermédiaire des leviers dépendent entièrement de l'ouverture au moment voulu des soupapes par rapport à la position occupée par le piston et la durée de cette ouverture. La position des cames l'une par rapport à l'autre est donc un point

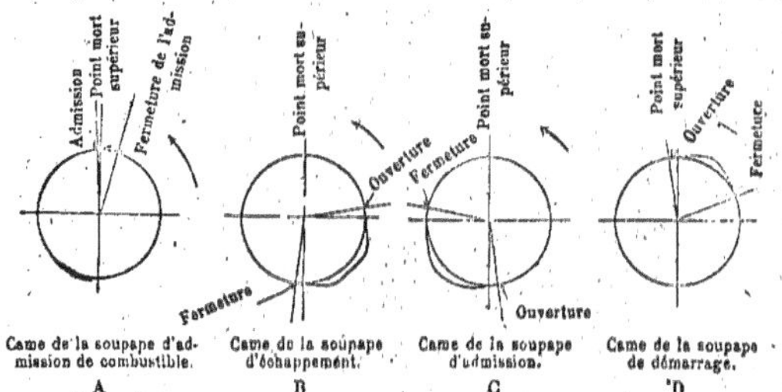

Fig. 20. — Diagrammes montrant la disposition des cames dans un moteur Diesel.

important qu'il est plus commode d'expliquer au moyen d'un diagramme de fonctionnement. Dans la figure 20, A désigne la came de la soupape d'admission de combustible, B la came de la soupape d'échappement, C la soupape d'aspiration d'air et D la came de la soupape de démarrage. Dans un moteur à quatre temps, chaque soupape doit s'ouvrir *une fois pendant le laps de temps correspondant à deux tours, et l'arbre à cames doit nécessairement tourner à une vitesse qui est la moitié de celle de l'arbre manivelle.*

Par conséquent, sur les diagrammes, un tour de la manivelle motrice est représenté par un demi-cercle correspondant à 180° parce que pendant une course du piston, chaque came fait un quart de tour.

Les diamètres vertical et horizontal (*fig.* 20) représentent par conséquent les points morts supérieurs et inférieurs extrêmes de la manivelle ; les droites verticales cor-respondent aux points morts supérieurs et les droites horizontales aux points morts inférieurs. La disposition de la came est maintenant facile à comprendre. La came de la soupape d'admission de combustible ouvre cette soupape juste au moment où le piston va atteindre la fin de sa course ascendante ; il y a ainsi une avance à l'admission inférieure ou égale à environ 1 0/0 de la course, suivant la vitesse du moteur.

La soupape reste ouverte pendant le temps voulu, la période totale d'ouverture cor-respondant à un angle de 8 à 10 0/0.

La came de la soupape d'échappement ouvre de même un peu avant la fin de la course motrice, reste dans la position d'ouverture pendant la totalité de la course suivante (course d'échappement) et ferme juste au moment où le point mort inférieur vient d'être atteint.

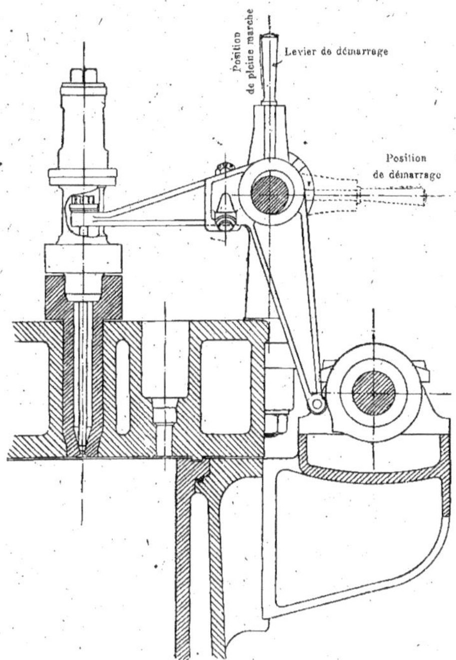

Fig. 21. — Soupape d'admission de combustible, levier et came.

L'admission de l'air par la soupape d'aspiration d'air commence juste avant la fin de la course d'échappement ; la soupape est maintenue ouverte pendant la course suivante et se ferme immédiatement après le passage de la manivelle au point mort supérieur. La came de la soupape de démarrage est calée de manière à ouvrir la soupape juste avant que le point mort supérieur soit atteint et à la fermer bien avant la fin de la course. Toutes les cames sont disposées de manière à produire une *très légère ouverture de la soupape dès le premier moment de contact de la came avec le levier, après quoi la soupape s'ouvre rapidement à son maximum d'ouverture et*

3*

se ferme de même. On obtient ainsi dans le fonctionnement réel une ouverture et une fermeture très rapides de l'admission. Le diagramme ne montre pas les cames dans leurs positions relatives réelles, car, s'il en était ainsi, tous les leviers seraient disposés parallèlement les uns par rapport aux autres et les soupapes s'ouvriraient dans le même sens; au contraire, dans le moteur réel, les soupapes d'échappement, d'aspiration d'air et de démarrage ouvrent toutes à l'intérieur du cylindre, tandis que la soupape d'admission de combustible s'ouvre à l'extérieur et le levier qui la commande, doit, par conséquent, être monté avec un angle de calage différent de celui des autres leviers.

La figure 24 montre la disposition générale de la soupape d'admission de combustible avec sa came et son levier de commande. Quand le nez de la came vient en contact avec le levier de la soupape, il le pousse vers l'extérieur, et la soupape, pour s'ouvrir, doit vaincre la pression du ressort qui, normalement, la maintient sur son siège, le rapport d'ouverture étant extrêmement faible. La figure 24 montre aussi la manette de démarrage qui, dans sa position horizontale, force le levier de la soupape de démarrage à venir en contact avec le nez de sa came quand l'arbre à cames tourne, parce que, pendant cette période, le levier de la soupape d'admission de combustible n'est plus en contact avec sa came. Quand la manette de démarrage occupe la position verticale, le levier de la soupape de démarrage n'est pas en contact avec sa came, et le levier

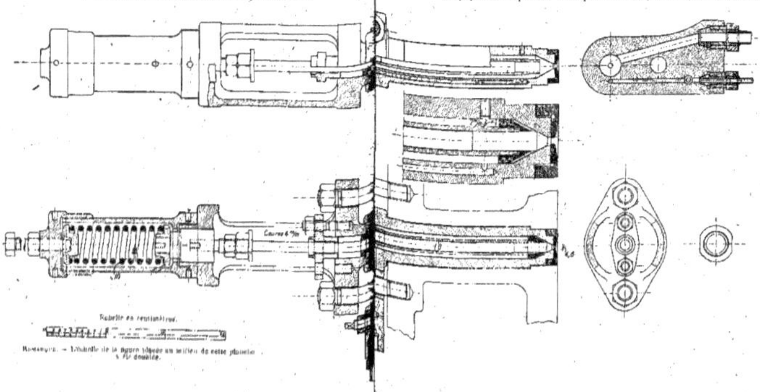

REMARQUE. — L'échelle de la figure placée au milieu de cette planche a été doublée.

Fig. 22. — Détails d'une soupape d'admission de combustible (système Carels).

de la soupape d'admission de combustible entre alors en fonctionnement. Si le levier est ainsi construit, il y a un grand avantage à ce qu'il existe une connexion entre l'arbre sur lequel il est monté à pivot et l'arbre des soupapes, pourvu que cette connexion puisse être rapidement supprimée pour permettre le démontage aisé de la soupape. Ce dispositif, bien qu'il ne soit pas universellement adopté, est aujourd'hui appliqué par un grand nombre de constructeurs.

La figure 25 représente la solution adoptée par MM. Sulzer frères.

La figure 26 représente un dessin de détail, en partie schématique, d'un modèle de soupape d'admission de combustible et du pulvérisateur le plus généralement employé dans les moteurs Diesel, bien qu'il existe de légères différences entre les moteurs des divers constructeurs.

Par le tuyau A pénètre un certain volume d'huile fourni par la pompe à combustible et dont la quantité est réglée par l'action du régulateur sur la pompe, suivant la charge de la machine. L'huile descend par le petit trou cylindrique B, pénètre dans l'espace annulaire C par D près du fond de la soupape à aiguille formant pointeau E sous un angle d'environ 30°, juste au-dessus de l'appareil de pulvérisation ou de giclage. A cet effet, il existe quatre bagues métalliques F comportant chacune un grand nombre (vingt ou plus) de petits trous dont le diamètre est d'environ 2mm,5 à 1mm,0. Les trous pratiqués dans les plaques ou anneaux sont étagés comme le montre la figure, de manière

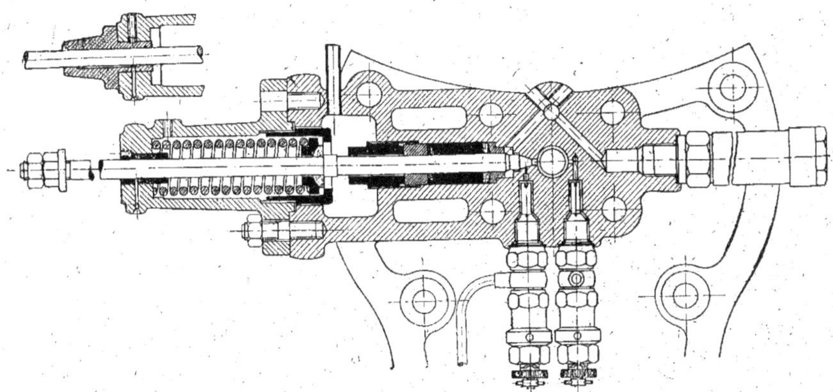

Fig. 23. — Dispositif de l'admission de combustible pour la marche à l'huile de goudron.

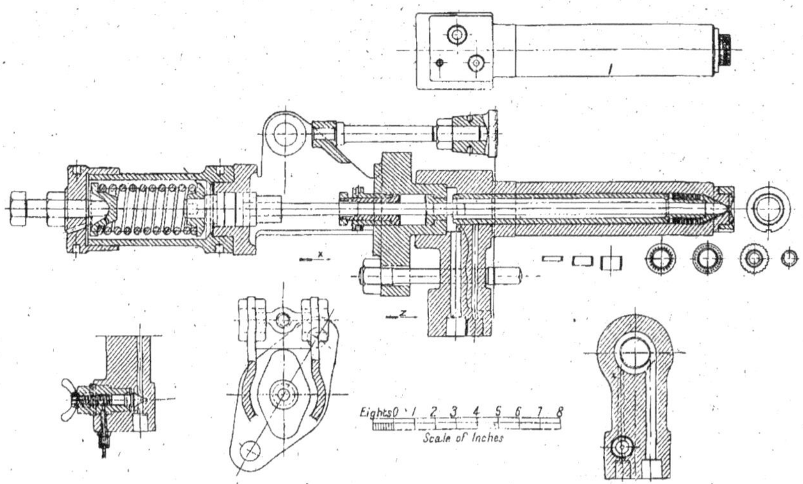

Fig. 24. — Détails de la soupape d'admission de combustible d'un moteur Diesel système Hick, Hargreaves.

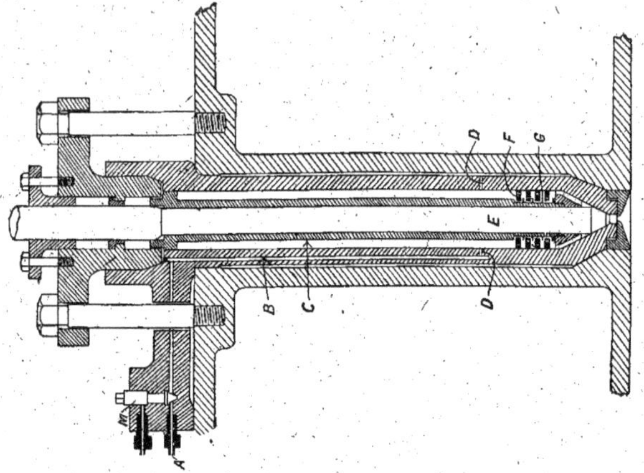

Fig. 26. — Soupape d'admission de combustible et pulvérisateur.

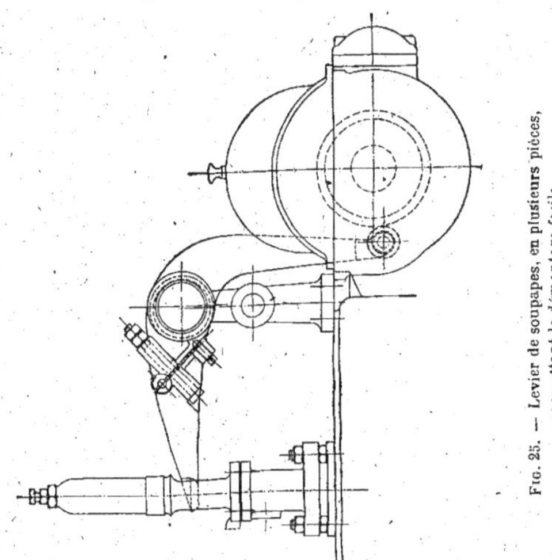

Fig. 25. — Levier de soupapes, en plusieurs pièces, permettant le démontage facile.

que l'huile ne puisse pas être projetée directement à travers ces trous par insufflation; on interpose entre les plaques de très petites plaquettes G.

Sous les bagues se trouve une pièce conique sillonnée à sa périphérie d'une série
de canaux dont le nombre est exactement le même que celui des trous pratiqués dans
les bagues; ces canaux, dont la profondeur peut varier de $1^{mm},6$ à $2^{mm},5$, forment une
série de tuyères dans lesquelles le combustible doit passer après avoir traversé les trous percés dans les bagues. Le combustible pénètre ensuite dans le cylindre par l'orifice de détente, qui est en acier, tandis que les guides de la soupape à aiguille formant pointeau sont en fonte.

L'espace annulaire C entre toujours en relation directe avec le réservoir d'air d'injection dès que la soupape placée sur le réservoir est ouverte; l'air pénètre dans l'espace C, au voisinage du sommet, par un autre tuyau et par un trou cylindrique percé dans une pièce en fonte analogue à celle qui sert pour l'admission de combustible. L'espace C

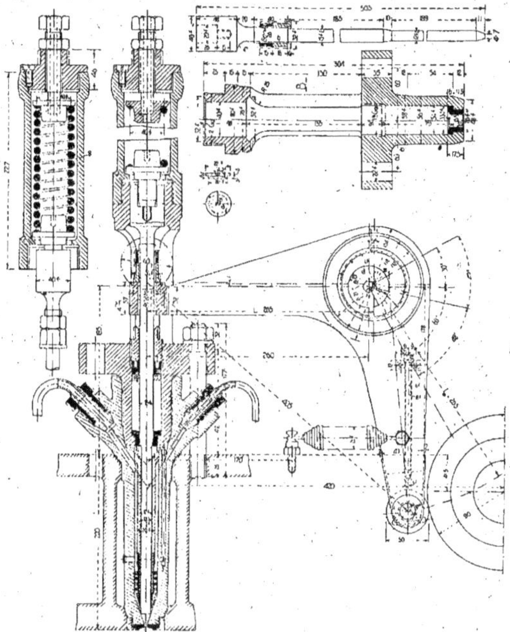

Fig. 27. — Détails de la soupape d'admission de combustible d'un moteur Deutz.

est donc toujours soumis à la pression élevée de l'air d'injection : la soupape à aiguille
formant pointeau se soulève donc immédiatement, l'air oblige le combustible à traverser le pulvérisateur sous la forme d'une pluie très fine, et la combustion se produit d'un seul coup. Un petit robinet M, relié au tuyau d'admission, sert à la fois de
robinet d'essai et de trop-plein.

Avant le démarrage du moteur, on peut pomper le combustible à la main, et, en
ouvrant le robinet M, on peut voir d'un seul regard si l'afflux de l'huile a lieu sans
interruption.

On comprendra, d'après la figure, le moyen employé pour maintenir en place les guides des soupapes et la disposition du presse-étoupe. En démontant le levier de la soupape, on peut rapidement la sortir pour l'examiner et, comme le montre la figure 21, la tension du ressort peut être modifiée à la demande.

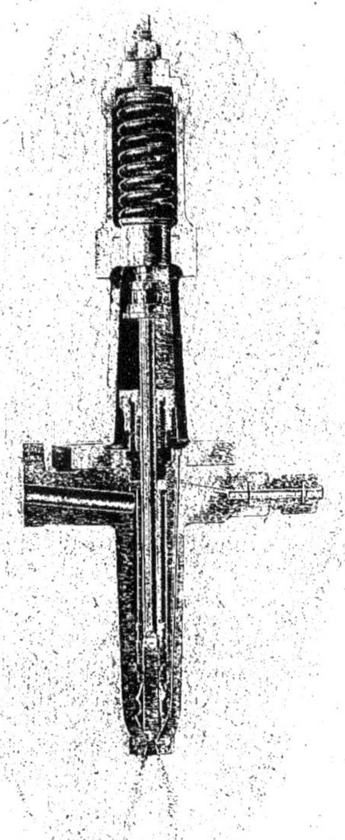

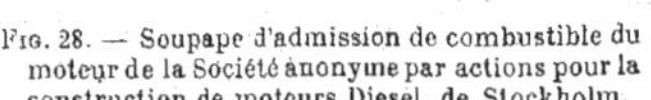

Fig. 28. — Soupape d'admission de combustible du moteur de la Société anonyme par actions pour la construction de moteurs Diesel, de Stockholm.

Fig. 29. — Embouchure ou partie inférieure du pulvérisateur.

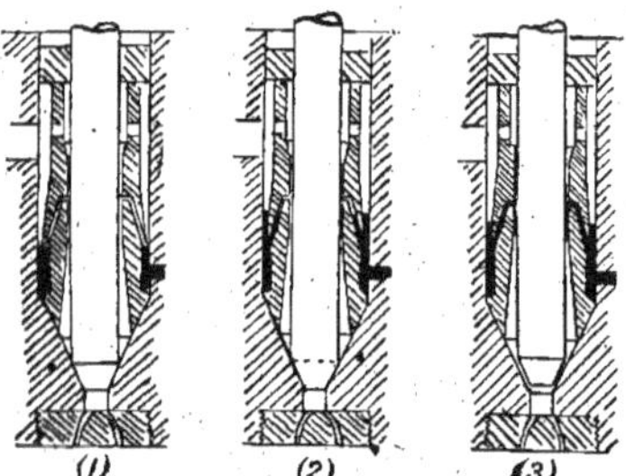

Fig. 30. — Diagrammes montrant le fonctionnement d'un pulvérisateur.

On peut s'attendre à être obligé d'adopter des pulvérisateurs différents suivant la nature des combustibles employés; mais, en fait, on arrive à cette conclusion que le même pulvérisateur fonctionnera d'une manière satisfaisante avec des combustibles présentant des viscosités très différentes; les pulvérisateurs sont construits de ma-

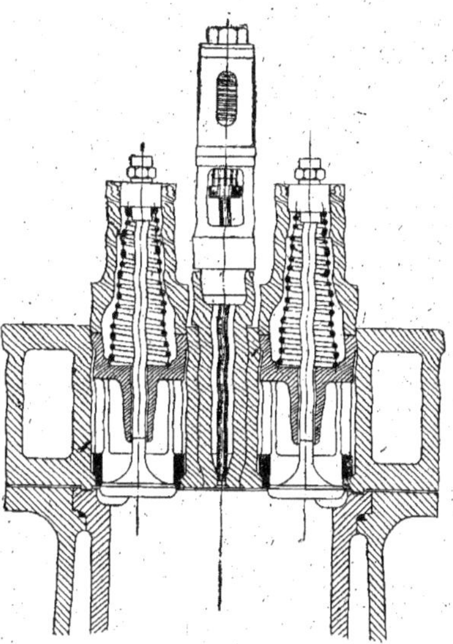

Fig. 31. — Soupapes d'admission et d'échappement d'air (coupe).

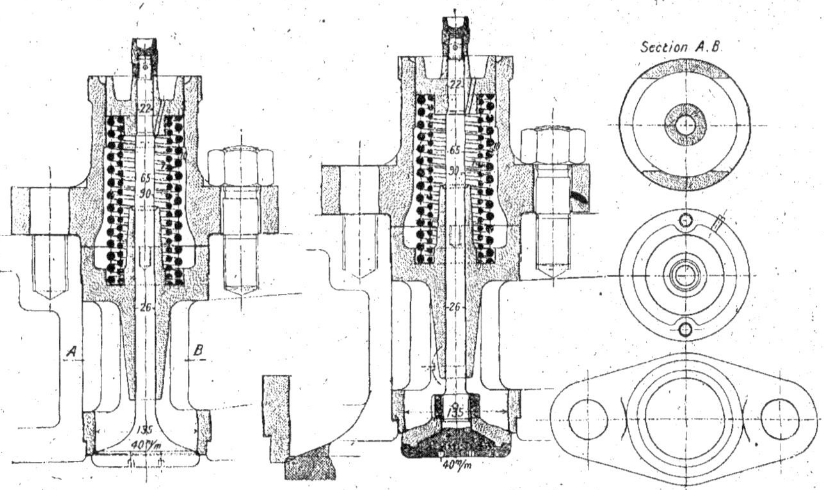

Fig. 32. — Détails des soupapes d'échappement et d'aspiration d'un moteur fixe à quatre temps système Carels.

nière à pouvoir convenir pour les huiles les plus épaisses, et ils ne donnent lieu à aucune difficulté quand on s'en sert pour des huiles d'une viscosité beaucoup moindre.

Les modèles de pulvérisateur et de soupape d'admission de combustible adoptés par la Société anonyme par actions pour la construction de moteurs Diesel, de Stockholm, diffèrent quelque peu de la construction ordinaire, et l'on dit qu'ils donnent des résultats très satisfaisants au point de vue du rendement. On peut s'en rendre compte d'après les figures 28 et 29, et la figure 30 représente le mode de fonctionnement de ces appareils. L'huile pénètre comme à l'ordinaire par le fond de l'espace annulaire au sortir des pompes à combustible. La position 1 (*fig*. 30) montre la quantité de combustible introduite immédiatement après l'injection dans le cylindre.

Dans la position 2, l'huile a été pompée par la pompe à combustible, tandis que, dans la position 3, la soupape d'admission de combustible s'est soulevée et l'huile a été injectée à l'intérieur du cylindre. Le jet d'air oblige l'huile à traverser des orifices de forme spéciale ordinairement incurvés ou de forme irrégulière ; le mélange est animé d'un mouvement giratoire ; les particules les plus lourdes de l'huile sont rejetées contre les parois des orifices, de sorte qu'il se produit une pulvérisation complète. A chaque injection, le pulvérisateur est entièrement vidé d'huile ; cette particularité présente un avantage considérable dans les moteurs marins réversibles et exige que toute l'huile débitée par la pompe soit injectée dans le cylindre moteur.

La figure 31 représente, pour le type ordinaire de moteur Diesel, la disposition générale des soupapes d'admission de combustible d'échappement et d'admission d'air logées dans le plateau de cylindre. La figure 33 représente une coupe par la soupape d'échappement

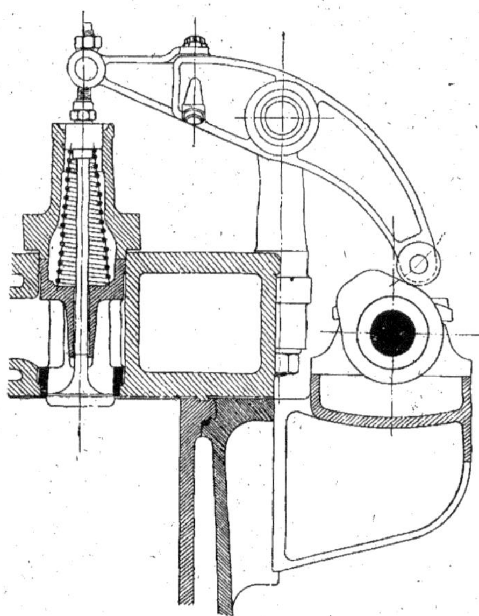

Fig. 33. — Soupape d'échappement (coupe).

et par l'arbre à cames, montrant le fonctionnement de la soupape. On notera, en examinant ces figures, que le démontage des soupapes peut être effectué très rapidement dans tous les cas. Dans certains moteurs, notamment dans ceux que l'on construit

en Amérique, la soupape d'admission de combustible est montée horizontalement sur
le côté du plateau supérieur ou culasse du cylindre qui fait une forte saillie sur le
cylindre ; les soupapes d'échappement et d'admission sont également montées sur
cette saillie, la soupape d'échappement en haut et la soupape d'admission au-dessous.

Régulation du moteur. — En pratique, les principaux constructeurs ont adopté
la même méthode pour régler la vitesse des moteurs fixes système Diesel sous des
charges variables ; mais naturellement il existe quelques différences dans les détails
de construction. L'action du régulateur est réalisée entièrement par le réglage de la
quantité de combustible admise à l'intérieur du cylindre par la soupape d'admission de
combustible, méthode qui n'exige de modification ni dans la course, ni dans la durée
d'ouverture de la soupape ; ces artifices constitueraient les modes de régulation obligés
si l'on ne faisait pas varier l'admission de combustible ; la deuxième méthode citée présente certainement plus d'avantages sous plusieurs rapports, particulièrement parce
qu'elle permet de monter les soupapes et de ne plus y toucher une fois le moteur mis
en service. Une petite pompe refoule le combustible vers la soupape d'admission de
combustible au moyen d'un tuyau d'alimentation muni d'un raccord. L'huile, qui est
aspirée à l'intérieur du cylindre de la pompe pendant la course ascendante de son piston plongeur, traverse une petite soupape qui reste ouverte lors de la course descendante pendant une courte période, après laquelle toute l'huile est ensuite refoulée à
l'intérieur du cylindre.

La durée de l'ouverture de la soupape d'aspiration, lors de la course descendante
du plongeur de la pompe, est réglée par le régulateur, de sorte que si la vitesse devient
trop considérable, la soupape d'aspiration est maintenue ouverte pendant longtemps
et le cylindre du moteur reçoit une quantité d'huile moindre ; si au contraire la vitesse
est faible, la soupape d'aspiration se ferme presque dès le commencement de la course
descendante du plongeur et la presque totalité de l'huile pompée pendant la course
d'aspiration est refoulée à l'intérieur du cylindre pendant la course d'admission. Dans
les moteurs à cylindres multiples, quelques constructeurs préfèrent employer une
pompe à combustible distincte pour chaque cylindre, tandis que d'autres n'emploient
qu'une seule pompe pour alimenter tous les cylindres, solution qui, tout en étant évidemment plus simple, n'est pas tout à fait satisfaisante.

La figure 34 représente schématiquement le dispositif adopté par MM. Mirrlees,
Bickerton et Day L^d pour régler l'admission du combustible dans le cylindre. A est le
piston plongeur de la pompe à combustible mue par un excentrique calé sur l'arbre à
cames ou par l'arbre intermédiaire vertical du moteur. Pendant la course ascendante
du plongeur, l'huile est aspirée à travers la soupape d'aspiration C qui s'ouvre sous
l'action du déplacement de la tige D, rattachée à un levier de transmission fixé sur la
tête de crosse de piston de la pompe à combustible. On peut apercevoir plus nettement le
fonctionnement de la soupape d'aspiration en examinant la partie gauche de la figure 34 ;
l'huile est aspirée au sortir de la chambre E dans la direction des flèches. Pendant la
course descendante du piston plongeur, l'huile qui a été aspirée est refoulée par l'in-

termédiaire du tuyau d'alimentation de combustible vers la soupape d'admission de combustible aussi longtemps que la soupape d'aspiration reste fermée; mais cette soupape demeurant ouverte, il ne peut y avoir aucune admission de l'huile qui est tout entière refoulée à l'intérieur de la chambre E. On peut maintenant expliquer le fonctionnement de la pompe par rapport au régulateur F qui est du modèle Hartnell.

Quand la vitesse du moteur augmente, les boules ou masses du régulateur s'écartent vers l'extérieur pour occuper les positions indiquées par les axes et, par l'intermédiaire du levier de transmission qu'on peut voir sur la figure, la tige D actionnant la soupape d'aspiration est soulevée jusqu'au centre de l'axe autour duquel pivote le levier G jusqu'à ce qu'elle ait atteint la hauteur a; la course de D est alors ab au lieu de $a'b'$ quand les boules du régulateur sont ramenées vers l'axe.

La soupape d'aspiration est ainsi maintenue ouverte pendant une plus longue période qui correspond à une fraction importante de la course descendante du plongeur A; la quantité d'huile introduite dans le cylindre du moteur diminue par conséquent, ainsi que la vitesse quand les boules du régulateur retombent et que le levier G reprend sa course normale.

Dans le modèle de pompe à combustible employé par la Fabrique de machines d'Augsbourg-Nuremberg, le plongeur de la pompe est actionné par un excentrique calé, comme ci-dessus, sur l'arbre moteur; l'ouverture de la soupape d'aspiration est produite par un doigt fixé sur un levier vertical, qui emprunte son mouvement de montée et

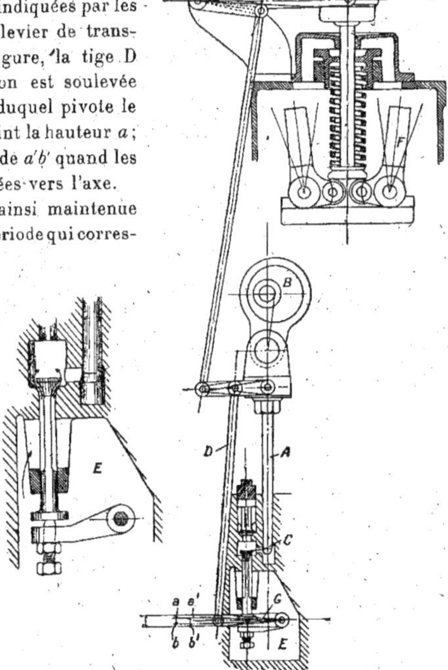

Fig. 34. — Disposition du régulateur et de la soupape d'admission de combustible type Mirrlees, Bickerton & Day L^d.

de descente à un autre levier rattaché à la tige de la pompe et pivotant excentriquement autour de l'arbre qui l'actionne. L'arbre porte une petite manivelle à laquelle est reliée une tige verticale commandée par le régulateur; quand la vitesse du moteur diminue et que les boules du régulateur retombent, cette tige est poussée vers le bas et la petite manivelle tourne d'un certain angle, forçant ainsi la tige de commande de la soupape d'aspiration à la maintenir ouverte pendant un temps inférieur à la normale. La quantité d'huile admise à la soupape d'admission de combustible augmente donc ainsi que la vitesse du moteur.

Le niveau de l'huile dans la chambre à huile est maintenu constant au moyen d'un flotteur, et cette chambre reçoit directement par un tuyau l'huile fournie par les filtres à combustible. Le carter de la pompe à combustible est ordinairement fixé au cylindre vers son milieu, et le plongeur reçoit un mouvement vertical de l'excentrique calé sur l'arbre à cames horizontal, tandis que le levier du régulateur est relié au manchon du régulateur qui se déplace le long de l'arbre vertical du régulateur du moteur.

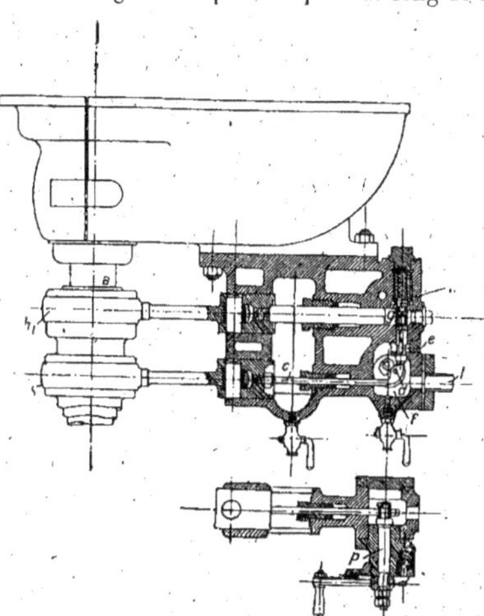

Fig. 35. — Pompe d'admission de combustible (Type Willans & Robinson).

La figure 35 représente la pompe d'admission de combustible et le régulateur horizontaux adoptés par MM. Willans et Robinson L^{td} pour leurs moteurs ; celui-ci est du type horizontal.

L'arbre vertical du régulateur a actionne également l'arbre à cames par l'intermédiaire d'un train d'engrenages coniques ; il est commandé par l'arbre manivelle du moteur au moyen d'une vis sans fin et c'est sur lui qu'est fixé le carter du régulateur.

Le régulateur est constitué par des masses fixées à un manchon central ; tout déplacement d'écartement ou de rapprochement des masses, dû à une variation de la vitesse du moteur, produit un déplacement angulaire du manchon mobile qui porte l'excentrique b actionnant la petite tige c. Cette tige, en se déplaçant, fait décrire un angle à la manivelle d qui, en tournant, soulève la soupape d'aspiration d'huile e de son siège ; il y a admission de l'huile de la chambre f dans le cylindre du plongeur g, ce plongeur étant mû lui-même par un excentrique h, calé sur l'arbre du régulateur. On peut voir en l l'orifice d'arrivée du combustible qui sort des filtres. Lors de la course de retour du plongeur, si la soupape d'aspiration est fermée, l'huile est admise à travers la soupape h qui, pour s'ouvrir, doit vaincre la résistance d'un ressort et l'huile coule par l'intermédiaire du tuyau d'évacuation vers la soupape d'admission de combustible du cylindre du moteur. Le fonctionnement du régulateur, mécanisme mis à part, est semblable à celui qu'on a déjà décrit. Si la vitesse du moteur augmente et que les masses du régulateur s'écartent, le manchon portant l'excentrique de la tige de soupape d'aspiration tourne d'un petit angle. La course de la tige est telle qu'elle maintient la soupape d'aspiration ouverte pendant une fraction plus importante de la course de retour du plongeur, de sorte que le tuyau d'évacuation reçoit une quantité d'huile moindre et que la vitesse du moteur tombe ; l'excentrique revient alors à sa position normale.

On peut faire tourner à la main l'arbre p, qui peut occuper trois positions. Dans la position normale ou de marche, les deux soupapes d'aspiration et de refoulement sont libres ; dans la seconde position, la soupape d'aspiration est fermée et l'arrivée de combustible au moteur est coupée, ce qui cause son arrêt, tandis que, dans la troisième position, la soupape d'aspiration reste fermée et la soupape de refoulement est ouverte, de sorte que, s'il reste de l'huile dans la tuyauterie qui relie la pompe à la soupape d'admission de combustible, elle retourne à l'intérieur du cylindre à plongeur.

Ces dispositifs empêchent que l'huile soit refoulée en trop grande quantité dans la chambre de combustible au démarrage, et si l'on munit chaque cylindre d'une pompe d'admission de combustible distincte, on peut le mettre rapidement hors de fonctionnement. En modifiant la tension des ressorts du régulateur au moyen du dispositif représenté sur la figure, on peut faire varier la vitesse de marche du moteur entre des limites raisonnables.

On n'a pas l'habitude, dans les moteurs Diesel de petites dimensions, d'employer un mode de régulation autre que celui qui consiste à modifier la quantité de combustible injectée à l'intérieur des cylindres suivant la charge, au moyen d'une des méthodes précédemment décrites. Dans les grands moteurs, il est désirable que le volume d'air injecté, ainsi que la période d'admission du combustible et de l'air, soient contrôlés par un dispositif indépendant ; ce mode de réglage n'existe en général pas dans les moteurs fixes.

Dans un de leurs modèles, MM. Sulzer ont cependant réalisé ce dispositif que représente la figure 36 ; il est commode pour les moteurs qui doivent marcher en parallèle avec des machines à vapeur, des moteurs à gaz ou des turbines hydrauliques et quand les variations de charges sont soudaines et importantes. En se reportant à la figure 36, on constate que le régulateur r influe suivant sa position, sur tous les facteurs dont dépend le débit considéré, c'est-à-dire sur la quantité de combustible injectée, sur le volume et sur la pression de l'air nécessaire pour injecter et pour pulvériser le combustible, ainsi que sur la période pendant laquelle la soupape d'admission de

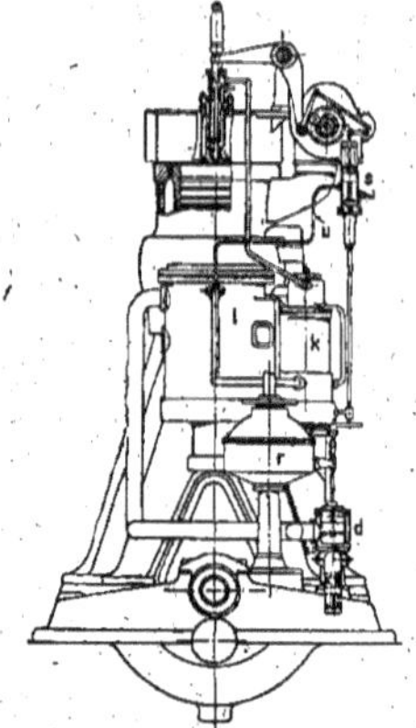

Fig. 36. — Dispositif de réglage d'admission de combustible et d'air d'injection.

combustible est ouverte, suivant les quantités d'air et de combustible. La quantité de combustible, le volume et la pression de l'air d'injection sont réglés directement par le régulateur, parce que l'effort nécessaire pour produire les mouvements est faible. La quantité d'air d'injection dépend de la position du tiroir cylindrique d qui

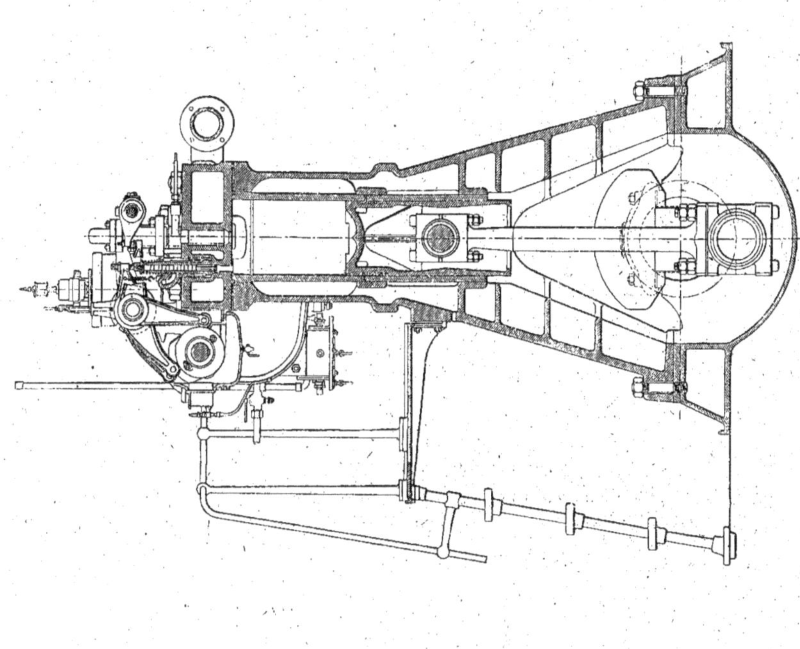

Fig. 38. — Coupe transversale d'un moteur Diesel-Mirrlees.

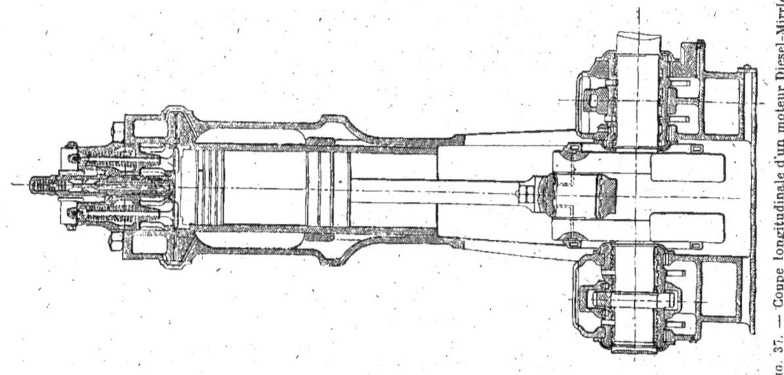

Fig. 37. — Coupe longitudinale d'un moteur Diesel-Mirrlees.

est introduit dans le tuyau d'aspiration du premier étage de la pompe d'injection d'air.
Le réglage de la durée de la période d'admission de la soupape de combustible exige
cependant, à cause de la résistance des soupapes, un certain effort qui ne peut pas être
exercé directement par le régulateur. Dans ce but, on emploie un petit servo-moteur S
qui fonctionne sous l'influence de la variation de pression qui se produit dans un des
étages de la pompe d'injection d'air. Si on se reporte à la figure 36 la pression existant entre le premier étage l et le second étage k de la pompe d'injection est employée
dans ce but, le servo-moteur étant relié par le tuyau u.

Fig. 39. — Moteur vertical à trois cylindres, type Deutz.

Types de moteurs à quatre temps. — Les figures 37 et 38 représentent des
coupes, élévations verticale, longitudinale et transversale du moteur Diesel type, construit par MM. Mirrlees, Bickerton et Day L^{td}.

On emploie, comme habituellement, un piston de grande longueur, dont la tête
est légèrement concave et porte de petites nervures pour augmenter sa résistance.
Cependant le poids du piston n'est pas excessif, car son épaisseur est considérablement
réduite au-dessous de l'arbre tourillon qui est creux et fixé au piston par deux prisonniers introduits par en dessous et vissés.

Les coussinets de la petite et de la grosse tête sont garnis de métal blanc; le premier est du type fermé et comporte des cales, de sorte que l'on peut faire varier la

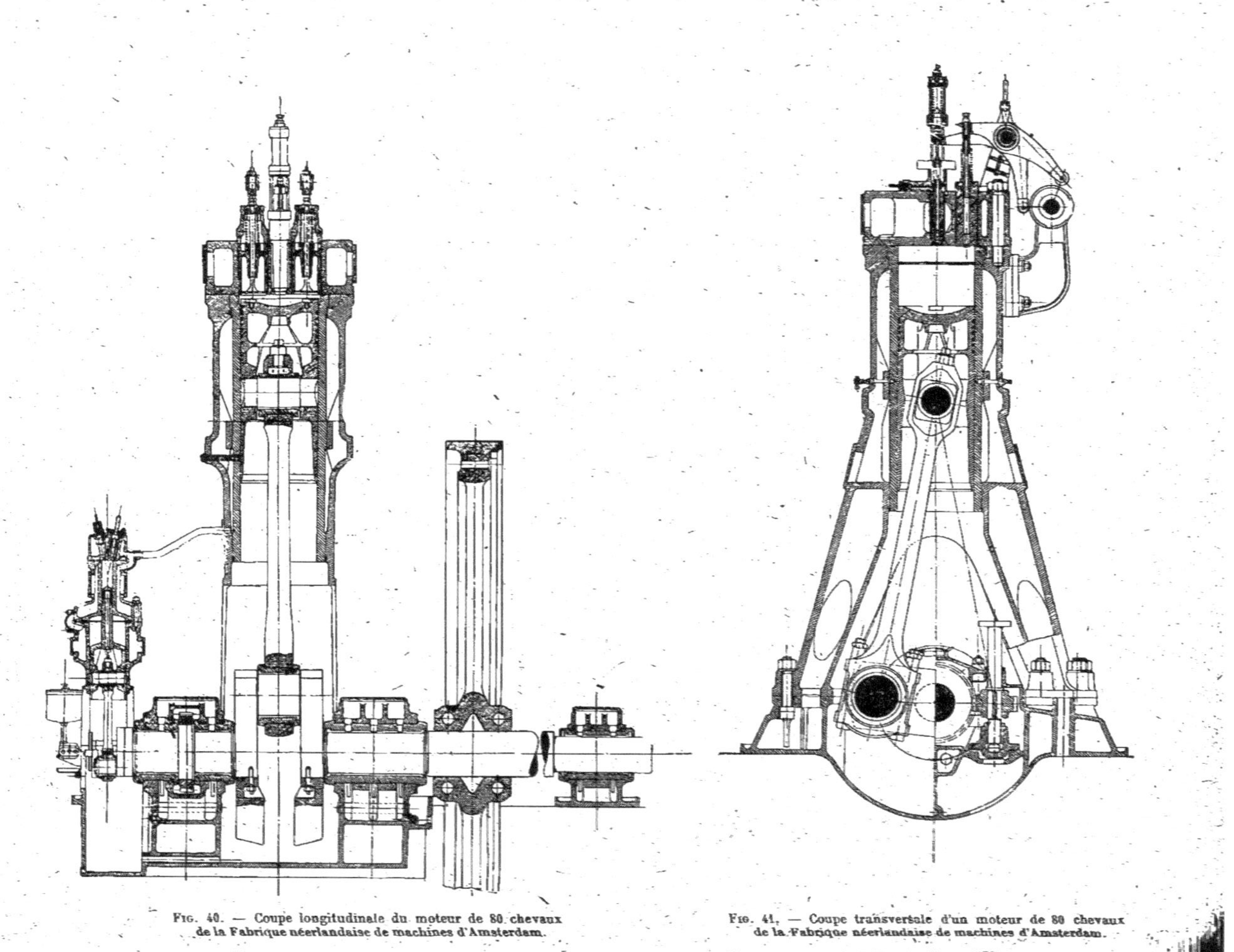

Fig. 40. — Coupe longitudinale du moteur de 80 chevaux
de la Fabrique néerlandaise de machines d'Amsterdam.

Fig. 41. — Coupe transversale d'un moteur de 80 chevaux
de la Fabrique néerlandaise de machines d'Amsterdam.

longueur de la bielle motrice, ce qui permet de rattraper l'usure, et de faire modifier l'importance du jeu réservé entre le cylindre et le piston ; ce dispositif est commode pour agir sur la compression du moteur. On emploie un compresseur d'air vertical à double phase, commandé directement par l'extrémité de l'arbre manivelle ; le cylindre à haute pression est placé directement au-dessus du cylindre à basse pression, et un refroidisseur intermédiaire permet d'abaisser la température de l'air entre les deux phases.

Les figures 40 et 41 représentent respectivement une coupe longitudinale et une coupe transversale du moteur normal monocylindrique à marche lente construit par la Fabrique néerlandaise de machines d'Amsterdam.

Il n'existe pas de différence marquée entre la disposition générale de ce moteur et les moteurs déjà décrits, sauf que la pompe à air fournissant l'air nécessaire à l'injection et au démarrage est placée à l'extrémité du moteur sur un prolongement de la plaque de fondation ; elle est commandée par une manivelle en porte-à-faux, et le compresseur est du type à deux phases avec refroidissement entre les deux phases.

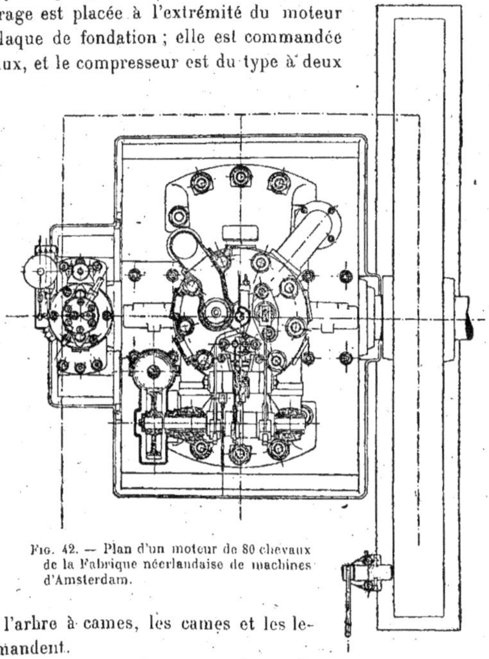

Le piston du type à fourreau est en fonte à grande résistance, de même que la chemise intérieure du cylindre ; on emploie comme à l'ordinaire une fonte spéciale pour la culasse du cylindre en vue de lui permettre de résister aux pressions élevées auxquelles elle est soumise. Une petite pompe de graissage et un réservoir à huile sont montés à l'extrémité du moteur correspondant au compresseur. C'est ce que montrent la figure 40 et la figure 42 ; cette dernière est une vue en plan du moteur qui montre la disposition générale des soupapes dans la

Fig. 42. — Plan d'un moteur de 80 chevaux de la Fabrique néerlandaise de machines d'Amsterdam.

culasse du cylindre ainsi que l'arbre à cames, les cames et les leviers de soupapes qui les commandent.

L'arbre à cames tourne, comme à l'ordinaire, à une vitesse qui est la moitié de celle du moteur ; il est commandé par un train d'engrenages et par un arbre vertical qui lui-même est actionné par l'arbre manivelle du moteur par l'intermédiaire d'une vis sans fin.

La figure 43 représente la soupape d'arrivée d'air avec sa came et son levier, ainsi que la dérivation qui permet à l'eau de refroidissement de passer de la chemise du cylindre dans sa culasse.

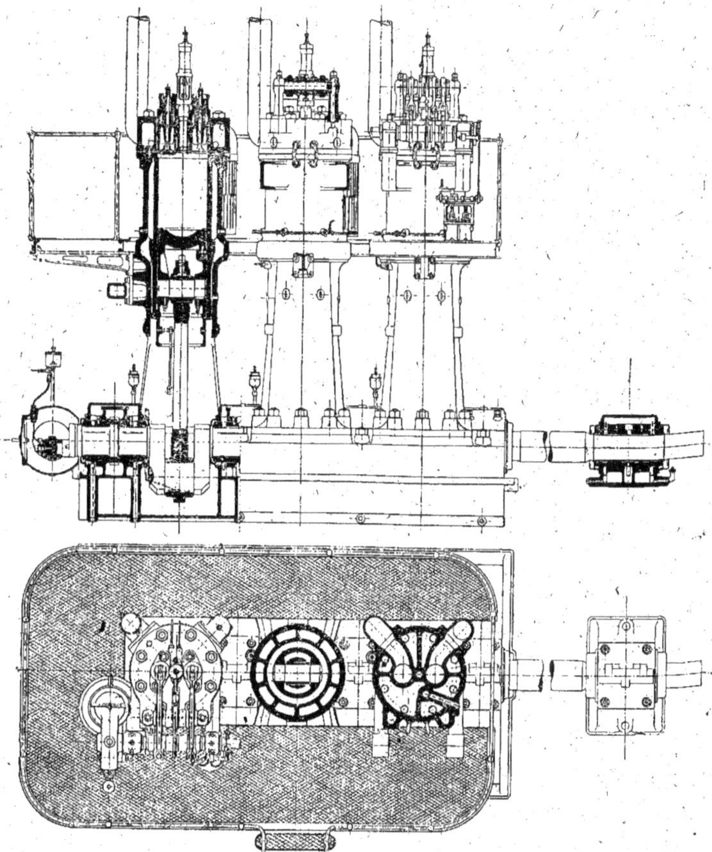

La figure 44 est une coupe détaillée du régulateur et de la pompe à combustible qui montre la manière dont ils sont placés par rapport à l'arbre à cames supérieur. Le principe du fonctionnement de la pompe d'admission de combustible et la régulation de la vitesse du moteur sont les mêmes que ceux qu'on adopte généralement dans les moteurs Diesel, principalement en ce qui concerne le réglage de la période d'ouverture de la soupape d'aspiration de la pompe d'admission de combustible. Si, par suite d'une

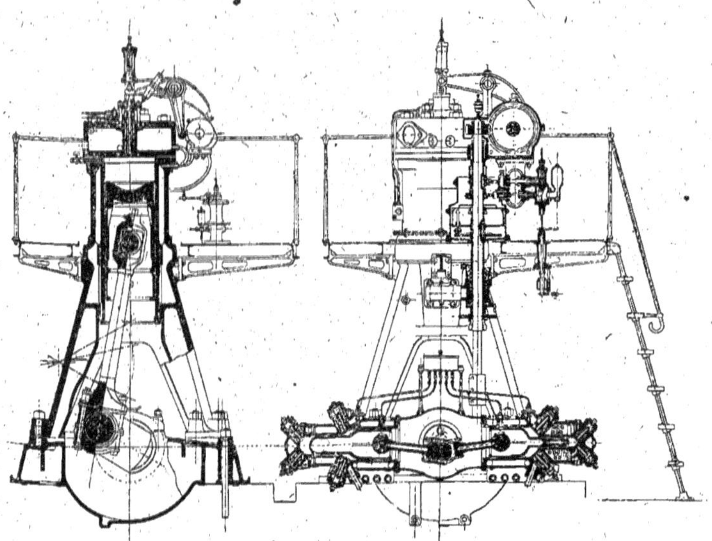

Fig. 45. — Disposition générale d'un moteur fixe à deux temps, système Carels,
avec compresseur horizontal à trois étages.

augmentation de la vitesse, les masses du régulateur s'écartent, le manchon du régulateur, sur lequel sont montés à pivot les bras qui supportent les masses, s'abaisse, entraînant avec lui le levier horizontal qu'on peut voir sur les figures précitées. Ce levier est fixé, par une de ses extrémités, à un piston dont la vitesse de déplacement est limitée par un dashpot dans lequel il se meut; à son autre extrémité, le levier est relié par une courte bielle à la tige qui règle l'ouverture de la soupape d'aspiration de la pompe d'admission de combustible. Le plongeur de la pompe est commandé par un excentrique calé sur l'arbre vertical du régulateur; cet excentrique, par l'intermédiaire d'une bielle fixée à la barre d'excentrique, communique également un mouvement régulier de va-et-vient à la tige de commande de la soupape d'aspiration mentionnée ci-dessus, ce qui détermine l'ouverture et la fermeture de la soupape. Quand le levier horizontal fixé au manchon du régulateur est abaissé par l'écartement des masses du régulateur dû à l'augmentation de vitesse du moteur, la bielle qui le relie à la tige de commande de la soupape d'aspiration se redresse et se déplace vers la droite de manière à augmenter la durée de la période d'ouverture de la soupape d'aspiration pendant la course d'aller du plongeur ; par conséquent, il y a diminution de la quantité d'huile fournie par la soupape de refoulement de la

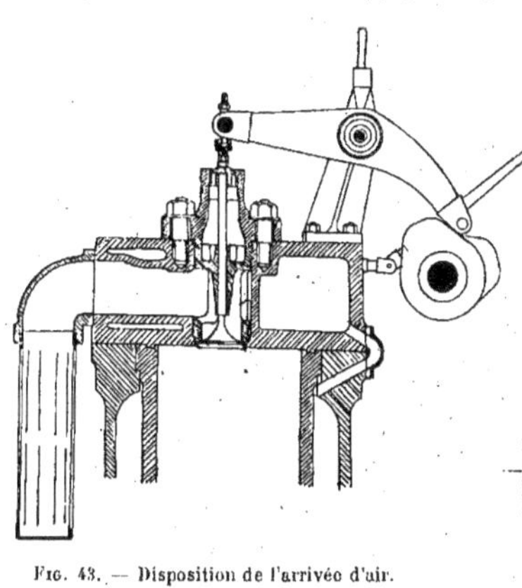

Fig. 43. — Disposition de l'arrivée d'air.

pompe à la soupape d'admission de combustible du moteur ; la vitesse du moteur tombe jusqu'à ce qu'elle atteigne la valeur normale quand le régulateur reprend sa position de marche ordinaire.

Dans ce moteur la culasse du cylindre porte une soupape de sûreté pour éviter le danger pouvant résulter d'un excès de pression dans le cylindre : cette soupape peut être manœuvrée à la main au moyen du levier que l'on peut voir sur la figure 43 et sur la vue en plan, figure 42. Toutes les soupapes sont munies de lanternes rapportées qui en facilitent le démontage ; les chemises d'eau ont de larges trous de vidange qui permettent de les nettoyer, précaution qu'il y a grand avantage à répéter fréquemment quand on est obligé, comme dans certains cas, d'employer de l'eau impure pour le refroidissement des moteurs.

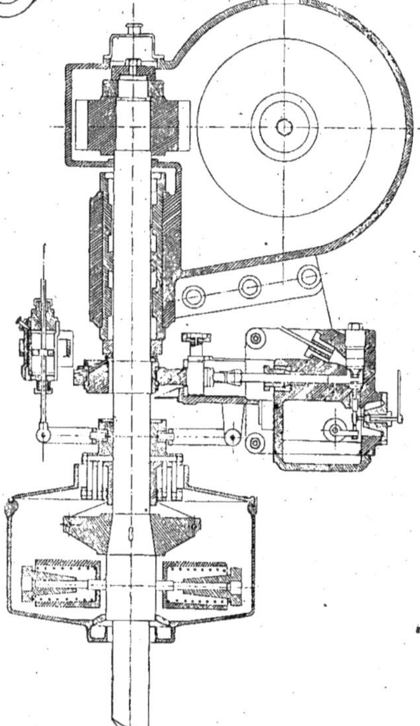

Fig. 44. — Coupe de la pompe d'admission de combustible.

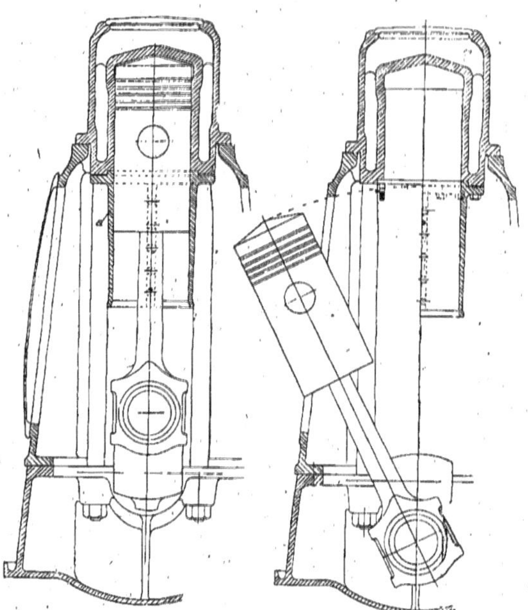

Fig. 46. — Mode de démontage du piston d'un moteur de la Fabrique néerlandaise de machines d'Amsterdam.

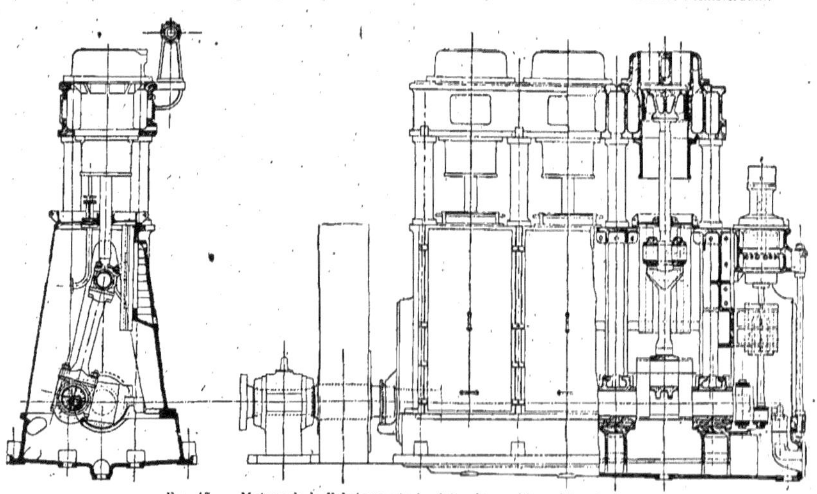

Fig. 47. — Moteur de la Fabrique néerlandaise de machines d'Amsterdam.

Dans le moteur Diesel du type ordinaire, on doit sortir le piston par le sommet du cylindre, ce qui nécessite le démontage de tous les leviers de soupapes et le levage du couvercle du cylindre. Dans les moteurs les plus récents, construits par la Fabrique néerlandaise, on a adopté un dispositif grâce auquel le piston peut être retiré par le fond du cylindre sans qu'on ait à toucher aux soupapes en aucune façon. La figure 46 représente ce dispositif, qui est applicable au type de moteur muni du piston à fourreau. La moitié inférieure du cylindre est constituée par une chemise prolongeant la moitié supérieure sur laquelle elle est boulonnée;

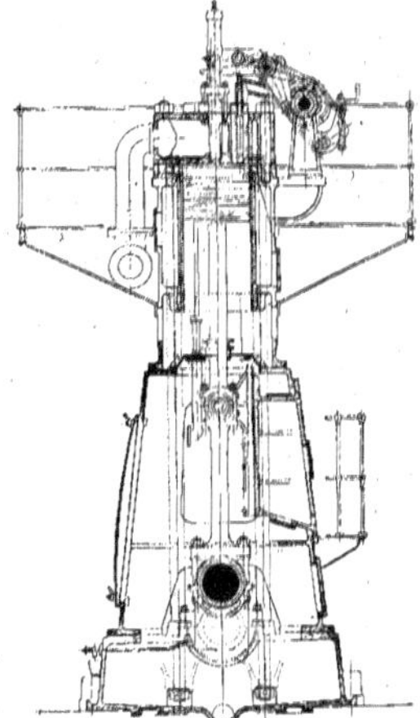

Fig. 48. — Coupe transversale par bout d'un moteur à quatre temps de 600 chevaux.

quand le piston occupe sa position la plus basse et qu'on a démonté la partie a de la chemise, on peut le retirer en le faisant osciller en arrière comme le montre la figure.

La figure 47 montre le dernier type de moteur fixe à trois cylindres adopté par cette firme, dans lequel on emploie une bielle motrice avec tête de tige de piston et le

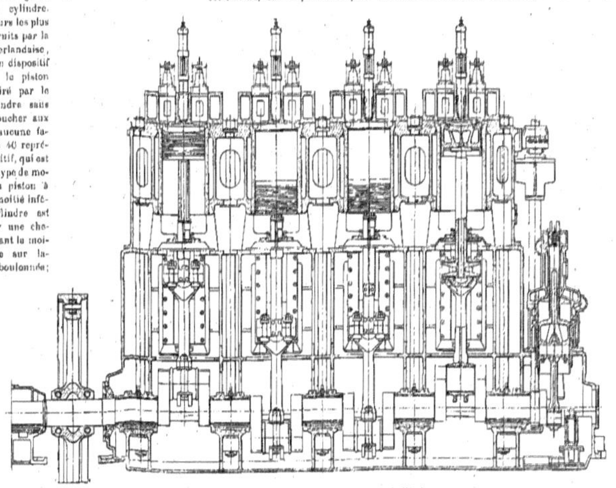

Fig. 50. — Coupe longitudinale d'un moteur à grande vitesse de 600 chevaux.

même dispositif de chemise démontable prolongée. Il existe dans ce moteur un compresseur vertical à deux étages monté à l'extrémité de la plaque de fondation sur la

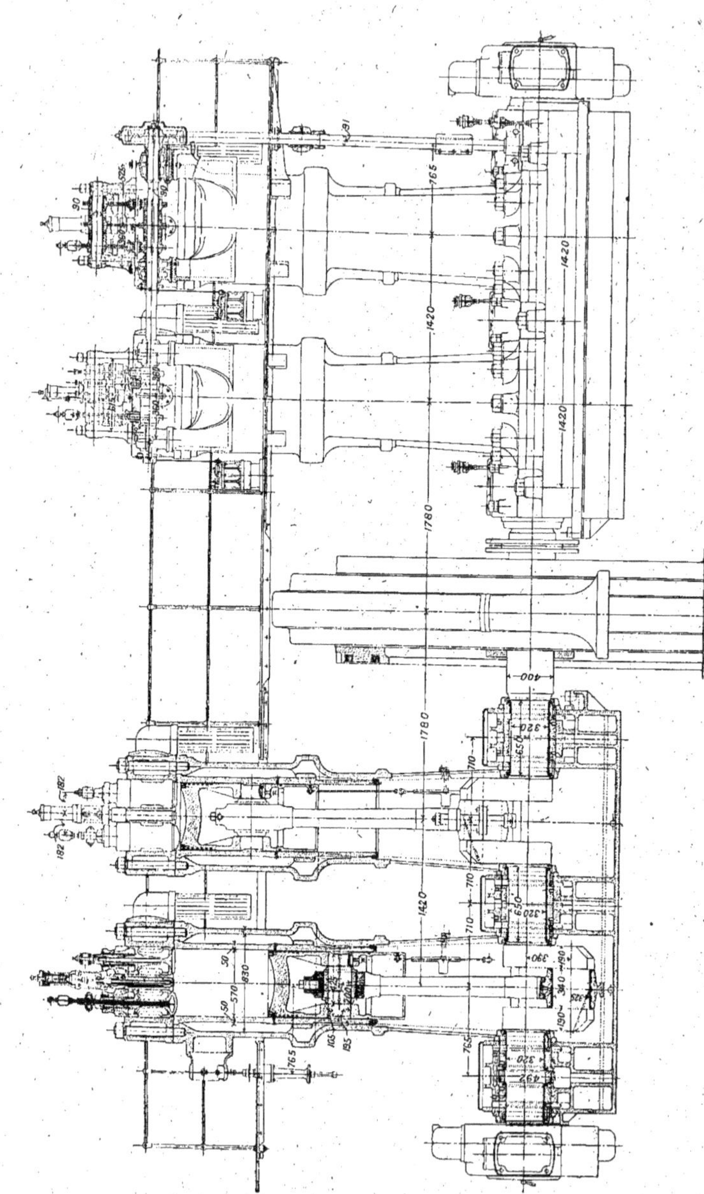

FIG. 49. — Moteur Diesel à marche lente de 700 chevaux, système Carels.

même ligne que les cylindres moteurs et commandé directement par l'arbre manivelle.

La figure 49 est un dessin coté représentant un moteur lent à quatre temps et à quatre cylindres construit par MM. Carels. Il développe 700 chevaux et tourne à 150 tours. Ce moteur est destiné à la commande d'une dynamo qui est placée au centre avec deux cylindres de chaque côté. Deux compresseurs d'air type Reavell sont montés à chaque extrémité. Les cylindres ont 570 millimètres de diamètre, la course des pistons est de 780 millimètres, et on a conservé le piston à fourreau, même pour ce moteur relativement puissant.

Moteurs à grande vitesse. — Comme on l'a expliqué au chapitre ii, les moteurs à grande vitesse présentent certains avantages, et ils seront fréquemment employés à l'avenir pour les cas spéciaux.

Le moteur à grande vitesse s'adapte évidemment très bien à la commande directe des dynamos, et bien qu'il soit assez peu probable qu'il devienne d'un emploi général pour cet objet, son utilisation comme moteur auxiliaire dans les navires prendra certainement beaucoup d'extension parce que, dans cette occurrence, l'économie de poids et d'encombrement a pris une grande importance et que la réduction des dépenses d'installation est un point que l'on ne doit jamais perdre de vue. En fait, des moteurs Diesel à grande vitesse, accouplés directement à des dynamos, sont depuis un certain temps installés à bord de cuirassés. On trouvera au chapitre iv quelques détails au sujet des dimensions, de la puissance et de la vitesse des moteurs à grande vitesse ; mais, dans certains cas, ces vitesses sont très dépassées, et l'on rencontre fréquemment des moteurs de 300 chevaux tournant à la vitesse de 400 tours par minute ; le groupe construit par MM. Mirrlees, Bickerton et Day L^{d}, pour les cuirassés de la marine britannique, consiste en un moteur de 120 chevaux accouplé à la dynamo et tournant à la vitesse de 400 tours par minute. Pour les moteurs plus puissants, la vitesse de rotation est la même, c'est-à-dire qu'elle est environ le double de celle du moteur fixe ordinaire.

Cette société construit six modèles de moteurs à grande vitesse tournant tous à 400 tours par minute et présentant les dimensions suivantes :

Moteur à 3 cylindres............ 45 chevaux	Moteur à 6 cylindres............	180 chevaux
— 3 — .... 90 —	— 6 —	240 —
— 4 — .... 120 —	— 6 —	300 —

La principale particularité de construction du moteur à grande vitesse consiste dans ce fait que, pratiquement, tous les organes mobiles sont totalement enveloppés dans des carters ; on obtient un graissage par barbotage très efficace et un fonctionnement très doux du moteur.

La plaque de fondation est ordinairement du modèle à carter fermé avec fond plat ; on y fixe par des boulons le carter de la manivelle, qui est totalement fermé, et on ménage sur chaque paroi de ce carter autant de portes de visite qu'il existe de manivelles. Toutes les parois extérieures des cylindres sont boulonnées sur le carter des manivelles, au lieu d'être fondues d'une seule pièce avec le bâti, comme dans le cas des moteurs à marche lente.

Les dessins de moteurs à grande vitesse construits par un certain nombre de firmes sont donnés dans les figures 51 à 56 inclus, d'après lesquelles on peut voir qu'il n'existe pas de différences très marquées entre les divers types. Ils sont tous complètement enfermés dans un carter et munis exclusivement du graissage forcé qui constitue naturellement une caractéristique essentielle des moteurs tournant à une vitesse relativement grande. On peut cependant faire remarquer que l'emploi d'un moteur tournant à la vitesse de 350 tours par minute n'implique pas nécessairement que la vitesse de piston dépasse celle du type à marche lente et, en fait, la différence n'est ordinairement pas très grande. Il s'ensuit qu'on adopte généralement un plus grand nombre de cylindres, à puissance égale, pour un moteur à grande vitesse, tandis que l'on diminue beaucoup le rapport de la course à l'alésage qui est habituellement voisin de l'unité ou légèrement supérieur.

Ce dispositif ne donne pas le maximum de rendement mais, dans le cas où l'on

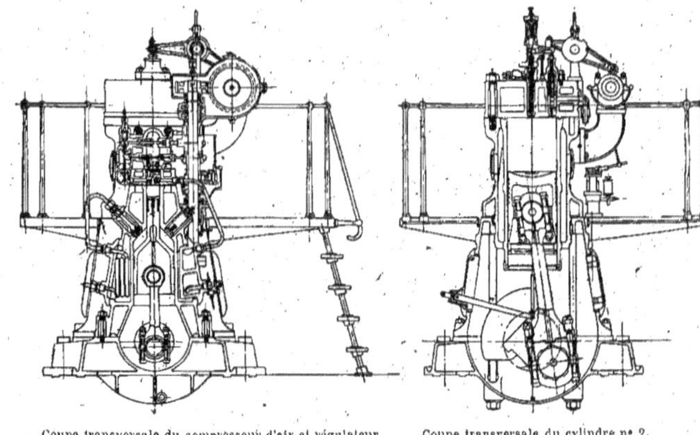

Échelle en pieds.

FIG. 52. — Disposition générale de l'installation d'un moteur à deux cylindres Hick, Hargreaves de 406 millimètres d'alésage et de 483 millimètres de course tournant à 250 tours par minute. (Élévation, coupes et plan.)

désire employer le moteur à grande vitesse, ses avantages sont ordinairement tels qu'ils contre-balancent une légère augmentation de la consommation de combustible,

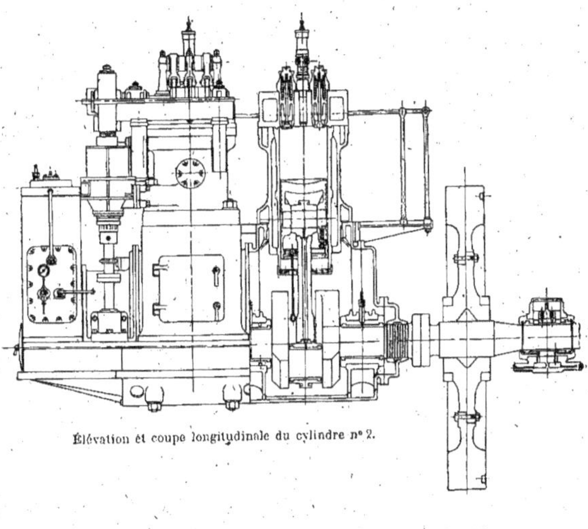
Élévation et coupe longitudinale du cylindre n° 2.

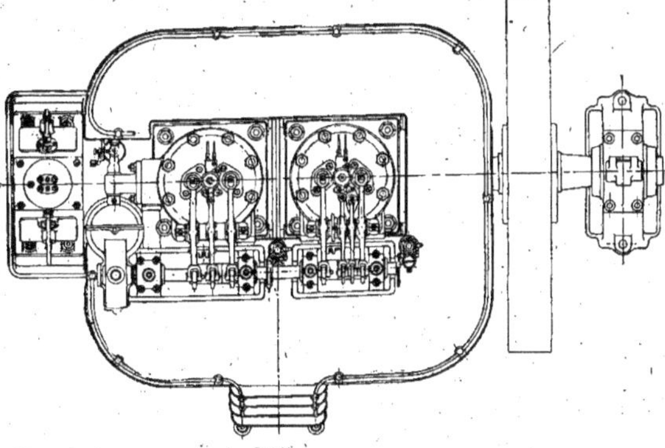
PLAN.

Le modèle de moteur à grande vitesse pour puissances élevées construit par la Fabrique néerlandaise de machines diffère par quelques points importants des moteurs de construction ordinaire. La figure 50 représente une coupe de face d'un moteur de 600 chevaux construit par cette maison pour une vitesse de 215 tours par minute. Il est du type ordinaire à quatre temps, à quatre cylindres; les deux cylindres intérieurs ont leurs manivelles calées à 180° par rapport à celles des deux cylindres intérieurs.

A l'extrémité de la plaque de fondation est montée une pompe à air verticale à simple effet à deux étages actionnée directement par l'arbre manivelle.

On n'emploie pas le piston à fourreau, mais il y a une tête de crosse de piston avec une courte bielle motrice; bien que la longueur du piston soit diminuée, parce que l'on n'a pas besoin d'une surface de coussinets plus longue qu'à l'ordinaire, le moteur est nécessairement un peu plus haut que le modèle muni d'un piston à fourreau. La tête de crosse de piston a deux portées de coussinets; les guides sont boulonnés sur le bâti du moteur, et l'on emploie une bielle motrice avec tête à fourche, comme le montre la figure. Tous les coussinets principaux sont à refroidissement par circulation d'eau, de même que le piston, ce qui est rare dans les moteurs à quatre cylindres, car, dans ce type de moteurs, le refroidissement n'est ordinairement appliqué qu'aux cylindres d'une puissance supérieure à 100 chevaux. La figure 50 représente clairement le dispositif employé pour obtenir le refroidissement du piston. La tige de piston creuse est fixée au piston également creux par une bride venue de forge avec elle ; à cet effet, le corps du piston est traversé par des boulons de fixation. Deux petits tuyaux communiquant avec les chemises d'eau du piston peuvent monter et descendre à l'intérieur de deux longs tubes reliés aux conduites d'arrivée et d'évacuation de l'eau de refroidissement. Ces deux tubes sont naturellement munis de presse-étoupes et bien que l'eau soit légèrement sous pression, il ne peut y avoir aucune fuite. Comme le montre la figure 51, l'orifice d'évacuation de l'eau de refroidissement des coussinets de l'arbre manivelle débouche à l'intérieur d'un récipient placé sur le devant et en bas du moteur, et comme il existe un récipient distinct pour chaque coussinet, il ne peut avoir aucun ennui causé par les coussinets, puisque l'on peut régler et faire varier la température à volonté.

Tous les coussinets de l'arbre moteur ainsi que ceux de la bielle motrice sont munis du graissage sous pression ; ces derniers sont très accessibles, bien plus évidemment que ceux des moteurs dans lesquels on emploie un piston à fourreau.

Le bâti du moteur est du type à carter fermé et les cylindres, venus de fonte d'une seule pièce, sont boulonnés directement sur le bâti ; l'ensemble est renforcé au moyen de longs boulons verticaux, qui fixent solidement les cylindres à la plaque de fondation.

Pour un moteur à quatre cylindres, il faut dix de ces boulons, cinq en avant, cinq en arrière. Le carter des manivelles est entièrement fermé ; une porte à rabattement, à charnières supérieures, est disposée en face de chaque bielle motrice, et les tiges de piston traversent des boîtes à garniture ménagées dans le carter, de sorte que le coussinet de petite tête de bielle motrice se meut dans une atmosphère refroidie à l'abri de la chaleur du cylindre.

Une des principales différences à signaler dans la construction des moteurs Diesel, par rapport aux moteurs ordinaires, est le remplacement des cames par des excentriques, pour la commande des leviers de soupapes, ce qui permet de diminuer le bruit et d'obtenir un fonctionnement plus doux. Le moteur est muni d'un arbre à cames horizontal actionné comme à l'ordinaire par l'arbre moteur, mais qui porte des excentriques au lieu de cames. Les extrémités des tiges d'excentriques sont fixées à des leviers horizontaux tournant excentriquement autour d'un arbre horizontal, qui donne à ces leviers un mouvement vertical de va-et-vient. A l'extrémité opposée à celle par laquelle elles sont reliées aux tiges d'excentriques, les tiges de commande reposent sur les soupapes et par conséquent le mouvement de l'excentrique est soumis aux soupapes, qui s'ouvrent comme à l'ordinaire.

Pour la soupape de démarrage, qui ne fonctionne évidemment que pendant quelques secondes, on emploie le dispositif ordinaire avec came et levier de soupape. Le régula-

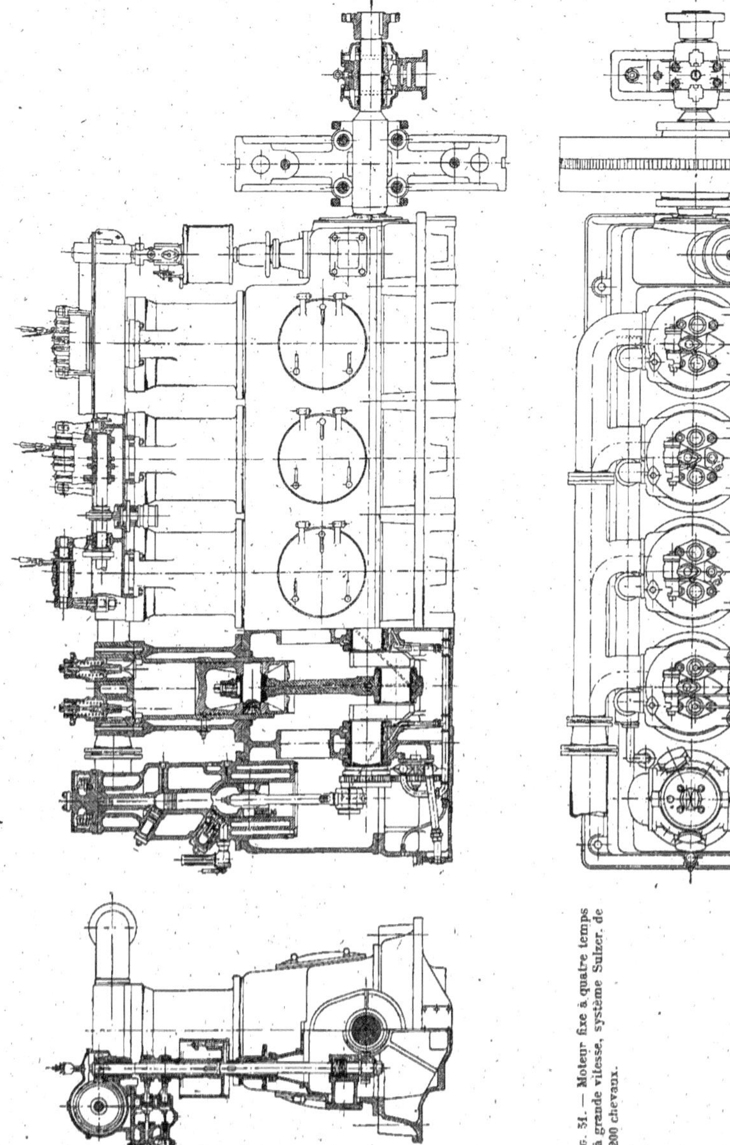

Fig. 54. — Moteur fixe à quatre temps à grande vitesse, système Sulzer, de 200 chevaux.

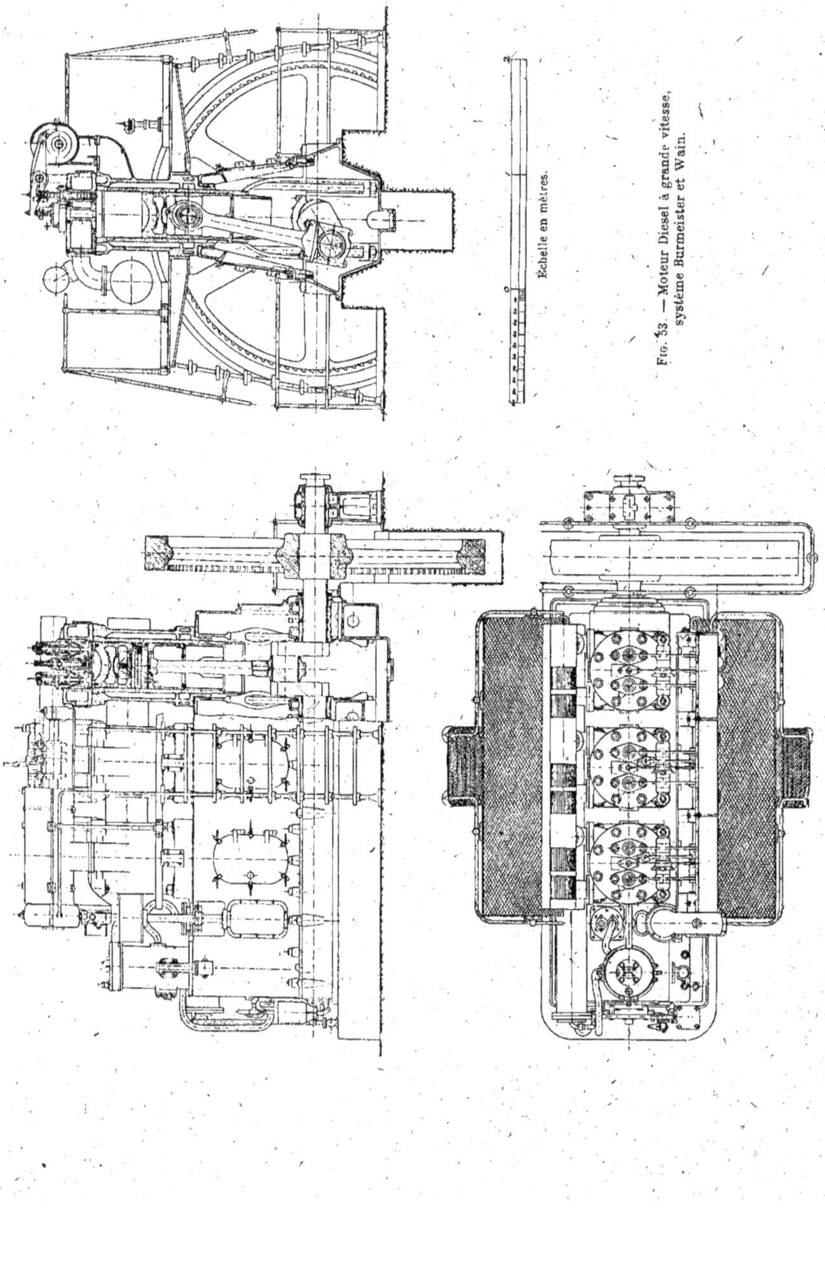

Échelle en mètres.

Fig. 53. — Moteur Diesel à grande vitesse,
système Burmeister et Wain.

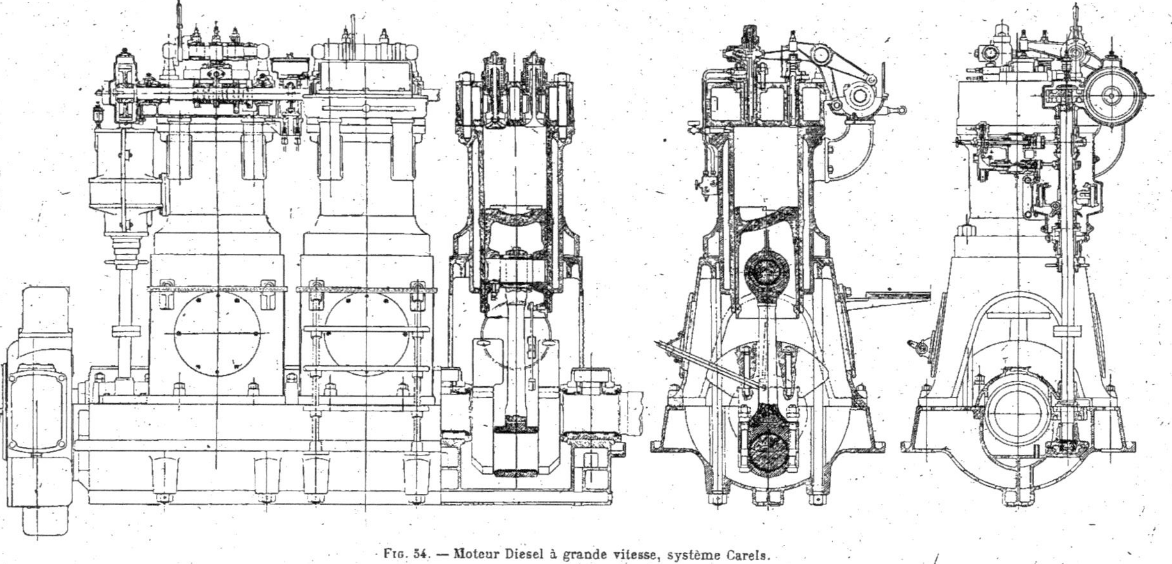

Fig. 54. — Moteur Diesel à grande vitesse, système Carels.

tour est monté sur un arbre vertical qui commande l'arbre horizontal à excentriques, et qui règle la vitesse du moteur, c'est-à-dire la quantité d'huile introduite dans le cylindre, en agissant sur la durée de l'ouverture de la soupape d'aspiration de la pompe d'admission de combustible pendant la course d'admission. La pompe et le régulateur sont semblables aux appareils décrits page 64 et l'on emploie quatre pompes d'admission de combustible travaillant dans une chambre unique.

Les moteurs de ce type peuvent difficilement être appelés des moteurs à grande

Fig. 55. — Moteur Diesel à grande vitesse, système Sulzer.

vitesse au sens ordinaire du mot, car ils tournent à une vitesse qui ne surpasse que d'environ 30 0/0 celle des moteurs fixes ordinaires.

Il existe divers modèles de 200 chevaux à 1.000 chevaux dont les vitesses varient entre 275 et 200 tours par minute. Les moteurs d'une puissance inférieure à 300 chevaux sont fréquemment du type à trois cylindres, mais au-dessus de cette force, et même quelquefois en dessous, on emploie toujours quatre cylindres.

Le poids par cheval, remarquablement constant pour tous les moteurs, est d'environ 27 kilogrammes par cheval, tous accessoires compris. Les dimensions extrêmes approximatives du moteur représenté ici sont: 2^m,032 de largeur sur 8^m,385 de longueur et 3^m,911 de hauteur.

Le moteur à grande vitesse est devenu de bonne heure d'un usage général, particulièrement pour commander des génératrices électriques, des pompes centrifuges, etc. ; les principaux constructeurs ont été conduits à entreprendre sa construction pour les puissances atteignant environ 1.000 chevaux. Tel qu'il existe actuellement, on peut estimer que son prix d'achat est d'environ 20 0/0 moins élevé que celui du moteur à marche lente correspondant ; son poids est inférieur d'environ 25 0/0 tandis qu'en ce qui concerne la question de l'entretien, la différence, autant que permet d'en juger l'expérience actuelle, ne semble pas être considérable.

Les figures 51, 55 et 56 représentent le moteur Sulzer à quatre temps à grande vitesse que l'on construit en toutes dimensions sur le même modèle pour les puissances de 150 à 1.000 chevaux.

On adopte, en général, le dispositif à quatre cylindres avec une pompe d'injection d'air vertical à trois phases montée à l'extrémité de la machine et commandée directement par l'arbre moteur au moyen d'une manivelle calée en bout.

Le moteur développe 200 chevaux en tournant à 300 tours et 800 chevaux à 220 tours ; il est du type à carter fermé et muni partout du graissage forcé. L'huile est introduite sous pression dans les différents paliers par une pompe commandée par le moteur et refflue vers la chambre des manivelles ; une autre pompe extrait l'huile du fond de cette chambre à travers un filtre et un refroidisseur. La consommation d'huile de graissage, légèrement plus élevée que dans un moteur à marche

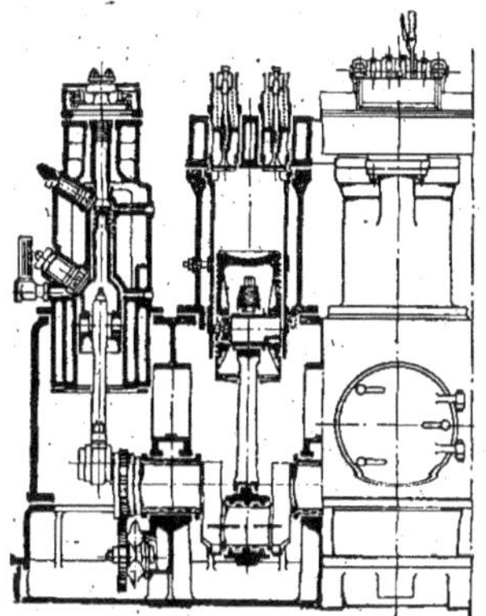

Fig. 56. — Coupe longitudinale d'un moteur à grande vitesse et de sa pompe à air.

lente, est voisine de 7 à 9 grammes par cheval-heure mesuré au frein contre environ 4,5 à 7 grammes.

La consommation de combustible est de 5 à 10 0/0 supérieure à celle du moteur à marche lente.

Les cames qui contrôlent les leviers de la soupape d'admission de combustible ont des portées en acier et les autres cames sont disposées de manière à comporter de larges surfaces d'appui. Toutes les cames tournent dans un bain d'huile et le bruit, réduit ainsi au minimum, est moindre que dans le cas d'un moteur à marche lente.

Le moteur à grande vitesse de MM. Carels est construit de manière à peu près pareille ; la figure 54 le représente en coupe.

Moteur horizontal. — Jusqu'à présent la construction des moteurs Diesel du type horizontal s'est peu développée, et ce modèle peut être regardé comme une innovation, car le moteur Diesel a toujours été considéré essentiellement comme un moteur vertical depuis sa première origine. On peut dire en faveur du type horizontal que, dans les dix dernières années, on a acquis une expérience telle au sujet du fonctionnement des moteurs à gaz horizontaux de grande puissance, et on a retiré de tels avantages de la connaissance plus complète de ces moteurs, que l'on a pu utiliser ces données dans l'étude et la construction de moteurs Diesel du même modèle ; les deux types de moteurs appartiennent, en effet, à la catégorie des moteurs dénommés moteurs à combustion interne et présentent beaucoup de similitude. Bien qu'un moteur horizontal exige naturellement beaucoup plus de surface, il ne demande qu'une hauteur beaucoup moindre pour son installation et pour son démontage ; on doit se souvenir aussi que les pistons des moteurs Diesel du modèle ordinaire doivent être démontés par le sommet du cylindre, point qui ne doit pas être perdu de vue dans le calcul de la hauteur nécessaire à donner à la chambre des machines. Parmi les avantages qu'offre le moteur horizontal, on peut citer la diminution de la pression sur les fondations due à la grande surface occupée et une absence presque complète de vibrations, bien que l'on puisse dire que les vibrations sont toujours très faibles, même pour les moteurs verticaux. Le piston d'un moteur horizontal peut être plus facilement démonté que celui d'un moteur vertical, car, dans un moteur à simple effet, il suffit de démonter la bielle motrice pour pouvoir retirer le piston du cylindre par l'extrémité correspondant à la manivelle, sans toucher aux soupapes de distribution. Le rapport de la longueur de la bielle motrice au diamètre de la manivelle a une valeur plus grande que dans les moteurs verticaux (6 au lieu de 5), afin de réduire la pression sur le fond de cylindre due à l'obliquité de la bielle ; comme cela se produit dans tous les moteurs horizontaux, la pression sur le plateau N du cylindre est en partie contre-balancée par le poids de la manivelle et de la bielle, ce qui n'est pas le cas pour les moteurs verticaux.

Le moteur horizontal Diesel fonctionne d'après le cycle à quatre temps ou d'après le cycle à deux temps et, pour les grands modèles, on adopte le double effet. Les moteurs d'une puissance inférieure à 200 chevaux sont ordinairement monocylindriques ; pour des puissances supérieures, on emploie deux cylindres disposés côte à côte avec volant monté en porte-à-faux à une extrémité de l'arbre moteur. Pour des puissances encore plus grandes, on a recours à deux groupes de deux cylindres avec volant intermédiaire, et pour les moteurs très puissants, ainsi que pour les moteurs à double effet, on adopte le dispositif double tandem ; s'il s'agit de commander une dynamo, on la place entre les deux groupes de moteurs. Le type de moteur à quatre temps peut être exécuté avec un, deux ou quatre cylindres, mais le moteur à deux temps ne se construit qu'à deux ou à quatre cylindres. La plaque de fondation du moteur horizontal est du type à carter ; les fonds de cylindres extérieurs sont venus de fonte avec le bâti, bien que généralement on emploie des boulons dans le cas des moteurs à deux temps. Les chemises intérieures des cylindres sont amovibles et sont construites en fonte à grain très serré. Comme dans le cas des moteurs verticaux, la culasse du cylindre, qui renferme une partie des soupapes, est boulonnée sur le cylindre lui-même, mais la disposition des soupapes diffère considérablement de celle qu'on adopte pour les moteurs du type vertical. Dans le modèle à quatre temps, la soupape d'admission de combustible est horizontale et placée au centre de la culasse, tandis que la soupape de démarrage destinée à admettre l'air comprimé est montée contre la soupape d'admission de combustible.

La soupape d'échappement est en bas de la culasse, tandis que la soupape d'admission pour l'aspiration de l'air est placée au sommet de la culasse; ces deux soupapes sont naturellement verticales. Dans les moteurs à deux temps, on emploie des lumières que le piston ne recouvre pas complètement en se déplaçant et les soupapes d'admission d'air et d'échapvement du moteur à quatre temps sont utilisées comme soupapes de balayage, ce qui permet à l'air provenant de la pompe de balayage de pénétrer dans le cylindre. L'arbre à cames horizontal qui commande les soupapes est actionné par l'arbre moteur au moyen d'un engrenage à vis sans fin suivant la pratique adoptée pour les moteurs à gaz. Les soupapes d'échappement et d'admission d'air (ou les soupapes de balayage dans un moteur à deux temps) sont mues par un excentrique unique calé sur l'arbre à cames, ce qui est rendu possible par leur montage symétrique ; dans les moteurs à deux cylindres on n'emploie ordinairement qu'un seul arbre à cames et un seul excentrique ; les soupapes du second cylindre, trop éloignées de l'arbre à cames, sont commandées par un levier de connexion qui relie les deux soupapes. L'arbre à cames actionne au moyen d'engrenages un petit arbre secondaire placé à angle droit, qui sert à la commande des soupapes d'admission de combustible, et un excentrique calé sur ce petit arbre commande directement la soupape d'admission. Dans les moteurs à double effet, afin que la tige de piston ne puisse pas être exposée à des températures trop élevées, le combustible est injecté de chaque côté du piston dans des poches ménagées entre le plateau du cylindre, la soupape et le piston. Ce dispositif est d'une grande efficacité pour éviter tout ennui en ce qui concerne le fonctionnement des garnitures.

Le régulateur est monté sur un arbre vertical actionné par l'arbre moteur ; son fonctionnement est le même que celui du régulateur déjà décrit à propos des moteurs verticaux dans lesquels on obtient la régulation en faisant varier la quantité d'huile admise à la soupape d'admission de combustible. L'excentrique qui commande le plongeur de la pompe à combustible est calé sur l'arbre à came et la chambre à huile est munie d'un flotteur. Le compresseur du type horizontal à deux phases qui fournit l'air nécessaire au démarrage et à l'injection d'air, est mû directement par un prolongement de l'arbre moteur situé du même côté que l'arbre à cames. Dans les moteurs à quatre temps de très grande puissance, le compresseur est monté sur un petit massif de fondation distinct de la plaque de fondation principale, et les cylindres sont disposés de telle manière que leur axe soit placé un peu au-dessous de l'axe de l'arbre moteur. Les moteurs à deux temps exigent une pompe de balayage, et on adopte une disposition différente ; la pompe et le compresseur boulonnés sur la plaque de fondation du moteur sont alors montés en tandem. Comme c'est l'habitude dans tous les moteurs Diesel, l'air est refroidi après compression dans le cylindre à basse pression avant de pénétrer dans le cylindre à haute pression, et il est purgé d'eau et d'air dans un épurateur. Le débit de l'air est réglé par une soupape d'étranglement comme à l'ordinaire. Comme on l'a dit

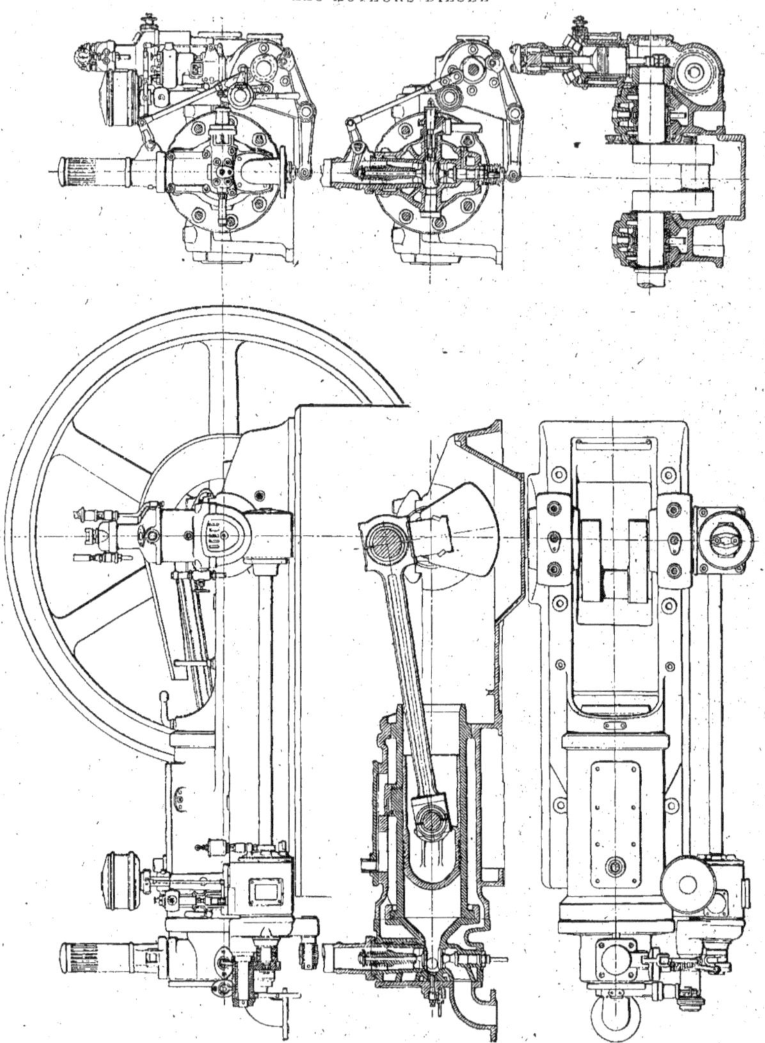

Fig. 57 et 58. — Détails d'un moteur horizontal M. A. N.

Fig. 59. — Moteur Diesel horizontal de 800 chevaux.

plus haut, les soupapes d'échappement sont placées sur les parois intérieures du cylindre ce qui permet de maintenir au niveau du sol les tuyaux d'échappement aboutissant au silencieux sans qu'on doive avoir recours à l'emploi d'une chemise d'eau pour combattre l'effet de la radiation ; cependant, dans les moteurs à deux temps, on pulvérise quelquefois un jet d'eau à l'intérieur du tuyau lui-même. Dans les moteurs à quatre temps, on ne refroidit au moyen d'une chemise d'eau que les cylindres du moteur, ceux du compresseur et le réservoir intermédiaire dans lequel l'eau de refroidissement passe en premier ; dans les moteurs à deux temps, les pistons sont également refroidis au moyen d'une circulation d'eau. Tous les organes refroidis par circulation d'eau sont munis de tuyauteries et de robinets distincts, afin que l'on puisse faire varier la température à volonté. L'air introduit dans les cylindres pendant la course d'aspiration est puisé par un tuyau placé à l'intérieur de la plaque de fondation, les tuyaux d'échappement et, en général, toute la tuyauterie, sont disposés en sous-sol, de sorte que le bon aspect du moteur n'en souffre nullement. On a déjà construit beaucoup de moteurs de ce type ; à l'heure actuelle, le plus puissant qui atteint de 1.600 à 2.000 chevaux est un moteur à double effet, à quatre temps, à quatre cylindres double tandem, récemment monté dans l'usine municipale d'électricité de Halle-sur-Saale.

Le moteur a des cylindres de 650 millimètres de diamètre et de 900 millimètres de course ; la vitesse, à la puissance normale de 1.800 chevaux, est de 150 tours par minute. Des moteurs plus récents de ce type ont été construits ; la plupart fonctionnent à l'huile de goudron avec allumage à la paraffine.

Les figures 57 et 58 donnent les détails d'un moteur horizontal type M. A. N. et la figure 59 représente un moteur de 800 chevaux.

Le moteur horizontal Deutz. — Le moteur horizontal construit par la Gasmotorenfabrik de Deutz constitue, sous beaucoup de rapports importants, un type différent de celui qui a été décrit précédemment. On n'en construit cependant pas de grands modèles et on l'a surtout lancé pour des cylindres d'une puissance maximum de 50 chevaux. On peut faire remarquer en passant, que pour d'aussi faibles puissances le moteur Diesel n'a pas obtenu la faveur générale à cause du succès du moteur à gaz, parce que les dépenses d'installation du moteur Diesel sont généralement supérieures à celles des autres types de moteurs et que l'économie de combustible correspondant à ces petits modèles est à peine suffisante pour rembourser la dépense supplémentaire. Cependant, sur le Continent, on construit et l'on vend un très grand nombre de petits moteurs horizontaux et l'on peut dire que tous ceux qui sont employés en Allemagne fonctionnent à l'huile de goudron qui peut être obtenue à un prix relativement bas comme on l'a dit par ailleurs.

Dans la construction générale du moteur, on a suivi plus ou moins les données acceptées par la pratique pour le moteur à gaz horizontal. La chemise du cylindre et la plaque de fondation sont d'une seule pièce et l'arbre à cames horizontal est commandé par l'arbre manivelle au moyen d'un engrenage. La figure 60 représente ce moteur, et l'on remarquera que la soupape d'aspiration d'air qui est verticale est surmontée d'un silencieux, tandis que la soupape d'échappement est placée immédiatement en dessous de la soupape d'aspiration. La soupape d'admission de combustible, qui est horizontale, est placée au milieu de la culasse du cylindre qui comprend également les deux soupapes mentionnées précédemment et la soupape d'air de démarrage placée sur le côté de la culasse.

Naturellement ce mode de construction et, de fait, tout moteur horizontal, ne fournit pas la chambre de combustion la plus parfaite pour un moteur Diesel, mais,

Fig. 60. — Moteur Deutz Diesel de 50 chevaux.

d'après les résultats obtenus, qui correspondent à une consommation de 204 grammes de pétrole par cheval mesuré au frein, il semble que l'inconvénient ne soit pas sérieux.

La manière dont est disposé le compresseur d'air est intéressante, d'autant plus qu'il est du type vertical à deux étages mu par une petite manivelle actionnée par l'arbre moteur au moyen d'une commande par vis et engrenage. Le refroidisseur est concentrique aux cylindres de la pompe, et ce moteur diffère des autres types par une modification intéressante qui consiste en ce que l'air d'injection est fourni directement à la soupape d'admission de combustible par le cylindre à haute pression, sans qu'il soit besoin de réservoir d'injection d'air. Il est évidemment nécessaire d'avoir de l'air comprimé pour le démarrage, et, dans ce cas, la pression est inférieure à 15^{k},6 par centimètre carré, la diminution de la pression étant compensée par une augmentation de l'ouverture de la soupape d'air de démarrage. Il existe un dispositif spécial de pompe à combustible et de soupape à combustible; la solution adoptée consiste à pomper le combustible pour l'amener à la soupape juste au moment où elle s'ouvre de sorte qu'il est injecté directement par l'air comprimé. Le réglage de la quantité d'huile introduite par pompage dans le cylindre en traversant la soupape d'injection est réalisé par le réglage du débit de la pompe à combustible qui est munie d'une boucle de trop-plein, au lieu de la soupape d'aspiration commune à la plupart des types de moteurs Diesel. Quand on emploie l'huile de goudron avec ce moteur, il existe une petite pompe auxiliaire et un orifice d'admission séparé conduisant à la soupape de combustible, grâce à quoi l'huile d'allumage, telle par exemple que l'huile de gaz, est introduite directement par pompage, avant l'huile de goudron, à l'intérieur de la chambre de la pompe à combustible et ainsi à l'intérieur de la chambre de combustion.

Moteurs à deux temps. — Sauf circonstances exceptionnelles, on peut admettre que, pour les puissances de 600 à 700 chevaux, le moteur à simple effet, à quatre temps, peut être employé à terre, et qu'au-dessus de cette puissance, on adopte fréquemment, soit le moteur à deux temps, soit, dans certains cas, le moteur à double effet, à deux ou à quatre temps.

Dans les moteurs à quatre temps très puissants, le bâti, la plaque de fondation et le volant atteignent un poids si élevé qu'ils cessent d'être maniables, et le principal inconvénient du moteur à deux temps — notamment la nécessité de l'emploi d'une pompe de balayage — a ici relativement moins d'importance que dans le cas des petits moteurs, quand on ne veut pas admettre la légère complication supplémentaire du moteur à deux temps. Les moteurs à deux et à quatre temps diffèrent très peu l'un de l'autre, en ce qui concerne la construction et l'aspect extérieur; la différence consiste principalement dans l'addition d'une ou de plusieurs pompes de balayage ordinairement montées à l'extrémité de la plaque de fondation, ou, dans quelques types de moteur, en dessous de cette plaque. Les moteurs à deux temps dont la puissance, rarement inférieure à 500 chevaux, est ordinairement égale ou supérieure à 700 chevaux, ont une vitesse maximum qui varie de 180 à 150 tours par minute. Les soupapes d'échappement du moteur à quatre temps sont remplacées par des lumières voisines du fond ou culasse du cylindre, et que le piston découvre dans sa course de retour, d'où une simplification dans la construction. Dans les moteurs de ce type, de construction récente, l'air de balayage est admis par des soupapes ménagées dans le fond du cylindre et commandées comme à l'ordinaire par l'arbre à cames horizontal; il est probable qu'à l'avenir on adoptera généralement un dispositif à lumières, comme dans le cas des moteurs de marine. MM. Sulzer emploient déjà cette disposition; les lumières d'échappement sont percées d'un côté du cylindre, et les lumières de balayage de l'autre côté. Dans les moteurs de grande puissance, et particulièrement dans les moteurs de marine, on fait varier la puissance du moteur en réglant l'admission de combustible ; la quantité d'air de balayage admise aux cylindres moteurs diminue automatiquement en même temps que la charge ; sans cette précaution, l'air serait admis en excès, d'où diminution dans le rendement. La figure 61 représente un moteur Diesel à quatre cylindres, à simple effet, à deux temps, construit par MM. Sulzer, qui est le plus grand moteur construit jusqu'ici par cette maison. Le moteur, de 2.400 chevaux, commande une dynamo dans une station centrale électrique française. Deux cylindres de balayage

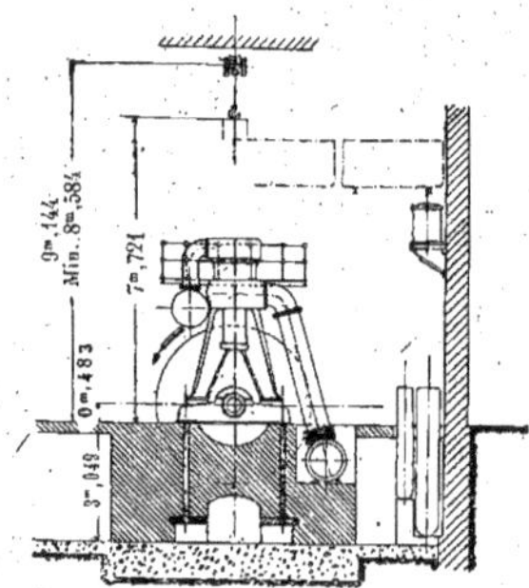

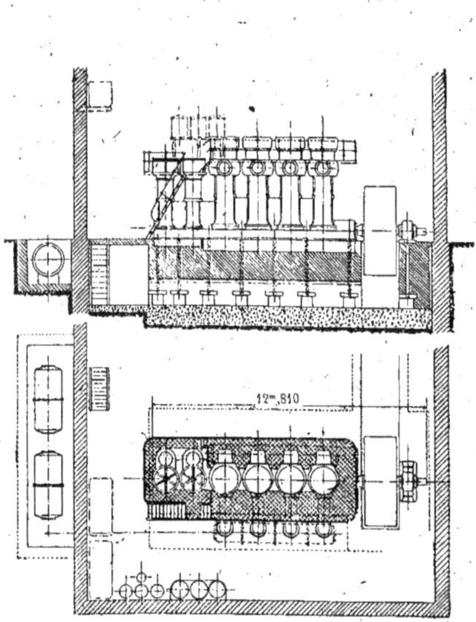

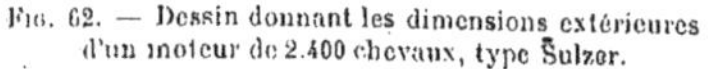

placés à l'extrémité de la plaque de fondation sont actionnés directement par l'arbre manivelle ; les compresseurs d'air à trois phases, également au nombre de deux, ont leur cylindre à basse pression situé au-dessous des pompes de balayage, derrière lesquelles sont placés les cylindres à haute et à moyenne pression. Les trois phases sont commandées par des leviers oscillants. Le bâti est du modèle or-

Fig. 62. — Dessin donnant les dimensions extérieures d'un moteur de 2.400 chevaux, type Sulzer.

dinaire A ouvert et fondu d'une seule pièce avec le corps cylindrique qui est muni, comme le moteur à quatre temps, d'une chemise intérieure, dans laquelle se déplace un piston à fourreau du modèle courant. Chaque cylindre est muni d'un levier et d'une soupape de démarrage, qui permettent de mettre le moteur en marche, quelle que soit la position de la manivelle motrice, précaution rendue nécessaire par la grande dimension du moteur. L'arbre à cames horizontal est entièrement enfermé, et toutes les cames tournent dans l'huile, ce qui rend le fonctionnement du moteur particulièrement silencieux. On aperçoit sur le devant du moteur les tuyaux d'évacuation de l'eau de refroidissement, au nombre d'un par cylindre ; ils débouchent dans un canal ouvert pour que

Fig. 61. — Moteur de 2.400 chevaux à deux temps, type Sulzer.

Fig. 63. — Moteur Sulzer à deux temps de 1.500 chevaux avec balayage par lumières.

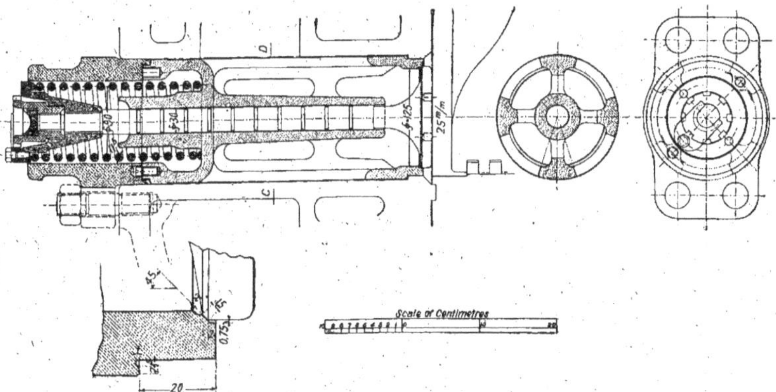

Fig. 65. — Détails de la soupape de balayage d'un moteur Carels à deux temps.

l'écoulement soit visible et que la température puisse être facilement mesurée. Les pistons sont également à circulation d'eau, et l'eau de refroidissement s'écoule dans le même canal que l'eau de refroidissement des cylindres, d'où elle est versée dans le tuyau d'évacuation principal. La figure 62 représente un plan, une élévation de face et une élévation latérale du moteur, avec ses dimensions totales ; on peut voir que la longueur totale est de 12^m,902 y compris le volant. Les deux silencieux sont disposés en sous-sol, et le tuyau principal d'échappement, qui relie le moteur aux silencieux, est également caché sous le parquet de la chambre des moteurs ; les gaz d'échappement de chaque cylindre sont déversés dans ce tuyau principal par une tuyauterie distincte représentée figure 61.

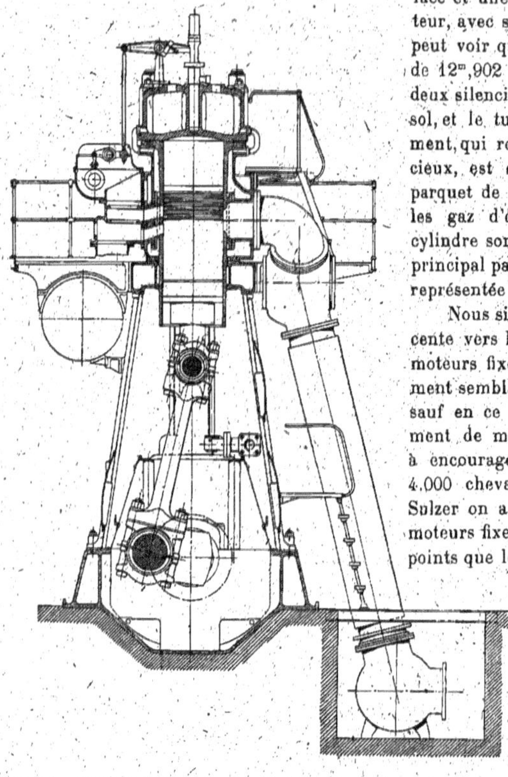

Nous signalerons la tendance récente vers la construction de grands moteurs fixes à deux temps exactement semblables à ceux de la marine, sauf en ce qui concerne le changement de marche. Cette tendance est à encourager. Dans les moteurs de 4.000 chevaux construits par MM. Sulzer on a adopté ces vues et ces moteurs fixes sont les mêmes en tous points que les moteurs de marine décrits plus loin en détail.

Le modèle de 4.000 chevaux comporte six cylindres de 762 $\times$ 1.016 la vitesse à pleine charge étant de 132 tours par minute. A l'extrémité du moteur sont montées deux pompes de balayage commandées directement par l'arbre manivelle, et, entre ces cylindres, sont les deux étages à haute pression et à moyenne pression de la soupape d'injection de combustible également commandés directement par l'arbre manivelle. Les crosses de têtes de piston de la pompe

Fig. 64. — Coupe transversale d'un cylindre d'un moteur Sulzer à deux temps, montrant les lumières auxiliaires de balayage.

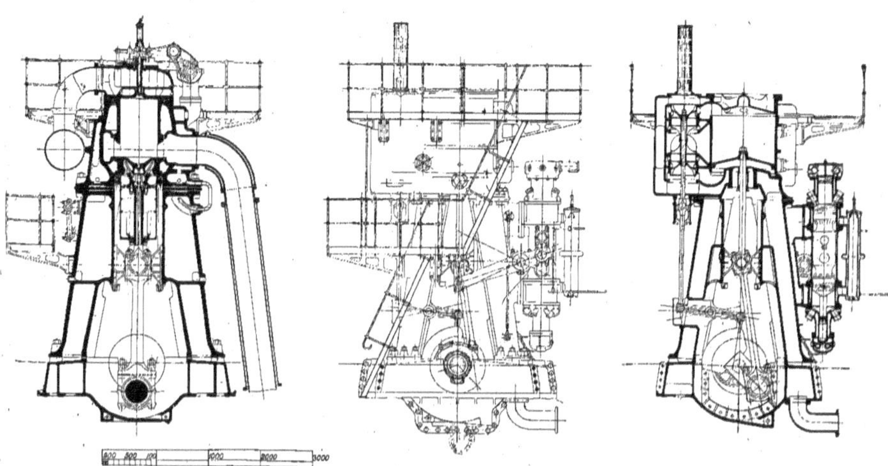

Fig. 66. — Moteur fixe à deux temps, système Carels (Nouveau modèle).

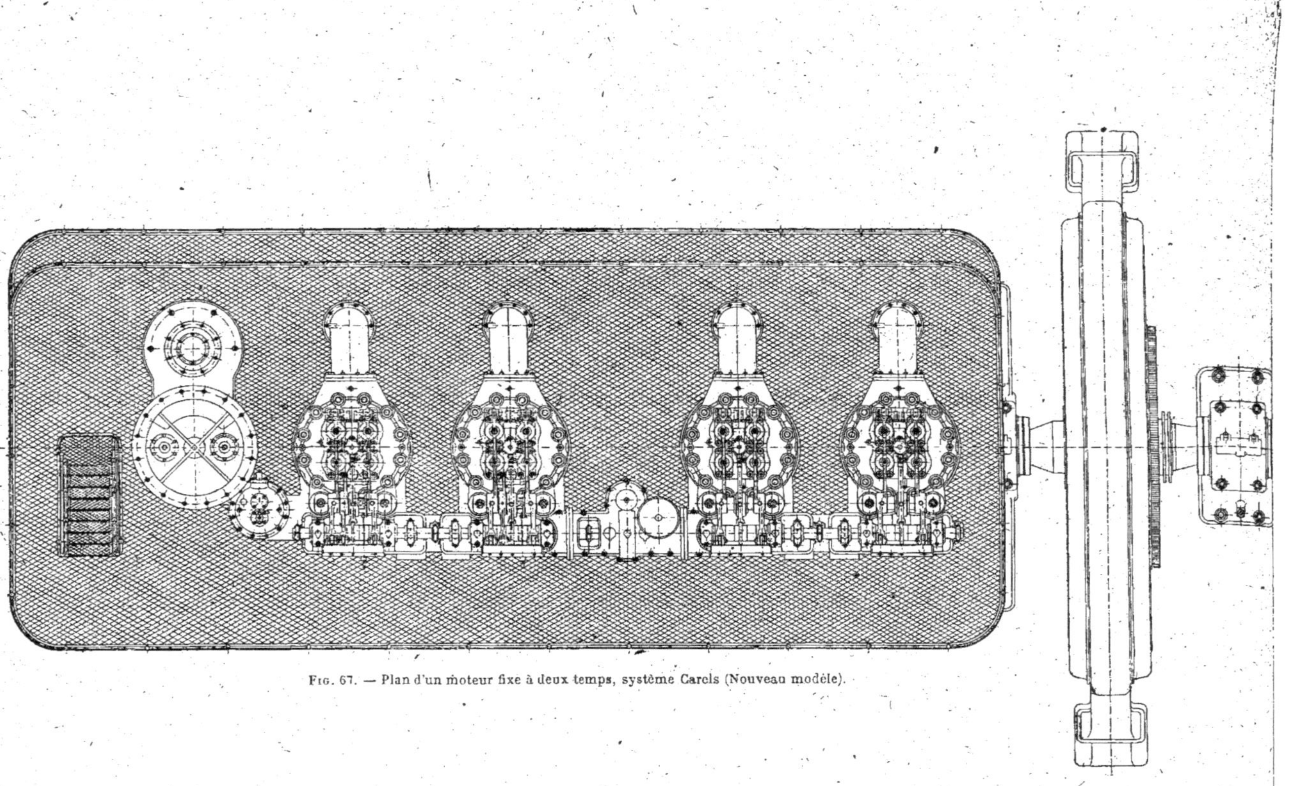

Fig. 67. — Plan d'un moteur fixe à deux temps, système Carels (Nouveau modèle).

de balayage sont disposées comme celles des deux étages à basse pression du compresseur qui fournit l'air nécessaire à l'injection.

Le mode de balayage est identique à celui qu'on emploie dans les moteurs de marine qui est décrit plus loin. Les soupapes de balayage, logées dans le plateau supérieur du cylindre, sont supprimées ; des lumières pratiquées dans le fond de cylindre sont découvertes par le piston, tandis que des lumières auxiliaires pour l'air, sur lesquelles glissent des tiroirs, sont également disposées juste au-dessus des lumières principales. Trois des cylindres seulement ont des soupapes de démarrage, et, dans chaque

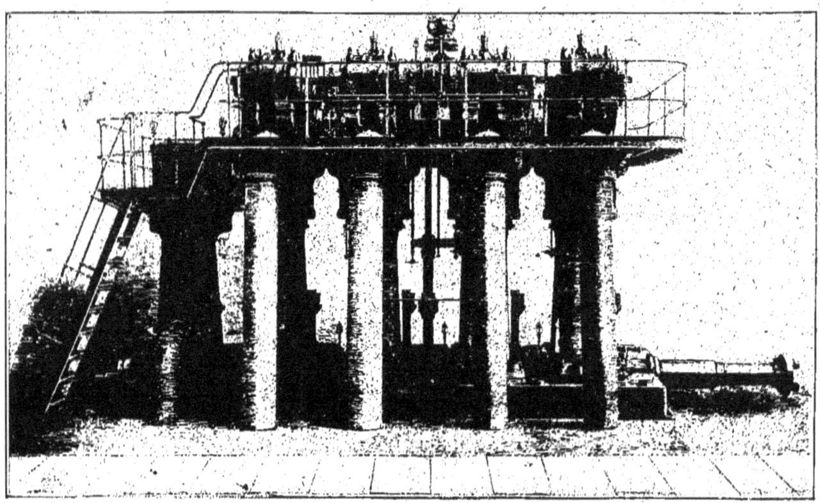

Fig. 68. — Moteur Diesel à deux temps de 1.000 chevaux.

cas, il y a deux soupapes dans le plateau supérieur de cylindre, tandis que chaque cylindre a seulement une seule soupape d'admission de combustible. Il n'y a pas besoin d'autres soupapes.

Ce moteur présente, comme beaucoup de moteurs de marine, la particularité importante d'être supporté par des colonnes d'acier et de ne pas comporter de bâti en fonte. La chemise intérieure du cylindre est libre et peut se déplacer de haut en bas pendant la détente, ce qui constitue une mesure de sécurité nécessaire dans les grands cylindres.

Le poids de ce moteur complet est d'environ 450 tonnes et sa longueur est de 16^m,770. Les grands moteurs à deux temps de MM. Carels frères sont construits sur le même principe. Ils ont six cylindres, jusqu'à la puissance maximum de 2.500 che-

Fig. 99. — Vue en élévation d'un moteur fixe à deux temps, système Carels (Nouveau modèle).

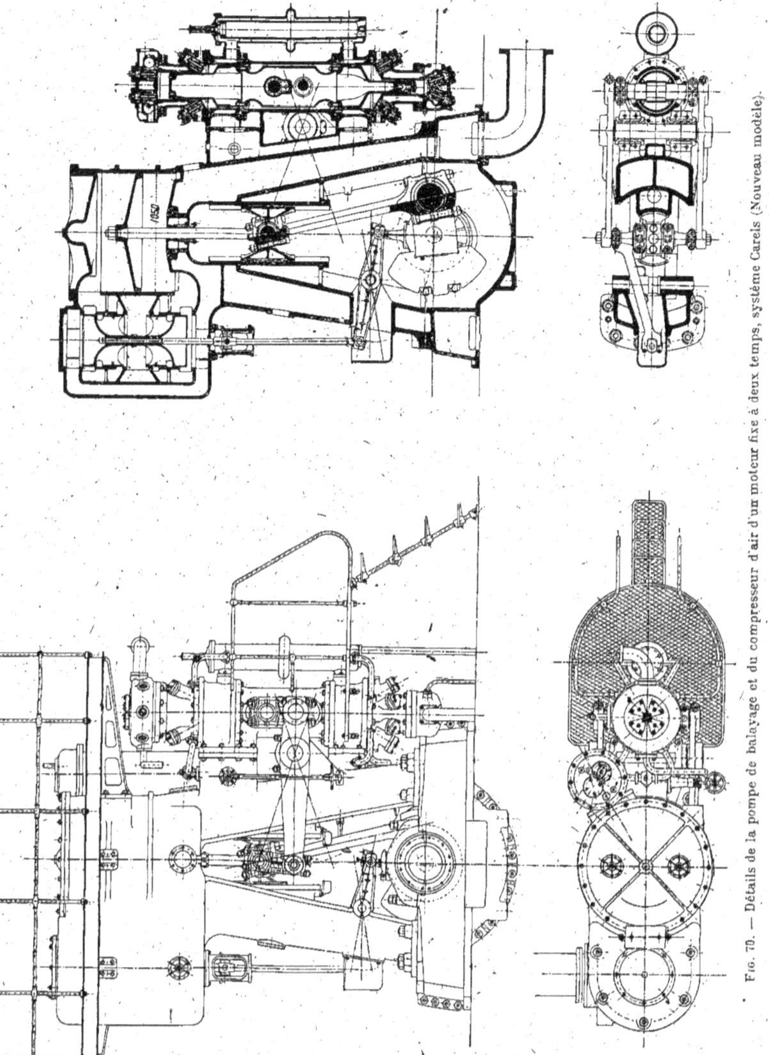

Fig. 70. — Détails de la pompe de balayage et du compresseur d'air d'un moteur fixe à deux temps, système Carels (Nouveau modèle).

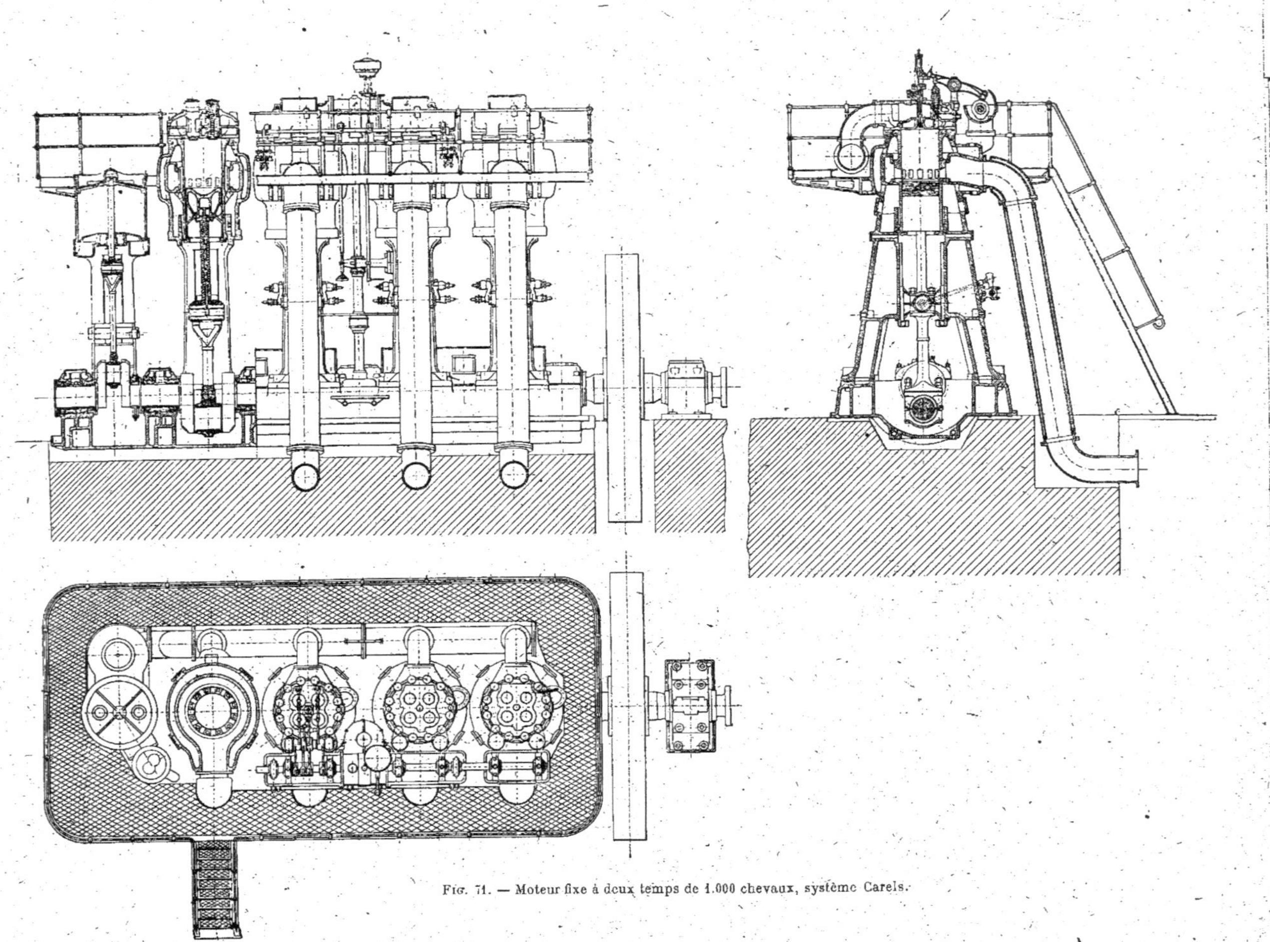

Fig. 71. — Moteur fixe à deux temps de 1.000 chevaux, système Carels.

vaux. La figure 68 représente un moteur fixe de 1.000 chevaux mesuré au frein, à quatre cylindres, du type ordinaire à deux temps, marchant à 125 tours par minute.

Fig. 72. — Moteur à deux temps de 1.000 chevaux, système Krupp, tournant à 150 tours par minute.

Ce moteur est presque identique au moteur Carels de marine décrit plus loin, sauf qu'on a supprimé l'appareil de changement de marche et que la pompe de balayage est commandée directement par l'arbre manivelle au lieu d'être actionnée par des leviers oscillants reliés aux têtes de crosses de piston.

Le moteur, qui est du type à bâti ouvert, ressemble un peu comme aspect à une machine à vapeur. On a remplacé le piston à fourreau par un piston à tige, dispositif qui semble préférable pour les moteurs de grande puissance. Les cylindres sont supportés par des bâtis en A ; l'air de balayage est fourni par un compresseur Reavell à trois étages (non représenté dans la figure), et commandé directement par l'arbre manivelle.

Il y a beaucoup à dire en faveur du dispositif consistant à placer la pompe de balayage à l'extrémité de la plaque de fondation du moteur, au lieu de la faire commander par des balanciers comme dans les moteurs de marine. Toutefois, certains constructeurs font aux compresseurs placés au bout du moteur le reproche d'augmenter la longueur de ce dernier ; en effet, on dispose en général de plus de place sur le côté et on a intérêt à avoir un moteur symétrique ; d'autre part, on doit pouvoir sectionner l'arbre moteur en deux parties égales. Tout ceci est impossible quand la pompe de balayage est montée à l'extrémité du moteur.

Comme dans tous les moteurs Carels actuels à deux temps, on emploie, pour le balayage, des soupapes montées dans le plateau de cylindre, au nombre de deux ou de quatre.

Les figures 66 à 71 représentent le type le plus récent de moteur Carels à deux temps ; la principale modification consiste dans les compresseurs d'air.

Compresseurs d'air pour moteurs Diesel. — Les compresseurs qui fournissent l'air nécessaire à l'injection et au démarrage, sont un des traits caractéristiques importants des moteurs Diesel, et, comme ils absorbent une quantité de force qui, pratique-

Fig. 73. — Compresseur à quadruple effet, système Reavell.

ment, est une perte sèche au point de vue commercial, on doit les étudier avec le plus grand soin afin de les rendre aussi économiques et aussi efficaces que possible, particulièrement en vue des hautes pressions voisines de 70 kilogrammes par centimètre carré que l'on doit atteindre. On peut diviser les compresseurs d'air pour moteurs Diesel en deux classes : 1° le type vertical commandé par des leviers reliés à la bielle motrice, ou par une des extrémités de l'arbre manivelle ; 2° les compresseurs du type Reavell ou autres, dans lesquels tous les pistons sont actionnés par des excentriques calés à l'extrémité de l'arbre manivelle. Étant donné les hautes pressions à obtenir, on emploie rarement les compresseurs à simple effet ; le type communément adopté est le compresseur à deux ou trois phases.

Dans quelques modèles de moteurs Diesel construits en Allemagne, chaque cylindre est souvent muni d'un compresseur distinct. L'air, puisé dans l'atmosphère, pénètre dans le cylindre à basse pression, est comprimé par le piston, puis passe dans un réservoir intermédiaire et de là dans le cylindre à haute pression, où il subit une nouvelle compression avant d'être refoulé à travers une soupape dans les réservoirs à air. Des soupapes d'aspiration, au nombre de deux, qui s'ouvrent vers l'extérieur, permettent à l'air de pénétrer dans le cylindre à travers d'étroits canaux ; l'air, refoulé

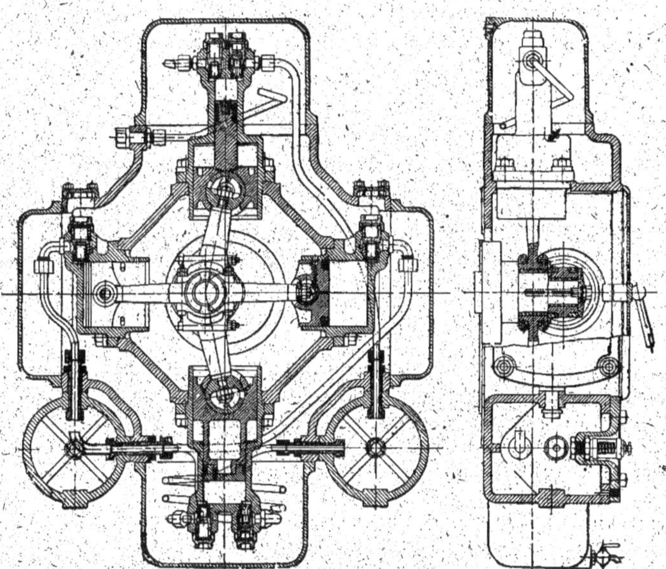

Fig. 74. — Coupe du compresseur à quadruple effet, système Reavell.

après compression à travers les mêmes lumières, s'emmagasine dans le réservoir intermédiaire en traversant les soupapes d'échappement qui s'ouvrent vers l'intérieur. Les cylindres et le réservoir intermédiaire sont à circulation d'eau, car l'air atteint naturellement une température très élevée pendant la compression. Le compresseur Reavell à simple effet modèle quadruplex, convenablement modifié, est employé très fréquemment par les différents constructeurs de moteurs Diesel. La figure 73 montre l'aspect général d'un appareil destiné aux moteurs Diesel du type fixe employé à terre, dont la figure 74 donne deux coupes. Dans ces appareils, la compression de l'air a lieu en trois phases, solution qui donne des résultats supérieurs à ceux que l'on obtenait avec les compresseurs à deux phases employés dans les premiers moteurs Diesel. Les deux cylindres horizontaux que l'on aperçoit dans les figures sont tous les deux des cylindres à basse pression, de sorte que, à chaque course du moteur, l'air à basse pression passe à l'intérieur du cylindre intermédiaire. L'air pénètre à l'intérieur de la chambre ou carter des manivelles du compresseur, traverse les lumières ménagées dans le tourillon et dans le piston, pendant la course d'aspiration, de sorte que les cylindres sont remplis d'air à la pression atmosphérique ; on évite ainsi la baisse de pression due à l'emploi de soupapes d'aspiration. Pendant la course de refoulement, les lumières précitées sont fermées par le mouvement alternatif de la bielle motrice, qui déplace les lumières ménagées dans le tourillon par rapport aux lumières pratiquées dans le piston ; l'air est ainsi comprimé, chassé à travers la soupape de refoulement, refroidi au moyen de serpentins représentés figure 74 et ensuite emmagasiné dans une seconde chambre ou pot de purge, d'où peuvent être expulsées les dernières traces d'humidité qu'il abandonne encore. L'air est ensuite amené par un autre tuyau au cylindre à haute pression placé au sommet de l'appareil et qui contient les soupapes d'aspiration et de refoulement interchangeables avec celles qui surmontent le cylindre intermédiaire. Après avoir subi la compression finale dans ce cylindre, l'air passe dans le tuyau hélicoïdal représenté dans la figure, puis dans la chapelle de refoulement ; de là il s'emmagasine dans des poches ou réservoirs qui alimentent le moteur Diesel. Les compresseurs de ce genre sont construits en modèles types pour moteurs Diesel échelonnés depuis la force de 100 chevaux mesurés à la vitesse moyenne jusqu'aux forces maxima. Tous les cylindres de compression sont disposés dans un carter de forme symétrique que l'on peut boulonner directement à l'extrémité de la plaque de fondation du moteur Diesel, de sorte que le compresseur n'exige pas de coussinet supplémentaire. La manivelle, qui actionne les bielles motrices et les pistons, est simplement reliée directement à l'extrémité de l'arbre moteur du moteur Diesel au moyen de boulons ou de tout autre dispositif simple. Le plateau de la manivelle est soigneusement encastré dans un logement ménagé sur l'arbre ; on a ainsi un repère qui assure un alignement correct.

La figure 75 représente un type de compresseur vertical à trois phases, construit par MM. Reavell et C° pour moteurs Diesel à grande vitesse ; son mode de construction comporte un trait caractéristique nouveau, qui consiste dans la suppression des soupapes d'aspiration et de refoulement du cylindre intermédiaire. Comme le montre la photographie, tous les cylindres sont placés verticalement ; les cylindres à basse et à haute pression sont placés au-dessus de la manivelle, en tandem l'un par rapport à l'autre ; tandis que le cylindre intermédiaire est placé sous la manivelle. On a employé pour ce nouveau type vertical, en ce qui concerne l'admission de l'air dans le cylindre à basse pression à travers les lumières du tourillon, la même disposition déjà décrite

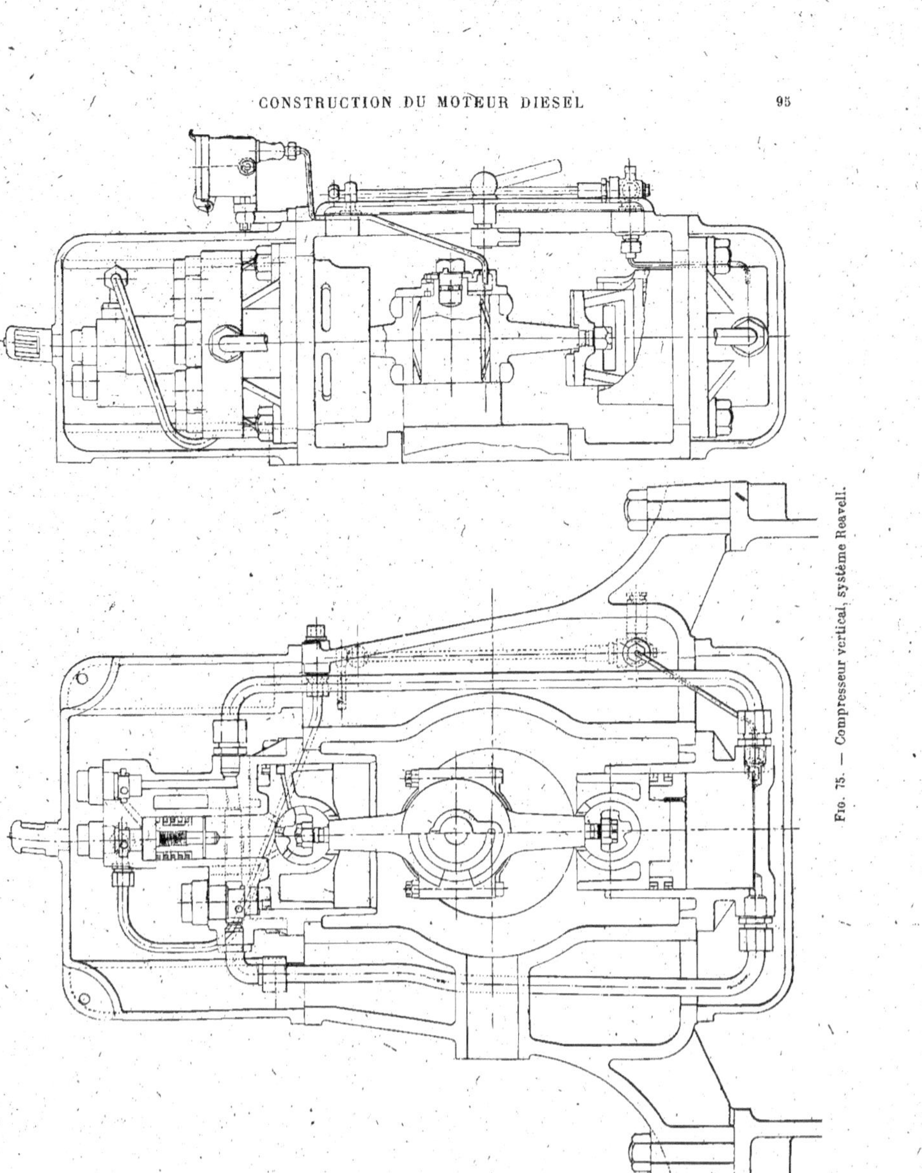

Fig. 75. — Compresseur vertical, système Reavell.

pour le compresseur quadruplex, qui supprime les soupapes d'aspiration. Le cylindre à basse pression est muni de soupapes de refoulement; l'air en sort pour être dirigé, par une tuyauterie convenablement étudiée, vers le fond du cylindre intermédiaire et, de ce cylindre, vers la soupape d'aspiration qui surmonte le cylindre à haute pression.

Grâce à l'adoption d'un rapport convenable entre le volume de ces tuyauteries et celui du cylindre intermédiaire, l'air est refoulé pendant la deuxième phase de la compression vers le tuyau qui conduit au cylindre à haute pression, et le refroidissement a réellement lieu pendant la compression, ce qui augmente le rendement.

Pendant la course suivante, la pression qui règne derrière le piston du cylindre intermédiaire diminue pendant que l'air se détend jusqu'à ce que les soupapes de refoulement du cylindre à basse pression s'ouvrent de nouveau et qu'un nouveau volume d'air soit fourni par le cylindre à basse pression. Lors de la course de compression suivante du cylindre intermédiaire, l'air qui a traversé le cylindre à basse pression subit une nouvelle compression, de même que l'air qui reste dans la tuyauterie des refroidisseurs.

En même temps, le piston du cylindre à haute pression accomplit sa course d'aspiration, et il se produit dans le cylindre intermédiaire une élévation de la pression, qui atteint rapidement une valeur correspondant à l'ouverture de la soupape d'aspiration montée sur le cylindre à haute pression et au passage d'une certaine quantité d'air du cylindre intermédiaire dans

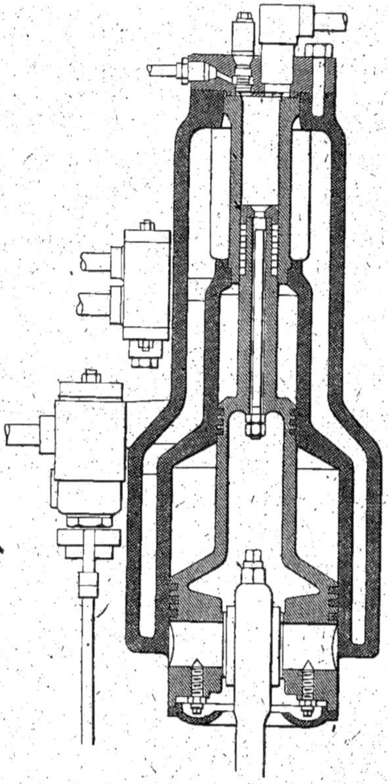

Fig. 76. — Coupe d'un compresseur vertical à trois étages pour moteurs Diesel.

le cylindre à haute pression. Pendant la course suivante, cet air est comprimé par le piston du cylindre à haute pression et refoulé; le même cycle recommence ensuite.

Quant aux autres détails de construction, ce compresseur est identique au compresseur quadruplex de MM. Reavell, c'est-à-dire qu'il n'a pas de coussinets spéciaux et que la manivelle motrice est calée à l'extrémité de l'arbre moteur, exactement comme dans le compresseur Reavell.

Quand il s'agit de petits moteurs fonctionnant à des pressions très élevées, ce compresseur vertical est fixé directement aux supports qui soutiennent le moteur au moyen d'oreilles latérales venues de fonte sur les parois du compresseur. Dans les grands moteurs, on emploie une plaque de jonction à segments qui constitue la face arrière de l'enveloppe du compresseur et qui est directement fixée sur une plaque identique faisant partie de la plaque de fondation du moteur.

L'avantage présenté par ce type de compresseur est que toutes les soupapes placées au-dessous de son axe sont supprimées, ce qui simplifie le mécanisme en augmentant le rendement, tout en facilitant notablement les visites périodiques. On peut voir que, pour accéder facilement aux seules soupapes qui exigent une surveillance attentive, il suffit de soulever la chapelle supérieure d'entrée d'eau, ce qui découvre les cylindres à haute et à basse pression; dans tous ces compresseurs, toutes les soupapes ainsi que leurs chapeaux sont complètement entourées d'eau, artifice dont l'expérience a démontré l'efficacité pour combattre les ennuis résultant du collage des soupapes sur leurs sièges causé par l'air chaud.

Dans la marine, on emploie un compresseur quadruplex à peu près semblable, sauf deux modifications apportées dans sa construction. En comparant la coupe de ce type de moteur marin, que représente la figure 78, à la vue en coupe du compresseur de moteur fixe employé à terre, on remarquera que le guide du cylindre intermédiaire est supprimé et que les soupapes sont montées dans des appendices placés sur les côtés du cylindre et non à sa partie inférieure. La suppression du guide est rendue possible par l'augmentation des dimensions de ces grands compresseurs de marine; d'autre part, le déplacement des soupapes permet de munir l'enveloppe ou carter du compresseur d'un fond plat et de la placer directement au-dessus des caisses à eau du navire ou sur les plaques d'assise du moteur, comme la plaque de fondation du moteur Diesel lui-même.

Le compresseur devant être capable de comprimer l'air d'une manière satisfaisante, quel que soit le sens de marche du moteur, l'orifice d'arrivée de l'air soumis à la première phase de compression, qui est logé dans le tourillon quand il s'agit du compresseur pour moteur fixe employé à terre, décrit plus haut, est donc remplacé ici par des soupapes d'aspiration ordinaires, qui puisent l'air au moyen d'une lumière débouchant dans la chambre ou carter des manivelles.

On donne dans la figure 77 les détails d'un compresseur Carels destiné à un moteur de 1,500 chevaux actionné par la tête de tige de piston du moteur au moyen de leviers.

Injection de combustible liquide dans les moteurs Diesel. — Lors des premiers essais faits par le D' Diesel sur ses moteurs, il essaya de réaliser le cycle de fonctionnement en introduisant de force le combustible sous pression à l'intérieur de la chambre de combustion au moyen d'une pompe. Ce procédé a été entièrement abandonné parce qu'il n'a pas donné de résultats satisfaisants. Ce n'est que récemment

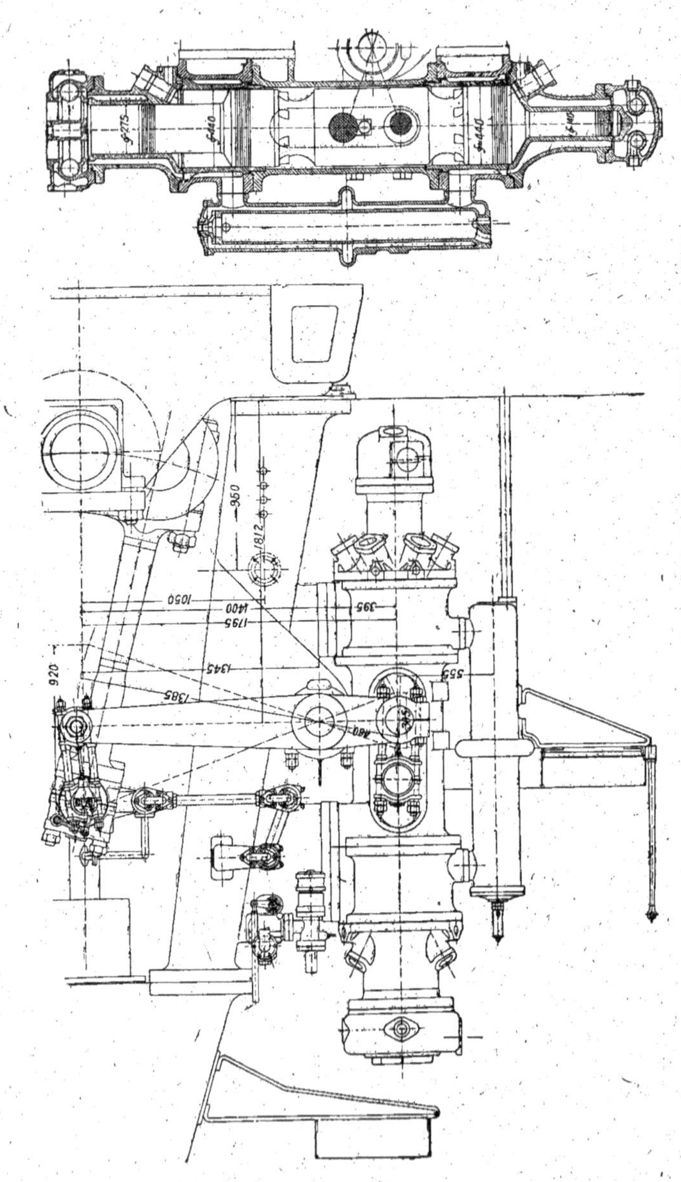

Fig. 77. — Disposition générale du compresseur d'un moteur Carels à deux temps de 1.500 chevaux, type Marine.

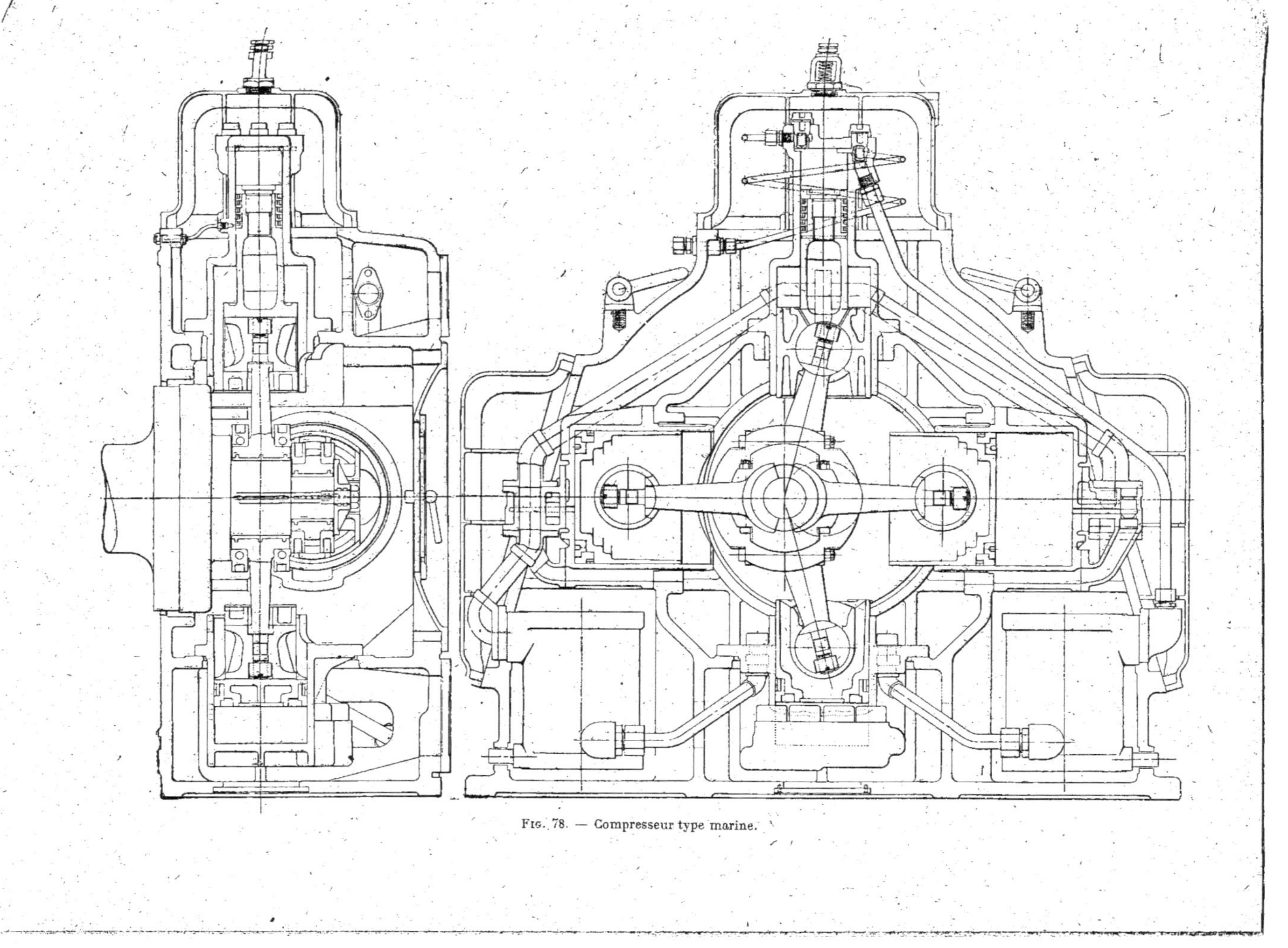

Fig. 78. — Compresseur type marine.

que des progrès réels ont été réalisés en ce qui concerne l'injection de combustible liquide dans les moteurs Diesel, et actuellement il n'y a que MM. Vickers qui construisent, pour les sous-marins des moteurs fonctionnant d'après ce principe.

Les avantages de la suppression du compresseur qui fournit l'air d'injection sont évidents ; on a observé, en particulier, que, dans les moteurs à grande vitesse, le compresseur d'air constitue un des appareils auxiliaires les plus susceptibles de causer des ennuis, et, même avec le moteur de marine à marche lente, les compresseurs d'air exigent souvent une attention spéciale. On doit cependant rappeler que l'air comprimé est nécessaire pour le démarrage dans la plupart des moteurs et qu'il est également indispensable pour d'autres objets à bord des navires. Dans les moteurs de sous-marins, l'air comprimé n'est pas employé invariablement, car on peut effectuer le démarrage au moyen du moteur électrique qui sert pour la propulsion du sous-marin en plongée.

On peut réaliser de la même manière le renversement du sens de la marche du moteur, car la force motrice nécessaire pour la marche arrière n'est fournie que par les moteurs électriques. Naturellement cette solution n'est pas satisfaisante à tous égards, bien qu'elle ne soit pas entièrement inapplicable aux sous-marins tels qu'on les construit actuellement, mais la réversibilité directe deviendra une nécessité quand l'usage de types plus grands se répandra.

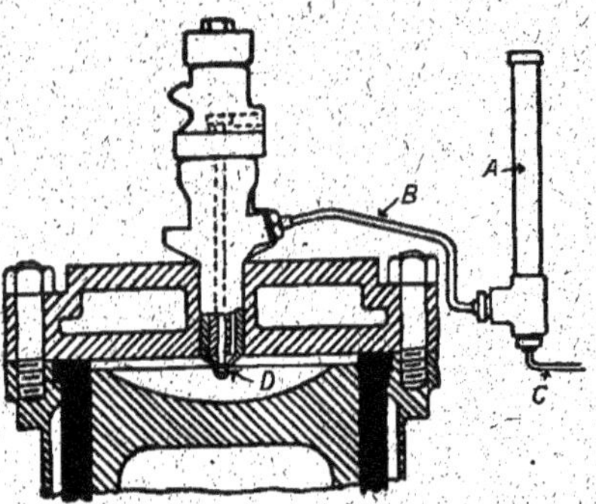

Fig. 79. — Schéma de l'appareil Système Vickers pour injection de combustible liquide.

L'injection de combustible liquide est actuellement employée dans un grand nombre de moteurs installés à bord de sous-marins britanniques et s'est montrée extrêmement satisfaisante à tous égards. Dans ces navires, on emploie cependant ordinairement une huile comparativement légère, et bien que l'expérience semble avoir démontré la possibilité d'utiliser l'huile la plus lourde, y compris le pétrole du Texas et l'huile de goudron, le commerce n'a encore enregistré aucune demande de ce produit. Il est peu probable que la combustion avec l'injection de combustible lourd puisse donner un résultat aussi satisfaisant que l'emploi d'air comprimé ; mais, d'autre part, on élimine la force motrice nécessaire pour la commande du compresseur, ce qui est une affaire de 7 à 10 0/0 pour beaucoup de moteurs Diesel.

Comme toute machine thermique cependant, le moteur à injection de combustible liquide n'a pas un aussi bon rendement que le vrai type Diesel avec injection d'air, de telle sorte que l'avantage obtenu par la suppression du compresseur d'air est jusqu'à un certain point neutralisé. Au total la consommation de combustible avec ce type de moteur est approximativement la même que celle du moteur ordinaire employant l'injection d'air.

Le principe du fonctionnement de l'appareil pour injection de combustible liquide est représenté dans les figures 79 et 80 qui, évidemment, sont à tous points de vue des diagrammes. L'idée fondamentale est que l'huile soit pompée à l'intérieur d'un tube à parois élastiques qui se dilatent sous l'euinflnce de l'augmentation de la pression quand l'huile pénètre dans le tube ; au moment de l'ouverture de la soupape d'admission de combustible, les parois se dilatent, ce qui oblige l'huile sous pression à traverser la soupape d'admission de combustible pour pénétrer à l'intérieur de la chambre de combustion.

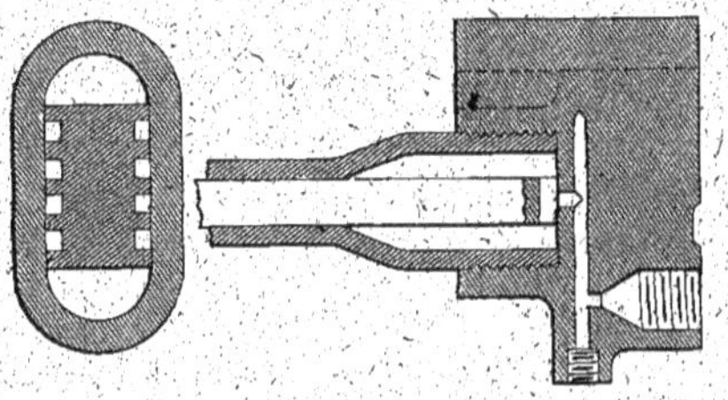

Dans la figure 79, C représente le tuyau d'arrivée d'huile branché sur la pompe à huile, tandis que A est le tube à pression auquel on a fait allusion. B est le tuyau conduisant

Fig. 80. — Croquis d'un appareil pour injection de combustible liquide.

vers la soupape d'injection qui est représentée dans le diagramme en D.

Le tube à pression a généralement une section elliptique et on lui donne une forme cylindrique pour résister à la pression de l'huile qui peut atteindre ou, peut-être dépasser, 40 kilogrammes par centimètre carré.

Ce dispositif a été appliqué jusqu'ici sur une échelle commerciale à des moteurs à quatre temps, bien que d'autres du type à deux temps soient en construction. Il est également probable qu'il sera appliqué au moteur type marine marchande, c'est-à-dire aux moteurs de marine à quatre temps marchant aux vitesses normales de 100 à 150 tours par minute.

CHAPITRE IV

INSTALLATION ET MARCHE DES MOTEURS DIESEL

Remarques générales. — Encombrement et dimensions générales. — Mise en marche du moteur. Conduite des moteurs Diesel. — Dépenses d'exploitation des moteurs Diesel.

Remarques générales. — De tous les moteurs existants, le moteur Diesel est peut-être celui qui est étudié le plus scientifiquement, et c'est pour cette raison que tous ses organes doivent être construits avec une rigoureuse exactitude. En se plaçant à ce point de vue, il peut être considéré comme une machine délicate, et, jusqu'au moment où le moteur est réellement mis en marche, il n'est pas exagéré de dire qu'il doit être l'objet des précautions les plus grandes ; cependant, une fois en marche, il devient un moteur en lequel on peut avoir la plus grande confiance, exigeant sous tous les rapports moins de soin et d'attention qu'une machine à vapeur ou qu'un moteur à gaz. Le montage d'un moteur Diesel doit être exécuté avec la même précision que sa construction et ne doit pas donner lieu dans les manœuvres aux négligences que l'on est à même de constater dans le montage des machines à vapeur. On doit surtout tenir à l'abri des poussières de toutes sortes les organes essentiels du moteur, principalement la soupape d'admission de combustible qui est très sensible aux particules de poussières très ténues, étant donné l'étroitesse des orifices d'arrivée de l'air et du combustible.

Comme tous les moteurs verticaux, le moteur Diesel exige des fondations relativement importantes ; mais, grâce à la régularité de la combustion et à l'absence de chocs provenant de l'explosion du mélange gazeux, il donne lieu à moins de vibrations qu'un moteur à gaz du même type. La profondeur à donner aux fondations dépend naturellement, jusqu'à un certain point, de la nature du sous-sol, et il est essentiel d'atteindre une assise solide. Au cours de la construction, on doit réserver dans le massif de béton des trous destinés au passage des boulons de fondations, au moyen de boîtes ou de tuyaux de grand diamètre qu'on retire quand le massif de fondations est pris. Les boulons sont mis en place au moment de l'installation du moteur et on ménage ordinairement, sous le massif de fondations, un tunnel voûté assez grand pour qu'un homme puisse y accéder par la fosse du volant, afin de serrer tous les boulons quand la plaque de fondation est fixée dans sa position exacte et prête à être cimentée. Quand les moteurs sont installés dans des bâtiments existants, on doit isoler leurs fondations de celles des murs à travers lesquels leurs vibrations pourraient être transmises. Dans le cas où l'on installe deux, trois ou quatre moteurs dans un espace restreint, ce qui arrive fréquemment quand il s'agit d'installations établies dans les sous-sols de grands édifices, il est bon, comme on l'a souvent fait, de procéder à la construction d'un massif de fondations indépendant, sur lequel on place tous les moteurs.

L'axe du troisième palier extérieur, qui est souvent éloigné de la plaque de fondation, doit être soigneusement placé dans le prolongement de l'axe des autres paliers; l'arbre moteur est présenté et tous les paliers sont ajustés jusqu'à ce que les coussinets portent parfaitement; cette précaution est nécessaire quoique le moteur ait déjà tourné sur le banc d'essais, car il peut se produire des variations dans les alignements, lors de l'installation définitive.

L'arbre manivelle est démonté puis remis en place après qu'on a descendu dans la fosse le segment inférieur du volant; le montage des autres éléments du moteur marche ensuite tout seul, particulièrement si, comme dans le cas des moteurs à plusieurs cylindres, tous les organes des divers cylindres sont interchangeables. Les deux réservoirs de démarrage et le réservoir d'injection d'air ont ordinairement 1^m,80 à 2^m,10 de hauteur et sont noyés dans le parquet sur une hauteur de 0^m,90 à 1^m,20, afin que toutes les soupapes soient à la hauteur convenable pour que le mécanicien puisse les manœuvrer aisément.

Tableau I (Voir *fig.* 81)

	MOTEURS MONOCYLINDRIQUES			MOTEURS A DEUX CYLINDRES				MOTEURS A TROIS CYLINDRES				
Force en chevaux.	25	50	65	60	80	100	130	200	300	400	500	600
A	2,438	3,354	4,547	3,455	3,962	4,241	5,004	5,588	6,098	7,315	8,001	8,584
B	0,660	0,838	0,940	0,737	0,787	0,838	0,940	0,940	1,194	1,295	1,397	1,499
C	0,990	1,448	1,549	1,468	1,346	1,448	1,549	1,549	2,006	2,210	2,387	2,794
D	2,261	3,049	3,505	2,540	2,642	3,049	3,505	3,505	3,810	3,988	4,394	5,055
E	2,286	2,794	2,997	2,489	2,692	2,794	2,997	2,997	3,354	3,608	3,810	3,988
F	3,099	4,141	4,546	3,455	3,759	4,141	4,546	4,546	5,791	6,350	6,908	7,493
G	1,499	2,210	2,387	1,803	2,006	2,210	2,387	2,387	2,692	2,794	2,895	2,997

Tableau II (Moteurs M. A. N.)

	MOTEURS MONOCYLINDRIQUES				MOTEURS A DEUX CYLINDRES			
Force en chevaux	25	70	150	220	100	160	250	440
Nombre de tours par minute	205	160	155	150	170	160	195	150
Diamètre du volant m.	2,489	3,303	3,860	4,292	3,099	3,403	3,682	4,444
Dimensions extérieures de bout en bout :								
Perpendiculairem^t à l'arbre m.	2,997	3,810	4,394	5,308	3,608	3,911	4,191	5,283
Parallèlement à l'arbre m.	2,549	3,708	4,800	5,791	4,191	5,004	5,791	8,382
Hauteur m.	2,590	3,708	5,004	5,588	3,303	3,911	4,496	5,588
Hauteur nécessaire pour le montage	4,115	5,816	8,280	9,017	5,206	6,603	7,746	9,220
Profondeur des fondations m.	2,210	2,895	3,785	4,293	2,692	3,302	3,708	4,496
Poids net approximatif en tonnes.	6,5	19	41,5	61,5	24	37,5	57	100

TABLEAU II (Moteurs M. A. N., *suite*)

	MOTEURS A TROIS CYLINDRES				MOTEURS A QUATRE CYLINDRES			
Force en chevaux............	250	375	450	660	300	500	600	880
Nombre de tours par minute..	175	155	155	150	175	155	155	150
Diamètre du volant..... m.	3,403	3,708	3,835	4,444	3,303	3,708	3,835	4,444
Dimensions extérieures de bout en bout :								
Perpendiculairem' à l'arbre m.	3,810	3,088	4,292	4,800	3,708	4,013	4,292	4,800
Parallèlement à l'arbre.. m.	6,400	7,213	7,797	9,220	7,315	8,584	9,296	10,566
Hauteur .... m.	3,886	4,496	5,004	5,512	3,708	4,496	5,004	5,486
Hauteur nécessaire pour le montage .... m.	6,603	7,772	8,483	9,220	5,892	7,798	8,230	9,194
Profondeur des fondations m.	3,302	3,708	4,242	4,496	2,997	3,708	4,013	4,496
Poids net approximatif en tonnes..................	51	76,5	93	135	51,5	91,5	114	171

TABLEAU III (Moteurs à grande vitesse)

	MOTEURS A TROIS CYLINDRES					MOTEURS A QUATRE CYLINDRES					
Force en chevaux......	105	180	360	510	700	140	240	400	560	760	950
Nombre de tours par minute	340	270	225	200	175	340	270	240	200	175	175
Diamètre du volant m.	1,600	2,006	2,692	3,200	3,810	1,600	2,006	2,692	3,200	3,708	3,810
Largeur de la plaque de fondation...... m.	1,092	1,295	1,803	2,159	2,387	1,092	1,346	1,702	2,006	2,260	2,287
Longueur de bout en bout........... m.	3,987	4,495	6,604	7,391	8,788	4,699	5,588	7,111	8,204	9,601	10,210
Hauteur totale... m.	2,209	2,590	3,505	3,987	4,699	2,209	2,692	3,403	3,810	4,394	4,699
Largeur totale... m.	2,006	2,387	3,099	3,608	4,191	2,006	2,387	3,099	3,608	4,089	4,191
Profondeur des fondations .... m.	1,702	2,006	2,794	3,303	3,987	1,702	2,159	2,590	3,505	3,608	4,191
Hauteur nécessaire pour le montage .... m.	3,200	3,810	5,308	6,197	7,391	3,200	4,089	5,004	5,791	7,010	7,391

Encombrement et dimensions générales. — L'espace qu'exige l'installation d'un moteur Diesel, accompagné de tous ses accessoires, est bien moindre que dans le cas d'une installation complète de moteur à gaz ou de machine à vapeur. Le tableau ci-dessus (tableau I, p. 103) donne approximativement l'espace nécessaire pour les moteurs Diesel construits par la maison Sulzer; ces moteurs sont du modèle à quatre temps à marche lente : les dimensions correspondent au schéma représenté par la figure 81.

Beaucoup de ces cotes peuvent être réduites en cas de nécessité, si l'on est limité par les proportions de la chambre des moteurs, et, quand il s'agit de moteurs à grande vitesse, toutes les dimensions diminuent sensiblement.

Le tableau II (p. 104) donne les cotes et les poids des moteurs à quatre temps construits par la Fabrique de machines d'Augsburg-Nuremberg; le tableau III (p. 104) fournit les données relatives aux moteurs à grande vitesse.

Les moteurs visés dans ces tableaux sont loin de représenter tous les modèles de moteurs. Chaque constructeur a ses modèles spéciaux, mais ils sont si nombreux qu'il est presque toujours possible de choisir un modèle de moteur qui corresponde à la puissance exigée.

Mise en marche du moteur. — Quand le montage du moteur est terminé, on le fait tourner plusieurs fois à la main, ou autrement au moyen d'un mécanisme de lancement à engrenage monté sur le volant. On essaie la circulation d'eau pour s'assurer qu'il n'existe aucune obstruction dans le circuit et l'on peut ensuite préparer le moteur en vue de la mise en marche. Il faudrait si possible marcher d'abord une heure ou deux à vide, afin que tous les organes à frottement du moteur puissent s'adapter dans leurs coussinets; on peut ensuite faire fonctionner le moteur en le chargeant au quart ou à la moitié de sa puissance totale.

On relève pendant ce temps des diagrammes d'indicateurs, afin de procéder au réglage de la combustion si elle n'est pas satisfaisante. On arrête le moteur et l'on procède à un examen complet des coussinets avant de charger le moteur à pleine charge, ce que l'on fait en démarrant à nouveau, et le moteur peut alors être mis définitivement en service. En ce qui concerne l'admission de combustible, le seul réglage auquel il soit nécessaire de procéder doit avoir lieu dans le cas où un cylindre d'un moteur à plusieurs cylindres fournirait une puissance supérieure ou

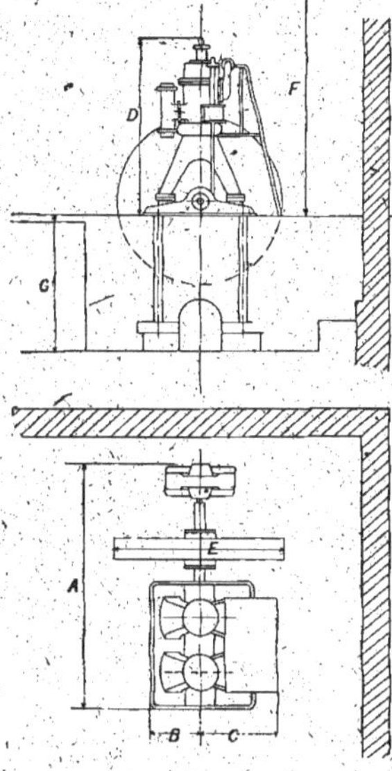

Fig. 81. — Contour extérieur des moteurs à quatre temps type Sulzer. (Dessin correspondant au tableau de dimensions, tableau I, p. 103.)

inférieure à sa part de charge normale. Ce réglage peut être facilement effectué au moyen d'une petite vis qui se termine par un pointeau de forme conique; on enfonce plus ou moins cette vis à *l'intérieur du tuyau d'arrivée de combustible, entre la pompe à combustible et le pulvérisateur de* l'un quelconque des cylindres, de manière à diminuer la quantité d'huile fournie au pulvérisateur et *vice versa.* On n'a recours à ce dispositif qu'au cas où tous les cylindres sont alimentés par une pompe à combustible unique, l'huile étant aspirée à l'intérieur d'un appareil qu'on appelle le « distributeur ».

Quand chaque cylindre est muni d'une pompe distincte, la distribution s'opère au moyen d'une vis réglable à la main dont est munie chaque pompe et qui agit sur la petite soupape d'aspiration de la pompe.

Conduite des moteurs Diesel. — Quand un moteur Diesel est bien étudié et convenablement installé, on ne rencontre aucune difficulté spéciale dans la conduite du moteur, qui peut être mis en toute sécurité entre les mains d'un ouvrier inexpérimenté, sauf en ce qui concerne les visites, les réparations et les nettoyages périodiques des soupapes de la pompe à combustible; il est inexact de prétendre que les dépenses de surveillance soient plus élevées que dans le cas des machines à vapeur, car c'est le contraire qui se produit en réalité. Comme pour tous les moteurs à combustion interne, la circulation d'eau, qui est une question de première importance, doit être surveillée avec le plus grand soin.

Des thermomètres indiquent ordinairement la température de l'eau qui circule dans les chemises de refroidissement de chaque cylindre, et l'arrivée d'eau doit pouvoir être réglée au moyen de robinets pour chaque cylindre séparément.

L'adjonction de thermomètres est cependant plus nécessaire, quand l'eau circule en circuit fermé, que dans le cas du dispositif ordinaire où le courant d'eau est visible; c'est à cette dernière méthode que l'on donnera la préférence quand les circonstances le permettront.

Chaque chemise de cylindre est pourvue d'une arrivée d'eau distincte au moyen de tuyaux branchés sur la conduite principale d'alimentation qui débouchent dans un tuyau d'évacuation commun à tous les cylindres; on peut donc, en cas d'obstruction d'un des tuyaux d'arrivée d'eau, isoler complètement un cylindre sans interrompre le circuit principal.

Dans le cas de la circulation en circuit fermé, la seule indication sur laquelle on puisse compter, en cas d'accident de ce genre, est l'élévation de température qui se produit dans la chemise d'eau du cylindre auquel correspond l'obstruction, tandis que dans le cas du dispositif à circuit ouvert, l'arrêt est de suite remarqué par le mécanicien. Sous les climats tempérés, on maintiendra la température de l'eau de refroidissement à la sortie de la chemise aux environs de 50°, bien que l'on puisse en toute sécurité la laisser s'élever jusqu'à 80° pendant un laps de temps prolongé. Dans les moteurs Diesel du type courant, la quantité de chaleur entraînée par l'eau de refroidissement représente ordinairement de 20 à 25 0/0 du pouvoir calorifique du combustible, ou environ 60 0/0 de la chaleur réellement transformée en travail utile estimée en chevaux indiqués développés par le moteur.

Un cheval-heure correspond à $\dfrac{75 \times 60 \times 60}{425} = 635$ calories par heure, de sorte que la quantité de chaleur entraînée par l'eau de circulation peut être de $635 \times 0,6$, c'est-à-dire de 381 calories par heure.

Supposons que la température de l'eau s'élève à 15°,5 C., la quantité d'eau nécessaire par cheval-heure indiqué développé par le moteur serait d'environ 11ᵏˢ,335 ou 11ˡ,355; ordinairement on prévoit une consommation d'eau de 18ˡ,172 par cheval-heure indiqué, ce qui, d'après les chiffres précédents, constitue une prévision très large qui n'est certainement jamais dépassée. En général, la consommation est beaucoup moindre et inférieure à 13ˡ,629 par cheval-heure indiqué à pleine charge.

Étant donné que l'huile servant de combustible subit dans le cylindre une combustion complète, les soupapes ne s'encrassent pas beaucoup, mais si le moteur marche pendant très longtemps sans être nettoyé, la combustion n'est plus si parfaite, l'échappement se met à fumer, et la soupape d'échappement s'encrasse plus rapidement. En tout cas, il est préférable de nettoyer cette soupape régulièrement et aussi fréquemment que possible, bien que, si l'on surveille attentivement le fonctionnement du moteur et qu'on ne le laisse pas fumer, on puisse sans inconvénient ne la nettoyer que deux ou trois fois par an. Dans la plupart des cas, il convient de démonter les soupapes environ une fois tous les quinze jours, et comme la soupape entière, ainsi que son siège, peuvent être rapidement démontés et remplacés par une soupape et par un siège de rechange, cette opération ne cause qu'une perte de temps très faible. On peut alors nettoyer la soupape à loisir et la remonter quand la soupape de rechange est à son tour démontée à la fin de la quinzaine suivante. Des nettoyages aussi fréquents ne sont pas absolument essentiels pour obtenir un bon fonctionnement du moteur ; mais comme, dans la plupart des installations, ils ne causeront pas le moindre inconvénient, il y a lieu de les recommander. Le nettoyage régulier de la soupape d'admission de combustible offre plus d'importance, et il faut y procéder une fois tous les quinze jours, si possible ; on peut en même temps visiter les soupapes des pompes à combustible, les nettoyer au pétrole et ou besoin les roder sur leurs sièges, si cela est nécessaire. Ces précautions, qui absorbent très peu de temps, diminuent les frais d'exploitation et réduisent fréquemment les frais de réparations.

Étant donnée la haute pression atteinte lors de la compression, il est essentiel que toutes les soupapes et tous les joints soumis à une pression soient parfaitement étanches et exempts de toute fuite. Les fuites peuvent se produire soit aux soupapes, soit au joint, entre la culasse et le cylindre, soit autour du piston, et il s'en manifestera également dans le cas où le corps du cylindre présenterait une fêlure.

Une telle fuite serait également une cause d'ennuis avec la plupart des autres moteurs à combustion interne ; elle aurait ici pour effet d'empêcher de réaliser la température élevée qui est nécessaire quand on atteint la pression correspondant au maximum de compression ; la combustion de l'huile serait donc incomplète.

Il est évident qu'étant donné cet état de choses défectueux, il serait difficile que le moteur continuât à donner toute sa force, parce que toute fuite est une pure perte de force ; mais avec un compresseur largement étudié, il est toujours possible de surmonter cette difficulté en augmentant la pression de l'air employé pour injecter le combustible à l'intérieur du cylindre, bien qu'on diminue nécessairement ainsi le rendement du moteur, et qu'on ne puisse envisager ce remède que comme un expédient temporaire. La soupape d'échappement est en général la plus sujette aux fuites, car c'est elle qui est soumise aux conditions de fonctionnement les plus dures ; mais, en la nettoyant fréquemment, on n'éprouvera pas beaucoup d'ennuis. Dans quelques cas il suffira pour rendre la soupape étanche de la roder sur son siège ce qui se fait très rapidement. Il se produit à l'occasion, dans la soupape d'admission de combustible, des fuites dues à une combustion anticipée qui correspondent à une diminution de rendement, comme on peut le constater rapidement sur un diagramme d'indicateur, et qui, de plus, font cogner le moteur. Pour éviter cet inconvénient, il est bon d'essayer la soupape quand on la nettoie, c'est-à-dire environ une fois tous les quinze jours. En cas de fuite, on peut roder la soupape, mais quelquefois la fuite provient de ce que l'aiguille de la soupape qui joue le rôle de pointeau est trop libre, car on doit lui donner un peu de jeu. On doit prendre en tout temps les plus grandes précautions quand on manipule la soupape d'admission de combustible, car toute négligence commise au sujet de cette soupape a pour résultat une diminution considérable du rendement du moteur si elle n'a pas d'effets plus sérieux. L'aiguille E (*fig.* 26) doit passer aisément dans les presse-étoupe et dans les guides placés au-dessus du levier, au point où elle pénètre dans la boîte à ressort; on doit la manipuler doucement quand on la sort pour la démonter, car si elle est un peu faussée, elle fonctionnera mal.

En général, on règle l'aiguille au moyen d'un écrou vissé au sommet du filet ou bien elle est reliée par un autre artifice à la tige à ressort qui la surmonte. L'écrou porte un repère qui permet de toujours le replacer dans la position exacte qu'il occupait auparavant, quand on sort l'aiguille pour le démontage; en cas de nécessité, on peut aisément faire varier la longueur de l'aiguille en vissant l'écrou sous des angles différents, ce qui permet d'obtenir des variations très faibles. Si le bas de l'aiguille subit une avarie quelconque et vient à être entaillé ou rayé d'une manière quelconque, on polira soigneusement sa surface avec du papier émeri pour la rendre très douce au toucher, bien qu'ordinairement il suffise de la nettoyer au pétrole. Si la surface de l'aiguille vient à subir une avarie, on doit régler l'ouverture de la soupape avant de mettre le moteur en marche; à cet effet, on commencera par admettre dans le tuyau d'injection un peu d'air comprimé provenant du réservoir d'air dont on ferme cependant la soupape immédiatement. On fait ensuite tourner le moteur à la main très lentement, et on maintient la soupape d'échappement ouverte avec la main. Au moment où la soupape d'admission de combustible est soulevée de son siège par la came et par le levier de soupape, on peut entendre l'air sortir de soupape d'échappement, et on peut régler la convenablement l'ouverture en agissant sur l'écrou de serrage mentionné ci-dessus, de manière que la soupape se soulève exactement au moment voulu, c'est-à-dire juste avant que la manivelle atteigne son point mort supérieur dans son sens de rotation ou en d'autres termes, juste avant que le piston atteigne le sommet de sa course.

Tous les organes du pulvérisateur doivent être nettoyés à la paraffine avec une petite brosse, de manière à déboucher tous les trous et tous les canaux. On ne jugera pas nécessaire de changer la garniture de l'aiguille de la soupape à de fréquents intervalles, pourvu qu'elle ait été bien faite à l'origine; une garniture en chanvre suifé est préférable à toute autre.

Il arrive quelquefois que la tige ait une tendance à coller sur le siège, à cause d'une combustion défectueuse qui fait fumer le moteur par suite d'une surcharge ou d'un échauffement du plateau de cylindre dû à une circulation insuffisante de l'eau de refroidissement; dans ce dernier cas, on devra nettoyer la chemise d'eau de refroidissement du plateau de cylindre; les mêmes inconvénients se présenteront si l'air d'injection entraîne avec lui de petites particules de poussières par suite d'un excès de graissage du compresseur, qui cause un entraînement d'huile dans le réservoir et ensuite dans la soupape d'admission de combustible

Il est rare qu'il se produise des ennuis provenant de fuites au piston, car les segments sont toujours construits avec un soin tout particulier ; il peut cependant arriver qu'un ou plusieurs d'entre eux se fissurent ou se brisent, ce qui évidemment nécessite leur remplacement, et c'est la réparation la plus délicate que l'on ait à faire à un moteur Diesel en cours de marche. Les deux segments supérieurs sont exposés à la température maximum et sont les plus susceptibles de bloquer et de gripper. On doit donc les ajuster avec le plus grand soin. On laisse subsister entre le piston et le plateau de cylindre un jeu très faible, qui n'est que le tiers de celui qu'on tolère dans la plupart des autres moteurs à combustion interne, étant donné la valeur élevée de la pression finale de compression. Si le jeu était diminué d'une manière appréciable par l'usure, on devrait allonger la tige de piston en insérant une cale d'épaisseur voulue sur la joue supérieure du coussinet de la manivelle motrice. Ce trouble dans le fonctionnement est peu fréquent, et c'est peut-être la cause la plus rare de combustion imparfaite ; il se produit plus fréquemment des chocs dans le moteur provenant soit d'un mauvais montage de la came de commande de la soupape d'admission de combustible qui s'ouvre trop tôt, soit d'un jeu anormal dans le coussinet supérieur ou inférieur de la bielle motrice.

Cette défectuosité a généralement pour cause un mauvais ajustage initial du coussinet et ne peut guère se produire une fois le moteur mis en service.

Dans tout moteur, on peut toujours s'attendre à ce que les ressorts soient une source d'ennuis ; on doit avoir au moins une, et de préférence, deux séries de rechange de chaque ressort du moteur. En fait, il est rare que la rupture d'un ressort ait des conséquences graves, et certains moteurs marchent quelquefois très longtemps sans que la rupture soit remarquée ; en tout cas, un ressort cassé peut être remplacé en très peu de temps.

Étant donné que l'on emploie toujours des pistons allongés dans les moteurs Diesel, l'obliquité de la bielle motrice paraît avoir une faible influence sur l'usure de la chemise intérieure du cylindre par ovalisation ; l'auteur a eu l'occasion de calibrer après une marche de huit années le cylindre d'un moteur de 80 chevaux qui ne présentait qu'une usure de 5 dixièmes de millimètre. Les compresseurs des moteurs Diesel sont tellement bien étudiés et construits qu'en dépit du service très dur auquel ils doivent faire face, on ne doit pas prendre de précautions spéciales pour leur conduite. Les avaries à craindre sont celles qui sont communes à toutes les machines de ce genre, c'est-à-dire les ruptures de segments de pistons et de ressorts, accidents qui sont rares.

Le graissage des organes d'un moteur Diesel ne réclame aucune attention spéciale ; mais la quantité d'huile employée comme combustible est si faible que la consommation d'huile de graissage paraît relativement considérable. C'est un élément des frais d'exploitation comparable à la dépense de combustible, et, par conséquent, le débit de l'huile de graissage doit être bien réglé.

Les petites pompes à combustible dont sont munis les moteurs sont disposées de telle manière qu'on puisse faire varier le débit du réservoir à huile entre des limites très étendues, et la différence de consommation que l'on obtient quand on fait attention à ce débit est digne de considération. Quand il s'agit de grands moteurs, on emploie de nouveau, après l'avoir filtrée pour la priver de l'eau qu'elle contient, l'huile qui tombe dans le carter des manivelles. On peut admettre comme chiffre limite pour un moteur de 250 chevaux une consommation d'environ 4',543 pour quatre heures de marche en employant de l'huile de bonne qualité ; la consommation d'huile de graissage est moindre pour les moteurs à marche lente que pour les moteurs à grande vitesse, mais évidemment, si l'huile est filtrée, on ne portera pas en dépense la totalité de l'huile consommée. On doit avoir soin, surtout dans le cas des moteurs multicylindriques, de relever des diagrammes d'indicateur à des intervalles suffisamment rapprochés pour qu'on puisse s'assurer que chaque cylindre fournit bien la quantité de travail convenable, parce qu'il est possible de faire passer une surcharge considérable sur un seul ou sur plusieurs cylindres, ce que l'on peut éviter en quelques minutes, quand le fait est connu, en agissant sur les robinets d'essais. Cependant, dans les installations où le moteur est employé pour un travail intermittent (comme, par exemple, dans un moulin ou dans toute autre usine où il existe beaucoup de transmissions), quand on embraye ou débraye des machines-outils, la machine motrice peut être en surcharge sans qu'on s'en aperçoive. Bien qu'un moteur Diesel puisse facilement supporter une surcharge de 10 à 15 0/0 pendant deux ou trois heures, il est mauvais de tolérer que cette surcharge dure longtemps, et dans quelques cas l'addition d'un moteur de secours procure une réelle économie.

Dépenses d'exploitation des moteurs Diesel. — Il est évidemment toujours difficile, et quelquefois impossible, de procéder à des comparaisons directes entre des types différents de moteurs, sans une connaissance particulière de toutes les conditions du problème ; il est cependant possible de se rendre compte d'une manière générale des avantages que l'on peut recueillir dans certains cas spéciaux, car on a actuellement à sa disposition une grande quantité de données relatives à des résultats réels que l'on ne peut réfuter. A bord des navires, comme on le démontre plus loin, on a de nombreuses raisons d'employer des moteurs Diesel ou d'autres moteurs à huile, toute question d'économie mise à part, mais à terre, tel n'est pas le cas et, généralement parlant, le succès du moteur Diesel comme moteur fixe doit dépendre entièrement de l'économie sur le *total* des frais d'exploitation qu'il permet de réaliser en comparaison des moteurs à vapeur et à gaz. Le problème n'est évidemment pas uniquement une question d'économie de combustible, parce qu'une foule d'autres considérations entrent en jeu, et, si l'on n'avait à considérer que le prix de l'huile consommée en comparaison du prix de la houille employée dans les moteurs à vapeur ou à gaz, l'adoption du moteur Diesel deviendrait nécessairement presque universelle. Cependant le capital d'établissement est toujours une considération importante, et il exerce une influence considérable sur les frais annuels d'exploitation, à cause de la réserve qu'il est nécessaire de prévoir pour intérêts et dépréciation de l'installation. Actuellement, le prix d'achat d'un moteur Diesel est supérieur à celui d'une machine à vapeur avec sa chaudière et ses accessoires ou d'une installation de moteur à gaz à aspiration.

Cette circonstance constitue un désavantage pour le moteur Diesel, bien que la différence soit relativement faible. Dans toutes les installations neuves et souvent dans le cas d'additions à des installations existantes, la question d'encombrement devient importante, d'autant plus que l'on doit construire des bâtiments convenables pour loger les moteurs; quand le terrain coûte cher, ce qui est souvent le cas, la question acquiert encore plus d'importance à cause de la dépense d'achat. A ce point de vue l'avantage appartient au moteur Diesel parce qu'il est de dimensions plus petites, à égalité de puissance, qu'un moteur à vapeur ou à gaz ; dans beaucoup de cas où il est indispensable d'accroître la force motrice sans que l'on puisse augmenter la surface de terrain disponible, la question de savoir quel moteur on doit employer se résout d'elle-même automatiquement en faveur du moteur Diesel.

Bien qu'à terre la confiance qu'on peut avoir dans le fonctionnement du moteur n'ait pas la même importance vitale qu'à bord des navires, où il est ordinairement intéressant d'économiser de la force, il arrive fréquemment que l'élimination de toute possibilité d'avarie est le facteur décisif, car un arrêt de quelques heures peut annuler tout l'avantage de la grande diminution des frais d'exploitation. C'est pour cette raison que l'adoption de nouveaux types de machines est si longue, en dépit des économies certaines qu'elles sont capables de faire réaliser, tant qu'elles n'ont pas donné de preuves de bon fonctionnement pendant une longue période de temps. Étant donné la grande expérience qu'on a acquise en ce qui concerne les moteurs Diesel dans les quinze dernières années, cette circonstance ne peut plus longtemps peser dans la balance en leur défaveur; il est donc admis aujourd'hui qu'au point de vue de la confiance qu'ils peuvent inspirer, ils sont certainement égaux aux meilleures machines à vapeur et supérieurs au moteur à gaz. De plus, il est important de rappeler qu'un moteur Diesel contient pratiquement tous ses organes, tandis que, dans le cas des moteurs à gaz et à vapeur, le gazogène et la chaudière peuvent être respectivement considérés comme des sources possibles d'avarie, de même que quelques appareils accessoires qui ne sont pas nécessaires avec les moteurs Diesel. Le point qu'on a maintenant à considérer est le prix de revient de l'entretien et des réparations, et c'est un fait connu que cet élément peut facilement atteindre un chiffre comparable à la dépense de combustible. En réalité cette question dépend de la dernière, et ce fait que le moteur Diesel est une machine simple, dans laquelle on peut avoir confiance, réagit naturellement sur la somme dépensée annuellement en salaires et en renouvellements, etc., qui est relativement faible et que l'on peut évaluer en toute sécurité au plus aux trois quarts de la dépense correspondante qu'entraînent les moteurs à vapeur et à gaz. En fait, ce chiffre est très modéré, comme on le comprendra quand on se rappellera que l'on peut supprimer entièrement les chauffeurs, indispensables avec les chaudières ou avec les gazogènes; on trouve généralement que deux tiers est une estimation plus exacte. Il est toujours difficile de déterminer la somme qui s'applique dans un devis aux réparations et aux amortissements, parce que ce point est sujet à de grandes variations; mais il y a beaucoup de cas dans lesquels cette dépense n'est que de quelques centaines de francs par an pour de grands moteurs. On ne doit pas perdre de vue, dans toute comparaison entre les divers types de moteurs, certains avantages que l'on ne peut chiffrer facilement malgré leur importance. Telle est la question des pertes au repos qui entrent toujours en jeu et qui peuvent augmenter beaucoup les dépenses de combustible, plus particulièrement dans le cas des machines à vapeur et à un degré moindre pour les moteurs à gaz ; ces pertes sont celles qui se produisent dans les générateurs d'énergie (chaudière ou gazogène), quand le moteur lui-même ne marche pas. Dans un moteur, ces pertes sont évidemment absolument inexistantes, parce que le moteur peut être mis en marche au moment même où l'on en a besoin. Un autre point important est le fait que, dans la plupart des installations, les moteurs, pendant la majeure partie du temps que dure leur fonctionnement, marchent avec un facteur de charge comparativement faible, c'est-à-dire qu'ils développent une puissance très inférieure à leur débit normal (et par conséquent au débit qui correspond au rendement maximum). Dans un moteur à vapeur, le rendement tombe très rapidement quand la charge décroît ; dans un moteur à gaz, la variation, bien que faible, n'en est pas moins très marquée.

Dans le moteur Diesel, d'autre part, la différence de rendement par cheval-heure indiquée à pleine charge et à mi-charge ou même à quart de charge est relativement faible, comme on peut s'en rendre compte par les chiffres de consommation suivants que la plupart des constructeurs garantissent avec des cylindres de 80 chevaux et au-dessus :

$$190^{gr},5 \text{ à pleine charge ;}$$
$$204^{gr},6 \text{ à trois quarts de charge ;}$$
$$227^{gr},0 \text{ à mi-charge ;}$$
$$276^{gr},6 \text{ à quart de charge.}$$

Les chiffres suivants, relatifs aux dépenses d'exploitation des moteurs Diesel, ne doivent pas être considérés trop exactement comme s'appliquant à tous les cas, mais ils donnent bien une idée des résultats auxquels on peut s'attendre dans les installations ordinaires. L'importance de l'installation cause naturellement des différences considérables, cependant inférieures à celles qui correspondent aux autres moteurs, pour les raisons données ci-dessus, parce que plus le facteur annuel de charge approche de l'unité, plus les frais de marche par cheval-heure diminuent.

Considérons un moteur de 200 chevaux marchant 300 jours par an, pendant 15 heures par jour en moyenne, avec un facteur de charge d'environ 60 0/0 ; le nombre de chevaux-heures indiqués correspondant à l'année entière sera de $300 \times 15 \times 200 \times 0,6 = 540.000$. La consommation de combustible peut être estimée à $226^{gr},8$ par cheval-heure mesuré au frein, ce qui est une valeur élevée d'après les chiffres de garantie donnés ci-dessus. En supposant que le pétrole brut coûte $55^f,35$ la tonne, la dépense de combustible sera :

$$\frac{0^{kg},2268 \times 540.000 \times 55,35}{1.000} = 6.780 \text{ francs par an en chiffres ronds.}$$

Les salaires du personnel seraient d'environ 5.000 francs, et l'on pourrait estimer les dépenses générales d'entretien, ainsi que les réparations, à 1.250 francs ; l'eau, les fournitures, les faux-frais divers, les déchets à 500 francs. On peut acheter de bonne huile de graissage pour moteurs Diesel au prix de 0ʳ,36 le litre ; la quantité d'huile consommée par un tel moteur, en supposant qu'on ne filtre pas l'huile pour la réemployer, sera voisine de 9 litres à 13 litres par jour, suivant le soin apporté par le surveillant, et la dépense annuelle peut être évaluée à 1.250 francs. Le prix d'achat d'un moteur Diesel, y compris le montage, les fondations et la mise en marche, varie actuellement de 200 à 275 francs par cheval indiqué, chiffre qui dépend des dimensions du moteur, du modèle (à grande vitesse ou à marche lente, à deux ou à quatre temps), du prix des fondations, de la facilité d'accès du terrain et d'autres considérations ; pour un devis, on peut tabler sur un chiffre de 250 francs par cheval indiqué, ce qui donne 50.000 francs pour le moteur en question. En réservant, comme ordinairement, 10 0/0 pour intérêts et amortissement de l'installation, on doit ajouter une somme de 5.000 francs par an aux dépenses d'exploitation annuelles, qui peuvent s'additionner comme suit :

DEVIS DES DÉPENSES ANNUELLES D'EXPLOITATION D'UN MOTEUR DIESEL DE 200 CHEVAUX
MARCHANT 4.500 HEURES

	Total en francs	Centimes par cheval-heure
Huile combustible à 55 fr. 35 par tonne.	6.780 fr.	1ᶜ,255
Salaire du personnel.	5.000	0 ,926
Entretien et réparations, eau, matières.	1.250	0 ,231
Eau, fournitures, déchets, etc.	500	0 ,093
Huile de graissage.	1.250	0 ,231
Intérêts et amortissement de l'installation.	5.000	0 ,926
	19.780 fr.	3ᶜ,662

En supprimant l'allocation pour intérêts et amortissement, les dépenses d'exploitation s'élèvent en tout à la somme de 19.780 francs par an ou à 2,736 centimes par cheval-heure ; ce chiffre peut être considéré avec confiance comme atteint dans la plupart des cas correspondant à la pratique ordinaire, tandis que dans les grandes installations on peut regarder comme exacte une dépense de 2,6 centimes par cheval-heure, y compris les charges pour intérêts et amortissement.

Dans quatre installations que l'auteur connaît bien, et dans aucune desquelles le facteur de charge annuel ne s'élève au-dessus de 30 0/0, les dépenses annuelles d'exploitation, non compris l'intérêt et l'amortissement, se montent respectivement à 2ᶜ,74, 3ᶜ,255, 2ᶜ,205 et 2ᶜ,415 centimes par cheval-heure, soit une moyenne de 2,6 centimes pour les quatre installations ; le laps de temps pendant lequel les dépenses ont été relevées n'est dans aucun cas inférieur à six mois.

Le moteur Diesel se montre plus particulièrement avantageux, sous le rapport de l'économie, en ce qui concerne les petits modèles, c'est-à-dire jusqu'à environ 1.500 chevaux. Cependant, comme on commence à construire des moteurs de grande puissance, il est intéressant de faire remarquer comment les moteurs de 1.500 à 4.000 chevaux paraissent pouvoir être comparés avec avantage aux meilleures turbines à vapeur modernes.

Les chiffres suivants se rapportent à une installation récente d'unités de 2.500 kilowatts correspondant à des moteurs Diesel dans un cas et à des turbines à vapeur dans l'autre. Le moteur, du type à simple effet à deux temps, marche à une vitesse d'environ 130 tours par minute, normale pour ce modèle. Les calculs sont basés sur une année d'exploitation comportant une période de marche réelle de 6.000 heures par an, avec une charge moyenne de 2.000 kilowatts à la génératrice. Le combustible liquide coûte 62ᶠ,50 et le charbon 18ᶠ,75 la tonne anglaise de 1.016 kilogrammes (2.240 livres anglaises).

Si l'on considère d'abord le capital de premier établissement, non compris ni le tableau ni les câbles, on réalise une économie sérieuse dans les dépenses correspondant aux bâtiments, bien que le groupe Diesel coûte plus cher ; les chiffres se présentent comme suit :

Groupe générateur Diesel de 2.500 kilowatts avec tous les accessoires nécessaires.	631.250 fr.
Salle des machines, fondations, etc., y compris le prix du terrain.............	126.250
Prix total de l'installation Diesel........................	757.500 fr.
Turbo-générateur de 2.500 kilowatts avec condenseurs, chaudières et accessoires.	328.250 fr.
Salle des machines et chaufferies, fondations, cheminées, y compris le coût du terrain	328.250
Prix total de l'installation à vapeur....................	656.500 fr.

Groupe Diesel. — La consommation de pétrole d'un moteur Diesel de ce modèle est d'environ 204 grammes par cheval-heure mesuré au frein, soit environ 300 grammes par kilowatt-heure avec un alternateur de rendement ordinaire. La consommation d'huile de graissage, qui est considérée comme un facteur de dépense important dans les moteurs Diesel, peut être évaluée à 4ᵍʳ,5 par kilowatt-heure, bien que les constructeurs puissent garantir sans doute une dépense moindre si cela est nécessaire. Le prix d'une huile de bonne qualité est d'environ 1ᶠ,90 le litre.

Le prix de revient de l'eau de refroidissement dépend en grande partie des circonstances, mais, dans le cas considéré, on pouvait se procurer de l'eau de mer au prix total de 11 francs les 1.000 mètres cubes. On dépense environ 27 litres par kilowatt-heure, mais, pour refroidir le piston, il est nécessaire de recourir à l'eau douce dont on dépense environ 6ᴵ,8 par kilowatt. On peut condenser cette eau douce dans une tour de refroidissement et on ne doit ainsi compter que sur la perte ordinaire de 10 0/0 due à la récupération.

En calculant le prix de revient total d'après ces données, on obtient les chiffres suivants :

Prix de revient du combustible : $\dfrac{2.000 \text{ kw} \times 6.000 \text{ heures} \times 300 \text{ grammes} \times 62^{f},50}{1.016}$ .... 221.456 fr.

Dépenses de main-d'œuvre : quatre hommes et un contremaître au salaire moyen de 50ᶠ,50 par semaine................................	13.130
Eau de refroidissement des enveloppes de cylindres et des pistons............	5.050
Huile de graissage, etc..............................	25.250
Réparations et entretien à 1 0/0.......................	6.313
Intérêt et amortissement à 10 0/0.....................	63.125
	334.324 fr.

Groupe à vapeur. — Un turbo-générateur à vapeur de 2.500 kilowatts consomme $6^{kg},8$ de vapeur (surchauffée) par kilowatt-heure ; en admettant 30 0/0 de pertes dues aux fuites et une évaporation de $3^{kg},175$ de vapeur par kilogramme de houille, on brûle 1.270 grammes de houille par kilowatt, pour une charge moyenne de 2.000 kilowatts, c'est-à-dire 2.540 kilogrammes par heure ou 15.000 tonnes par an.

La dépense d'eau de condensation est de 682 mètres cubes par heure, c'est-à-dire 4.100.000 mètres cubes par an, le prix de revient du pompage étant estimé à 11 francs les 1.000 mètres cubes comme précédemment. Le devis s'établit comme suit :

Houille : 15.000 tonnes à $18^f,75$	281.250 fr.
Main-d'œuvre : 6 hommes et un contremaître à $50^f,50$ par semaine en moyenne	18.382
Eau de condensation et d'alimentation	50.500
Huile de graissage, etc.	6.313
Réparations et entretien à 1 0/0	3.409
Intérêts et amortissement à 10 0/0	34.088
	393.942 fr.

L'économie correspondant à l'emploi du moteur Diesel s'élève ainsi à environ 60.000 francs, c'est-à-dire à plus de 15 0/0 et on fera remarquer qu'en ne prévoyant rien pour l'amortissement des bâtiments on a ainsi supprimé un chapitre très favorable au moteur Diesel.

Les prix de revient respectifs du kilowatt-heure sont de $3^{cent},27$ pour l'installation à vapeur et de $2^{cent},7$ pour le groupe Diesel.

CHAPITRE V

ESSAIS DES MOTEURS DIESEL

But des essais. — Les moteurs Diesel ont une marche très régulière et leur rendement est un facteur tellement bien déterminé à l'avance que, d'une manière générale, il n'est pas essentiel de procéder sur eux à des essais de consommation aussi complets que ceux auxquels on soumet ordinairement les machines à vapeur ; il est en effet très rare que la consommation garantie soit dépassée. La plupart des moteurs Diesel fournis pour les besoins du service à terre sont destinés à commander des dynamos, soit directement, soit par courroies ; la plupart des essais sont effectués sur le groupe complet et, de même que dans le cas des installations à vapeur, il est commode d'exprimer la consommation de combustible en grammes par kilowatt-heure. On obtient facilement le rendement de la dynamo une fois que l'on a déterminé la puissance en chevaux réelle du moteur mesurée au frein ; par conséquent, un essai direct sur un groupe complet est plus satisfaisant à tous égards et plus commode qu'un essai au frein, spécialement pour les grands moteurs. Tout essai de moteur au point de vue commercial doit avoir pour but principal de déterminer la dépense réelle qu'entraîne sa marche sous différentes charges ou, en d'autres termes, la quantité de combustible qu'il consomme par cheval-heure ; mais on peut obtenir au cours des essais d'autres renseignements utiles et intéressants. Le pouvoir calorifique des huiles employées dans les moteurs Diesel présente des divergences très considérables ; la conséquence de ce fait a peu d'importance au point de vue commercial, parce que l'huile qui a un faible pouvoir calorifique coûte en général moins cher ; la dépense est donc approximativement la même, bien qu'on use plus d'huile. Un essai ordinaire complet pratiqué sur un moteur Diesel conduirait aux résultats suivants : puissance normale et capacité de surcharge du moteur ; consommation de combustible par cheval-heure indiqué et par cheval-heure mesuré au frein sous diverses charges ; rendement mécanique ; volume d'eau de refroidissement nécessaire correspondant à une élévation de température admissible (ordinairement 17° C.) ; bilan de chaleur servant à déterminer les quantités de chaleur respectives : 1° convertie en travail utile ;

2° entraînée par l'eau de refroidissement des chemises ; 3° entraînée dans les gaz d'échappement.

Il est important de mesurer la consommation d'huile de graissage, mais il est difficile de la déterminer avec un degré d'approximation suffisant au cours d'un essai de peu de durée ; on aura plus d'exactitude en se basant sur une semaine de marche. Étant donné que le moteur Diesel use beaucoup plus d'huile combustible lors de la mise en marche qu'en fonctionnement normal, on ne devrait jamais mesurer les consommations d'après un essai au banc. Les instruments et les installations nécessaires pour procéder à un tel essai ne sont ni chers ni compliqués. Le combustible consommé pourrait être mesuré en poids ou en volume, pourvu que l'on eût déterminé son poids spécifique avec beaucoup de soin.

La température de l'eau des chemises de refroidissement de chaque cylindre (dans un moteur à plusieurs cylindres) s'obtient au moyen de thermomètres placés à raison d'un appareil pour chaque plateau avant de cylindre, dans des logements spéciaux juste au point d'évacuation de l'eau ; un thermomètre commun à tous les cylindres est immergé dans le tuyau d'amenée d'eau pour mesurer la température du liquide à son entrée. On enregistre la température des gaz d'échappement au moyen d'un thermomètre, spécialement gradué pour les températures élevées, fixé dans le tuyau d'échappement aussi près que possible des cylindres ; tous les thermomètres, sauf ceux qui servent à déterminer la température de sortie des gaz d'échappement et la température d'entrée de l'eau de refroidissement, sont utilisés dans les conditions ordinaires de fonctionnement, et cet essai n'exige pas d'appareils spéciaux. On peut déterminer commodément le poids de l'eau employée pour le refroidissement des chemises en la faisant couler alternativement dans des réservoirs jaugés de capacité connue, méthode qui rappelle le dispositif ordinairement employé pour mesurer la quantité d'eau nécessaire à la condensation dans une machine à vapeur, ou encore la quantité d'eau qui pénètre dans la chaudière quand on procède à un essai de machine à vapeur ou un essai de chaudière. On relèvera des diagrammes d'indicateurs fréquemment et séparément pour chacun des cylindres, qui seront munis à cet effet de robinets et de dispositifs spéciaux. On emploiera des indicateurs du type ordinaire Crosby ou autre analogue ; les pistons d'indicateurs et les ressorts seront tels qu'une pression d'environ 181 kilogrammes par centimètre carré soit représentée par une compression de 25^{mm},4 ; ces chiffres correspondent aux appareils ordinairement employés sur le continent européen, dans lesquels le style se déplace de 0^{mm},8 pour une pression de 1 kilogramme par centimètre carré.

On doit déterminer le pouvoir calorifique de l'huile employée comme combustible au moyen d'un calorimètre spécial dans lequel la combustion s'opère par l'oxygène à haute pression. On peut aussi déterminer le pouvoir calorifique du combustible en procédant au dosage de ses trois principaux éléments : carbone, hydrogène et soufre—l'oxygène et l'azote ne représentent que des quantités négligeables — et en multipliant le poids de chacun de ces éléments par son pouvoir calorifique que l'on connaît ; en additionnant les chiffres auxquels on arrive, on obtient le pouvoir calorifique total, mais cette méthode n'est pas très satisfaisante. Les chiffres correspondant au carbone, à l'hydrogène et au soufre sont respectivement égaux à 8.625, 28.860 et 2.498 calories. La chaleur entraînée dans les gaz d'échappement peut être déterminée d'après le poids de ces gaz, leur chaleur spécifique à pression constante et l'excès de leur température sur celle de l'air atmosphérique.

Posons :

$t =$ la différence de température entre les gaz d'échappement et l'air atmosphérique ;
$V =$ le volume engendré par le piston dans sa course en mètres cubes ;
$w =$ le poids d'un mètre cube d'air à la pression et à la température de l'atmosphère ;
$K_p =$ la chaleur spécifique de l'air à pression constante ;
$W =$ le poids de combustible consommé par tour du moteur.

Le poids de combustible et d'air pénétrant dans le cylindre (pour le moteur monocylindrique à quatre temps) est égal pour un tour à $\frac{1}{2} V_w + W$; la quantité de chaleur rejetée dans l'échappement est donc $\left(\frac{1}{2} V_w + W \right) K_p t$ calories par tour du moteur.

Bien que donnant un résultat suffisamment approché dans la plupart des cas, cette méthode de calcul n'est pas exacte, parce que la température de l'air, quand le cylindre est plein, surpasse la température atmosphérique d'une quantité que l'on ne peut pas facilement déterminer. Si l'on a besoin de résultats plus précis, on doit faire l'analyse des gaz d'échappement ; on prélèvera à cet effet des échantillons que l'on essaiera au moyen d'un appareil Orsat ou de tout autre appareil semblable. D'après les quantités relatives d'azote et d'oxygène que contiendront les gaz d'échappement, on obtiendra l'excès d'air admis dans le moteur en plus de celui qu'exige la combustion.

D'après les résultats de l'analyse de l'huile employée comme combustible, on pourra obtenir le poids d'air nécessaire pour réaliser une combustion parfaite, en partant des poids d'air (ou plutôt du poids d'oxygène correspondant) qui se combinent avec le carbone, l'hydrogène et le soufre. En multipliant le poids ainsi obtenu par le rapport du poids de l'air aspiré dans le cylindre, au poids de l'air employé dans la combustion, on obtient le poids réel d'air à introduire dans le cylindre par kilogramme d'huile ; on calcule les autres éléments comme ci-dessus

La marche des moteurs Diesel est si régulière et ils sont sujets à des variations si faibles à tous égards que l'on peut se contenter d'essais comparativement courts, dans lesquels on pourra avoir confiance ; on fera de fréquentes lectures pour tenir compte d'une manière raisonnable de l'influence des erreurs personnelles sur les mesures. On relèvera des diagrammes d'indicateur toutes les cinq minutes ou tous les quarts d'heure, suivant la durée de l'essai ; comme on l'a dit ci-dessus, on prendra des diagrammes sur tous les cylindres d'un moteur simultanément, même si cette manière de faire exige deux ou plusieurs opérateurs, parce qu'évidemment il est impossible d'obtenir que tous les cylindres fournissent la même quantité de travail, ou que la puissance indiquée ne varie pas pendant l'intervalle de temps très court qui s'écoule pendant que l'homme, qui procède à la prise des diagrammes, passe d'un robi-

net à l'autre. On détermine la puissance développée par la dynamo par la méthode
ordinaire, au moyen d'un ampèremètre et d'un voltmètre étalonnés ; on obtient, si on
le désire, la quantité de travail absorbée par la commande du compresseur d'air en relevant des diagrammes d'indicateur sur les cylindres de la pompe ; si les compresseurs
sont actionnés par un moteur séparé, comme c'est quelquefois le cas, on doit également enregistrer la puissance absorbée par le moteur.

On trouvera dans les pages suivantes les descriptions et les résultats d'essais
effectués sur des moteurs Diesel, par des savants d'une autorité reconnue, et on pourra
les adopter comme bases pour conduire des essais semblables.

Quelques-uns de ces essais ont été effectués sur des moteurs dont on faisait varier
la charge, et il est fréquemment nécessaire et toujours utile de procéder à des essais
dans de pareilles conditions ; en effet, la plupart des moteurs fonctionnent pendant la
plus grande partie de leur temps de service à une charge inférieure à la pleine charge ;
par conséquent les résultats d'essais effectués à pleine charge ne correspondent pas
toujours aux conditions réelles de fonctionnement du moteur.

Essais d'un moteur Diesel de 200 chevaux. — M. Chr. Eberle a rendu
compte, dans une note lue devant l'Association bavaroise pour la surveillance des
appareils à vapeur, d'un essai exécuté par lui sur un moteur Diesel de 200 chevaux
à simple effet, à quatre temps, à marche lente, comportant deux cylindres et commandant
directement une dynamo génératrice à courant continu. L'essai a été effectué en service
après l'installation du moteur dont les cylindres ont 430 millimètres de diamètre avec
une course de piston de 680 millimètres et une vitesse normale de rotation de 160 tours
par minute. Le moteur comporte deux volants placés de chaque côté des cylindres, et
chacune des bielles motrices commande un compresseur d'air à deux étages.

Pour mesurer la consommation de combustible, on employait un réservoir ouvert
relié par une tuyauterie à la pompe à combustible ; le début de l'essai correspondait
au moment où l'huile contenue dans le réservoir atteignait un point déterminé indiqué par un niveau à tube de verre. Pour maintenir la hauteur de l'huile dans le réservoir à son niveau primitif, on le remplissait au moyen d'un petit vase contenant un
poids connu d'huile, et l'on ne tenait pas compte de l'essai si l'une des lectures intermédiaires accusait une différence supérieure à 2 0/0. On constatait la puissance développée par les cylindres en relevant de nombreux diagrammes d'indicateurs, on rele-
vait aussi des diagrammes sur les compresseurs d'air. L'huile employée comme
combustible accusait, d'après les essais, un pouvoir calorifique de 9.813 calories
(17.660 B. Th. U.) avec un poids spécifique de 0,893. Le tableau IV (p. 120) fournit les
principaux résultats et les données qu'on en a déduites ; mais comme on n'a pas
mesuré le volume de l'eau employée pour le refroidissement, on ne pourrait pas
obtenir un bilan de chaleur détaillé, bien que les gaz d'échappement aient été analysés
au moyen d'un appareil Orsat.

On doit remarquer que la vitesse du moteur variait entre 164,5 et 159,9 tours,
suivant qu'il marchait à vide ou en surchage, ce qui représente une différence de seu-

lement 2,80/0, les puissances enregistrées étant respectivement de 46,4 et de 298,4 chevaux indiqués. Sous charge normale complète, la pression finale dans le cylindre de la pompe à air était, d'après les diagrammes, de 61 atmosphères ; la puissance en che-

TABLEAU IV.

		À vide	À quart de charge	À mi-charge	À trois quarts de charge	Pleine charge normale	Surcharge
1	Durée de l'essai .... minutes	81,9	55,5	82,0	87,5	67,5	27,5
2	Nombre de tours par minute	164,5	163,5	162,9	162,0	160,2	159,9
3	Pression de la compression dans la pompe à air : a) cylindre à haute pression ... atmosphères	39,8	42,0	46,0	52,3	60,1	62,0
4	— — b) cylindre à basse pression —	0,5	4,2	4,9	5,4	6,4	7,0
5	Puissance en chevaux indiqués : a) cylindre A ... chevaux indiqués	26,2	54,9	79,6	103,6	130,4	151,0
6	b) cylindre B	20,2	54,7	75,2	101,1	130,8	147,4
7	c) totale	46,4	109,6	154,8	204,7	261,2	298,4
8	Puissance en chevaux indiqués de la pompe à air : a) cylindre à haute pression	—	—	—	—	3,43	—
9	b) cylindre à basse pression	—	—	—	—	3,39	—
10	c) totale	—	—	—	—	6,82	—
11	d) puiss. tot. pour les deux pompes	—	—	—	—	13,64	—
12	Puissance de la dynamo en kilowatts ... kw.	—	34,4	67,2	98	132,4	153,2
13	en chevaux électriques	—	46,7	91,3	133,1	180,1	216,5
14	Rendement de la dynamo ... 0/0	—	85,5	90,5	91	91	91
15	Puissance du moteur en chev. mesurée au frein = $\dfrac{\text{puiss. de la dynamo en HP électriques}}{\text{rendement de la dynamo}}$ HP	—	54,6	100,9	146,3	197,9	237,9
16	Rendement mécanique = $\dfrac{\text{puissance du moteur en chevaux mesurée au frein}}{\text{puiss. en ch. indiqués — puiss. en ch. indiqués des compresseurs}}$ 0/0	—	—	—	—	79,9	—
17	Consommation d'huile : a) totale ... grammes	10.000	14.000	30.000	42.000	42.000	21.000
18	— b) par cheval-heure mesuré au frein	—	277,2	217,6	196,9	188,6	192,6
19	— c) par cheval-heure mesuré au frein calculé pour de l'huile ayant un pouvoir calorifique de 10.000 calories ... grammes	—	271,9	213,5	193,2	185	188,9
20	— d) par cheval-heure indiqué	157,8	138,1	141,8	140,4	142,0	153,5
21	— e) par cheval-heure indiqué	154,8	135,5	139,1	137,7	140,2	150,6
22	Température de l'eau de refroidissement : a) à l'entrée ... C°	9,0	8,9	8,7	8,7	9,0	9,0
23	b) à la sortie du cylindre A (moyenne) ... C°	51,7	46,9	55,7	55,6	55,7	55,5
24	Gaz d'échappement : a) température ... C°	131	191	263	—	—	466
25	— b) teneur en CO ... 0/0	1,7	2,2	3,9	—	—	9,3
26	— c) teneur en oxygène ... 0/0	18,0	17,5	15,0	—	—	8,3
27	Quantité de chaleur utilisée par cheval-heure mesuré au frein (huile ayant un pouvoir calorifique de 9.810 calories par kilogramme) ... calories	—	2.719	2.135	1.932	1.850	1.889

TABLEAU IV (suite). — BILAN DE CHALEUR POUR 1 KILOGRAMME DE COMBUSTIBLE.

		Calories	0/0	Calories	0/0	Calories	0/0	Calories	0/0	Calories	0/0	Calories	0/0
28	Équivalent calorifique : a) puissance indiquée	4.000	40,8	4.570	46,6	4.450	45,4	4.500	45,9	4.420	45,1	4.110	41,9
29	— b) puissance effective	—	—	2.280	23,2	2.900	29,6	3.210	32,7	3.350	34,2	3.280	33,4
30	— c) frottements et pompe à air	—	—	2.290	23,4	1.550	15,8	1.290	13,2	1.070	10,9	830	8,5
31	Chaleur perdue (eau de refroidissement, gaz d'échappement et radiation)	5.810	59,2	5.240	53,4	5.360	54,6	5.310	54,1	5.390	54,9	5.700	58,1

vaux indiqués pour les deux cylindres d'une seule pompe était de 6,82 chevaux indiqués, soit 13,64 chevaux indiqués pour les deux pompes, en supposant qu'elles fournissent un travail égal. La température des gaz d'échappement varie considérablement avec la charge ; elle est de 131° C. à vide et de 466° C. quand le moteur développe sa puissance maximum. La figure 82 donne un graphique des consommations de combustible correspondant aux diverses charges ; la différence entre les consommations à mi-charge et à charge complète est relativement faible. Pour démontrer la constance de la consommation de combustible dans les moteurs Diesel, on essaya simultanément quatre moteurs de types et de construction identiques ; on trouva que les quantités d'huile brûlées respectivement par cheval-heure mesuré au frein étaient de 185 grammes, 189ᵍʳ,9, 189ᵍʳ,7 et 190ᵍʳ,4.

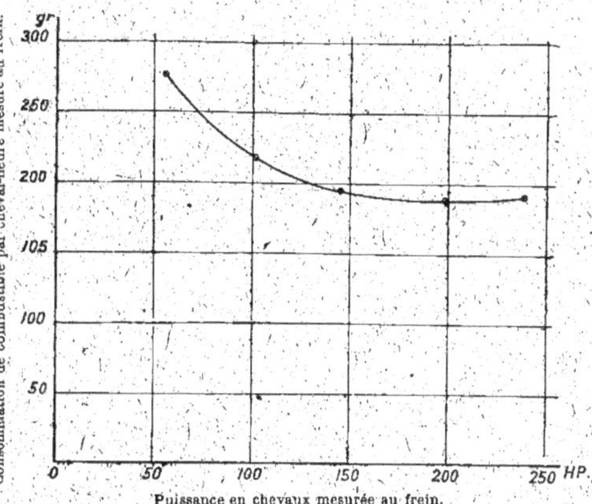

Fig. 82. — Courbe de consommation de combustible.

Essais d'un moteur de marine à grande vitesse de 300 chevaux. — M. Chr. Eberle a procédé à cet essai sur un moteur à quatre temps, à quatre cylindres, étudié pour développer une puissance normale de 300 chevaux mesurés au frein à la vitesse de 400 tours par minute.

Le moteur, du type complètement cuirassé, a ses manivelles calées à 180° ; l'air nécessaire à tous les cylindres est fourni par un compresseur à deux phases monté à l'extrémité de la plaque de fondation et directement commandé par l'arbre manivelle du moteur. Les quatre pompes à combustible, disposées côte à côte sur la face avant du moteur, sont toutes commandées par l'arbre à cames horizontal. On a naturellement adopté le graissage forcé, et l'extrémité de l'arbre manivelle actionne directement deux petites pompes de graissage ; l'huile refroidie après son passage dans les coussinets sert de nouveau. L'arbre manivelle fait également mouvoir deux autres petites pompes destinées à entretenir la circulation de l'eau servant à refroidir les cylindres et le tuyau d'échappement qui, dans ce moteur, est muni d'une chemise d'eau. Ce moteur, étudié en vue de la propulsion des navires, n'est pas muni d'un régulateur, mais un modérateur de sécurité empêche le moteur de s'emballer. Le moteur, y compris ses réservoirs de démarrage et toutes ses pompes, ne pèse qu'environ 10 tonnes, tandis qu'un moteur identique, à marche lente, pèserait plus de 50 tonnes; soit une puissance par tonne de 30 chevaux, ce qui est un coefficient très élevé.

TABLEAU V. — RÉSULTATS DES ESSAIS EFFECTUÉS SUR UN MOTEUR A GRANDE VITESSE.

		1	2	3	4	5	6	7	8	9	10	11	12
1	Durée de l'essai............ Heures	1,16	1,18	0,83	0,84	0,85	0,85	0,53	0,42	0,49	0,46	0,53	0,60
2	Nombre de tours par minute............	256,8	306,6	402,4	496,9	497,4	498,3	301,1	247,4	400,1	488,1	400,5	508,1
3	Puissance en chevaux indiqués, défalcation faite de la puissance absorbée par le compresseur d'air............	242	296	390	441	408	—	184	148	224	249	399	—
4	Débit de la dynamo............ kw	130,5	136,8	199,2	230,1	225,1	217,7	83,0	70,6	104,9	111,3	217,8	266,7
5	Rendement de la dynamo............ 0/0	88,8	90	90,9	90,3	90,1	89,8	88,0	89,2	90,4	90,0	90,8	90,4
6	Puissance en chevaux mesurée au frein développée par le moteur............	199,6	236,5	297,5	346,5	340,0	330,0	128,2	107,4	158,0	167,6	326,0	394,5
7	Rendement mécanique = $\frac{\text{Ligne 6}}{\text{Ligne 3}}$ 0/0	82,6	79,8	76,2	78,6	83,3	—	69,5	72,6	70,5	67,2	81,8	—
8	Consommation de combustible par cheval-heure indiqué, non compris le compresseur...... gr.	144	141	137	143	151	—	127	131	135	149,7	147	—
9	Consommation de combustible par cheval-heure indiqué au frein............	188	190,5	195	201	203,2	210	202	201	216	251,7	197	211
10	Consommation de combustible par cheval-heure mesuré au frein (avec du pétrole dégageant 10.000 calories par kilogramme)........ gr.	190	192	197	203	205	212	204	203	218	254	199	213
11	Quantité d'eau dépensée pour le refroidissement par cheval-heure mesuré au frein .... kilogr.	30.345	25.878	26.037	25.175	25.628							
12	Température de l'eau de refroidissement à l'entrée............	12,4	12,4	12,4	12,4	12,4							
13	Température de l'eau de refroidissement à la sortie............ (°	39	37,5	37,1	38,6	40							
14	Gaz d'échappement température............	322	369	390	444	441	425	222	205	258	325	405	
15	Gaz d'échappement, composition...... CO² 0/0	6,8	8,3	8,4	9,7	9,4	—	4,5	4,4	4,6	4,8	9,6	
16	O 0/0	8,4	—	8,0	6,2	7,0	—	13,8	14,0	13,2	12,6	8,4	
17	Pouvoir calorifique du pétrole employé par kilogramme............ calories						10.062						
18	Quantité de chaleur consommée par cheval-heure indiqué............ calories	1.452	1.426	1.378	1.444	1.525		1.300	1.313	1.362	1.504	1.484	
19	Quantité de chaleur consommée par cheval-heure mesuré au frein............ calories	1.895	1.918	1.965	2.026	2.046	2.109	2.064	2.016	2.180	2.533	1.978	2.119

Au cours des essais, le moteur était directement accouplé à une dynamo génératrice à courant continu chargée au moyen d'une résistance convenable; la puissance développée était mesurée comme à l'ordinaire au moyen d'un ampèremètre et d'un voltmètre étalonnés. On fit varier la vitesse du moteur dans des limites comprises entre 250 et 500 tours par minute en agissant au moyen d'un levier sur la quantité de combustible pénétrant dans les cylindres.

On effectua les essais suivants :

1° Admission normale de combustible, vitesses de 250, 300 et 500 tours par minute (Essais 1 à 6, tableau V, page 122).

2° Admission normale réduite de moitié, vitesses de 250, 300, 400 et 500 tours par minute (Essais 7 à 10, tableau V, page 122).

3° Admission maximum, vitesses de 400 et 500 tours par minute (Essais 11 et 12, tableau V, page 122).

On déterminait soigneusement le rendement de la dynamo pour chaque vitesse et pour chaque puissance.

On la faisait fonctionner à vide aux diverses vitesses, ce qui permettait de calculer toutes les pertes et d'obtenir les rendements qui figurent sur le tableau ; mais on a omis les chiffres qui ont servi à les calculer. On obtenait la consommation d'huile en mesurant directement le débit d'un vase au moyen d'un niveau à tube de verre.

TABLEAU VI

BILAN DE CHALEUR PAR KILOGRAMME DE COMBUSTIBLE (moyenne de 5 essais)

	ESSAI N° 1		ESSAI N° 2		ESSAI N° 3		ESSAI N° 4		ESSAI N° 5	
	Calories	0/0	Calories	0/0	Calories	0/0	Calories	0/0	Calories	0/0
Équivalent calorifique :										
a) Puissance indiquée...	4 384	43,5	4 467	44,3	4 606	45,8	4 415	43,8	4 184	41,5
b) Puissance effective...	3 363	33,4	3 307	32,0	3 241	32,2	3 163	31,4	3 108	30,9
c) Frottements et pompes	1 021	10,1	1 160	11,4	1 365	13,6	1 252	12,4	1 076	10,6
Calories entraînées par l'eau de refroidissement......	3 446	34,3	3 363	33,5	3 197	31,8	3 197	31,8	3 408	33,8
Calories entraînées dans les gaz d'échappement......	2 429	24,1	2 242	22,9	2 409	23,9	2 425	24,1	2 481	24,8
Erreurs et pertes par rayonnement...............	— 208	— 1,9	— 67	— 0,7	— 150	— 1,5	+ 25	+ 0,3	— 11	— 0,1
	10 062	100,0	10 062	100,0	10 062	100,0	10 062	100,0	10 062	100,0

On s'arrangeait de manière que le niveau de l'huile dans le vase accusé par le tube fût le même au début et à la fin de chaque essai ; l'huile consommée était remplacée en ajoutant la quantité d'huile nécessaire que l'on pesait soigneusement ; on pouvait ainsi procéder à des lectures intermédiaires.

L'eau de refroidissement était mesurée au moyen des réservoirs de jauge qu'elle traversait ; les températures de l'eau à l'entrée et à la sortie ainsi que celle des gaz d'échappement étaient enregistrées au moyen de thermomètres à mercure.

La figure 83 donne un graphique des consommations de combustible dans les conditions correspondant aux essais et montre que les résultats sont remarquablement constants.

La consommation était de 189 grammes, aux environs de 250 tours par minute, de 192 grammes à 300 tours et de 196^{gr},5 à 400 tours.

Entre les limites de puissance pour lesquelles le moteur était étudié, c'est-à-dire de 250 à 400 tours par minute avec une admission normale de combustible, la différence était de 189,5 tours à 196,5 tours, soit d'environ 4 0/0. Cette différence s'explique facilement par le supplément de puissance absorbé par le compresseur.

Même pour les vitesses atteignant 500 tours, la variation restait inférieure à 7 0/0 en ne tenant pas compte de l'essai à 500 tours effectué avec admission partielle. Dans l'essai n° 6, qui accuse une consommation de 211 grammes par cheval-heure, un des tuyaux d'admission de combustible était bouché et le cylindre qu'il alimentait ne fonctionnait pas économiquement ; le résultat ainsi vicié devrait par conséquent être éliminé. Les essais n°° 1 à 5 avec le moteur fonctionnant en charge normale montrent que la quantité de chaleur employée pour produire un travail utile varie de 31 à 33 0/0 ; la quantité de chaleur entraînée par l'eau de refroidissement est de 30 à 34 0/0, tandis qu'une quantité de chaleur correspondant à 23 à 25 0/0 est rejetée dans les gaz d'échappement. Ce dernier chiffre est plutôt bas, tandis que celui qui correspond à l'eau de refroidissement est élevé. Ce fait doit être attribué à ce que l'on employait pour le refroidissement une grande quantité d'eau variant de 23 à 27 litres par cheval-heure alors que la consommation ordinaire n'est que d'un peu plus de 13,5 litres par cheval-heure ; le tuyau d'échappement était probablement aussi à refroidissement d'eau.

Voici les remarques faites par M. Eberle à propos de ces essais :

1° Le moteur fonctionne à une vitesse de 250 à 500 tours par minute avec différentes admissions et développe de 100 à 400 chevaux ; la combustion est parfaite et l'on ne constate aucun trouble dans le fonctionnement ;

2° Le passage d'une vitesse à une autre s'opère facilement et rapidement en manœuvrant un levier unique ;

3° La consommation moyenne de combustible, pour toutes les conditions de vitesse et de puissance, est faible, bien qu'un peu différente de celle des moteurs à marche lente ;

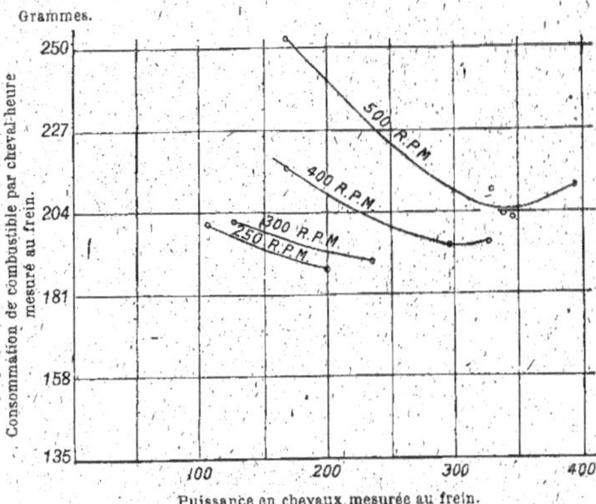

FIG. 83. — Courbe de consommation de combustible. — R. P. M. = nombre de tours par minute.

4° Le rendement mécanique est égal à celui des moteurs à marche lente ;

5° Le graissage se fait bien, et, pendant une marche de douze heures, on n'eut à constater aucun cas d'échauffement dans un organe quelconque du moteur.

Essais d'un moteur de 500 chevaux. — Nous donnons ci-après[1] le compte rendu légèrement abrégé d'un essai complet effectué par M. Michael Longridge sur un moteur à quatre temps à trois cylindres, à marche lente, construit par MM. Carels frères, à Gand [2].

Le moteur du type vertical à trois manivelles inversées comportait trois cylindres 54, 55 et 56 ; le chiffre 54 est placé au-dessus de l'extrémité libre de l'arbre manivelle opposée au volant. Chaque cylindre avait 560 millimètres de diamètre avec une course de piston de 750 millimètres. La vitesse normale était de 150 tours par minute.

Les soupapes logées comme à l'ordinaire dans les plateaux de cylindres sont commandées par des leviers qu'actionnent des cames calées sur un arbre horizontal ; l'arbre à cames est mû par un arbre vertical et par un engrenage conique monté sur l'extrémité de l'arbre moteur opposée au volant. Les soupapes d'échappement ainsi que les cylindres et leurs plateaux sont refroidis par circulation d'eau, mais les pistons ne sont pas refroidis.

Le moteur commandait une dynamo calée sur un prolongement de l'arbre manivelle.

L'air servant à pulvériser l'huile et à l'insuffler à l'intérieur des cylindres était comprimé par un groupe indépendant de deux compresseurs d'air verticaux à trois phases, actionnés par un arbre manivelle à deux rayons commandé, au moyen d'une courroie, par un moteur qu'alimentait la dynamo calée sur l'arbre manivelle du moteur. Dans ce cas, les compresseurs d'air, bien qu'étant essentiels au fonctionnement du moteur, ne font pas partie de ses organes, et l'on ne devra pas perdre ce fait de vue en calculant le rendement mécanique du moteur d'après le débit de la dynamo et d'après les diagrammes d'indicateur. Si les compresseurs étaient actionnés directement par le moteur, la différence entre le travail absorbé par la dynamo, qui est la puissance mesurée au frein, et la puissance indiquée devrait être augmentée du travail correspondant à la compression de l'air.

Les surfaces des pistons du compresseur sont les suivantes : 660^{cmq},5, 208^{cmq},1, 56^{cmq},75 ; la course est de 180 millimètres ; la compression porte l'air à 64 atmosphères, la vitesse étant de 160 tours par minute.

La dynamo à courant continu, à douze pôles, du type à enroulement shunt, construite par Lahmeyer et Cie, était calculée de manière à fournir 450 kilowatts à 550 volts pour une vitesse de 150 tours par minute. Les rendements accusés par les constructeurs sont :

Débits	112 kw	225 kw	337 kw	450 kw	562 kw
Rendements approximatifs	0,88	0,925	0,935	0,94	0,935

[1] Rapport annuel de la British Engine Boiler and Electrical Insurance C^{o} L^{td}.
[2] Les moteurs Diesel-Carels sont construits en France dans les ateliers de MM. Schneider & Cie au Creusot. (Note du traducteur.)

Ces chiffres ont été adoptés pour le calcul de la puissance du moteur mesurée au frein, correspondant au débit mesuré de la dynamo.

Le travail fourni était absorbé par des bobines de résistance en fil de fer et la charge était réglée au moyen d'interrupteurs convenables.

La maison Lahmeyer et Cie avait également fourni le moteur à courant continu actionnant les compresseurs d'air : ce moteur à six pôles, à enroulement shunt, était calculé pour débiter 75 chevaux à 630 tours par minute.

Les rendements calculés fournis par les constructeurs sont :

	Pleine charge.	Trois quarts de la charge.	Mi-charge.	Quart de la charge.
Rendement	90,5	89	86	76,5

Le tableau VII (page 128) donne les résultats des quatre essais qui ont été faits.

On a eu l'intention de faire à pleine charge le premier essai qui est un essai préliminaire, mais, en réalité, il a été fait à une charge moindre ; le second essai a été fait à pleine charge, le troisième à mi-charge et le quatrième à vide, le moteur n'actionnant que les compresseurs d'air et, naturellement, la dynamo ainsi que le moteur qui les commandaient. Si l'on se reporte aux chiffres du tableau VII, page 128, on peut donner les explications suivantes :

Ligne 4. — Le diamètre du cylindre moteur n° 56 avait été mesuré. Pour les deux autres, on avait adopté les diamètres indiqués sur le dessin.

Ligne 6. — Le nombre de tours était indiqué par un compteur ; un tachymètre indiquait la vitesse.

Ligne 7. — L'eau alimentant les chemises de refroidissement était fournie par les conduites de la ville et mesurée au moyen d'un compteur d'eau qui, paraît-il, avait été récemment taré.

Ligne 9. — Les tuyaux d'évacuation des chemises d'eau aboutissaient à une conduite commune débouchant dans un canal de décharge ; on employait le même thermomètre pour mesurer la température de l'eau à l'entrée et à la sortie.

Ligne 11. — La température des gaz d'échappement était mesurée dans le voisinage immédiat du moteur par un thermomètre à mercure traversant un presse-étoupe ménagé sur le tuyau d'échappement ; la colonne de mercure était surmontée d'une certaine quantité d'azote comprimé qui empêchait le mercure de bouillir. Toutes les observations ont été faites à des intervalles de dix minutes.

Ligne 12. — Les échantillons de gaz ont été prélevés et analysés par le professeur Van de Velde, de Gand.

Ligne 13. — On employait de l'huile de Galicie. On peut émettre un doute sérieux au sujet du pouvoir calorifique de l'huile. Un échantillon prélevé au moment de l'essai et analysé par le professeur Van de Velde a donné :

Carbone	84,81 0/0
Hydrogène	14,78
Soufre	0,17
	99,76 0/0

alors que le pouvoir calorifique obtenu par le calcul est de :

$$0,8481 \times 8.067 + 0,1478 \times 28.860 + 0,0017 \times 2.220 = 11.127 \text{ calories.}$$

Le professeur Van de Velde n'ayant pas fait d'essai calorimétrique, on envoya en Angleterre, au mois de mars, un échantillon qui fut essayé par M. C. I. Wilson; le pouvoir calorifique obtenu fut de 10.112 calories (18.220 B. T. U.). Étant donné le désaccord qui existe entre les deux résultats, et la valeur beaucoup trop élevée du rendement du moteur qui aurait résulté de l'adoption du dernier chiffre, on expédia en Angleterre, au mois de mai, un autre échantillon qui fut analysé et essayé par le Dr Boverton Redwood, et qui donna les résultats suivants :

Carbone	83,17 0/0
Hydrogène	11,56
Soufre	0,38
Oxygène, azote, etc., par différence	4,91
	100,00 0/0

Le pouvoir calorifique 10.878 calories ou 19.600 B. T. U. est un peu plus élevé que le résultat calculé d'après l'analyse :

$$0,8317 \times 8.067 + 0,1156 \times 28.970 + 0,036 \times 2.220 = 10.070 \text{ calories par litre.}$$

Comme l'analyse du professeur Van de Velde avait été effectuée sur un échantillon prélevé au moment de l'essai, et qu'elle est confirmée par l'essai du Dr Redwood, c'est ce résultat que l'on a inséré au bilan de chaleur. L'adoption du chiffre de M. Wilson, qui est de 10.112 calories (18.220 B. T. U.), aurait donné, pour le rendement thermique du moteur, une valeur voisine de 50 0/0, qui est tellement supérieure au rendement obtenu pour les petits moteurs que l'auteur ne peut l'accepter sans confirmation ultérieure. (L'auteur peut faire remarquer ici que l'on n'obtient jamais de résultats satisfaisants, pour l'estimation du rendement d'un moteur, en s'appuyant sur le pouvoir calorifique de l'huile tel qu'on l'obtient par le calcul).

Ligne 14. — Pour peser la quantité d'huile consommée, on employait un petit réservoir muni d'un robinet voisin du fond et placé sur une balance. Le réservoir était d'abord partiellement rempli d'huile fournie par un robinet branché sur la conduite d'huile supérieure. On faisait soigneusement la tare, au moyen de poids placés sur le plateau. On ajoutait un poids de 2 kilogrammes aux poids placés sur l'autre plateau, et on introduisait de l'huile dans le réservoir, jusqu'au moment où le bras de la balance se soulevait. On enlevait ensuite le poids de 2 kilogrammes du plateau, et on ouvrait le robinet inférieur, pour permettre à l'huile de pénétrer dans un second réservoir qui alimentait le moteur jusqu'à ce que le bras se soulevât de nouveau. Le niveau de l'huile, dans le réservoir d'alimentation au début de chaque essai, était indiqué par son contact avec un pointeau, et ce niveau était rétabli avant qu'on introduisît une nouvelle quantité d'huile, empruntée au réservoir de pesée. Sauf l'essai préliminaire du 13, qui a donné lieu à une erreur provenant d'une avarie des tuyauteries de connexion, sur laquelle on a attiré l'attention du lecteur, on a soigneusement noté les moments où le niveau de l'huile, dans le réservoir de jauge, venait au contact du pointeau, ce qui a permis de mesurer exactement les consommations.

TABLEAU VII

NUMÉRO DE L'ESSAI	I	II	III	IV
1 Date	13 Fév.	14 Fév.	14 Fév.	14 Fév.
2 Heure de l'essai....................	3ʰ,55 s. à 5ʰ,55 s.	9ʰ,17 m.à 11-12-15	11-12-15 à 1-30-15	2-1-30 à 2-59-30
3 Durée.................... minutes	120	115,25	129	58
4 Diamètre des cylindres..... millimètres	560	560	560	560
5 Course des pistons.......... millimètres	750	750	750	750
6 Nombre de tours par minute........	150,86	152,8	150,3	150,2
7 Eau de refroidissement par minute... lit.	758	772	717	636
8 Température initiale de l'eau de refroidissement.................... C°	8	8	8	8
9 Température finale de l'eau de refroidissement.................... C°	52	53	40	28
10 Température de l'air extérieur........ C°	9	9	9	9
11 Température des gaz d'échappement. C°	417	430	257	435
12 Analyse des gaz d'échappement.... CO_2	5,6	6,8	3,2	
— — — Azote	42,9	51,3	21,5	
— — — Air	51,5	41,9	75,3	
13 Consommation d'huile (combustible). kg	177	180,5	100,25	20
14 Consommation d'huile (combustible) par heure.................... kg	88,5	94	46,6	20,7
15 Pression d'air.............. atmosph.	64,5	66,3	50,9	35
16 Pression maximum d'après les diagrammes d'indicateurs.... kilog. par cent. carré	35,853 / 36,104 / 36,907	36,204 / 36,907 / 35,150	34,447 / 33,744 / 35,501	34,095 / 33,744 / 35,150
17 Pression moyenne sur le premier piston, n° 54........ kilog. par cent. carré	5,828	5,673	3,627	1,630
Pression moyenne sur le second piston, n° 55........ kilog. par cent. carré	6,489	6,601	3,698	1,413
Pression moyenne sur le troisième piston, n° 56........ kilog. par cent. carré	7,733	8,127	4,555	2,383
18 Pression moyenne dans les trois cylindres.	6,682	6,798	3,960	1,786
19 Puissance en chevaux indiqués........	609,3	634,8	363,6	163,3
20 Consommation de combustible par cheval-heure indiqué............ grammes	145	148	128	127
21 Puissance développée par la dynamo. kw	333	352	168,2	22,24
22 Puissance du moteur en chevaux mesurée au frein....................	475,5	502,5	245	54,6
23 Puissance en chevaux absorbée par les frottements....................	133,8	132,3	118,6	108,7
24 Puissance en chevaux mesurée au frein / Puissance en chevaux indiqués	0,78	0,805	0,675	0,334
25 Consommation de combustible par kilowatt-heure.................... gr	265	267	277	933
26 Consommation de combustible par cheval-heure mesuré au frein............ gr	186	187	190	880
27 Puissance absorbée par le moteur.... kw	38	41	31,6	23,6
28 Puissance en chevaux développée par le moteur....................	44,8	48,3	35,8	26,2
29 Puissance en chevaux indiquée développée par les cylindres des compresseurs...	36	40	28,8	18,2
30 Puissance absorbée par les courroies de transmission et par les compresseurs. HP	8	8	8	8
31 Puissance calculée du moteur en chevaux vapeur....................	435,1	458,7	213,8	32,4
32 Rendement mécanique calculé du moteur dans le cas où il commande la pompe...	0,715	0,723	0,588	0,193
33 Consommation de combustible par cheval mesuré au frein.................... gr	201	204	218	642

La multiplication des leviers de la balance (1 à 10) et le poids de 2 kilogrammes employé pour peser 20 kilogrammes d'huile avaient été de nouveau vérifiés, avec beaucoup de soin, au moyen de poids neufs, et on les avait reconnus exacts en pratique, car 2 kilogrammes placés sur le plateau équilibraient 2.006 grammes dans la balance.

L'auteur a longuement exposé la méthode employée pour peser l'huile, afin de dissiper les doutes sur l'exactitude des chiffres figurant au bilan de chaleur de l'essai III[1].

Lignes 17-19. — Les pressions moyennes effectives ont été calculées d'après des diagrammes d'indicateurs relevés à des intervalles de 15 minutes. Les appareils indicateurs employés étaient du modèle Crosby pour les cylindres n° 54 et 55 et du modèle Elliott Simplex pour le cylindre n° 56. Les cordes reliant l'indicateur aux organes en mouvement n'avaient que 60 centimètres de longueur. On peut voir qu'il existe de grandes différences entre les pressions moyennes dans les divers cylindres.

Ligne 21. — On mesurait le débit de la dynamo au moyen d'un ampèremètre et d'un voltmètre appartenant à MM. Carels, et qui avaient été tarés avant l'essai. De plus les lectures effectuées sur les deux appareils étaient contrôlées au moyen d'un appareil Weston placé dans le circuit, et qui avait été contrôlé lui-même à l'École technique de Manchester avant et après les essais.

Afin de contrôler dans une certaine mesure les rendements de la dynamo fournis par les constructeurs, on mesura les pertes C^2R dans l'armature ainsi que dans les bobines de l'électro-aimant et dans le régulateur de shunt. Ces pertes étaient les suivantes pour la charge complète correspondant à 350 kilowatts :

Pertes C^2R dans l'armature, les balais, etc.	8,9 kw
— les bobines du shunt...	3,0
— la résistance du régulateur shunt	2,5
	14,4 kw

En supposant que les pertes dues à l'entrefer et au frottement (que l'on ne pouvait mesurer) soient égales aux pertes indiquées ci-dessus, les pertes totales se monteraient à environ 28^{kw},8, ce qui donne un rendement de 92,4 contre la valeur de 93,5 donnée par les constructeurs.

Ligne 22. — La puissance indiquée au frein donnée ligne 22 est égale pour chaque charge au débit mesuré de la dynamo en chevaux indiqués divisé par le coefficient de rendement donné par les constructeurs pour cette charge.

Comme on l'a déjà expliqué, cette valeur comprend la puissance absorbée par le moteur et par le compresseur d'air; elle est par conséquent plus élevée que celle que l'on aurait constatée, si le compresseur d'air avait été commandé par un système de bielles et de leviers reliés à l'une des têtes de piston, ou bien par un excentrique ou par une manivelle calés sur l'arbre manivelle du moteur, comme ils le seraient dans les circonstances ordinaires.

Lignes 22 et 23. — On comprend d'après le paragraphe précédent que la puissance absorbée par le moteur lui-même est moindre et que le rendement mécanique est plus grand que si le compresseur d'air était commandé directement par le moteur.

[1] On a supprimé le bilan de chaleur.

Les lignes 27 et 28 donnent le nombre de kilowatts fournis au moteur qui actionne les compresseurs d'air et son débit en chevaux indiqués.

Ligne 29. — On arrive au chiffre de 36 chevaux figurant dans la première colonne en relevant un diagramme d'indicateur sur les cylindres d'un des compresseurs d'air quand la pression obtenue est d'environ 60 atmosphères et en supposant que les diagrammes relevés sur les cylindres de l'autre compresseur aient les mêmes surfaces. La différence de 8,8 chevaux qui existe entre le chiffre de 36 chevaux et celui de 44,8 chevaux qui figure dans la première colonne de la ligne 25 représente la puissance absorbée par la courroie de commande et par le mécanisme des compresseurs. Les chiffres inscrits dans les colonnes 2, 3 et 4 de la ligne 29 ont été obtenus en supposant que la perte de 8,8 chevaux était constante pour toutes les charges.

Ligne 31. — Si les compresseurs avaient été commandés par le moteur, la puissance absorbée aurait probablement été inférieure à celle qu'indiquent les chiffres de la ligne 28 et supérieure à celle de la ligne 29. D'après cette supposition, ils auraient probablement été égaux à la moyenne entre les deux valeurs.

Les lignes 31 et 32 montrent d'une manière approchée quels auraient été la puissance indiquée au frein et le rendement mécanique du moteur, si le compresseur avait fait partie du moteur.

La ligne 33 donne approximativement la consommation probable d'huile, par cheval-heure indiqué au frein, correspondant à ce dispositif. Le pourcentage élevé de chaleur correspondant au deuxième essai peut être attribué à une combustion imparfaite, spécialement pendant la première partie de l'essai; un peu de fumée sortait alors du cylindre n° 56 pendant un court laps de temps; l'excès de chaleur constaté pendant le troisième essai doit être attribué à une estimation trop élevée du poids des gaz d'échappement. Ce poids varie en raison inverse de la teneur des gaz en CO_2; la moindre trace d'air introduite dans les échantillons de gaz diminue cette teneur et augmente indûment le poids calculé des gaz.

Pendant les trois premiers essais, les conditions de l'expérience ne furent pas constantes.

Pendant les deux essais à pleine charge, la température de l'échappement et de l'eau évacuée par les enveloppes augmentait d'une manière continue pendant quelque temps après le commencement de chaque essai, tandis que cette température diminuait pendant l'essai à mi-charge. La raison en est que, pendant la première période des deux premiers essais, la température des parois des cylindres et des pistons augmentait parce qu'ils absorbaient la chaleur des gaz, alors que pendant le troisième essai la température diminuait, parce que ces organes cédaient de la chaleur aux gaz. Pour faire ressortir l'effet de ces échanges de chaleur, on a calculé les bilans de chaleur pour les périodes pendant lesquelles les conditions de température étaient presque constantes. Comme on le verra en consultant ces bilans, l'influence sur les consommations d'huile et sur les rendements thermiques était pratiquement négligeable. Comme on l'a déjà expliqué, page 112, la ligne qui indique la valeur de la consommation d'huile dans le premier essai est seule approximativement exacte, parce que l'on a éprouvé un peu de difficulté en faisant passer l'huile du réservoir de jauge dans le réservoir d'alimentation ; il n'était pas toujours possible d'amener le niveau dans ce dernier réservoir à la hauteur du point de jaugeage avant le début d'une nou- velle pesée. L'élévation de température de l'eau des enveloppes de refroidissement jusqu'à 4ʰ 45 de l'après-midi était due à une alimentation insuffisante qu'on a augmen- tée par la suite. On ne doit pas tenir compte de l'élévation subite de température de l'échappement. Le 14, le moteur a fonctionné à pleine charge depuis 6 heures du matin jusqu'à l'heure du premier déjeuner et ensuite à mi-charge, presque jusqu'au commencement de l'essai, il a atteint sa température normale un peu après le com- mencement de l'essai. On a augmenté la vitesse peu d'instants après le démarrage pour empêcher le cylindre 56 de fumer ; comme on avait l'intention de faire un essai à mi-charge et un essai à vide ainsi que d'examiner les soupapes et les pistons d'un des cylindres, on a commencé l'essai à mi-charge presque immédiatement après la fin de l'essai à pleine charge. Le dernier essai ou essai à vide ne commença qu'une demi- heure après la fin de l'essai à mi-charge ; on ne procéda à aucune analyse de gaz pen- dant cet essai. Le moteur a bien fonctionné pendant les essais, sauf un petit dégage- ment de fumée constaté pendant l'essai à pleine charge. La fumée provenait du cylindre n° 56, lequel, comme on peut le voir, en consultant la ligne 17 du tableau, donnait un effort supérieur à sa part respective de travail ; après l'essai à pleine charge du 14, la charge fut subitement supprimée en entier. La vitesse augmenta de 153 à 164 tours par minute et se fixa à 157 tours.

Essais d'un moteur Diesel à grande vitesse. — Il est important de détermi- ner de combien on doit augmenter la vitesse du piston, ou, ce qui revient au même, la vitesse de rotation d'un moteur Diesel à grande vitesse, pour obtenir des puissances supérieures, avec un cylindre de même diamètre. La puissance en chevaux indiqués, d'un cylindre à simple effet à quatre temps, est fournie par l'expression :

$$(1) \qquad \text{I. H. P.} = \frac{1}{2} \frac{\text{P. L. A. N.}}{60 \times 75}$$

dans laquelle P est la pression moyenne indiquée en kilogrammes par centimètre carré

L la course du piston en mètres, A la surface du piston en centimètres carrés $= \frac{\pi}{4} d^2$,

d étant le diamètre du cylindre ;
N, le nombre de tours du moteur par minute.

Cette formule peut être mise sous la forme :

$$(2) \qquad \text{I. H. P.} = \frac{\text{P. A. S.}}{300}$$

S étant la vitesse du piston en mètres par seconde.

La formule (2) montre qu'avec le même diamètre de cylindre on peut augmenter la puissance en chevaux indiqués, soit en ayant recours à l'emploi d'une pression moyenne plus élevée, soit en augmentant la vitesse du piston. Le Dr Seiliger a effectué une importante série [1] d'essais pour déterminer les limites que peuvent atteindre ces valeurs moyennes. Si l'on représente par :

Q, la quantité théorique d'air, en mètres cubes, introduite par heure dans les cylindres ;
K, le rapport du volume réel de l'air, au volume théorique (coefficient de remplissage du cylindre) ;
c, la consommation de naphte en kilogrammes, par cheval-heure indiqué ;
Q_1, la quantité minimum d'air en mètres cubes nécessaire pour la combustion d'un kilogramme de combustible.

On doit avoir :

$$KQ \geqq Q_1 c \times I.H.P.$$

et

$$Q = L \times A \times \frac{N}{2} \times \frac{60}{100 \times 100}$$

d'où

$$K . L . A . \frac{N}{2} \times \frac{60}{100 \times 100} \geqq Qc \times \frac{1}{2} \cdot \frac{P . L . A . N .}{60 \times 75}$$

ou

$$(3) \qquad P \lessgtr 27 \frac{K}{Q_1 c}.$$

D'après ce qui précède, on voit que la pression moyenne est fonction de la valeur de K et de la consommation de combustible par cheval-heure. Dans les essais qui ont été effectués sur un moteur à grande vitesse, développant 300 chevaux au régime normal, on a trouvé que ces deux valeurs étaient fonction de la vitesse du piston et que cependant l'on ne pouvait augmenter indéfiniment la puissance obtenue dans un cylindre constant, en faisant croître directement la vitesse du piston ou la pression moyenne. Les résultats des essais peuvent être exprimés comme suit :

1° La consommation de combustible, par cheval-heure indiqué, décroît avec la vitesse de rotation, quand la pression moyenne reste constante ;

2° La consommation de combustible, par cheval-heure indiqué, décroît avec la pression moyenne, quand la vitesse de rotation reste constante ;

3° La température des gaz d'échappement décroît en même temps que la vitesse de rotation, quand la vitesse moyenne reste constante ;

4° La température des gaz d'échappement décroît avec la pression moyenne, quand la vitesse de rotation reste constante ;

5° Le travail absorbé par la pompe à air est directement proportionnel à la vitesse du moteur, mais indépendant de la pression moyenne ;

6° Le travail absorbé par le frottement, etc., augmente avec la vitesse de rotation, et aussi en même temps que la pression moyenne ;

7° La valeur K, qui décroît quand on augmente la vitesse, est indépendante de la pression moyenne.

[1] *Zeitschrift des Vereins deutscher Ingenieure*, 1911.

Tous ces faits ont beaucoup d'importance et peuvent être déduits de la théorie, ce qui justifie les résultats des essais.

On verra, d'après (7), que K décroît quand la vitesse augmente, c'est-à-dire que K varie inversement par rapport à S, mais pas dans la même proportion ; de même on voit d'après (1), que la consommation horaire de combustible par cheval indiqué c augmente quand on fait croître la vitesse du piston. La valeur de la pression moyenne P, tirée de la formule (3), est fonction du rapport K, et si la vitesse augmente, ce rapport décroît ainsi que P. Le produit PS, dont est fonction le travail produit par le moteur pour le même diamètre du cylindre, tend cependant à devenir constant aux vitesses élevées, ou, en d'autres termes, en faisant croître la vitesse de rotation au-dessus d'un certain point, on ne produira pas une augmentation utile de travail. C'est ce que prouvaient bien les essais du Dr Seiliger, comme le montre le tableau suivant :

AUGMENTATION DE LA VITESSE DE ROTATION en nombre de tours par minute		AUGMENTATION DE LA VITESSE DE PISTON en mètres par seconde		AUGMEN-TATION 0/0	AUGMEN-TATION DU TRAVAIL produit par le moteur HP.	AUGMEN-TATION 0/0
de	à	de	à			
300	350	3,8	4,43	17 0/0	41 HP.	16 0/0
350	400	4,43	5,01	15	10 »	3 0/0
306	401	3,6	4,8	33	76 »	33 0/0
401	493	4,8	6	25	30,5 »	40 0/0

Ces résultats font clairement ressortir les limites de la puissance d'un moteur Diesel, pour un diamètre de cylindre donné ; ils montrent que, si l'on fait croître la vitesse de rotation (ou la vitesse de piston), la puissance développée par le moteur ne peut augmenter au delà d'un certain point ; on voit aussi que, pour chaque moteur, il existe une valeur du produit PS, qui correspond aux meilleurs résultats.

CHAPITRE VI

MOTEURS DIESEL TYPE MARINE

Considérations générales. — Avantages de l'emploi des moteurs Diesel à bord des navires. — Étude et installation des moteurs Diesel employés à bord des navires. — Systèmes de changements de marche, appliqués aux moteurs Diesel. — Appareils auxiliaires pour navires munis de moteurs Diesel. — Consommation de combustible des bâtiments à moteur, 159. — Personnel de la chambre des machines des navires à moteurs. — Poids des moteurs Diesel type marine. — Étude des grands moteurs. — Examen du cas particulier des cuirassés de combat à moteurs.

Considérations générales. — Depuis quelques années, l'attention des techniciens a été très sérieusement attirée sur l'emploi des moteurs à combustion interne pour la propulsion des navires, étant donné les progrès atteints par les moteurs à gaz, en ce qui concerne leur mode de construction et l'économie de leur fonctionnement. Cette considération n'a pas beaucoup d'importance, s'il s'agit d'atteindre, par l'emploi du moteur à gaz, un rendement très supérieur à celui qui correspond au moteur à vapeur ; quand il est devenu possible d'employer la houille pour faire fonctionner des moteurs à gaz, par l'intermédiaire de gazogènes, la question de la propulsion des navires au moyen de moteurs à gaz a paru prendre un aspect pratique. Pour diverses raisons, on a jusqu'à présent très peu fait dans ce sens et, en un mot, l'on peut dire que le gain de travail indiqué que l'on peut réaliser, en employant des moteurs à gaz du modèle à aspiration pour la propulsion des navires, n'est pas suffisant pour justifier l'abandon de la pratique ordinaire. En premier lieu, l'économie réalisée quant aux dépenses d'exploitation n'offre pas un avantage très marqué; en effet, bien que l'on se soit donné beaucoup de mal pour réaliser un gazogène fonctionnant d'une manière satisfaisante au charbon bitumineux, on peut admettre que l'on devrait employer l'anthracite pour pouvoir obtenir un fonctionnement suffisamment sûr à bord des navires. Le prix de revient de l'anthracite, comparé à celui de la houille type marine, employé dans les machines à vapeur, atténue, s'il ne détruit pas complètement, l'économie de combustible que l'on peut réaliser par l'emploi des moteurs à gaz. Étant donné la nécessité de l'emploi du gazogène, une installation de force motrice au gaz pauvre ne procure qu'une économie très faible ou nulle, en ce qui concerne l'encombrement ou le poids, si on la compare à une installation de moteurs à vapeur. En effet, le gazogène entraîne l'intervention de chauffeurs, tout comme la chaudière, et bien que son fonctionnement n'exige évidemment pas le même degré d'attention, la réduction du nombre des chauffeurs nécessaires serait en tout cas très peu importante. De plus, la réalisation, d'un moteur à gaz, dont on puisse renverser le sens de marche d'une manière satisfaisante, est loin d'être un fait accompli, et en faire varier la vitesse constitue un problème difficile. Si l'on tient compte de toutes ces questions, il est prudent de dire que l'adoption des moteurs à gaz pour la propulsion des navires ne fera pas beaucoup de progrès dans l'avenir, bien qu'il existe un ou deux cas isolés dans lesquels on a pu le faire avec succès jusqu'à un certain point.

Il est évident que, si l'on pouvait réaliser un moteur à huile équivalent à une machine à vapeur en ce qui concerne la sécurité de fonctionnement, il serait, sous de nombreux rapports, supérieur à un moteur à gaz, parce qu'il conserverait tous les avantages généraux du moteur à combustion interne. Par conséquent, le moteur Diesel semble éminemment propre à la propulsion des navires, car il a donné des preuves de son rendement supérieur à celui du moteur à gaz, avec lequel il soutient la comparaison en ce qui concerne les installations fixes ; on devra évidemment vaincre un grand nombre de difficultés, avant qu'il soit à même d'entrer en comparaison avec la machine à vapeur, en ce qui concerne certains points dont l'importance, quand il s'agit d'installations à bord, prime peut-être la question d'économie. Un moteur de marine doit avant tout être d'un fonctionnement absolument sûr. Or, étant donné que la machine à vapeur atteint actuellement un degré de perfection qui est le résultat d'une pratique remontant à près d'un siècle, il est facile de voir que le moteur Diesel a beaucoup de progrès à faire et doit traverser une longue période d'essais effectués dans des conditions de fonctionnement très sévères avant qu'il puisse être sérieusement considéré comme un moteur pouvant convenir pour la propulsion des navires. Depuis environ dix-sept années, le moteur a été employé pour toutes sortes d'installations fixes, dans des conditions de sécurité que l'on s'accorde généralement à reconnaître comme étant égales à celles que donne la machine à vapeur ; on peut donc dire avec raison que la période d'essais est terminée.

On peut admettre, en même temps, que la pratique qui a cours dans la marine diffère sur plusieurs points des règles qui président au fonctionnement des moteurs fixes ; bien qu'il ne faille pas exagérer l'importance de ce point de vue, ce que seraient tentés de faire les ingénieurs mécaniciens de la marine, il est certain que les conditions du service à la mer sont en général beaucoup plus dures que celles du service à terre. Avant qu'on pût espérer appliquer le moteur Diesel à la propulsion des grands navires, il était nécessaire qu'on eût acquis une expérience suffisante en ce qui concerne son emploi sur des navires plus petits, de manière à pouvoir se faire une idée exacte du degré de confiance qu'on pouvait lui accorder et de son adaptabilité plus ou moins rationnelle à la propulsion des navires.

Il existe actuellement environ 500 navires de types divers actionnés par des moteurs Diesel, dont un certain nombre sont en service depuis plusieurs années. La plupart de ces navires sont de faible tonnage et ils comprennent un certain nombre de sous-marins. Cependant ce chiffre est suffisant pour montrer que l'application du moteur Diesel, même sur de grands navires, peut être considérée non pas comme une innovation réelle, mais comme un léger perfectionnement d'un dispositif qui a déjà fait ses preuves. A l'exception du modèle employé dans les sous-marins, qui exige l'emploi d'un grand nombre de cylindres, le moteur Diesel type marine ne diffère que très peu du moteur fixe, parce que les mécanismes de changement de marche et de régulation de la vitesse constituent des modifications qui n'impliquent pas d'altérations matérielles profondes dans l'étude du moteur ; l'expérience acquise en ce qui concerne les moteurs fixes est donc, dans une certaine mesure, équivalente à celle que l'on aurait obtenue sur mer avec des moteurs dont le mode de construction ne présente pas de différences très marquées.

Avantages du moteur Diesel pour les applications à la marine. — Les avantages du moteur Diesel sur les machines à vapeur, en ce qui concerne la propulsion des navires, ne sont nullement problématiques, mais peuvent être ramenés, soit à l'économie dans les dépenses d'exploitation, soit à l'augmentation des recettes possibles.

La réduction de la dépense de combustible doit naturellement être fonction des prix de l'huile et de la houille, question qui peut être facilement résolue par l'armateur ; en effet, la quantité de combustible consommée par un navire muni de moteurs Diesel d'une puissance déterminée peut être évaluée avec une très grande approximation, parce que la quantité de houille brûlée par le même navire actionné par des moteurs à vapeur peut être facilement déterminée par l'expérience du passé.

La quantité de houille consumée par cheval indiqué dans des navires actionnés par des moteurs à vapeur varie naturellement dans des proportions considérables, suivant la catégorie de navires considérée, suivant la puissance et le type des machines, et aussi suivant la qualité de la houille consommée ; ce dernier point ne doit pas être perdu de vue, toutes les fois qu'il s'agit de comparer le prix de la houille et de l'huile parce que, depuis qu'on emploie des houilles à bon marché, on en brûle ordinairement plus, et ainsi les chiffres moyens de consommation ne constituent pas une base certaine. En fait, la seule méthode réellement bonne pour estimer la consommation de combustible est celle qui tient compte du pouvoir calorifique. Les chiffres suivants résultent d'une moyenne prise sur un très grand nombre de navires actuellement en fonctionnement, choisis parmi ceux qui jaugent 3.000 à 5.000 tonnes de déplacement et qui forment la majorité de l'effectif mondial.

Cette moyenne donne, pour la consommation de houille par cheval-heure indiqué, 703 grammes, et, en tablant sur un rendement mécanique de 85 0/0 — rapport de l'effort mesuré au frein au nombre de chevaux indiqués — on obtient le chiffre de 816 grammes comme consommation de houille par cheval mesuré au frein. En fait, un grand nombre de navires ont une consommation de combustible très supérieure à ce chiffre ; 907 grammes par cheval mesuré au frein est un chiffre de consommation ordinaire pour des navires de faible tonnage, mais d'autre part, dans certains cas, la consommation est moindre, et l'on peut prendre 816 grammes comme une bonne moyenne. Pour les moteurs Diesel de grands modèles que construisent actuellement beaucoup de maisons, on garantit ordinairement une consommation inférieure à 181 grammes d'huile brute par cheval-heure mesuré au frein, alors que la consommation réelle descend jusqu'à 168 grammes. Le moteur à deux temps a, comme nous l'avons dit précédemment, un rendement légèrement inférieur à celui qui fonctionne d'après le cycle à quatre temps, et, comme terme de comparaison, on pourra supposer qu'un moteur Diesel type marine consomme 204 grammes de combustible par cheval-heure mesuré au frein. D'après les bases précédentes, on peut voir que, dans un navire actionné par des moteurs Diesel, la consommation de combustible serait d'environ un quart du poids de houille que brûlerait une installation à vapeur, mais en réalité, l'économie peut être très supérieure à ce chiffre. Quand on marche à vitesse réduite, le rendement du moteur Diesel est relativement supérieur à celui de la machine à vapeur. Ce point est particulièrement important pour les navires de guerre qui, la plupart du temps, sont loin de donner toute leur puissance et toute leur vitesse ; la même remarque s'applique aux bateaux de pêche ainsi qu'aux autres navires semblables et même aux navires qui accomplissent de longs voyages à grande vitesse et qui ont fréquemment à ralentir pour diverses raisons pendant un grand nombre d'heures vers la fin du voyage. Pour montrer combien est légère la variation de consommation de combustible pour des moteurs Diesel fonctionnant à diverses vitesses, on peut se référer aux chiffres suivants relevés d'après le fonctionnement réel d'un moteur type marine :

Puissance développée	Grammes de combustible par cheval-heure mesuré au frein
400 chevaux	214 grammes
300 —	215 —
200 —	225 —
100 —	224 —

Quand le moteur donne le quart de sa puissance, la consommation d'huile augmente donc seulement de 14 0/0 ; il n'y a évidemment pas de perte par combustion au repos, ce qui peut être un point important pour les navires faisant de fréquentes escales. La question des appareils auxiliaires entre pour beaucoup dans la consommation de combustible, ce que l'on comprendra facilement par ce fait que la puissance absorbée par les appareils auxiliaires représente 20 à 25 0/0 de celle que développent les machines principales.

Les appareils auxiliaires mus par la vapeur ont un rendement notoirement mauvais, et on peut réaliser sous ce rapport une économie considérable dans des navires actionnés par des moteurs Diesel, bien que, dans certains cas, on ait conservé les appareils auxiliaires à vapeur en installant pour eux une petite chaudière spéciale, dispositif qui n'est pas à recommander. Bien qu'il soit impossible de donner un chiffre qui puisse être d'une application générale, il est probable que, dans la majorité des navires actionnés par des moteurs Diesel, le poids du combustible consommé est environ le cinquième de celui qui correspond à un navire à vapeur ; par conséquent l'économie réelle en argent, quant aux frais de combustible, peut être facilement estimée avec un degré d'approximation raisonnable, si l'on connaît les prix d'achat respectifs de l'huile et de la houille aux ports où le navire doit embarquer du combustible. Actuellement, l'huile brute qui convient pour les moteurs Diesel peut être achetée dans la plupart des ports anglais au prix de 50 à 57^f,50 la tonne ; ordinairement, on peut obtenir le premier chiffre et même des prix plus bas pour des contrats à long terme. On peut en déduire que si le prix moyen du charbon de vapeur dépasse 12^f,50 à 13^f,75 la tonne, le moteur Diesel sera plus économique que la machine à vapeur, même en supposant dans les deux cas le rapport de consommation de combustible le moins avantageux, par exemple, en estimant que la consommation du moteur Diesel soit le quart de celle de la machine à vapeur. Ces chiffres supposent que des navires mus par un moteur Diesel, ou par des machines à vapeur, exigeraient les moteurs de même puissance, ce qui est à peu près la vérité, l'avantage étant plutôt en faveur du moteur Diesel. Les lignes d'un navire employant le moteur Diesel peuvent être un peu plus fines que celles d'un navire à vapeur, ce qui permet une certaine réduction de force motrice pour les navires marchant à la même vitesse. D'un autre côté, la vitesse de rotation la plus convenable pour un moteur Diesel est d'une manière générale un peu supérieure à la vitesse la plus économique du propulseur, et par conséquent il exige un peu plus de puissance, mais il y a équilibre dans les deux cas, et les deux chiffres sont suffisamment différents l'un de l'autre pour toutes les applications pratiques. L'économie de combustible a d'autres conséquences. Puisque, pour un même voyage, on n'use que le cinquième du poids de combustible, une proportion considérable de l'espace réservé au combustible peut être utilisée pour augmenter la capacité des cales à marchandises, dans une proportion plus considérable que pourraient le faire supposer les poids relatifs, parce que l'huile peut être emmagasinée dans des emplacements qui ne seraient pas utilisables pour la houille, tels que les doubles fonds ou les réservoirs à ballast.

Quand on envisage les frais d'exploitation comparés d'une installation à vapeur et d'un moteur Diesel, le prix du combustible n'est pas le seul élément qui entre dans le calcul. La quantité d'huile de graissage nécessaire est peut-être supérieure avec un moteur Diesel, mais, d'un autre côté, on n'a pas à transporter d'eau distillée pour les chaudières. En ce qui concerne les frais de surveillance et de réparations générales, il n'y a pas de raison de supposer que le navire actionné par un moteur Diesel soit exposé à un désavantage, et l'expérience qu'on a actuellement de la question fait ressortir ce fait que c'est le contraire qui arrive, comme on pouvait s'y attendre, car l'importance de la machinerie est bien moindre, de même que le nombre des organes sujets à dérangement. Le navire mû par un moteur Diesel n'exigeant pas de soutiers, le personnel du bord est très réduit, quels que soient le tonnage du navire et la puissance des moteurs. Cependant, quand il s'agit de grands navires, la question a une importance vitale, étant donné qu'on est obligé d'employer un nombre de chauffeurs considérable, qui surpasse même celui du personnel des machines, comme c'est le cas sur le *Mauretania* qui comporte un personnel de 180 chauffeurs contre 35 mécaniciens. En réalité, on peut dire qu'un petit navire jaugeant 2.000 tonnes, actionné par un moteur Diesel de 500 chevaux, n'exige en tout que 4 hommes pour le service des machines, tandis que, pour un navire mû par un moteur Diesel de 1.500 chevaux, on réalise une économie annuelle d'environ 5.000 francs, étant donné la réduction de personnel possible par rapport à un navire à vapeur de même puissance.

Il y a deux manières d'utiliser sur mer l'économie réalisée sur le combustible consommé par unité de travail dans un moteur Diesel. On peut augmenter le rayon d'action en transportant le même tonnage de combustible, ou, si l'on conserve le même rayon d'action, le cube économisé peut être employé pour le transport d'un supplément de fret. La première méthode est d'un énorme intérêt pour les navires de guerre et, d'après les estimations les plus modérées, le rayon d'action d'un navire de guerre peut être quadruplé. Selon toutes probabilités, étant donné que la puissance moyenne développée est inférieure au maximum, on atteindrait, avec un cuirassé muni de moteurs Diesel, un rayon d'action représentant sept ou huit fois celui des cuirassés du type actuel. L'intérêt de ce fait ne saurait être proclamé trop hautement, particulièrement quand il s'agit de pays où il existe peu de stations d'embarquement de charbon facilement accessibles. Pour les navires marchands, il n'y a pas grand intérêt à augmenter le rayon d'action, bien qu'il puisse fréquemment être opportun de le faire sur certains services ; en effet, dans beaucoup de ports d'escale qui doivent nécessairement être utilisés comme stations de ravitaillement, le combustible atteint des prix excessifs ; dans ce cas, une diminution de la consommation du combustible permet de choisir plus librement le point d'embarquement du charbon. On réalise donc une économie impossible dans le cas des navires à vapeur, étant donné la capacité limitée des soutes. Cependant, le plus fréquemment, l'armateur désire tirer tout le parti possible de la facilité qu'il a d'augmenter la capacité des cales de son navire disponibles pour le fret, et c'est généralement dans ce but que l'on cherche à réaliser une économie de combustible.

Il est facile de voir de quelle importance peut être cette économie, surtout pour les navires qui accomplissent de longs voyages. Un navire jaugeant 2.500 à 3.500 tonnes, mû par une machine à vapeur de 1.100 à 1.200 chevaux, consommerait, dans les conditions ordinaires de fonctionnement, environ 15 tonnes de houille par jour, tandis qu'un moteur Diesel de puissance égale ou supérieure (c'est-à-dire de 1.000 chevaux mesurés au frein) exigerait moins de 4 tonnes d'huile, ce qui fait ressortir une réduction d'au moins 11 tonnes par jour ou bien, si le navire faisait du charbon pour 20 jours, une économie totale de 220 tonnes.

Étant donné que l'huile peut être emmagasinée dans une partie du navire moins facilement accessible que celle qu'exigerait le logement de la houille, il reste une place disponible pour le fret qui peut atteindre un dixième du déplacement total du navire ; cette circonstance a une importance très considérable, au point de vue des recettes qu'un navire de charge est susceptible de rapporter.

On peut classer dans la même catégorie d'idés l'économie réalisable sur le cube occupé et sur le poids de la machinerie d'un moteur Diesel comparés aux mêmes éléments dans le cas d'un navire mû par des machines à vapeur. Considérée à ce point de vue, la question ne se juge pas d'après des estimations, mais d'après un fait réel.

On peut fixer à une tonne par 5 à 8 chevaux-vapeur indiqués, développés par les machines principales, le poids moyen de la machinerie pour des navires mus par des machines à mouvement alternatif de construction moderne, y compris chaudières et accessoires.

Sur des navires de plus fort tonnage, notamment quand il s'agit de navires mus par des turbines à vapeur, le poids, à égalité de puissance, est un peu moindre ; c'est ce qui se présente particulièrement dans les cuirassés, tandis que, pour des contre-torpilleurs et autres navires similaires, le poids de la machinerie peut être réduit à 15 chevaux indiqués par tonne. Cependant cette réduction est ordinairement obtenue en employant des navires à grande vitesse de construction particulièrement légère, et les deux cas ne sont pas directement comparables. L'augmentation de vitesse donne lieu à une diminution parallèle du rendement de l'hélice, qui se traduit évidemment par une consommation plus élevée de combustible par cheval-heure. Le poids d'un moteur Diesel, type marine, à simple effet, à deux temps, pourvu de tous ses appareils auxiliaires et de ses accessoires, varie entre 10 et 15 chevaux par tonne de poids total, quand il s'agit de moteurs à marche lente, c'est-à-dire tournant à moins de 200 tours par minute. Les moteurs à grande vitesse employés dans certains cas peuvent développer jusqu'à 25 chevaux par tonne de leur poids, même pour de grandes puissances, et l'on a déjà construit des moteurs à simple effet de ce poids atteignant 1.000 chevaux. Cependant, dans certains cas où l'obtention du maximum d'économie de poids devient une question vitale, on adopte des moteurs à marche extrêmement rapide, en ayant recours à un réducteur de vitesse mécanique ou autre, afin de donner à l'hélice un rendement élevé, comme on a déjà essayé de le faire dans plusieurs navires à turbines.

Il est évident que l'on ne devra avoir recours à ce dispositif que dans des cas spéciaux, parce que l'on doit toujours déconseiller l'introduction de nouveaux engrenages dans les moteurs marins ; de plus, un moteur à grande vitesse entraîne naturellement des frais d'entretien un peu plus élevés. Si l'on ne considère que le moteur Diesel à marche lente du type ordinaire, tel qu'on l'adapte aux navires (c'est-à-dire aux cargo-boats), on a trouvé que l'économie de poids approximative, pour une puissance de 1.500 chevaux développés sur l'arbre, se balance par environ 150 tonnes, en faveur du moteur Diesel, si on le compare aux machines à vapeur. Ces chiffres s'appliquent approximativement aux grandes puissances. En même temps que l'économie de poids, il faut également considérer la réduction considérable de l'emplacement qu'occupent les machines, parce qu'un moteur Diesel occupe à peu près la même surface qu'une machine à vapeur à quadruple expansion ; on peut donc disposer de la chambre des chaudières pour d'autres objets dans un navire muni de moteurs Diesel.

Étant donné toutes les économies réalisées en ce qui concerne principalement le poids du combustible transporté, le poids de la machinerie, l'espace nécessaire pour la chambre des machines, on reste dans les limites d'une évaluation prudente en estimant que, pour une classe quelconque de navire, on peut transporter un supplément de fret représentant environ 15 0/0 du déplacement du navire.

Il résulte de ce fait que, tout importante qu'elle soit, la question de l'économie de combustible n'est nullement le facteur déterminant, et qu'en se plaçant au point de vue de l'intérêt des armateurs, on doit attacher une très sérieuse importance à l'augmentation des recettes possibles.

Les estimations qui suivent sont fondées sur les chiffres donnés par M. Sauiberlich, dans une note lue devant l'Association technique allemande des Constructeurs de navires [1] ; on compare l'économie qu'on peut réaliser à tous les points de vue, en employant des moteurs Diesel au lieu de machines à vapeur.

Il est évidemment difficile de donner des comparaisons qui soient d'une application générale, parce que les services différents auxquels sont affectés les navires, et leurs conditions d'exploitation serviront de base pour déterminer la mesure dans laquelle l'armateur tirera avantage de l'économie et de la commodité que procurera l'emploi du moteur à pétrole, soit pour augmenter le rayon d'action en maintenant constante la capacité des soutes, soit en conservant l'importance du tonnage du navire, et en utilisant jusqu'à la quintessence l'économie du poids du combustible transporté.

	NAVIRE MUNI d'un MOTEUR DIESEL	NAVIRE À VAPEUR
Longueur...... mètres	$103^m,056$	$103^m,056$
Largeur...... mètres	14.635	14.635
Creux...... mètres	9.578	9.578
Tirant d'eau...... mètres	6.530	6.530
Puissance des moteurs en chevaux mesurés au frein sur l'arbre...... HP.	1350	1500
Tonnage brut...... tonneaux	5550	5400
Poids de combustible transporté (voyage aller et retour dans le cas du moteur Diesel). tonnes	356	488
Supplément de fret possible dans le cas du navire muni d'un moteur Diesel...... tonnes	280	—
Vitesse en nœuds......	10	10
Consommation journalière de combustible (222 grammes par cheval mesuré au frein dans le cas du moteur Diesel et 567 grammes par cheval-heure indiqué dans le cas de la machine à vapeur)...... kilog.	7163	197.10
Dépense de combustible, par jour...... francs	302.50	388.75
Économie journalière de combustible avec le navire muni d'un moteur Diesel...... francs	86.25	
Salaires et nourriture du personnel des machines, nourriture par mois...... francs	1307.50	1812.50
Économies réalisées sur le personnel des machines avec le navire muni de moteurs Diesel, par mois...... francs	505	—

Les estimations sont basées sur un voyage de vingt jours aller et retour, avec quatre voyages complets par an, ce qui représente cent soixante jours de navigation.

Le tonnage d'huile transporté suffit pour un double voyage, tandis que, dans le

[1] *Jahrbuch der Schiffbautechnischen Gesellschaft*, Berlin 1911 (Annuaire de l'Association technique des Ingénieurs des Constructions navales, Berlin, 1911).

cas des navires à vapeur, la houille embarquée n'est suffisante que pour le voyage d'aller.

On a supposé que la tonne de houille coûtait 15,7 marks, c'est-à-dire 15 s. 6 d. (19ᶠ,40) ; l'huile coûtait 35 marks, c'est-à-dire 35 s. (43ᶠ,75) par tonne f. o. b. ; la consommation de combustible du moteur Diesel est de 222 grammes par cheval-heure mesuré au frein, alors que la consommation de houille d'une machine à vapeur est d'environ 567 grammes par cheval-heure indiqué, chiffre qui avantage un peu le navire à vapeur.

On a évalué le personnel comme suit : trois mécaniciens, un aide et six chauffeurs, dans le cas d'un navire à vapeur ; trois mécaniciens, un ajusteur et trois graisseurs, pour le navire muni d'un moteur Diesel, c'est-à-dire une économie de quatre hommes dans le dernier cas. L'économie, pour un exercice entier, peut être résumée comme suit, en tablant, comme ci-dessus, sur 160 jours de navigation :

Augmentation de fret de 280 tonnes pour quatre courses aller et retour à 10 francs par tonne pour un voyage simple..........................	20.400 francs
Économie de combustible à raison de 86ᶠ,25 par jour, pour 160 jours.	13.800
Salaires et nourriture du personnel des machines	6.050
	40.250 francs
Intérêt supplémentaire et dépréciation correspondant au prix de revient plus élevé de l'installation des moteurs Diesel...............	3.125
Économie nette annuelle dans le cas du navire muni de moteurs Diesel..	37.185 francs

Ces chiffres, quoique forcément inexacts, suffisent pour démontrer qu'on peut réaliser une grande économie sur un navire de ce type et, pour faire ressortir ce fait, que l'économie de combustible n'est en aucune façon le point principal dans la comparaison entre les vapeurs et les navires munis de moteurs Diesel. Si l'on fait abstraction de cet avantage et si l'on considère que le prix du combustible est le même dans les deux cas, à cause du bas prix de la houille ou du prix élevé de l'huile, on réaliserait une économie de 25.000 francs par an, qui serait largement accrue par l'augmentation de la capacité des cales réservées au fret, le poids du combustible transporté par les deux navires restant le même. D'après les explications qui précèdent, on a compris que l'huile employée dans les moteurs Diesel est ordinairement de l'huile lourde, avec un point d'inflammation élevé, habituellement compris entre 67° et 148°. Les risques d'incendie par suite d'explosion ne sont pas à craindre, ce qui est très important, car l'absence de danger pour le personnel des machines étant mise à part, la question d'augmentation des primes d'assurance, qui peuvent être très élevées quand on est obligé d'employer de l'huile dont le point d'inflammation est très bas, ne se pose pas ; en fait, les compagnies d'assurances ont décidé qu'on n'appliquerait pas des primes plus élevées aux navires munis de moteur Diesel qu'aux vapeurs les plus modernes. Un autre avantage à remarquer consiste dans la facilité et dans la propreté avec lesquelles s'accomplit l'embarquement du combustible, en comparaison de ce qui se passe quand un vapeur fait du charbon ; en effet, il suffit de pomper l'huile contenue dans un réservoir, au moyen d'un ou de plusieurs tuyaux, manœuvre qui s'opère très rapidement. La disposition de la chambre des machines, dans un navire actionné par un moteur Diesel, est relativement simple ; il y a particulièrement lieu de noter l'absence des tuyauteries de vapeur, toujours si compliquées, et comme le moteur ne comporte ni chaudières, ni gazogènes, son fonctionnement est facilement surveillé par les mécaniciens de service ; cette différence est à remarquer en comparaison de ce qui a lieu dans une machine à vapeur, dont la marche dépend de la pression de la vapeur dans les chaudières. Jusqu'à présent, tous les navires actionnés par des moteurs Diesel ont été munis de cheminées du même type que celles des vapeurs, pour assurer l'évacuation des gaz d'échappement, mais ces accessoires ne sont pas essentiels, car l'échappement peut avoir lieu par les flancs du navire, si cela est nécessaire. Quand on adoptera les moteurs Diesel d'une façon générale pour les navires de guerre, on supprimera sans doute les cheminées, ce qui est un grand avantage pour l'emploi efficace de l'artillerie, parce que l'absence de fumée est une question très importante, puisqu'elle supprime la possibilité de repérer la position d'un navire, les gaz d'éhappement étant pratiquement exempts de tout mélange de fumée. En ce qui concerne le prix de revient, les moteurs Diesel appliqués aux navires sont actuellement dans une position désavantageuse. On peut dire qu'une installation Diesel est environ de 10 à 20 0/0 plus chère qu'une installation de machine à vapeur, les appareils auxiliaires étant compris dans les deux cas.

Le prix des moteurs Diesel a cependant baissé depuis un an ou deux ; il n'y a pas de doute qu'il ne devienne bientôt comparable à celui des machines à vapeur de même puissance, mais il faut faire remarquer que l'économie est plus difficile à réaliser qu'avec toute autre machine, car on a à lutter contre les frais qu'entraîne la perfection de construction qu'exigent les moteurs Diesel ; si l'on allait trop loin dans la voie de la diminution du prix de revient, il y aurait une réaction inévitable sur le bon fonctionnement du moteur.

Il est à prévoir que ce prix sera bien voisin de 176ʳ,75 par cheval mesuré au frein pour les moteurs à simple effet et de 126ʳ,25 par cheval indiqué au frein pour les grands moteurs à double effet, et il n'y a pas de raison de douter que, lorsqu'on aura acquis plus d'expérience, le prix des moteurs Diesel de très grande puissance ne dépassera pas celui des machines à vapeur non compris les chaudières.

Étude et disposition des moteurs Diesel, type marine. — On doit tenir compte, dans l'étude et dans les dispositifs d'installation des machines de navires, de plusieurs points très importants et tous tellement essentiels qu'il est difficile de préciser lequel d'entre eux prime les autres. En résumé, on peut les classer comme il suit :

1° Les moteurs doivent être d'une construction simple et d'une conduite facile ;

2° On doit pouvoir renverser rapidement et fréquemment le sens de la marche des moteurs par des moyens très simples.

La question de la fréquence des renversements du sens de la marche — notamment dans les manœuvres — a une influence importante sur l'étude d'un navire muni de moteurs Diesel, car on obtient le renversement du sens de la marche de ces moteurs au moyen d'appareils à air comprimé, et les réservoirs d'air doivent avoir une capacité suffisante pour répondre à toutes les exigences du service ;

3° On doit pouvoir faire varier la vitesse du moteur entre des limites très larges, aussi bien pour la marche avant que pour la marche arrière ; on devra pouvoir obtenir facilement cette variation au moyen d'une manivelle ou d'un levier ;

4° La consommation du combustible doit être faible, non seulement quand le moteur donne sa puissance maximum, mais entre des limites de vitesse très larges ;

5° Le poids et l'encombrement des moteurs doivent être aussi faibles que possible, mais ne doivent pas être sacrifiés à l'obtention d'une vitesse de rotation de l'hélice exagérée et généralement nuisible au point de vue du rendement.

Il est inutile de donner de nouveaux détails en ce qui concerne la question de savoir s'il faut employer sur les navires des moteurs Diesel à deux ou à quatre temps, car cette question a été traitée chapitre II. Un des problèmes les plus importants que l'on ait à résoudre dans l'étude de ces moteurs est la détermination du nombre de cylindres convenable pour réaliser une puissance donnée afin d'obtenir une régularité de marche suffisante. On se rappellera que l'on doit autant que possible éviter l'emploi de volants et qu'en tous cas ils doivent être légers pour conserver au navire sa rapidité de manœuvre. Comme dans la plupart des questions qui ont trait à l'établissement des moteurs de navires, on doit satisfaire, autant que les circonstances le permettent, à deux conditions opposées. A savoir principalement que le moteur doit tourner avec douceur, tout en étant simple et en comportant un petit nombre d'organes en mouvement. En ce qui concerne la première condition, il est préférable que le moteur comporte un nombre de cylindres élevé, tandis que la seconde condition sera plus facilement satisfaite avec un nombre de cylindres minimum.

En aucun cas on n'emploiera sur un navire un moteur comportant moins de trois cylindres, s'il s'agit, comme cela est évident, d'un moteur à deux temps.

En pratique, les moteurs à simple effet à deux temps comportent actuellement quatre cylindres, bien qu'on emploie quelquefois des moteurs à six cylindres, particulièrement quand il s'agit de moteurs de grandes puissances ; avec six cylindres le volant devient inutile. Tels sont les deux modèles types adoptés par quelques constructeurs — notamment par MM. Sulzer frères. S'il s'agit de moteurs à quatre temps, le nombre minimum des cylindres qu'on devra adopter est de six, afin de conserver le même couple moteur.

Cependant on adoptera très souvent un nombre de cylindres supérieur à six, particulièrement pour les moteurs de sous-marins, à propos desquels beaucoup d'autres facteurs sont à considérer ; le nombre de cylindres communément adopté est, alors, de huit.

Si l'on munit de trois cylindres un moteur à double effet, il n'y a pas besoin de volant, mais, par suite de l'introduction des pompes de balayage, il devient compliqué d'équilibrer le moteur et de le rendre exempt de vibrations.

Cependant les moteurs de ce type sont à trois cylindres dans la plupart des cas.

S'il s'agit de moteurs très puissants, on ne doit pas, pour résoudre le problème consistant à déterminer le nombre de cylindres, se placer surtout au point de vue du maintien de la valeur du couple de rotation et de la suppression des vibrations ; le point important à considérer dans ce cas est la puissance qui peut être développée par un moteur en ayant recours à un nombre de cylindres raisonnable — en d'autres termes, la question se ramène à la détermination du nombre maximum de chevaux indiqués que l'on peut obtenir par cylindre. Dans aucun cas un moteur ne devra comporter plus de huit cylindres, et cela pour plusieurs raisons, dont la principale est l'urgence de conserver au moteur sa simplicité ; de là résultera la nécessité de munir de deux ou de trois hélices les navires actionnés par des moteurs Diesel, qui se recommanderont par un rendement élevé et par une grande facilité de manœuvre. Même quand il s'agira de faibles puissances, les navires à deux hélices seront probablement d'un emploi commun jusqu'à ce que l'on ait acquis plus d'expérience dans la construction des moteurs très puissants ; c'est le cas qui se présente pour deux navires à double hélice actuellement en cours de construction, l'un muni de moteurs de 5.000 chevaux et l'autre actionné par des moteurs de 3.000 chevaux. Les deux moteurs sont du type à deux temps, à double effet : le premier comporte huit cylindres et le second trois cylindres pour chaque arbre.

On voit que le nombre des cylindres d'un moteur Diesel du type marine est en général supérieur à celui d'une machine à vapeur de même puissance, ce qui est évidemment un inconvénient si l'on considère la complication qui en résulte pour les machines. D'autre part, en cas de rupture d'un ou de plusieurs cylindres, les cylindres restants peuvent continuer à fonctionner d'une manière satisfaisante, ce qui réduit au minimum les chances de voir le navire désemparé ; de plus on pourra, dans certains cas, condamner volontairement un ou plusieurs cylindres, et obtenir ainsi un fonctionnement plus économique pour les puissances réduites.

Dans quelques applications citées ci-après, on a invoqué, en faveur de la multiplicité des cylindres, l'avantage d'une amélioration des qualités du navire au point de vue de la facilité d'évolution.

Pour les navires d'un tonnage compris entre 3.000 et 5.000 tonneaux, qui constituent, comme on l'a dit plus haut, la majorité de l'effectif mondial, la vitesse de rotation de l'hélice correspondant à un rendement élevé est d'environ 100 tours par minute. Étant donné que les moteurs Diesel doivent s'adapter aux conditions existantes, notamment en ce qui concerne les limites admises eu égard au rendement des hélices, la plupart de ces moteurs ont été étudiés pour tourner à cette vitesse ou à une vitesse très peu supérieure, à moins que l'on n'ait eu recours à un réducteur de vitesse. Quand il s'agit de cuirassés, de sous-marins et de navires à grande vitesse, on peut se permettre d'adopter pour l'hélice une vitesse de rotation bien plus élevée, mais il s'agit là de cas spéciaux qu'il y a lieu d'étudier séparément. Les moteurs fixes système Diesel à marche lente tournent donc plus vite que les moteurs de marine dont le poids surpasse cependant quelque peu celui des premiers, de même que leur encombrement est plus grand. On ne rencontre cependant aucune difficulté dans l'étude du moteur à marche lente ; s'il existait quelque difficulté au sujet de la construction, ou quelque avantage au point de vue économique, il serait évidemment opportun de faire un petit

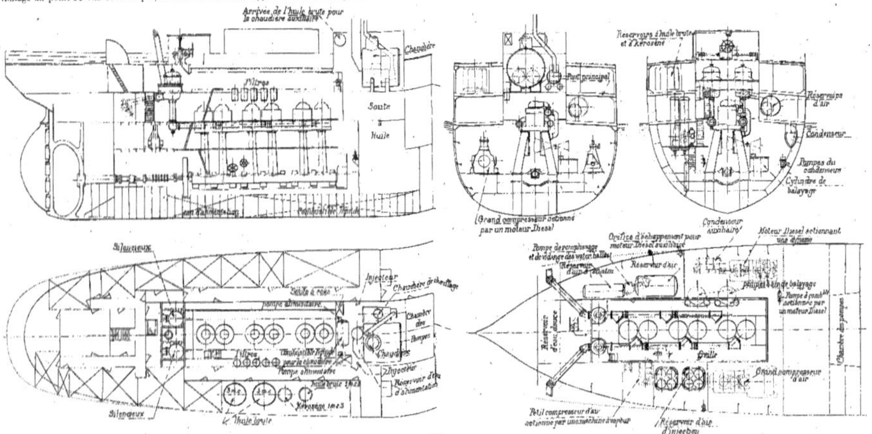

faire varier rapidement la vitesse entre des limites très larges, c'est-à-dire entre le valeurs qui correspondent à la marche à toute vitesse et à une marche très ralentie

Fig. 46. — Disposition de la chambre des machines d'un navire à moteur muni d'un moteur à deux temps de 2.000 chevaux.

sacrifice au détriment du rendement de l'hélice et de faire tourner le moteur plus vite, mais tel n'est pas le cas.

Quand il s'agit de moteurs de marine, il est particulièrement important de pouvoir

Un moteur à pétrole du type Diesel se prête facilement à ce régime de fonctionnement ; il suffit, pour obtenir ce résultat, de régler la quantité de combustible admise aux cylindres, ce qu'on fait très facilement au moyen d'un appareil manœuvrable à la main.

Dans les moteurs à marche lente tournant normalement à 100-130 tours par minute, on peut obtenir 40 tours par minute; c'est le minimum que l'on puisse exiger, car la vitesse minimum des moteurs plus rapides ne dépasse guère celle-ci. Par exemple nous citerons un moteur de marine de 1.000 chevaux mesurés au frein, construit par MM. Carels frères, dont la vitesse maximum de 130 tours par minute peut être abaissée à 30 tours, au moyen d'un régulateur à main, bien qu'une variation de vitesse aussi étendue ne puisse pas toujours être obtenue sans l'adoption de dispositifs spéciaux. MM. Cockerill ont introduit un dispositif nouveau permettant de réduire la vitesse au-dessous de la valeur limite qu'il est possible d'atteindre facilement avec les moteurs Diesel type marine ordinaires; la manœuvre est très rapide et très commode. Ces constructeurs ont lancé un moteur comportant six cylindres, disposés en groupes de trois; un mécanisme d'accouplement monté entre les deux groupes permet de les isoler l'un de l'autre; un compresseur d'air est accouplé au moteur qui est monté à une certaine distance de l'arbre de couche.

En marche normale, les deux groupes qui constituent le moteur sont accouplés et il fonctionne comme un moteur ordinaire à quatre temps à six cylindres, la vitesse pouvant varier dans des limites très étendues par rapport à sa valeur ordinaire.

Quand on veut marcher très lentement, on débraye un des groupes qui fait fonctionner le compresseur d'air. Ce compresseur fournit de l'air comprimé à l'autre groupe, qui fonctionne comme un moteur à air comprimé, et l'on peut évidemment réduire la vitesse autant qu'on le désire.

On procède de la même manière pour les manœuvres et pour la marche arrière, bien que, dans ce dernier cas, on ait à faire entrer en jeu un engrenage à came spécial pour changer le sens de la marche.

Pour l'étude et pour la construction du moteur Diesel type fixe, on s'est quelque peu inspiré du moteur à gaz; le piston à fourreau a été presque universellement adopté; quelques constructeurs ont cependant essayé le dispositif avec tête de tige de piston, mais ils l'ont abandonné parce qu'il nécessitait des pistons plus courts et diminuait la surface des portées, des coussinets. Cependant, quand il s'agit de moteurs marins, on peut discuter l'emploi des crosses de pistons séparées, surtout à cause de l'importance que les mécaniciens de marine attachent très justement à la facilité d'accès et de démontage. Pour les moteurs à double effet, les têtes de crosses de pistons sont évidemment indispensables, mais les avis sont partagés au sujet de cette question quand il s'agit de moteurs à simple effet à deux ou à quatre temps. L'avantage principal qu'offre le piston à fourreau est de diminuer la hauteur du moteur qui est plus considérable quand on a recours à une tête de tige de piston, et de réduire quelque peu le prix de revient. Il est possible que l'on étudie dans l'avenir des moteurs Diesel permettant d'adopter le piston à fourreau pour des puissances ne dépassant pas 1.000 chevaux; mais, présentement, il est opportun de se conformer à la pratique à laquelle les mécaniciens de marine sont habitués depuis si longtemps; on conservera donc la tête de tige de piston, qui donne, sans nul doute, des résultats plus certains au point de vue de la sécurité.

On a éprouvé quelques difficultés avec les pistons de formes allongées, pour les applications aux moteurs fixes, mais il n'en est pas de même pour les moteurs de marine, et on ne saurait jamais prendre trop de précautions. Un piston à fourreau est plus exposé à gripper et c'est un point qu'il ne faut pas perdre de vue, sans y attacher trop d'importance.

Quand il s'agit de moteurs Diesel, type marine, de grande puissance, et particulièrement de moteurs à double effet à deux temps, on doit surveiller de près le refroidissement des pistons, des soupapes et des coussinets. Il n'y a pas là matière à sérieuse difficulté, bien que les avis soient partagés quant à la méthode dont l'emploi correspond au meilleur rendement. Dans les moteurs à quatre temps de dimensions relativement restreintes, on trouve qu'il est suffisant de refroidir les pistons en les faisant traverser par l'air aspiré dans le cylindre pendant la course d'aspiration. On obtient ainsi ce double résultat d'échauffer l'air et de refroidir le piston. La méthode la plus généralement employée consiste à faire circuler de l'eau ou de l'huile à travers un réservoir de refroidissement. Il n'est pas douteux qu'il soit préférable de refroidir les pistons et les bielles à l'huile, parce qu'avec l'eau non seulement les fuites ont une mauvaise influence sur le graissage, mais encore l'eau elle-même peut se mêler à l'huile, et pénétrer à l'intérieur des coussinets principaux. C'est pour cette raison que la plupart des constructeurs ont adopté le refroidissement à l'huile plutôt que le refroidissement à l'eau, bien qu'on ait essayé à diverses reprises de faire fonctionner des moteurs de puissance très élevée sans les munir d'aucun refroidissement spécial, ce qui serait évidemment la meilleure solution. En ce qui concerne le refroidissement des pistons, le moteur Diesel est mieux placé que les moteurs à combustion interne du type à explosion, à cause de la plus longue durée du laps de temps pendant lequel la chaleur peut être entraînée par l'eau de circulation de l'enveloppe, d'autre part le piston n'atteint pas une température aussi élevée.

Les seuls ennuis que puissent causer les soupapes d'échappement dans les moteurs de marine sont ceux qui proviendraient d'échauffements ; elles peuvent être convenablement refroidies par l'eau qui a servi au refroidissement des enveloppes des cylindres. L'eau pénètre dans le corps de l'enveloppe de soupape qui sert de guide pour la tige de soupape ; elle passe ensuite dans le siège de la soupape qui est du modèle fermé ; de là elle gagne la tige creuse et sort à l'extérieur par le sommet. Supposons que l'on emploie le graissage forcé, comme dans quelques moteurs Diesel du type marine ; dans ce cas, l'huile destinée au refroidissement des coussinets traverse un réfrigérant, ordinairement disposé dans la plaque de fondation ; si l'on a recours au graissage ordinaire, les coussinets sont refroidis à l'eau, au moyen de tuyaux branchés sur les conduites principales qui fournissent l'eau nécessaire au refroidissement des cylindres.

On doit apporter la plus grande attention aux dispositifs d'amenée de l'air de balayage dans un moteur à deux temps, et cette question a également une grande importance pour les moteurs à double effet à deux temps. Étant donné que les pompes de balayage constituent pour le moteur un détail d'une importance vitale, on les établit très fréquemment en double, quand il s'agit de moteurs de marine à deux temps et à simple effet, tandis que, pour les moteurs à double effet, il est opportun que chaque cylindre soit muni d'une pompe de balayage, dispositif qui est le plus généralement adopté. Quand on emploie deux pompes de balayage pour le moteur à simple effet, chacune doit correspondre à environ 60 0/0 de la capacité totale du moteur, ou même plus, de sorte qu'en cas de rupture d'une pompe le moteur ne soit pas désemparé sérieusement. Le moteur est parfois divisé en deux groupes, c'est-à-dire qu'un moteur à six cylindres est établi comme deux moteurs à trois cylindres, et qu'un moteur à quatre cylindres se compose de deux moteurs à deux cylindres et ordinairement une pompe de balayage alimente d'air chaque moitié du moteur.

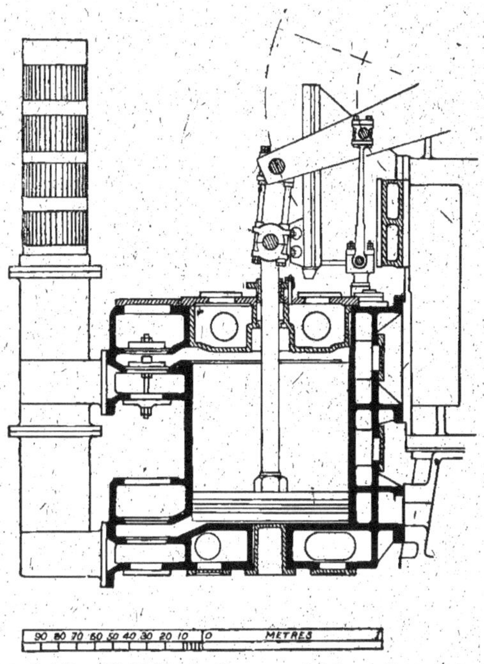

Quand il s'agit de moteurs à double effet, les pompes de balayage sont montées en prolongement des cylindres et commandées par l'arbre manivelle ; on les place par moitié à chaque extrémité, quand on peut obtenir un équilibrage satisfaisant par un calage convenable des manivelles de l'arbre moteur, bien qu'on ait quelquefois recours à d'autres artifices que nous décrirons plus loin.

Fig. 85. — Détails d'une des deux pompes de balayage d'un moteur Carels-Diesel, type marine, de 1.500 chevaux.

Les pompes de balayage des moteurs à simple effet peuvent être calées à l'extrémité de l'arbre manivelle, ou bien placées devant le moteur et actionnées au moyen de leviers, dispositif qui a l'avantage de permettre d'avoir un arbre manivelle constitué de deux moitiés interchangeables, ce qui ne serait pas possible autrement ; la ressemblance du moteur avec une machine à vapeur est ainsi plus marquée, point digne de remarque, malgré son peu d'importance apparente. On peut dire qu'il est opportun, mais non pas essentiel, de munir les moteurs à deux temps de deux pompes de balayage ; on peut citer quelques cas de moteurs à simple effet de 1.000 chevaux mesurés au frein, dans lesquels on n'emploie qu'une seule pompe attelée à l'extrémité de l'arbre manivelle et placée en prolongement des cylindres.

Le point le plus important à considérer en premier lieu dans l'étude des pompes de balayage est de leur faire débiter une quantité d'air considérable, mais il est difficile de dire quelle doit être la capacité de débit des pompes par rapport au volume des cylindres moteurs. On admet que la première doit surpasser le second ; pour les moteurs ordinaires du type marine et aussi pour les moteurs fixes à marche lente à deux temps, le volume de la pompe de balayage est souvent calculé de manière à surpasser de 25 0/0 celui du cylindre moteur. Dans les moteurs à grande vitesse, la différence peut atteindre

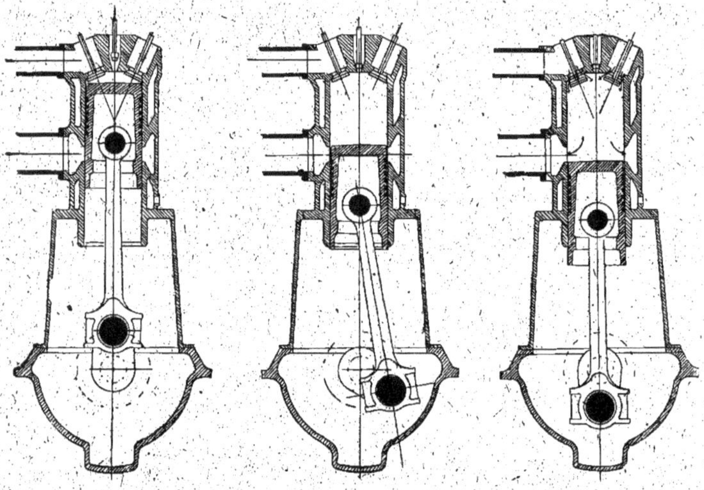

Fig. 86. — Diagrammes représentant les positions respectives des soupapes et du piston dans un moteur à deux temps pour en montrer le fonctionnement.

50 0/0. L'air débité par les pompes de balayage ne doit pas pénétrer directement dans les cylindres ; il passe à travers un réservoir intermédiaire, ordinairement de dimensions réduites, afin que la pression nécessaire soit rapidement atteinte et facilement maintenue constante, point particulièrement important pour les moteurs type marine quand on renverse la marche. Dans la plupart des moteurs à deux temps jusqu'ici construits pour la marine, l'admission de l'air de balayage a lieu à travers des soupapes mues par des leviers commandés par des cames calées sur l'arbre à cames, comme le sont les soupapes d'échappement du moteur à quatre temps. La figure 86 montre le dispositif adopté par MM. Sulzer frères ; on emploie pour chaque cylindre deux soupapes de balayage placées de chaque côté de la soupape d'admission. Dans la première posi-

tion (*fig.* 86), le piston est au point mort supérieur, et la soupape d'admission de combustible est ouverte pour laisser pénétrer le pétrole ; dans la troisième position, les lumières d'échappement sont complètement découvertes, et les gaz d'échappement sont expulsés sous l'action de la chasse d'air qui pénètre dans le cylindre.

Quand il s'agit de moteurs plus puissants, les soupapes ne conviennent pas pour l'admission de l'air de balayage à cause des dimensions qu'on devrait leur donner pour qu'elles puissent admettre la quantité d'air voulue. C'est pour cette raison que l'on a récemment introduit l'emploi des lumières à la place des soupapes : dans ce dispositif il existe deux séries de lumières au fond du cylindre, une de chaque côté pour l'échappement et pour l'air de balayage.

A l'avenir, on pourra généralement employer cette méthode pour tous les moteurs type marine à deux temps, car elle présente l'avantage d'être simple, bien qu'il semble douteux qu'elle donne un rendement aussi efficace au point de vue du balayage. Il n'existe alors que deux (et quelquefois seulement une) soupapes pour chaque cylindre, la soupape d'admission de combustible et la soupape de démarrage ; ce mode de construction réduit en pratique la manœuvre du changement de marche à une simple modification de la position des deux cames ou même d'une seule.

La figure 87 montre schématiquement la disposition des lumières appliquées aux moteurs de ce système par la Société anonyme par actions pour la construction des moteurs Diesel, de Stockholm. A représente les lumières d'échappement et B le tuyau d'amenée de l'air de balayage. La tête de piston est étudiée de telle manière que les lumières d'échappement sont ouvertes, lors de la course de retour, un peu avant les lumières de balayage ; par conséquent, les gaz brûlés peuvent être en partie évacués,

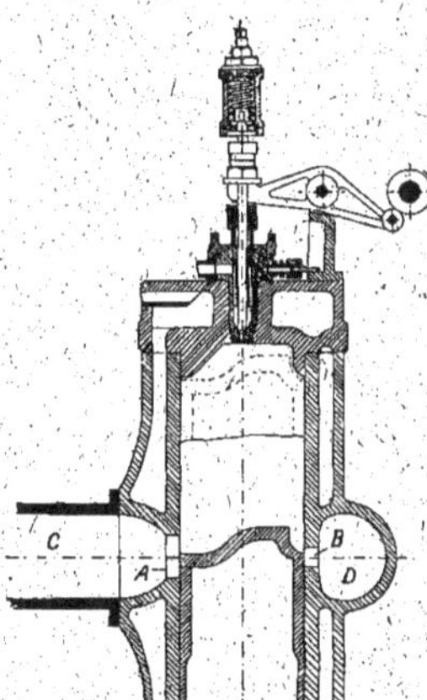

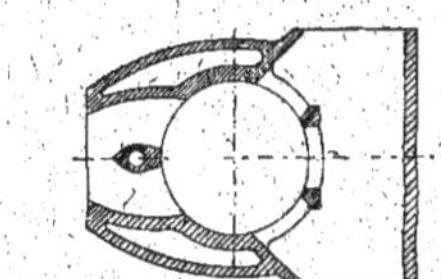

Fig. 87. — Moteur à deux temps muni de lumières de balayage remplaçant les soupapes.

et on peut réduire la pression avant l'admission de l'air ; lors de la course d'aller, les lumières de balayage sont naturellement fermées avant les lumières d'échappement.

Comme on peut le voir d'après le diagramme qui représente à l'échelle la longueur approximative des lumières, la durée de la période d'admission de l'air de balayage est courte et, par conséquent, la vitesse doit être considérable. Il y a lieu de noter ce fait, étant donnée la pression élevée de l'air de balayage, afin de donner aux pompes le volume requis ; il en résulte pour les pompes un travail plus considérable, tandis qu'une pression plus basse nécessite des cylindres, des tuyaux et des soupapes plus lourds et plus grands. On a eu recours à un compromis et, comme on l'a mentionné ci-dessus, la pression actuellement admise est ordinairement comprise entre 2 et 6 kilogrammes par centimètre carré, suivant la vitesse du moteur.

Toute la partie de la longueur du cylindre occupée par les différentes lumières est pratiquement perdue au point de vue de l'énergie produite ; le volume du cylindre est cependant relativement plus grand que dans le cas d'un moteur à quatre temps, et c'est là une des raisons principales pour lesquelles il est impossible d'obtenir avec un moteur à deux temps une puissance double de celle que donnerait un moteur à quatre temps de mêmes dimensions. En un mot, dans un moteur à lumières à deux temps, un quart du volume du cylindre est inutilisable pour la production d'un travail moteur, et c'est pour la même raison qu'on a adopté l'emploi d'un piston de grande longueur, bien qu'on arrive à la réduire en employant une tête de piston avec bielle.

On s'est beaucoup préoccupé récemment de la réalisation du balayage au moyen de lumières remplaçant les soupapes et on décrit plus loin quelques-unes des méthodes employées en donnant une description détaillée des types particuliers de moteurs marins. La principale objection qu'on ait élevée contre l'emploi de lumières est que le balayage ainsi obtenu est inférieur à celui que donnent les soupapes ; par conséquent la combustion est incomplète, l'échappement fume et on consomme plus de combustible dans un moteur à lumières de balayage. Des études minutieuses récentes tendent cependant à prouver qu'en adoptant certains dispositifs spéciaux il n'y a aucune raison pour que le système à soupapes et le système à lumières ne donnent pas un rendement aussi élevé l'un que l'autre et une combustion pratiquement parfaite. Une longue série d'essais a prouvé qu'entre les résultats obtenus avec les lumières et ceux que donnent les soupapes il existe une différence inférieure à 1·0/0. Comme on l'a dit, le volume de l'air de balayage nécessaire dans un moteur à simple effet à deux temps peut être supérieur à 1,5 fois le volume du cylindre, ou même plus, suivant la pression employée. Si on emploie des soupapes, les surfaces des orifices d'admission doivent par conséquent être très grandes dans le cas de moteurs puissants ; par exemple, un moteur de 1.800 chevaux (et même des moteurs moins puissants) ont quatre soupapes de balayage. C'est là le moteur de marine le plus puissant que l'on ait jamais construit sur ce principe et la question est de savoir si l'emploi des soupapes ne limite pas le rendement maximum d'un moteur à deux temps.

Même en supposant qu'il soit possible d'employer quatre soupapes dans les moteurs avec de très grands cylindres, la complexité des organes, le prix de revient et le poids ainsi que l'intensité augmentent, et ce sont là des inconvénients que l'on ne peut conjurer.

Nous dirons seulement que dans un moteur à six cylindres de grandes dimensions, il faut vingt-quatre soupapes de balayage avec un nombre correspondant de rechanges : on voit ainsi l'avantage qu'il y a à les supprimer. Quand le balayage s'effectue au moyen de soupapes, la durée de l'ouverture est très courte (afin de permettre une compression suffisante) et le balayage a lieu à grande vitesse, condition défavorable à l'obtention d'un bon résultat.

Quand on emploie des lumières, le balayage dure plus longtemps, les surfaces des organes peuvent être considérables, et, si on le désire, on peut diminuer la pression de l'air; dans quelques cas, cette pression descend jusqu'à 182 grammes par centimètre carré, au-dessus de la pression atmosphérique.

Dispositifs de changement de marche pour moteurs Diesel. — La question du renversement du sens de la marche n'a jamais eu une sérieuse importance pour les moteurs Diesel, parce que c'est un détail très simple que de rendre un moteur capable de tourner dans un sens ou dans l'autre. La seule obligation nécessaire en matière de changement de marche est de disposer le mécanisme des soupapes de telle sorte qu'elles s'ouvrent à des moments différents par rapport à la position de la manivelle ou du piston qui, par contre, ne dépend que des positions occupées par les cames de commande des différentes soupapes. Dans un moteur à quatre temps, les soupapes d'échappement, de démarrage, d'admission d'air et d'admission de combustible, s'ouvrent toutes à des moments différents quand le moteur fonctionne en marche arrière. Dans un moteur à deux temps avec lumières d'échappement, on n'agit que sur la soupape de balayage, sur la soupape d'admission de combustible, et sur la soupape de démarrage; tandis que si l'on adopte le dispositif qui comporte des lumières de balayage, on ne fait fonctionner que la soupape d'admission de combustible et la soupape de démarrage. Dans quelques modèles de moteurs à changement de marche, on opère le démarrage au moyen de la pompe à air de balayage; pour renverser le sens de la marche du moteur on n'a à manœuvrer qu'une seule soupape et une seule came; la supériorité du moteur à deux temps sur le moteur à quatre temps, au point de vue du renversement du sens de la marche, est évidente, étant donnée l'importance de la simplicité quand il s'agit de moteurs de marine.

Dans les moteurs type marine, on emploie l'arbre à cames du modèle ordinaire, et la disposition des cames est calquée sur celle des moteurs fixes; d'une manière générale, on peut dire qu'il y a, pour renverser le sens de la marche des moteurs Diesel, deux méthodes, toutes deux basées sur le changement de la période d'ouverture des soupapes. Il y a donc deux groupes de cames, c'est-à-dire deux cames ou deux organes équivalents pour chaque levier de cames commandant une soupape; la méthode en usage jusqu'ici consiste à employer, soit deux groupes de cames calées sur le même arbre horizontal, et déplaçant l'arbre suivant le sens de sa longueur quand on renverse le sens de la marche, soit deux arbres à cames distincts dont l'un se déplace de manière que ses cames puissent actionner le levier de commande des cames, l'autre arbre étant alors dégagé des leviers. Il existe naturellement diverses variantes, mais on ne s'éloigne guère des principes généraux exposés ci-dessus.

Appareils auxiliaires pour navires munis de moteurs Diesel. — Quand on étudie d'une manière générale la question de l'adoption d'un nouveau type de moteur destiné à la propulsion des navires, on doit avoir présente à l'esprit la nomenclature des nombreux appareils auxiliaires que comportent les steamers; leur importance peut être aisément évaluée d'après ce fait, qu'ils absorbent habituellement de 20 à 25 0/0 de la puissance développée par la machine principale. Depuis nombre d'années, on a tendance à remplacer les appareils auxiliaires à vapeur par des appareils commandés électriquement; cette mesure offre un avantage évident, au point de vue de l'économie du fonctionnement, de la commodité, de la suppression des pertes par combustion au repos ainsi que des ennuis résultant de la gelée. L'emploi de l'électricité pour la commande de tous les appareils auxiliaires sur les navires semble par

Fig. 88. — Compresseur auxiliaire et dynamo actionnés par un moteur Diesel installés à bord d'un navire à moteur.

conséquent être à l'avenir la solution du problème, à bord des navires de moyen et de fort tonnage.

Ce procédé doit être employé pour tous les grands navires de construction moderne actionnés par des moteurs Diesel. Les dynamos seront commandées par des moteurs Diesel, et l'économie relativement importante qu'on réalisera sur les moteurs à vapeur augmentera l'économie totale de combustible du navire; c'est ce qui se produit notamment quand on fait porter la comparaison sur des navires dont les appareils auxiliaires sont mus par la vapeur, parce qu'il est notoire que ces moteurs donnent lieu à des pertes importantes.

A bord de tous les navires actionnés par des moteurs Diesel, il est essentiel de pouvoir disposer d'un second compresseur d'air, distinct de celui qu'actionne directement le moteur principal. Ce compresseur fournira de l'air à haute pression dont on use une grande quantité au cours des manœuvres ; s'il n'existait qu'un compresseur à bord, le navire serait désemparé en cas d'avarie de la pompe, s'il n'était muni que d'une seule pompe.

On peut concevoir que le moteur principal puisse faire quelques tours, s'arrêter pendant quelques minutes et qu'on en renverse ensuite la marche. Il est évident que pendant ce laps de temps le compresseur du moteur principal est insuffisant et ne peut à lui seul fournir l'air nécessaire pour le travail à accomplir. On peut en effet être obligé de faire fonctionner toute la machinerie à l'air comprimé quand on marche lentement et on doit installer à cet effet un compresseur d'air à grand débit.

L'expérience déterminera pour chaque cas quelle doit être la puissance de débit de cet appareil auxiliaire; mais la pratique actuelle est que son débit représente les trois quarts de celui du compresseur du moteur principal.

Quand on a de la vapeur à bord (voir plus loin) pour actionner les treuils de chargement, les appareils à gouverner et autres appareils auxiliaires, le compresseur auxiliaire est ordinairement commandé par un moteur à vapeur.

Comme un grand nombre des navires qui ont été mis en service jusqu'ici sont munis d'appareils auxiliaires de pont et autres, mus par la vapeur, il n'est pas surprenant que ce dispositif ait été adopté sur une grande échelle. Sans aller au fond de la question des avantages et des désavantages de la commande par la vapeur comparée à l'électricité ou à l'emploi d'un moteur à pétrole indépendant (ce point est discuté ailleurs), on peut faire remarquer que, même sur les navires à bord desquels on emploie la vapeur sur une grande échelle, on installe dans la chambre des machines un compresseur auxiliaire mû par un moteur Diesel. Cependant, quand le compresseur est accouplé à un moteur à vapeur, son agencement ne diffère naturellement pas de la pratique ordinaire et les deux types vertical et quadruplex ont été communément utilisés dans ce but. Cependant le premier gagne du terrain, surtout quand on l'emploie conjointement avec de grands moteurs.

En plus de cette question de manœuvres, on doit pouvoir disposer d'un compresseur qui puisse être de petites dimensions et qui soit capable de fournir l'air nécessaire au remplissage des réservoirs de démarrage, dans le cas où tout l'air serait perdu si le navire était à l'ancre pendant quelque temps ou s'il était désarmé. Ces petits appareils peuvent être actionnés par un moteur à vapeur, si l'on dispose à bord de vapeur pour la commande des appareils auxiliaires, par un moteur électrique ou par un moteur à pétrole.

Les moteurs Diesel très puissants, tels qu'en exigera la propulsion des grands navires dans un prochain avenir, devront être pourvus de compresseurs indépendants de grande puissance mus par des moteurs spéciaux.

Il est évident que l'air comprimé constitue l'agent moteur le plus commode pour la commande des appareils auxiliaires à bord des petits navires, parce que les moteurs peuvent être montés directement dans la chambre des machines.

Le dispositif suivant a été adopté dans quelques cas : la dynamo et une partie des

pompes sont commandées par le moteur auxiliaire, tandis que l'appareil à gouverner
et les autres appareils auxiliaires sont mus par l'air comprimé.

Étant donné la grande expérience que l'on a acquise en ce qui concerne les appareils auxiliaires mus par la vapeur, particulièrement les treuils, les cabestans et les
gouvernails, on a proposé d'employer le même dispositif de commande même dans les
bateaux à moteur Diesel. En fait, cette idée a été généralement adoptée et con-
tinuera probablement à trouver crédit auprès de certains armateurs et ingénieurs.
Ce dispositif nécessite l'installation d'un petit cheval qui fournit la vapeur nécessaire et qu'il est commode de chauffer au pétrole, bien qu'on ait proposé d'employer

Fig. 89. — Groupe auxiliaire marin, système Sulzer.

à cet effet les gaz d'échappement du moteur principal. Ce dernier artifice est rarement applicable, car, surtout dans les moteurs à deux temps, la chaleur disponible
n'est pas suffisante pour le travail à développer, bien qu'il soit possible de l'appliquer
si le nombre des appareils auxiliaires mus par la vapeur est limité aux treuils et aux
cabestans.

On doit rappeler aussi que l'on a recours dans le port à quelques appareils auxiliaires, particulièrement pour charger et pour décharger les marchandises quand le
moteur principal est au repos ; pendant ce laps de temps la chaudière doit nécessairement être alimentée de combustible.

Le dispositif qui consiste à conserver les appareils auxiliaires à vapeur et à installer un petit cheval n'est cependant pas de ceux qui donneront lieu à des applications
très fréquentes ; on ne peut le considérer que comme une mesure temporaire employée

dans certains cas pour éviter d'avoir trop de machines, ce qui n'est pas dans les habitudes des mécaniciens de navires.

On peut cependant faire l'objection suivante. Quand le navire a quitté le port et commence à voguer en pleine mer, il n'y a besoin de vapeur que pour l'appareil à gouverner, pour le sifflet et pour quelques pompes de cale ; cette machinerie indispensable peut être commandée directement par les moteurs Diesel qui assurent la propulsion des navires.

Si l'on se décide à recourir à des appareils auxiliaires mus par la vapeur, on doit pouvoir disposer de quelque moyen simple qui permette de se passer des moteurs principaux. Dans ce but M. Reavell a imaginé un appareil dénommé le « Système Duplex », dans lequel un compresseur unique, mû par les moteurs, fournit aux appareils auxiliaires l'air nécessaire que l'on utilise dans un appareil à gouverner à vapeur du modèle ordinaire. Ce système Duplex comporte l'emploi de deux pressions : une basse pression pour les besoins ordinaires du bord et une pression plus élevée pour les opérations dans les docks ; les appareils de commande sont automatiques, de sorte que le compresseur qui alimente les appareils de chargement reste au repos pendant tout le voyage à moins qu'on ait besoin d'air pour une manœuvre imprévue en plus de la consommation normale.

Le compresseur est muni d'un régulateur très simple qui fournit la quantité d'air normale pour la commande du gouvernail ; par conséquent, quand le volume d'air exigé par la consommation est inférieur au débit du compresseur, cet appareil cesse automatiquement de fonctionner.

Grâce à ce dispositif, on laisse tomber le feu de la chaudière à vapeur dès que le navire a levé l'ancre, et l'on n'a plus besoin de vapeur avant d'avoir atteint le port, à la fin du voyage. Il suffit de fermer la soupape à vapeur des appareils de pont et d'ouvrir la soupape qui fournit l'air venant du compresseur, bien qu'il soit peut-être préférable de s'arranger de telle sorte qu'une partie des gaz d'échappement provenant du moteur Diesel principal traversent la chaudière à vapeur auxiliaire pendant tout le voyage, pour maintenir l'eau à son point d'ébullition ; on peut ainsi obtenir rapidement de la vapeur en cas d'urgence.

Il n'existe pas à bord des navires à vapeur un seul appareil auxiliaire qui n'ait été fréquemment actionné électriquement à l'entière satisfaction des armateurs. A bord des navires munis de moteurs Diesel, on n'a pas ordinairement de vapeur à sa disposition et dans un avenir très prochain, tous les appareils auxiliaires, qui ne peuvent être actionnés directement par le compresseur auxiliaire, emprunteront à la dynamo principale l'énergie électrique nécessaire à leur fonctionnement. La question de savoir si la dynamo doit être actionnée séparément par un autre moteur Diesel ou par le compresseur auxiliaire, dépend du tonnage du navire et de la quantité d'énergie supplémentaire qu'exigent les appareils à commander ; étant donné que le compresseur auxiliaire reste au repos pendant de longues périodes de temps, des raisons d'économie et de sécurité peuvent amener à adopter ce dernier dispositif, même pour des navires de tonnage modéré.

Consommation de combustible des bâtiments à moteur. — Des détails ont été donnés ci-dessus en ce qui concerne la consommation de combustible des moteurs Diesel pour les divers types de moteur, mais on peut facilement comprendre que les chiffres que l'on obtient sur le banc d'essais ne soient pas exactement ceux que l'on relève sur un navire en exploitation. On ne peut maintenir à la mer les meilleures conditions de fonctionnement, mais on peut voir d'après le tableau ci-dessous que la consommation réelle correspondant à une exploitation commerciale s'écarte moins des résultats d'essais que dans le cas d'une machine à vapeur dans un steamer. De plus, il a été très clairement prouvé que la consommation de combustible diminue dans une proportion sensible au bout de plusieurs mois après qu'un moteur Diesel a été mis en service, de telle sorte que ce fait compense presque entièrement la consommation la plus élevée à laquelle on puisse s'attendre dans les conditions de fonctionnement les plus sévères,

Le tableau suivant (page 160) indique les consommations moyennes de combustible qui ont été obtenues sur divers navires à moteur pendant des périodes de temps relativement longues, et bien qu'elles ne puissent pas être regardées comme constituant une base de comparaison entre les divers types de moteurs (parce que les conditions de charge varient considérablement et qu'il existe d'autres motifs qui auraient dû être pris en considération) elles n'en donnent pas moins une approximation très serrée de la consommation d'huile que l'on peut atteindre sur des bâtiments à moteur d'un genre quelconque. Pour cette raison ces résultats sont précieux en ce qui concerne la comparaison avec des steamers faisant un service correspondant. Dans tous les cas, les consommations relatives d'huile et de charbon pour des navires à vapeur et à moteur respectivement que nous avons données ci-dessus s'appuient sur des essais sérieux, et il est probable que dans la plupart des cas un vapeur consommerait quatre fois à quatre fois et demie le poids d'huile brûlé par un navire à moteur l'un brûlant de la houille et l'autre du pétrole.

Personnel de la chambre des machines des navires à moteurs. — Le personnel nécessaire pour le service de la chambre des machines des navires à moteur est bien moins nombreux que celui qu'exigent les vapeurs correspondants : la proportion est ordinairement des deux tiers. Cependant, comme les suppressions portent principalement sur des hommes peu payés, tels que les graisseurs, on ne doit pas compter sur une diminution d'un tiers pour le montant de la feuille de paie. Cette diminution se rapprochera probablement d'un quart.

Comme exemples de l'importance du personnel nécessaire dans divers cas, on peut citer quatre navires à moteurs à bord desquels sont installés deux moteurs de 850 chevaux chacun, le tonnage en lourd étant de 5.000 tonnes et la longueur de bout en bout un peu supérieure à 113 mètres. Sur ces navires le personnel comporte quatre mécaniciens, trois mécaniciens adjoints, trois graisseurs, un homme pour la chaudière auxiliaire et un pompier. A bord d'un autre bâtiment à moteurs de 122 mètres de longueur muni de deux moteurs Diesel, susceptibles de développer environ 2.400 chevaux

TABLEAU MONTRANT LA CONSOMMATION DE COMBUSTIBLE DANS LES BATEAUX A MOTEUR

NAVIRES					MOTEURS				
NOMS	TYPES	LONGUEUR mètres	TONNAGE C = capacité D = déplacement	VITESSE en nœuds	TYPES	CONSTRUCTEURS	PUISSANCE totale en chevaux indiqués	CONSOMMATION de combustible en tonnes par 24 heures	OBSERVATIONS
Rolandseck ...	Cargo pour marchandises générales	79	C 2.700	10	A deux temps	Tecklenborg-Carels	1.500	6	Huile de gaz y compris les dynamos actionnées par un moteur à combustion interne et une chaudière chauffée à l'huile. Les machines tournaient à 100 tours par minute et développaient de 1.200 à 1.500 chevaux mesurés au frein.
Monte Penedo.	Id.	107	C 6.500	9-10	A deux temps	Sulzer	1.600	7,1	Huile de gaz (poids spécifique 0,86 à 0,89). Huile de graissage 159 kilogrammes par jour. Huile pour cylindres 22 kilogrammes par jour.
Jutlandia......	Cargo pour marchandises générales et passagers	117	D 10.000	10 1/2-11	A quatre temps	Barclay Curle	1.900	8	La puissance de 1.900 chevaux mesurés au frein est la normale correspondant à une vitesse de 10 1/2 à 11 nœuds. La puissance maximum est d'environ 2.000 chevaux mesurés au frein.
Wotan....:...	Citerne à pétrole	123	C 7.800	8-10	A deux temps	Reiherstieg Carels	1.600	7	La puissance maximum est de 1.800 chevaux mesurés au frein. La vitesse moyenne correspond à 79 tours par minute et la vitesse normale à 90 tours.
Hagen	Id.	125	C 7.900	11	A deux temps	Krupp	2.300	11,4	Y compris tous les appareils auxiliaires.
Juno..........	Id.	79	D 4.200	9	A quatre temps	Werkspoor	1.100	4,9	Y compris la chaudière auxiliaire pour le gouvernail; les dynamos et le chauffage.
Emanuel Nobel	Id.	114	D 9.700	10 1/2	A quatre temps	Werkspoor	2.200	9,75	Y compris la chaudière auxiliaire pour le gouvernail, les dynamos et le chauffage.
Suecia	Marchandises et passagers	110	C 6.550	10 3/4	A quatre temps	Burmeister et Wain	1.700	7,1	Y compris les appareils auxiliaires mais sans le chauffage.

mesurés au frein, le personnel comprend quatre mécaniciens, quatre mécaniciens adjoints et quatre graisseurs, tandis qu'un vapeur similaire ou susceptible de transporter la même cargaison qui, dans ce cas, jauge environ 7.500 tonnes, exigerait quatre mécaniciens, un novice, un pompier, un homme pour la chaudière auxiliaire, trois graisseurs et seize chauffeurs et soutiers.

Poids des moteurs Diesel type marine. — Bien qu'on admette généralement que le poids des moteurs Diesel type marine soit inférieur à celui des moteurs à vapeur correspondants, on peut donner quelques chiffres montrant les poids des installations actuelles. On peut dire d'une manière générale que, pour les puissances à 1.000 chevaux, le poids inférieur y compris la tuyauterie, les réservoirs à air de démarrage, les réservoirs à air de manœuvre, la pompe de balayage, le compresseur d'air à commande directe, les pompes auxiliaires de circulation d'eau et d'huile, atteint environ une tonne pour 10 chevaux mesurés au frein, dans le cas des moteurs à deux temps, à simple effet, tandis qu'un moteur à quatre temps serait en général de 15 à 20 0/0 plus lourd. Le compresseur de secours, qui est pratiquement le seul appareil auxiliaire que l'on doive ajouter à ceux qui sont nécessaires à bord d'un vapeur augmenterait le poids de 8 à 10 0/0.

Pour les puissances supérieures, le poids par cheval diminue, à moins qu'on ne réduise considérablement la vitesse, mais dans une mesure modérée ; un moteur type marine de 4.000 chevaux à deux temps à simple effet, avec les accessoires de ci-dessus, pèse environ 350 tonnes. Naturellement, ces chiffres ne sont qu'approximatifs et correspondent à une vitesse modérée permettant d'obtenir de bonnes conditions de navigabilité avec un rendement de l'hélice satisfaisant, c'est-à-dire de 160 tours par minute pour les petits moteurs à 120 dans les grands. Dans le cas des moteurs à double effet, les poids sont moindres, bien qu'il soit difficile de calculer actuellement l'importance de cette diminution.

Un moteur à double effet à six cylindres, développant une puissance de 12.000 chevaux mesurée au frein, ne pèserait par conséquent pas plus de 600 à 700 tonnes en tout.

Pour prendre quelques exemples, un moteur Sulzer-Diesel type marine développant 850 chevaux à 160 tours pesait 77 tonnes ou environ 91 kilogrammes par cheval-heure mesuré au frein, tandis qu'un autre moteur à simple effet à deux temps de 2.000 chevaux pesait 170 tonnes, soit environ 86 kilogrammes par cheval, bien qu'il ne tourne qu'à 130 tours par minute. Un moteur Krupp-Diesel de 1.250 chevaux à 140 tours par minute, également à simple effet à deux temps, pésait 115 tonnes soit environ 95 kilogrammes pas cheval, tandis que des moteurs semblables à marche lente du type M. A. N. se présentent comme suit, ce qui prouve que le moteur de 2.000 chevaux est relativement plus lourd que le moteur de 1.200 chevaux.

Puissance en chevaux mesurée au frein	Nombre de tours par minute	Poids en tonnes	Poids en kilogrammes par cheval
1.200	150	91	77
1.600	120	145	91
2.000	120	178	91

Étude des grands moteurs. — Examen du cas particulier des cuirassés de combat à moteurs. — On peut discuter le mode de construction à adopter et le plan général d'installation à prévoir en vue de la réalisation de très grands moteurs que rendra indispensables l'avènement probable, dans un avenir prochain, du cuirassé à moteurs.

Il n'est pas douteux que le dispositif à trois hélices offrira le plus d'avantages particulièrement parce que l'on pourra stopper à volonté un ou deux des trois moteurs. Pour le moment, on peut admettre que chaque moteur serait capable de développer 20.000 chevaux avec six cylindres, ce qui représente une puissance supérieure à celle de tous les cuirassés existants, à l'exclusion des croiseurs de bataille.

Il est douteux que des moteurs d'une telle puissance puissent être du type à simple effet et les tendances actuelles font supposer qu'on emploiera des moteurs à double effet (nécessairement du modèle à deux temps).

Des moteurs d'une pareille importance seront probablement distincts l'un de l'autre ainsi que les compresseurs d'air. En ce qui concerne les pompes de balayage, il paraît avantageux de les faire commander directement par l'arbre manivelle du moteur bien que l'on puisse aussi les faire actionner séparément par des moteurs Diesel. Ce dernier dispositif rend possible un réglage facile de la quantité d'air produite.

En faisant commander directement les pompes de balayage par l'arbre manivelle, on comprend qu'elles ne puissent être immédiatement accouplées à l'arbre moteur, et il serait préférable de les monter à quelque distance derrière les moteurs principaux dans des compartiments spéciaux. Ceci rend possible une disposition meilleure du compartiment des moteurs et permet de faire varier le débit de l'air de balayage en augmentant ou en diminuant la pression dans la chambre des pompes de balayage.

Chaque moteur pourrait être pourvu d'un compresseur d'air spécial et, comme les compresseurs peuvent être de dimensions telles que deux suffisent pour trois moteurs, on n'a pas besoin d'un groupe auxiliaire. Il y aurait amplement assez de place pour disposer les compresseurs parallèlement ou perpendiculairement aux moteurs principaux car le moteur central serait placé un peu en arrière des deux moteurs extérieurs.

Les moteurs à double effet exigent, en tous cas, deux soupapes d'admission de combustible montées au fond du cylindre à cause de la tige de piston, et il n'est pas douteux qu'il y en aura toujours deux au sommet du cylindre bien que, dans les moteurs à simple effet on puisse se contenter d'une seule soupape jusqu'à la puissance de 2.000 chevaux. Quelques constructeurs pensent que la limite du moteur à simple effet est atteinte dès que deux soupapes deviennent nécessaires.

Étant donné que l'on arrive à concilier la disposition de la machinerie avec ce mode de construction, il n'y a pas de raisons de prévoir de difficultés sérieuses pour l'application du moteur aux navires de guerre ou aux grands transatlantiques. On ne serait pas gêné dans la répartition des pièces d'artillerie, et la longueur de la chambre des machines serait probablement inférieure à la moitié de la longueur totale des compartiments occupés par les chaudières et par les machines dans le cas d'un navire à vapeur, tandis que l'économie de poids serait d'environ 30 0/0.

Fig. 90. — Moteur Diesel monocylindrique à double effet et à deux temps, de 2.000 chevaux.

Il ne paraît pas exister de facteurs inconnus dans le problème de l'adoption de moteurs Diesel très puissants pour la propulsion des navires de guerre ou des navires marchands de très fort tonnage. Il n'y a donc plus à résoudre que la question d'application qui restera longtemps en suspens, comme elle peut aussi être très rapidement résolue grâce aux progrès étonnamment rapides qui ont été réalisés, et l'opinion généralement admise est que le moteur Diesel est le moteur de l'avenir en ce qui concerne la propulsion des navires.

La figure 90 représente un moteur Diesel à double effet à deux temps construit à titre d'essai par MM. Krupp. Étudié pour développer 2.000 chevaux, il a donné beaucoup plus. Bien que ce moteur ne puisse pas être considéré comme le prototype du moteur Diesel de grande puissance, on trouve que les moteurs de 12.000 chevaux comporteront plusieurs particularités de ce modèle, notamment la commande des soupapes par un servo-moteur à huile sous pression.

CHAPITRE VII

CONSTRUCTION DU MOTEUR DIESEL TYPE MARINE

Moteur à deux temps : modèles suisses, belges, suédois, allemands, anglais ; moteur à quatre temps :
modèles hollandais, allemands, danois et russes. — Petits moteurs Diesel.

Moteur à deux temps ; modèle suisse. — Actuellement le moteur qui à peut-
être donné lieu au plus grand nombre d'applications dans la marine est le modèle à
simple effet à deux temps. Le moteur type marine présente des différences de construction plus considérables que le moteur fixe, à cause de l'application au moteur de
marine à deux temps d'appareils de changement de marche et de régulation convenables. Le moteur marin, type Sulzer frères, est du modèle à simple effet à deux
temps ; on le construit à quatre ou à six cylindres, et il est muni d'un petit volant.
Les cylindres sont supportés par des colonnes qui remplacent le bâti ordinaire A, et
des carters faciles à démonter constituent une chambre fermée pour les manivelles.

Les soupapes de balayage, d'admission de combustible et de démarrage sont ménagées dans le plateau supérieur ou culasse de cylindre, mais chaque cylindre est muni
de deux soupapes de balayage, placées de chaque côté de la soupape d'admission de
combustible, comme le montre la figure 91, qui représente un moteur de ce système.
Ce dispositif permet d'employer des soupapes relativement petites ; pour permettre
l'entrée d'un grand volume d'air de balayage, les corps de soupapes sont plus légers
et plus faciles à commander ; dans les modèles les plus récents on a supprimé les soupapes de balayage, que l'on a remplacées par des lumières ménagées dans le fond du
cylindre.

Dans le moteur représenté figure 91, il existe une pompe de balayage à double
effet placée dans le prolongement des cylindres du moteur, et dont le piston a un diamètre à peu près double de celui du piston moteur. L'air de balayage pénètre à l'intérieur du long réservoir cylindrique qu'on aperçoit à l'arrière du moteur ; de là les soupapes le répartissent entre les divers cylindres. Les gaz brûlés s'échappent par des
lumières longitudinales placées tout autour du fond du cylindre, dans un tuyau d'échappement commun régnant tout le long du moteur, d'où ils pénètrent dans le silencieux.
Un compresseur à deux phases, disposé comme le montre la figure, fournit l'air d'injection et sert à comprimer dans les réservoirs d'air comprimé la quantité d'air néces-

saire pour le démarrage et pour les manœuvres. Ce dispositif n'est pas adopté partout, et, dans certains moteurs, on place quelquefois les pompes à l'avant ou à l'arrière du cylindre de balayage, en les faisant commander au moyen de bielles par la tige de piston de la pompe de balayage. Les pompes sont refroidies par une circulation d'eau, et des chemises de refroidissement sont également ménagées entre les divers étages de compression.

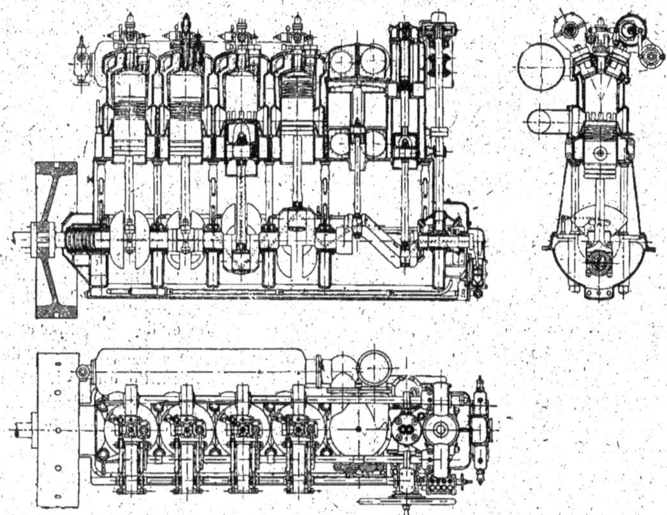

Fig. 91. — Coupe longitudinale, coupe transversale, et vue en plan d'un petit moteur de marine Sulzer à deux temps.

On emploie un long piston à fourreau qui sert en même temps de tête de crosse ; dans les grands moteurs, ce piston est à refroidissement d'eau ou d'huile. On adopte le graissage forcé pour tous les coussinets principaux ; les pompes à huile et la pompe qui sert pour l'eau de refroidissement sont actionnées par l'arbre manivelle placé à l'extrémité du moteur ; un palier de butée est disposé sur le moteur lui-même bien que, pour les grandes puissances, on puisse le fixer séparément sur l'arbre porte-hélice aussi près du moteur qu'il convient.

On a recours à l'air comprimé pour le démarrage et le renversement du sens de la marche du moteur. Au départ, l'arbre à cames occupe la position dans laquelle les cames font fonctionner les leviers de soupapes, pour les marches avant ou arrière ; à cet effet on fait tourner un arbre vertical qui commande l'arbre à cames en agissant sur le volant de mise en marche du moteur. Si l'on continue à faire tourner ce volant, l'arbre sur lequel sont montés, au moyen de pivots, les leviers de commande des soupapes, amène d'abord le levier de la soupape de démarrage dans sa position de fonctionnement, ce qui fait marcher le moteur à l'air comprimé ; les leviers de la soupape d'admission de combustible et de la soupape de balayage entrent ensuite en fonctionnement en même temps que se produit la fermeture de la soupape de démarrage. A cet effet tous les leviers sont montés excentriquement sur l'arbre à pivot, comme le montre la figure 91. Le moteur est muni d'un dispositif automatique, pour régler l'admission du combustible et de l'air, pendant que s'accomplit le renversement du sens de la marche, afin de donner au mécanisme d'admission du combustible les positions qui conviennent ; le moteur est également muni d'un régulateur afin d'éviter que la vitesse du moteur dépasse un maximum déterminé, ce qui n'a lieu que dans les cas de rupture d'un arbre d'hélice ou d'emballement du moteur. La vitesse réelle est contrôlée par un petit levier à main, qui règle la quantité de matière distribuée par les pompes aux soupapes d'admission de combustible.

Ce type de moteur est maintenant rarement construit suivant les nouveaux modèles qui ont été proposés, et il est principalement intéressant parce qu'il montre les tendances qui ont cours dans la construction des anciens moteurs de puissances relativement faibles. Sa principale valeur a été de procurer l'expérience nécessaire en ce qui concerne le fonctionnement des petits moteurs de marine.

La figure 92 représente la disposition générale d'un moteur et les appareils auxiliaires de ce modèle dont les divers organes sont représentés par les lettres suivantes :

A, moteur commandant l'arbre de l'hélice par accouplement direct ;
B_1, B_2, B_3, B_4, cylindres moteurs ;
C, pompe de balayage ;
D_1, tuyau d'aspiration de l'air de balayage ;
D_2, tuyau d'échappement ;
E_1, réservoirs pour l'air servant au démarrage et aux manœuvres ;
E_2, — de réserve pour l'air servant au démarrage ;
E_3, réservoir pour l'air servant à l'allumage ;
F_1, F_2, pompes à air ;
G_1, G_2, G_3, citernes à combustible liquide ;
G_4, G_5, réservoirs à combustible ;
H, pompe pour l'eau servant au refroidissement.

Ce dispositif type a été adopté pour de petits moteurs ; le compresseur d'air auxiliaire est installé à la place qui convient, pas nécessairement dans la chambre des machines, mais, si l'on veut, dans une partie quelconque du navire au-dessus de la ligne de flottaison. La figure 93 représente la disposition générale d'un moteur Diesel, relativement faible, monté comme moteur auxiliaire sur un voilier ; on peut voir combien le moteur et ses accessoires sont compacts. La description donnée ci-dessus fera comprendre le fonctionnement des divers organes, sans qu'il soit besoin de plus amples détails. MM. Sulzer ont adopté, pour les sous-marins et pour les torpilleurs, un moteur à six cylindres muni de deux pompes de balayage placées dans le prolongement des cylindres moteurs et d'un compresseur d'air fournissant l'air nécessaire à l'injection

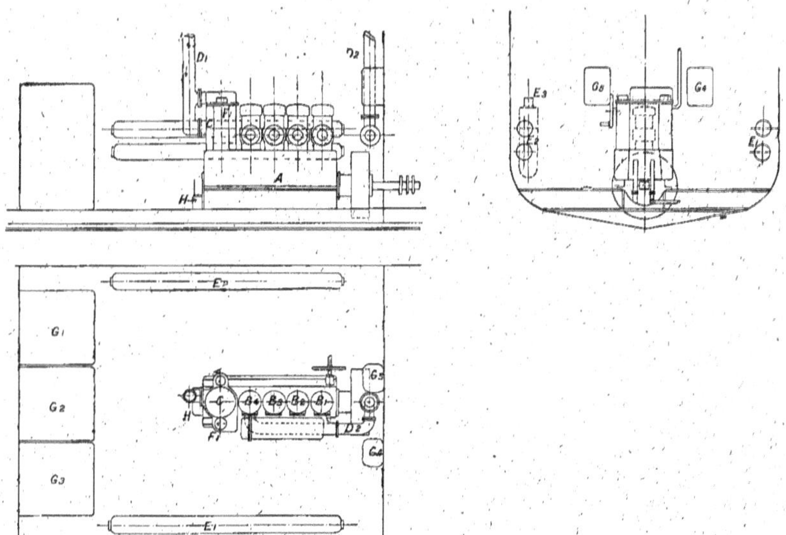

Fic. 92. — Installation générale d'un petit navire muni d'un moteur Diesel-Sulzer.

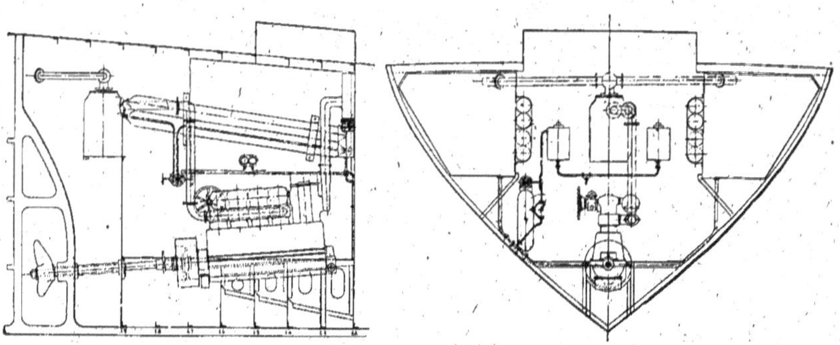

Fig. 93. — Installation générale d'un petit navire muni d'un moteur Diesel,
montrant les appareils auxiliaires.

et au démarrage placé devant chaque cylindre de balayage. Les figures 94 et 95 présentent respectivement la disposition des moteurs d'un torpilleur et d'un sous-marin. Les moteurs sont alternés par rapport à l'axe du navire à cause du peu de largeur de la chambre des machines.

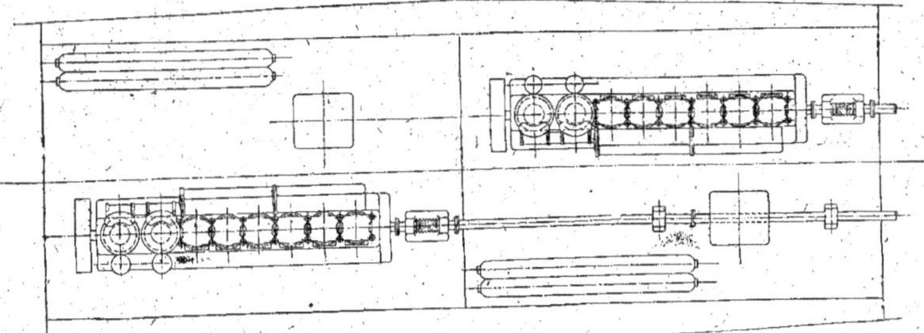

Fig. 94. — Installation générale (plan) d'un torpilleur actionné par des moteurs Sulzer.

Dans leur plus récent modèle de moteur marin, plus particulièrement étudié en vue des grands cargo-boats, MM. Sulzer frères ont apporté plusieurs modifications importantes, et les figures 97, 98, 102 représentent le mode de construction actuel pour les moteurs de grande puissance à faible vitesse. On a conservé le système à deux temps et la principale différence consiste dans la suppression de toutes les soupapes de ba-

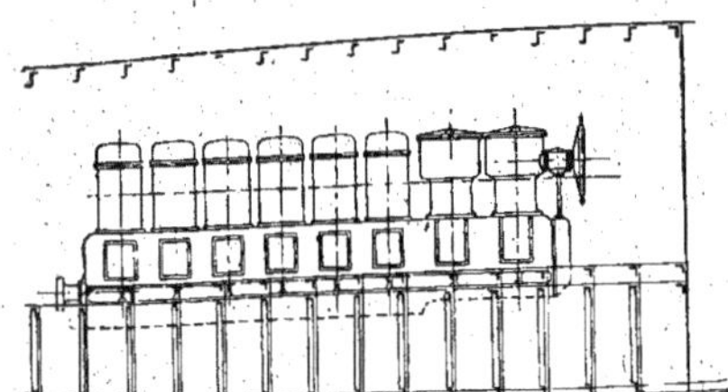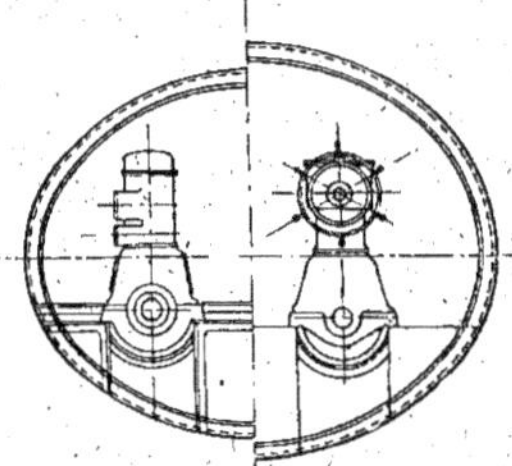

Fig. 95. — Installation générale d'un sous-marin actionné par des moteurs Sulzer.

layage logées dans le fond de cylindre; on décrit plus loin le mode de balayage actuel.

Pour les modèles atteignant une puissance de 800 à 1.000 chevaux, on emploie le dispositif à quatre cylindres; les moteurs de 850 chevaux mesurés au frein construits pour un navire de la ligne hambourgeoise sud-américaine ont un cylindre mesurant 425 millimètres de diamètre; la course est de 686 millimètres; la vitesse de 150 tours

Fig. 96. — Moteur de marine Diesel-Sulzer, directement réversible :
type employé pour les puissances relativement faibles.

Fig. 97. — Moteur de marine, système Sulzer. — Vue de face.

correspond au rendement maximum. Le moteur est du type à tête de piston à crosse et, bien que le carter de manivelle soit fermé, il est muni à sa partie postérieure de portes faciles à démonter. L'agencement de la pompe de balayage diffère de celui qu'ont adopté MM. Krupp et Carels pour leurs moteurs marins à deux temps à marche lente. Chaque moteur ne comporte qu'une seule pompe mue directement par l'arbre manivelle et montée sur la même plaque de fondation à l'extrémité postérieure. L'étage à basse pression de la pompe à air d'injection forme la crosse de tête du piston de la pompe de balayage et l'on trouve un certain avantage à adopter ce dispositif de nature à dimi-

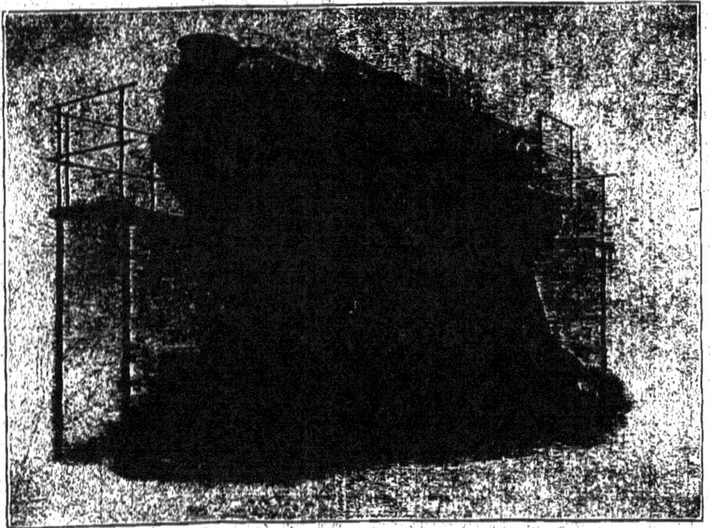

Fig. 98. — Moteur de marine, système Sulzer. — Vue postérieure.

nuer les vibrations qui, autrement, se produiraient par suite du poids élevé du piston de la pompe de balayage.

Les étages à haute et à moyenne pressions de la pompe à air, placés devant la pompe de balayage, sont commandés par un levier oscillant actionné par la bielle motrice de la pompe à basse pression.

La figure 99 représente un dispositif dans lequel les étages à haute et à moyenne pressions du compresseur à trois étages sont placés devant le cylindre de balayage. La commande s'opère au moyen d'une manivelle auxiliaire dont est muni l'arbre manivelle principal et, comme le montre la figure, le piston de la pompe à basse pression forme la crosse de tête du piston de la pompe de balayage. Le diagramme fait suffisam-

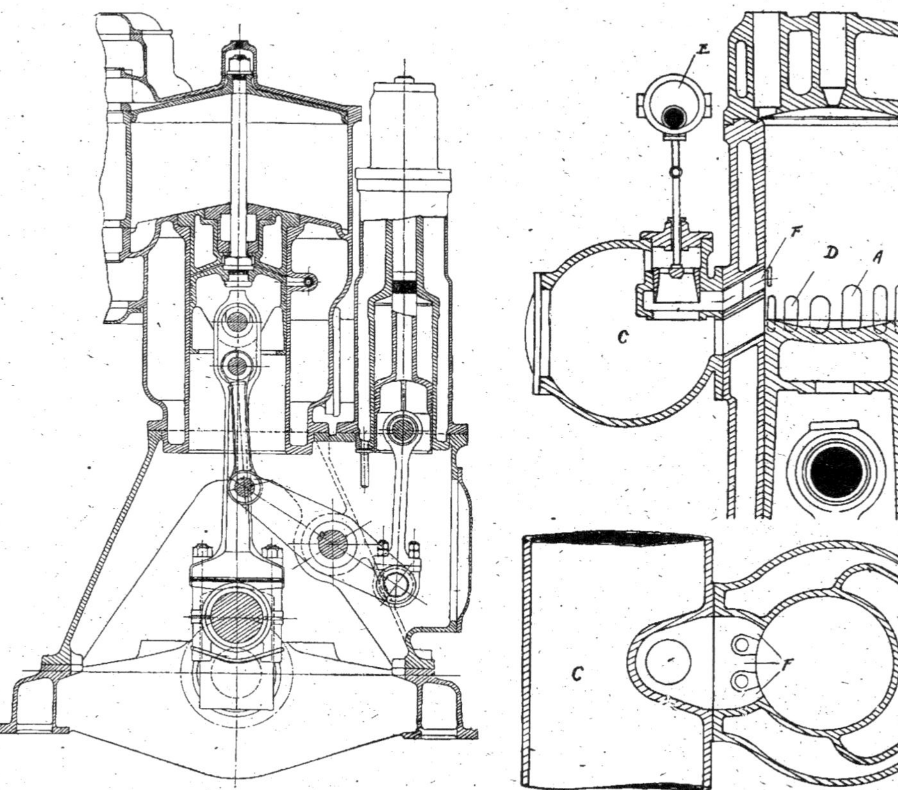

Fig. 99. — Installation de la pompe de balayage et du compresseur d'air
d'un moteur de marine; système Sulzer.

Fig. 100. — Dispositif de balayage au moyen de lumières
pour moteur système Sulzer.

ment comprendre la disposition générale sans autre explication. Le fonctionnement de la pompe de balayage est réglé par un tiroir cylindrique (*fig.* 98) ; on voit à l'extrême gauche la coulisse Stephenson qui sert à interverser le débit de la pompe quand on renverse la marche du moteur.

La figure 100 représente schématiquement le moyen adopté pour fournir l'air de balayage aux cylindres du moteur. Le fond de cylindre est muni de lumières servant à l'évacuation des gaz d'échappement, comme dans tous les moteurs à deux temps ; ces lumières A n'occupent qu'environ la moitié de la périphérie ; l'évacuation dans le tuyau d'échappement a lieu par B. La pompe de balayage alimente d'air le tuyau C et la conduite principale pénètre dans le cylindre par les lumières D qui occupent la moitié de la périphérie et qui sont inclinées de manière à renvoyer l'air vers le haut.

Dans le tuyau d'air de balayage actuel est disposé un tiroir cylindrique commandé directement par l'arbre à cames au moyen de l'excentrique E.

L'air qui traverse ce tiroir pénètre dans le cylindre par les lumières F, qui occupent la moitié de la circonférence et qui sont placées immédiatement au-dessus des lumières principales de balayage. Le tiroir cylindrique s'ouvre de telle manière que l'air passe par les fentes F, après que le piston principal a fermé les lumières D au début de sa course ascendante. Grâce à ce dispositif, le balayage s'effectue efficacement dans de bonnes conditions, ce qui est intéressant à signaler étant donné les nombreux dispositifs différents auxquels on a eu recours pour surmonter les difficultés qu'entraîne la réalisation d'un balayage réellement efficace. Il est évidemment avantageux que l'air restant dans le cylindre après le balayage soit à la pression de 200 grammes par centimètre carré, au lieu d'être à la pression atmosphérique.

Comme il n'y a pas de soupapes dans le plateau de cylindre supérieur, pour l'évacuation de l'air de balayage, il ne reste que les soupapes d'admission de combustible et la soupape de démarrage par l'air comprimé. On simplifie ainsi le changement de marche qu'on opère simplement en faisant tourner l'arbre à cames d'un certain angle par rapport à l'arbre manivelle et en amenant ainsi les cames de commande de la soupape d'admission de combustible dans la position voulue pour le renversement de la marche. A cet effet, on relève l'arbre vertical intermédiaire qui commande l'arbre à cames et qui est lui-même actionné par l'arbre manivelle.

Cet arbre intermédiaire comporte deux pièces, reliées par un manchon d'accouplement, ce qui permet de le relever, de l'abaisser et de faire tourner ainsi l'arbre à cames par rapport à l'arbre moteur coudé. Comme on l'a dit plus haut, une coulisse de Stephenson sert à inverser le sens du courant d'air de balayage au moment où l'on renverse le sens de la marche.

Les figures qui représentent ce moteur, et en particulier la figure 97, montrent qu'il existe au centre deux volants à main A et B qui servent à renverser le sens de la marche et à manœuvrer le moteur à la main en cas d'avarie des moteurs auxiliaires à air comprimé qui servent à effectuer ces manœuvres en temps ordinaire. Les leviers C et D, respectivement placés au-dessous des roues A et B, commandent ces servo-moteurs dont le premier (actionné par D) sert à renverser la coulisse de déplacement des lumières de la pompe de balayage et à faire ainsi tourner l'arbre à cames ; le second (actionné par C) commande les leviers des soupapes de démarrage et d'admission de combustible pour le démarrage et la marche normale.

On peut opérer le renversement du sens de la marche en plusieurs fois. En premier lieu, on renverse le sens de la marche de la soupape de la pompe de balayage et on agit sur la coulisse ci-dessus mentionnée au moyen de l'arbre horizontal E (*fig.* 102). En faisant tourner un peu cet arbre on renverse la coulisse et on obtient la rotation complète de l'arbre au moyen du moteur auxiliaire à air comprimé commandé par le

Fig. 101. — Moteur Diesel de marine à grande vitesse, système Sulzer de 600 chevaux.

levier D correspondant au volant à main B. Ce même moteur fait en même temps tourner l'arbre à cames d'un petit angle par rapport à l'arbre manivelle.

En ce qui concerne les soupapes, une seule came F commande la soupape d'admission de combustible pour la marche avant comme pour la marche arrière. Étant donné que dans la marche arrière on ne demande qu'un changement de sens d'un côté du point mort à l'autre, il est évident que la rotation de l'arbre à cames est suffisante pour obtenir ce résultat avec une seule came. La came de la soupape d'admission de combustible est ainsi amenée dans la position voulue pour obtenir la marche arrière en faisant faire une fraction de tour à l'arbre à cames. Ce dernier cependant n'amènerait pas les soupapes de démarrage par l'air comprimé dans la position voulue pour la marche avant puisque les sens sont différents, ce qui conduit à prévoir deux cames pour chacune de ces soupapes. Ces cames sont calées côte à côte sur l'arbre à cames (G et H) et comme cet arbre ne se déplace pas longitudinalement lors du renversement du sens de la marche, comme dans la plupart des autres moteurs, on a dû prendre des dispositions pour amener à volonté les leviers des soupapes de démarrage par l'air comprimé au-dessus des cames de marche avant et de marche arrière. On obtient ce résultat en employant une tige verticale J reliée à la came de la soupape d'air et à l'extrémité inférieure de laquelle est placé le galet que la came soulève. La tige verticale et le levier de soupape sont reliés par une double articulation, ce qui permet à la tige de se déplacer longitudinalement de manière à amener le galet au-dessus de l'une ou de l'autre des cames. Le déplacement en longueur de l'arbre K est provoqué par le moteur auxiliaire à air comprimé contrôlé par le levier C placé sur la plate-forme de démarrage : le galet est relié à l'arbre K au moyen d'une petite bielle d'accouplement.

Au moment du démarrage, les leviers des soupapes d'air (ou plutôt les tiges verticales reliées à ces leviers) sont abaissés sur les cames par la rotation de l'arbre L sur lequel les leviers sont montés à pivot; le moteur à air comprimé auxiliaire placé sur la plate-forme de démarrage concourt aussi à provoquer ce déplacement au moyen du levier C. Le moteur fonctionne à l'air comprimé, les leviers de la soupape d'admission de combustible étant mis hors d'état de fonctionner pendant ce temps. Quand le moteur atteint sa vitesse de régime après quelques tours, les leviers des soupapes d'air sont soulevés et les soupapes d'admission de combustible entrent en fonctionnement; la disposition des organes est telle que le moteur peut fonctionner à l'air comprimé seulement avec deux cylindres (1), puis avec quatre (2), ou bien avec deux cylindres admettant de l'air et les deux autres du combustible (3) ou bien avec les quatre cylindres marchant au combustible. Le cadran placé au centre du moteur (*fig.* 102) indique comment les cylindres fonctionnent à cet égard. Pour rendre ce dispositif possible, l'arbre L, sur lequel les leviers de soupapes sont pivotés, est divisé en deux parties en son milieu, de sorte que deux des leviers des soupapes d'air peuvent être abaissés sur leurs cames en ce qui concerne deux des cylindres ; pour les deux autres cylindres, ce sont les leviers des soupapes d'admission de combustible qui reposent sur les cames.

La quantité de combustible admise dans le cylindre est réglée au moyen du levier M que l'on voit au milieu du moteur (*fig.* 100); la pression de l'air injecté est également réglée par des appareils placés sur la plate-forme de démarrage; elle est d'environ 60 atmosphères en pleine vitesse et de 40 atmosphères pour la marche lente. Il existe en N quatre pompes à combustible, c'est-à-dire une pour chaque cylindre, et l'admission à chaque cylindre peut être réglée à la main. Le levier que l'on voit devant la chambre de la pompe à combustible sert à pomper le combustible avant le démarrage. Le régulateur O est également relié à la chambre à combustible par la tige verticale P qui sert à diminuer l'admission quand la vitesse dépasse la normale.

Ce moteur présente une particularité très intéressante en ce qui concerne le contrôle du laps de temps pendant lequel la soupape d'admission de combustible fonctionne aux diverses vitesses. On obtient ce résultat au moyen du volant à main P qui fait

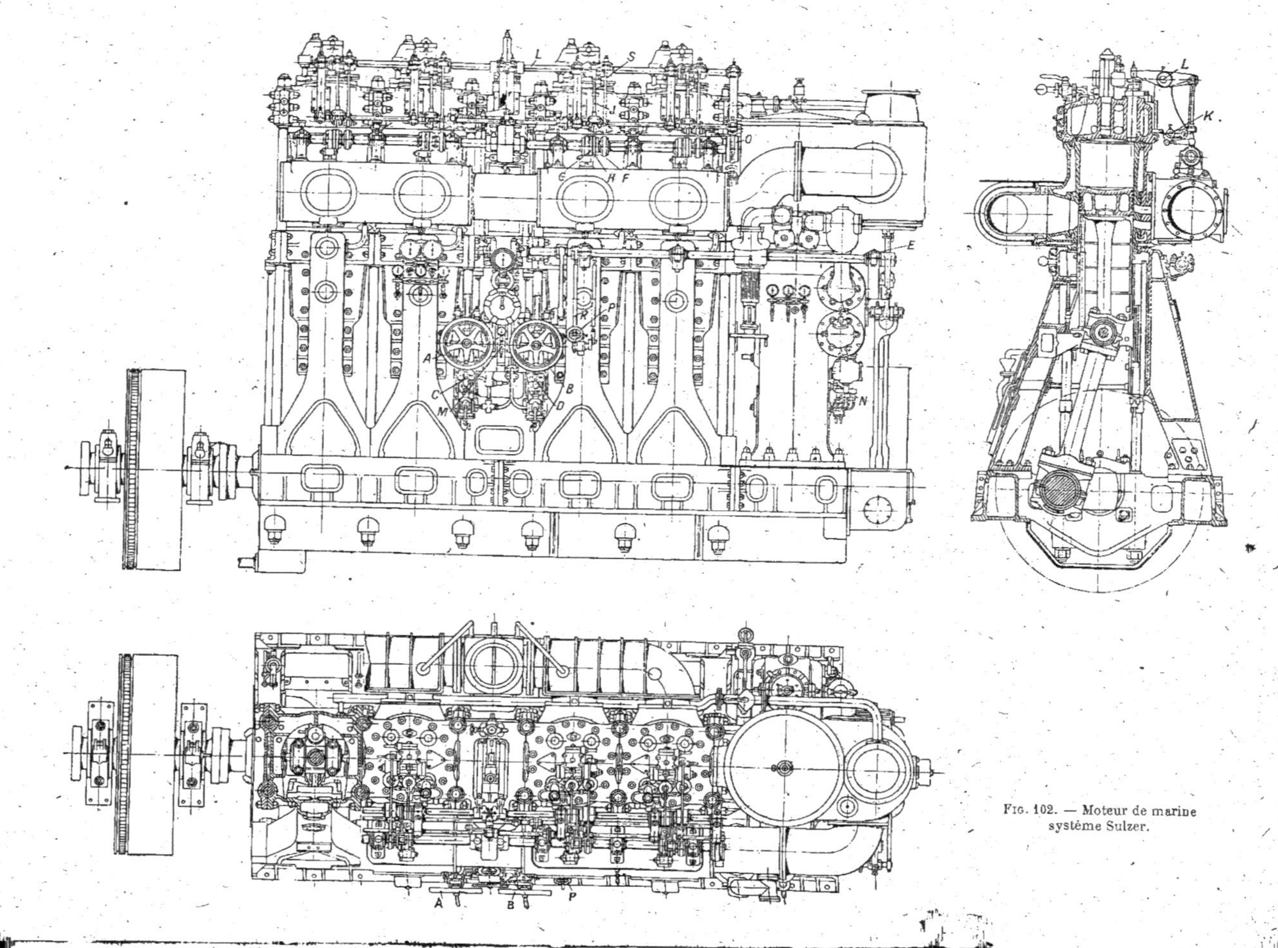

Fig. 102. — Moteur de marine système Sulzer.

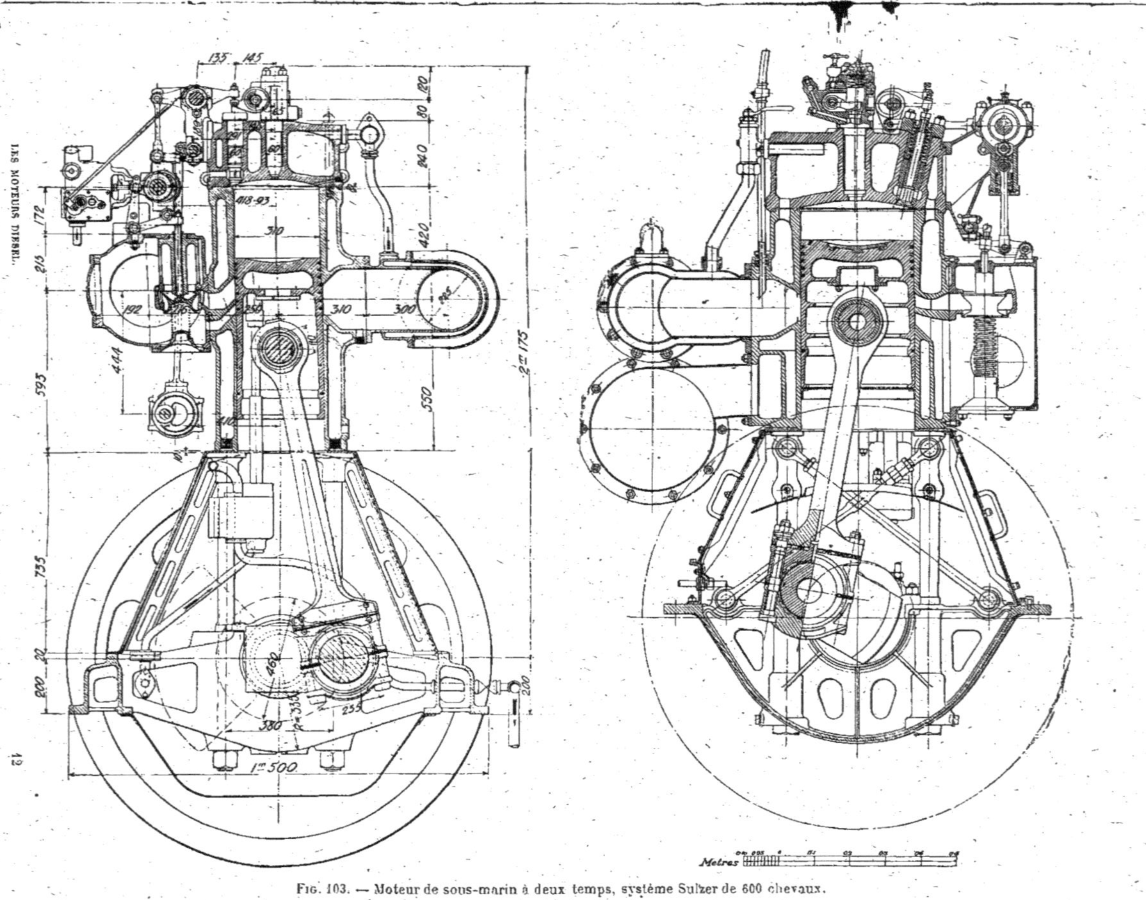

Fig. 103. — Moteur de sous-marin à deux temps, système Sulzer de 600 chevaux.

tourner l'arbre R et qui éloigne de la verticale la tige S reliée à la came de la soupape d'admission de combustible, de manière à modifier à volonté la durée de son contact avec la came d'admission de combustible.

Les diverses pompes représentées en avant du moteur remplissent des fonctions auxiliaires. On emploie le graissage forcé ; l'huile circule constamment, et on la refroidit pendant son trajet. Huit petites pompes, soit deux par cylindre, servent au graissage des cylindres ; l'huile de graissage pénètre donc en quatre points dans chaque cylindre. Les pistons sont à refroidissement par l'eau ; au corps creux de chaque piston est relié un tuyau qui plonge dans un réservoir d'eau ; cette eau est ainsi injectée par la pression à l'intérieur du piston. Le tuyau d'échappement est également à refroidissement d'eau et le cylindre est muni comme à l'ordinaire d'une chemise de refroidissement.

La consommation de combustible du moteur avec toutes ses pompes auxiliaires est de 209 grammes par cheval mesuré au frein, et le moteur sans les appareils auxiliaires pèse 56 tonnes. Le poids atteint 78 tonnes, y compris la tuyauterie, les réservoirs d'air, les silencieux, etc. ; le volant pèse 9ᵗ,5.

Modèle belge. — En Belgique, MM. Carels, de Gand, ont donné une vive impulsion aux progrès du moteur Diesel et leur moteur type marine ne diffère pas beaucoup des modèles primitifs de MM. Sulzer frères que nous avons décrits ci-dessus. La figure 104 représente un des premiers grands moteurs de marine (1.000 chevaux mesurés au frein) à quatre cylindres moteurs avec une pompe de balayage ; ce moteur sert actuellement à des essais et commande une dynamo. Bien qu'offrant certains caractères spéciaux qui ne sont pas considérés comme représentant la meilleure pratique, ce moteur était une œuvre remarquable, en ce sens qu'il était de beaucoup le plus grand moteur à deux temps directement réversible construit à cette époque.

Le moteur de marine que l'on a étudié et généralisé à Gand pour la propulsion des navires est d'un modèle différent basé sur l'expérience acquise par l'étude des premiers moteurs. Le modèle courant est représenté par la figure 108, tandis que la figure 111 correspond à un moteur de 1.800 chevaux destiné à un grand bateau-citerne à pétrole. On a adopté le dispositif à têtes de crosses de tiges de piston ; le bâti est du type ouvert qui répond aux idées généralement admises par les ingénieurs des chantiers de construction navale, pour rendre les organes facilement accessibles. Ces moteurs comportent quatre ou six cylindres, suivant leurs dimensions ; en général, on emploie quatre cylindres pour les moteurs ne dépassant pas 1.000 ou 1.200 chevaux, et six cylindres pour les puissances supérieures. Contrairement à la pratique adoptée par la maison Sulzer, ces moteurs comportent toujours deux pompes de balayage.

Ces pompes, montées derrière le moteur, sont mues par les crosses de têtes de tiges de pistons de deux des cylindres au moyen de bielles motrices comme les pompes à air de certaines machines à vapeur à mouvements alternatifs. A l'extrémité du moteur se trouve un compresseur Reavell analogue à ceux de certains modèles de moteurs Diesel fixes. Les pompes de balayage, à double effet, sont munies de pistons cylindriques, dispositif qui semble bien convenir dans l'espèce.

Ordinairement la plaque de fondation est divisée en deux ou trois sections et le bâti est constitué par des colonnes creuses à section rectangulaire sur le sommet desquelles reposent les cylindres : il y a deux colonnes par cylindre. Plusieurs de ces colonnes (ordinairement quatre) servent à diriger l'air de balayage vers la conduite principale de balayage, ce qui diminue la complication de la tuyauterie du moteur. L'arbre moteur comporte également plusieurs sections, ce qui permet de faire le navire un peu moins long.

Dans les grands moteurs marins à deux temps, la question du balayage présente

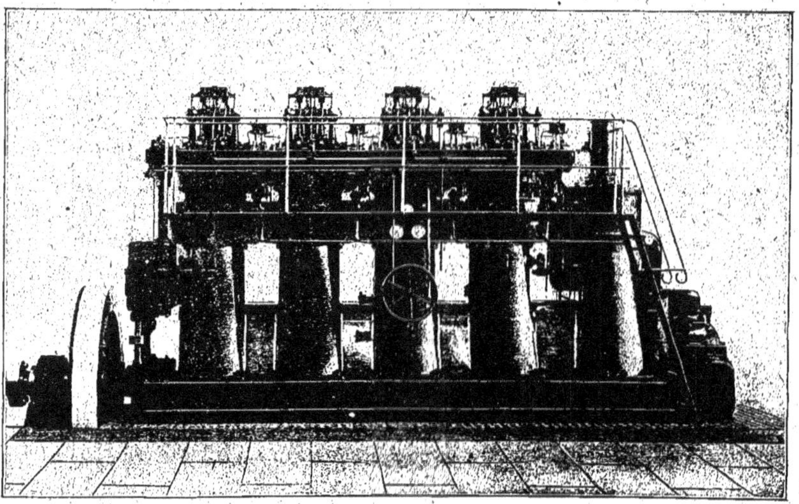

Fig. 104. — Moteur de marine, système Carels-Diesel, de 1.000 chevaux (ancien modèle).

quelque difficulté. On doit admettre un grand volume d'air à basse pression, ce qu'il est impossible de faire avec une seule soupape, quand on emploie des soupapes. Dans le moteur Carels étudié en vue des grandes puissances, on emploie pour chaque cylindre quatre pompes de balayage disposées dans les plateaux, et commandées par deux leviers et par deux cames. Ce dispositif un peu coûteux et jusqu'à un certain point compliqué, réduit dans de grandes proportions les avantages dont le moteur à deux temps peut se prévaloir par rapport au moteur à quatre temps au point de vue de la simplicité, mais il assure un balayage très efficace.

Malgré le grand nombre de soupapes que nécessite ce dispositif, le renversement du sens de la marche est obtenu très rapidement, car le passage de la grande vitesse avant à la grande vitesse arrière s'obtient en 10 secondes environ. Le principe général

Fig. 105. — Vue de la chambre des machines du bateau à moteur *France* muni de deux moteurs Schneider-Carels de 900 chevaux, tournant à 230 tours par minute.

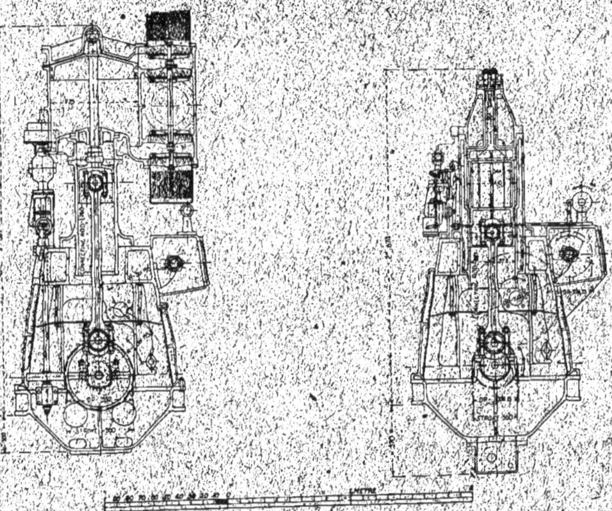

Fig. 106. — Pompe de balayage et compresseur d'un moteur à deux temps de 900 chevaux, tournant à 230 tours par minute.

du renversement du sens de la marche consiste à monter côte à côte deux cames distinctes, l'une pour la marche avant et l'autre pour la marche arrière, servant toutes

deux pour la soupape d'admission de
combustible et pour la soupape de
démarrage, et une seule came pour
chaque paire de soupapes de balayage.
Il est évident qu'en ce qui concerne
la commande de ces soupapes, ce dispositif est suffisant si l'on fait tourner l'arbre à cames
d'un certain angle par
rapport à l'arbre ma-
nivelle. Quand le mo-
teur tourne pour la
marche en avant, les
soupapes de balayage
s'ouvriront au mo-
ment voulu pour la

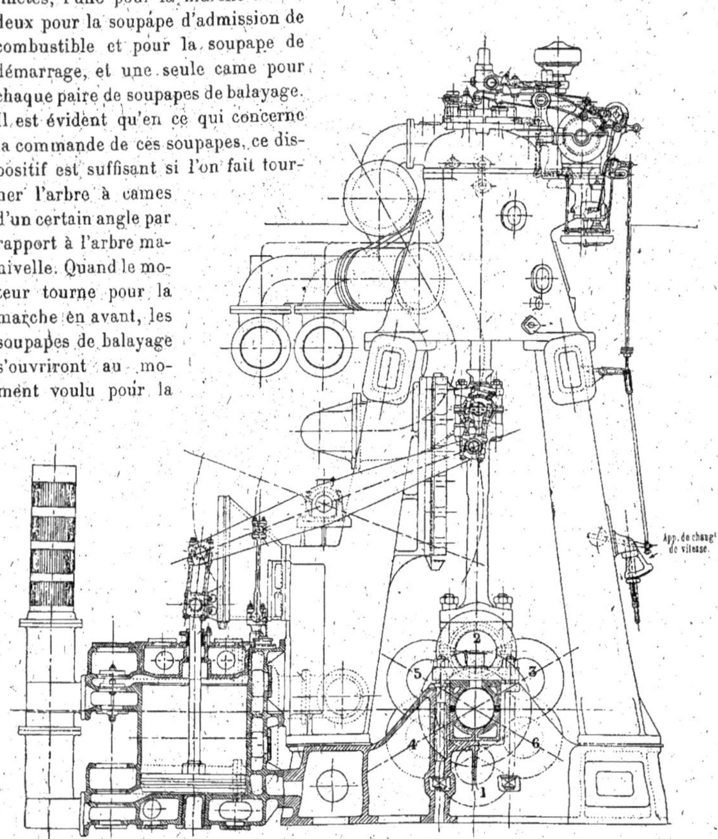

Fig. 107. — Moteur de marine, système Carels de 1.500 chevaux.
(Vue extrême montrant la pompe de balayage).

marche arrière. On fait commander l'arbre à cames par l'arbre manivelle comme
dans les moteurs terrestres au moyen d'un arbre vertical intermédiaire (voir la
fig. 108). On peut relever cet arbre vertical, soit au moyen du grand volant à main

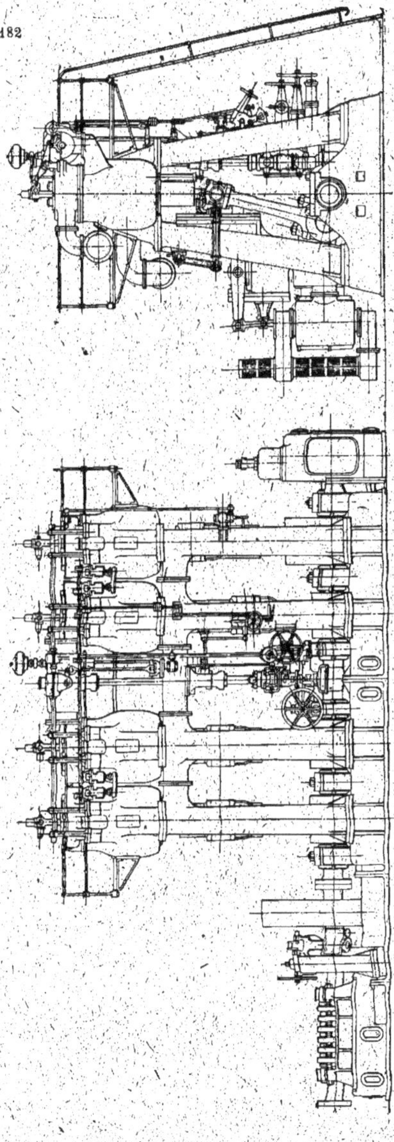

Fig. 108. — Moteur Diesel de marine, système Carels.

que l'on aperçoit à gauche de la figure 108 soit au moyen d'un petit moteur à air comprimé. L'arbre se compose de deux sections reliées par un manchon et on n'en relève que la partie supérieure, ce qui fait tourner l'arbre à cames de l'angle désiré.

La manœuvre que l'on vient de décrire amène les cames de la soupape de balayage dans les positions voulues. L'arbre à cames ne pouvant se déplacer longitudinalement, un arbre secondaire ou de manœuvre, monté devant l'arbre à cames, commande les cames de la soupape d'admission de combustible et de la soupape de démarrage. Quand on veut renverser le sens de la marche du moteur, on déplace cet arbre de commande longitudinalement, d'une quantité égale à la largeur d'une des cames : les galets des leviers de commande des cames sont ainsi amenés au-dessus des cames de marche arrière et non au-dessus des cames de marche avant. Avant de procéder à cette manœuvre, il faut cependant soulever tous les leviers au-dessus des cames pour permettre le déplacement de l'arbre de commande. Toutes les manœuvres nécessaires au démarrage ou au renversement du sens de la marche du moteur, sauf la rotation de l'arbre à cames, s'opèrent, comme on l'a décrit plus haut, au moyen du volant à main qu'on aperçoit au milieu de la figure 108 et qui fait tourner l'arbre de commande. Après que les cames ont été amenées à la place voulue, on fait démarrer le moteur à l'air comprimé,

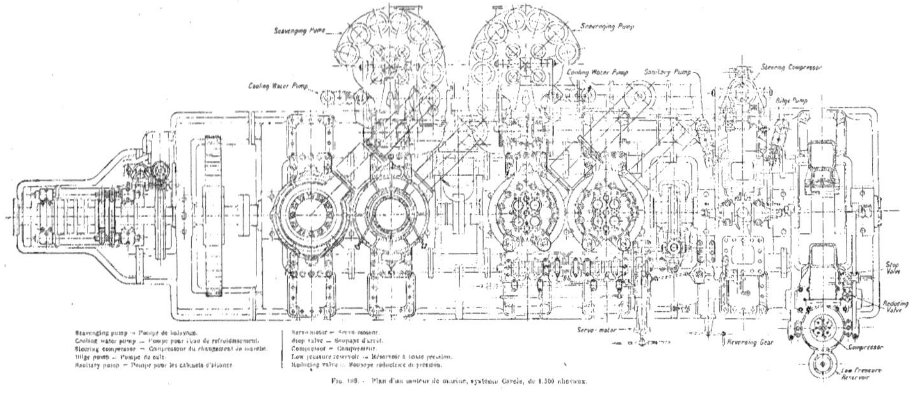

Scavenging pump = Pompe de balayage.
Cooling water pump = Pompe pour l'eau de refroidissement.
Steering compressor = Compresseur du changement de marche.
Bilge pump = Pompe de cale.
Sanitary pump = Pompe pour les cabinets d'aisance.

Servo-motor = Servo-moteur.
Stop valve = Soupape d'arrêt.
Compressor = Compresseur.
Low pressure reservoir = Réservoir à basse pression.
Reducing valve = Soupape réductrice de pression.

FIG. 109. — Plan d'un moteur de marine, système Carels, de 1.300 chevaux.

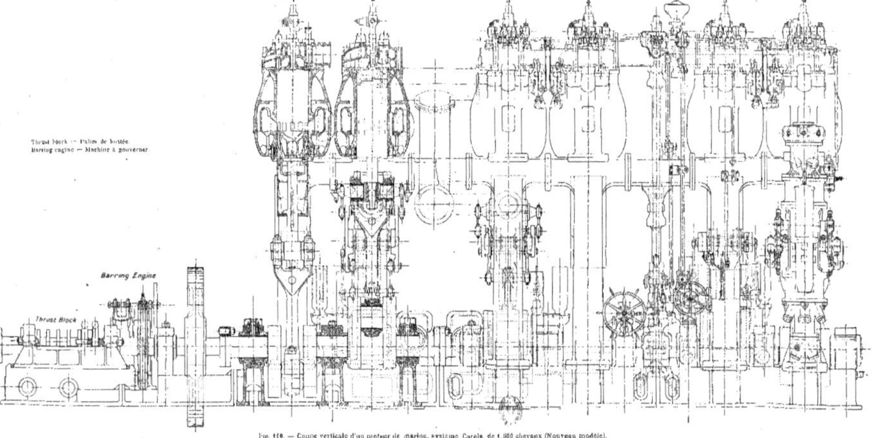

Thrust block = Palier de butée.
Barring engine = Machine à gouverner.

FIG. 110. — Coupe verticale d'un moteur de marine, système Carels, de 1.000 chevaux (Nouveau modèle).

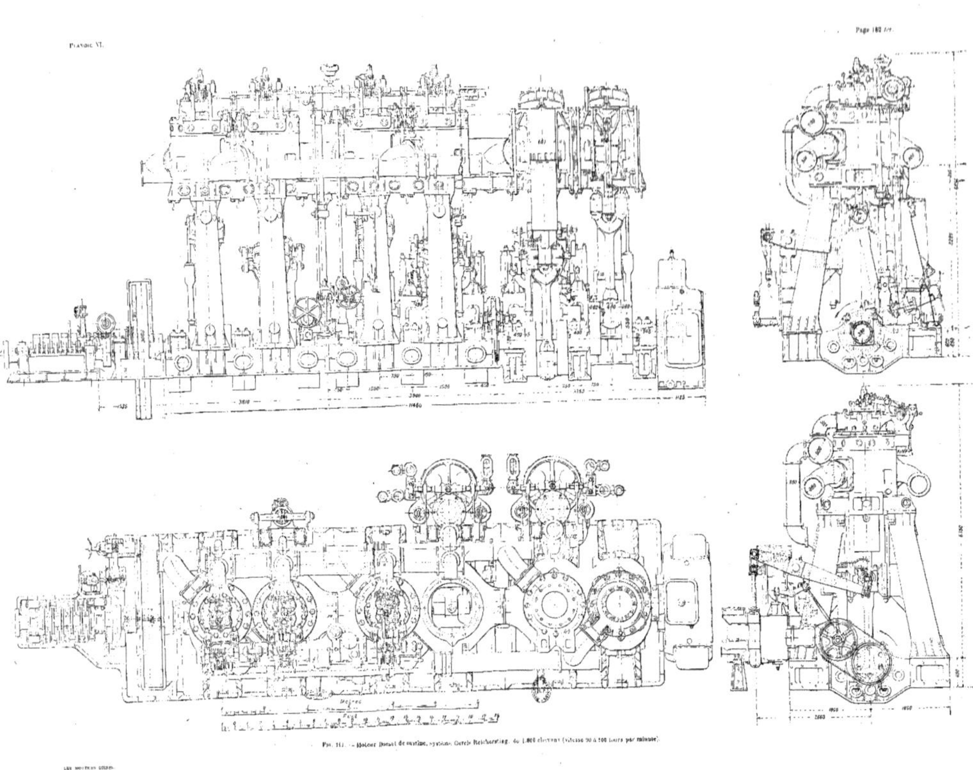

Fig. 111. — Moteur Diesel de marine, système Carels-Reichenbach, de 1.000 chevaux (vitesse 90 à 100 tours par minute).

Fig. 112. — Moteur de marine, système Krupp-Tecklenborg, de 1.500 chevaux.

puis certains cylindres marchent à l'air et les autres au pétrole et finalement dans le troisième stade on coupe l'admission de l'air de démarrage et tous les cylindres marchent au pétrole. Les divers leviers et manivelles sont enclanchés de telle sorte qu'il est impossible que le moteur démarre tant que les cames n'occupent pas les positions voulues; le moteur n'est pas alimenté de pétrole tant qu'il n'a pas marché à l'air comprimé.

Le volant incliné que l'on aperçoit à droite (*fig.* 108) sert à commander le régula-

Fig. 113. — Moteur de marine, système Carels-Westgarth, de 800 chevaux.

teur centrifuge qui agit sur les pompes d'admission de combustible afin de régulariser la vitesse du moteur.

Les pistons de fonte sont à refroidissement d'eau, tandis que les plateaux de cylindres sont en acier moulé. Les lumières d'échappement sont logées dans les fonds de cylindres qui sont munis de boîtes à garnitures afin d'empêcher toute fuite des gaz d'échappement à l'intérieur de la chambre des machines.

Les figures 113 et 114 représentent un moteur de ce type développant 800 chevaux mesurés au frein et construit par MM. Richardson Westgarth et Cᵒ Lᵈ, tandis que la figure 112 représente un moteur semblable de 1.500 chevaux construit par les chantiers Tecklenborg et Cⁱ, de Bremerhäfen, pour le navire à moteurs *Rolandseck*.

Moteur Cockerill. — En collaboration avec feu M. le Dr Diesel, MM. Cockerill, de Seraing, ont étudié un moteur de grandes dimensions qui ne convient d'ailleurs pas pour les petits modèles. Il est du type à simple effet à deux temps, mais, jusqu'à présent, on n'a construit que des moteurs non réversibles, bien que l'on construise actuellement des moteurs directement réversibles. On a adopté un moteur non réversible parce que le navire sur lequel il devait être installé étant destiné à une ligne desservant l'Afrique occidentale, on désirait s'abstenir autant que possible de toute innovation. Le moteur développant 650 chevaux mesurés au frein, à 280 tours par minute, est pourvu de quatre cylindres moteurs et d'une pompe de balayage à chaque extrémité. A l'extérieur de chaque cylindre, sont les étages à haute et à moyenne pression des pompes qui fournissent l'air d'injection et de démarrage, dispositif qui permet, croit-on, d'obtenir une marche plus douce. La pompe à air agit ainsi comme une espèce d'étouffoir vis-à-vis des pompes de balayage, et ce dispositif, ou d'autres dispositifs analogues ont été également adoptés dans d'autres moteurs.

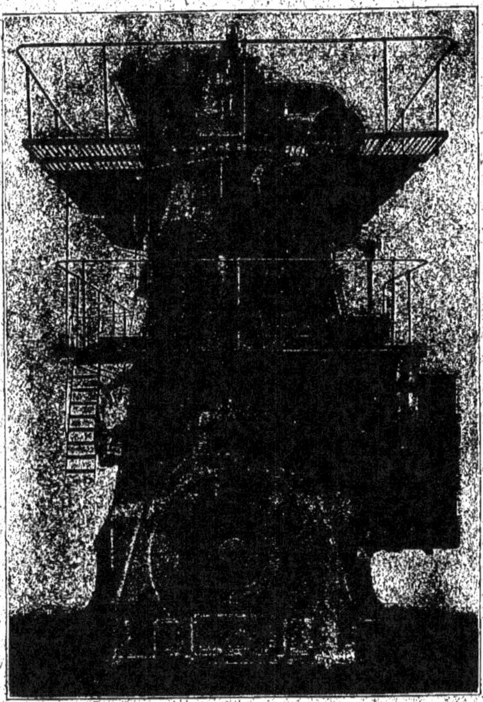

Fig. 114. — Vue par bout d'un moteur de marine à deux temps, système Carels, de 800 chevaux.

Dans ce type de moteur on opère le balayage au moyen de lumières pratiquées dans le cylindre. Dans le but d'éviter la nécessité d'entailler le piston pour renvoyer l'air de balayage vers le sommet du cylindre, comme dans le cas du moteur Polar-Diesel, et pour ne pas employer une soupape de balayage auxiliaire comme le font MM. Sulzer, on a donné aux lumières de balayage elles-mêmes la forme nécessaire pour que l'air balaie réellement et efficacement tout le cylindre.

Ces lumières occupent plus de la moitié de la circonférence du cylindre et laissent par conséquent moins de la moitié de cette circonférence disponible pour les lumières d'échappement. Il y a deux groupes de lumières; un des groupes est disposé tangentiellement de manière à laisser pénétrer de l'air qui balaie les parois en montant vers le sommet du cylindre tandis que l'autre groupe fait monter l'air juste au milieu du cylindre.

Ce dispositif permet probablement de réaliser une économie quant à la quantité d'air nécessaire pour obtenir un balayage complet.

Dans le plateau de chaque cylindre existent deux soupapes, à savoir la soupape d'admission du combustible et celle d'air de démarrage. Le moteur est du type à carter de manivelles fermé avec graissage forcé; on emploie un piston à fourreau, dispositif qui convient parfaitement pour les puissances des moteurs construits jusqu'à présent.

Type suédois. — Quelques constructeurs de moteurs à deux temps emploient les cylindres à air de balayage pour le démarrage et pour le renversement du sens de la marche afin d'éviter la nécessité de monter les soupapes de démarrage sur les cylindres. Si l'on munit un moteur de ce système de lumières ménagées dans le fond des cylindres pour l'échappement et pour l'air de balayage, on obtient une simplification en ce sens que l'on n'a à commander qu'une seule soupape placée dans le plateau du cylindre, c'est-à-dire la soupape d'admission de combustible, et l'on peut étudier un mécanisme de changement de marche très commode. La Société anonyme par actions pour la construction des moteurs Diesel, de Stockholm, a lancé un moteur établi suivant ce programme, pouvant développer au maximum 1.000 chevaux indiqués. On le construit ordinairement avec quatre cylindres moteurs et deux cylindres d'air de balayage montés sur la même plaque de fondation dans le prolongement des moteurs. Quand le moteur fonctionne normalement, l'air fourni par les deux pompes de balayage est emmagasiné dans le réservoir, et le débit est très régulier parce que les pompes sont à double effet et que leurs manivelles sont calées à 90°. L'air puisé dans l'atmosphère, et introduit dans les cylindres avant compression, est distribué par le réservoir aux divers cylindres moteurs, quand les lumières de balayage sont découvertes par les pistons, la pression de l'air de balayage étant approximativement la même que celle qu'on emploie dans la plupart des autres cylindres à deux temps, c'est-à-dire environ $0^{k}{,}210$ par centimètre carré au-dessus de la pression atmosphérique. Les cylindres de balayage ou de manœuvre, comme on les appelle quelquefois, fonctionnent à l'air comprimé pendant les périodes de démarrages et de renversement du sens de la marche; mais comme l'air n'est utilisé dans ce but que pendant deux ou trois tours, on ne fait pas beaucoup appel aux réservoirs d'air dans lesquels est emmagasiné l'air comprimé destiné à ces emplois. Les réservoirs de démarrage et de manœuvre (il y a ordinairement un réservoir principal et un réservoir auxiliaire) sont remplis à nouveau au moyen d'une pompe spéciale, qui peut être placée au sommet d'un des cylindres de balayage ou de toute autre manière convenable. Grâce à une disposition

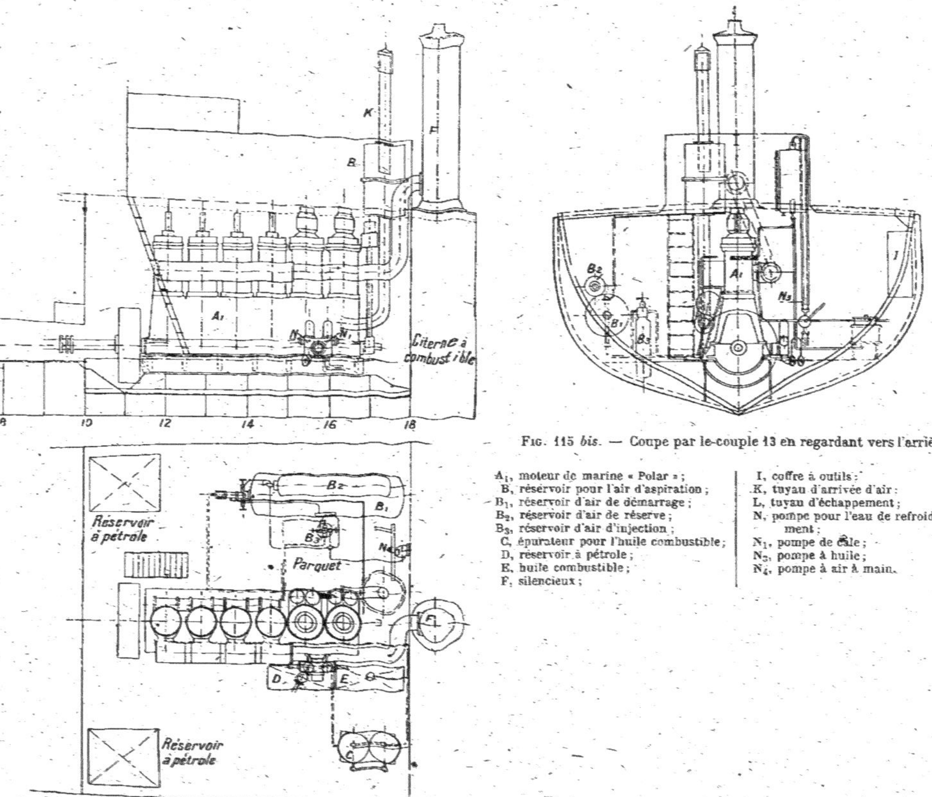

Fig. 115 bis. — Coupe par le couple 13 en regardant vers l'arrière.

A₁, moteur de marine « Polar » ;
B, réservoir pour l'air d'aspiration ;
B₁, réservoir d'air de démarrage ;
B₂, réservoir d'air de réserve ;
B₃, réservoir d'air d'injection ;
C, épurateur pour l'huile combustible ;
D, réservoir à pétrole ;
E, huile combustible ;
F, silencieux ;

I, coffre à outils ;
K, tuyau d'arrivée d'air ;
L, tuyau d'échappement ;
N, pompe pour l'eau de refroidissement ;
N₁, pompe de cale ;
N₃, pompe à huile ;
N₄, pompe à air à main.

Fig. 115. — Disposition générale de la chambre des machines d'un navire muni d'un moteur de la Société suédoise par actions pour la construction de moteurs Diesel, de Stockholm.

particulière des soupapes, toutes les fois que la pression de l'air contenu dans les réservoirs tombe au-dessous d'une limite déterminée à l'avance, la pompe commence immédiatement à recharger les réservoirs jusqu'à ce que la pression exigée soit atteinte. L'air comprimé nécessaire pour l'injection du combustible à l'intérieur des cylindres moteurs est fourni par un autre compresseur, et l'on emmagasine cet air dans un réservoir vertical cylindrique du modèle ordinaire. Chaque cylindre est muni d'une pompe à combustible spéciale, et l'on emploie le type de soupape d'admission de combustible et de pulvérisateur décrit et représenté pages 45 et 49 (chapitre III), qui est le même que pour le moteur fixe. Ces pompes fonctionnent généralement suivant le principe communément adopté pour les moteurs Diesel, mais, comme il n'existe

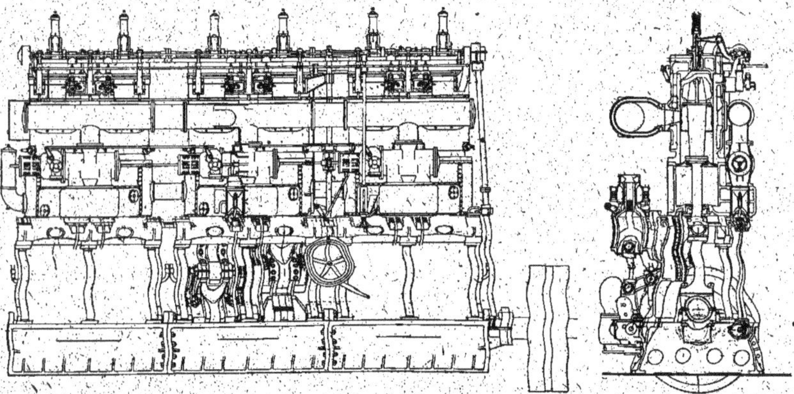

Fig. 116. — Moteur de marine, système Polar, de 800 chevaux, tournant à 135 tours par minute.

pas de régulateur, l'ouverture des soupapes d'aspiration n'est pas contrôlée automatiquement. Les pompes sont commandées par des bielles actionnées par l'arbre à cames principal et pivotent excentriquement autour d'un arbre que l'on peut faire tourner à la main, ce qui change les positions des bielles par rapport à la came en faisant varier l'ouverture des soupapes d'aspiration. Cette soupape agit à son tour sur la quantité de combustible admise dans le cylindre et, par suite, sur la vitesse du moteur. Pour permettre de renverser le sens de la marche, on cale sur l'arbre à cames une seconde série de cames ou cames de changement de marche, que l'on déplace horizontalement jusqu'à ce que ces cames arrivent au-dessous des leviers de commande des soupapes d'admission du combustible, qui s'ouvrent ainsi au point voulu pour le renversement du sens de la marche. Les soupapes des pompes de balayage, qui sont actionnées par des bielles à excentriques, sont aussi renversées; leurs excentriques ainsi que les excentriques qui commandent les pompes à combustible sont montés sur un arbre horizontal distinct qui, pendant le renversement du sens de la marche, ne peut pas se déplacer dans le sens longitudinal. Quand le levier de changement de marche est mis dans la position de marche arrière, la pompe ne peut continuer d'alimenter le cylindre moteur d'huile combustible, et les leviers de la soupape d'admission de combustible prennent leurs positions correspondant au renversement du sens de la marche, après que la dernière charge de combustible a été injectée dans les cylindres. On arrive à ce résultat en munissant les soupapes d'admission de combustible de cames plus larges que celles de l'appareil de distribution de la pompe, de sorte que la soupape d'admission de combustible s'ouvre un tour après l'arrêt de la pompe. Les cylindres de balayage absorbent l'énergie du volant en fonctionnant comme pompes, et quand le moteur s'arrête les soupapes de balayage sont dans des positions telles qu'elles permettent l'introduction de l'air comprimé provenant du réservoir, et alors les pompes fonctionnent comme moteurs. Immédiatement après le démarrage du moteur, les pompes à combustible refoulent l'huile vers les soupapes d'admission de combustible qui s'ouvrent aux moments voulus, de telle sorte qu'en démarrant le moteur reçoit

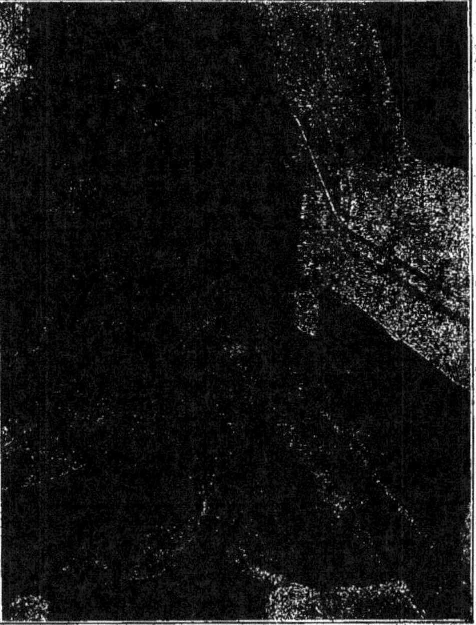

Fig. 117. — Vue de l'arbre à cames d'un moteur de marine, système Diesel-Polar, de 800 chevaux.

deux impulsions : l'une provenant des pompes de balayage fonctionnant comme moteurs, et l'autre ensuite provenant de l'injection du combustible qui a une grande importance en augmentant la vitesse au début. Après avoir accompli un ou deux tours comme moteurs à air, les pompes de balayage se mettent à fonctionner normalement. L'un des premiers navires anglais à moteur de haute mer fut le *Toiler*, navire de 2.600 tonnes, construit par MM. Swan, Hunter et Wigham Richardson, et muni de deux moteurs de leur système, développant chacun 180 chevaux. Il effectua avec succès la traversée de

Fig. 118. — Moteur Diesel de marine réversible à deux temps, système Polar, de 850 chevaux.

Fig. 119. — Vue de l'installation des cylindres d'un moteur de marine, système Polar.

l'Atlantique en 1911. Sur le *Toiler*, l'appareil à gouverner, le treuil et les pompes auxiliaires sont tous mus par l'air comprimé fourni par un compresseur distinct actionné par un petit moteur Diesel. Comme en mer on ne se sert que de l'appareil à gouverner, l'air comprimé est emprunté directement au moteur principal et on arrête le fonctionnement de l'installation auxiliaire.

On a récemment fait des essais indépendants sur plusieurs de ces moteurs, en vue de mesurer d'une manière certaine la consommation de combustible à pleine charge ; les résultats de ces essais sont très intéressants, si on les compare à la consommation du moteur ordinaire à quatre temps ; les chiffres obtenus montrent que la différence est extrêmement faible. Divers auteurs ont fait des essais sur quatre moteurs de marine distincts, à deux temps, du modèle type, après montage dans les ateliers et avant leur installation à bord des navires pour lesquels ils ont été construits ; dans chaque cas, l'énergie était absorbée par un frein système Heenan et Froude. Pour les quatre moteurs essayés, on a trouvé que les consommations de combustible par cheval-heure étaient respectivement de 211, 210, 201,6, 196 grammes, soit une moyenne de 204^{gr},5, ce qui est à très peu de chose près la consommation d'un moteur à quatre temps ordinaire. Tous les moteurs étaient du modèle type à quatre cylindres avec deux cylindres de manœuvre en prolongement. La figure 122 représente un moteur de 260 chevaux.

Pour les moteurs Diesel de marine plus puissants, c'est-à-dire dépassant un peu 500 chevaux mesurés au frein, la même firme construit un type de moteur différent, bien que le grand moteur comporte un grand nombre des détails essentiels qui caractérisent le précédent. MM. Swan, Hunter et Wigham Richardson construisent en Angleterre un modèle à peu près similaire qui constitue cependant une modification de leur propre modèle.

Comme dans le moteur décrit ci-dessus, le moteur est du type à double effet à deux temps, mais les cylindres de manœuvre disposés en prolongement des cylindres moteurs sont supprimés et remplacés par des pompes de balayage combinées avec des cylindres de manœuvre placés sous les cylindres moteurs réels.

Il existe ainsi une pompe de balayage pour chaque cylindre, mais le dispositif n'est pas exactement celui qui a été adopté dans beaucoup d'autres cas et connu sous le nom de piston à étages parce que les pistons des cylindres moteurs et la pompe à air sont tout à fait distincts et que l'air est comprimé par le piston de balayage pendant sa course de descente et non pendant sa course de montée. Le moteur est extrêmement simple sous beaucoup de rapports.

Contrairement à ce qui a lieu en pratique dans tous les autres types, le cylindre et la chemise sont fondus d'une seule pièce, le cylindre de la pompe de balayage étant tout à fait distinct. On emploie le balayage par lumières dans les petits modèles, et, comme il n'existe pas de soupape auxiliaire pour l'admission de l'air de balayage, on donne au piston une forme spéciale afin de dévier l'air vers le haut et vers le bas de manière à obtenir un bon balayage. L'avantage du balayage par lumière consiste dans le mode de construction de la culasse de cylindre qui ne comporte qu'une seule soupape qui est ordinairement la soupape d'admission de combustible placée au centre de la culasse. Cette soupape est du même type que celle que l'on a décrite à propos des petits moteurs Polar.

Le moteur est pratiquement du type ouvert et naturellement à cause de la disposition des pompes de balayage il n'y a ni tige de piston extérieure, ni bielle d'accouplement. Les cylindres sont supportés en arrière au moyen d'un bâtis de fonte qui porte également les guides des têtes de tiges de pistons et en avant par des colonnes d'acier moulé comme cela a lieu dans quelques autres moteurs, notamment ceux des types Sulzer et Werkspoor.

On a conservé dans ce moteur la caractéristique importante qui consiste à utiliser les cylindres de balayage pour effectuer le démarrage ; il en résulte que non seulement on obtient le dispositif de culasse le plus simple possible, mais qu'on évite l'admission nuisible d'air froid à l'intérieur de la chambre de combustion chaude pendant les opérations du démarrage. Cette solution comporte une certaine complication due à l'existence des soupapes dont est muni le cylindre de balayage, mais elle est à recommander sous d'autres rapports.

Le dispositif cependant peut être ramené à une simplicité de fonctionnement relative parce que, au moment du démarrage, une soupape à deux voies interrompt l'admission de l'air atmosphérique à l'intérieur de la pompe de balayage, permet à de l'air comprimé à une pression d'environ $5^{kg},2$ par centimètre carré de pénétrer au-dessous du piston du cylindre de balayage et fait démarrer le moteur.

Les soupapes d'admission et d'échappement disposées sur les pompes de balayage sont commandées mécaniquement au moyen de bielles à excentriques par un axe horizontal actionné par l'arbre manivelle.

Bien que la pression de l'air de démarrage dans la pompe de balayage ne doive atteindre que $5^{kg},2$ par centimètre carré il est fourni par des réservoirs timbrés à $10^{kg},4$ par centimètres carré à une soupape de détente qui ramène la pression à la valeur voulue.

Il existe pour chaque cylindre un levier servant à commander la soupape d'admission de combustible placée sur la culasse du cylindre et l'arbre à cames porte deux cames, l'une pour la marche avant, l'autre pour la marche arrière. Une caractéristique intéressante et commode de ce moteur consiste dans le fait que les deux cames ont un profil conique, de telle sorte que l'on n'est pas obligé de soulever le levier de la soupape de combustible quand on renverse le sens de la marche comme cela est ordinairement le cas quand on adopte les cames ordinaires à profil rectiligne. Il existe aussi une came à demi-vitesse pour la marche lente. Dans ce moteur, l'arbre à cames ne se déplace pas tout entier dans le sens longitudinal, comme à l'ordinaire ; on déplace seulement un manchon qui porte les deux cames au moyen d'un levier que l'on manœuvre de la plate-forme de démarrage. Suivant une pratique qui devient de plus en plus habituelle pour les moteurs de marine, il n'existe qu'une seule pompe à combustible pour chaque cylindre ; mais, au lieu de réunir toutes les pompes ensemble, comme on le fait fréquemment, chaque pompe montée devant son cylindre et actionnée par l'arbre à cames au moyen d'un excentrique, est placée un peu au-dessous de cet arbre. On a recours, pour contrôler la vitesse du moteur, à l'artifice ordinaire qui consiste à agir sur la soupape d'aspiration de la pompe à combustible, et, pour réaliser cette commande, il existe en avant du moteur un arbre de grande longueur relié à des leviers qui changent la course de la soupape d'aspiration de la pompe quand on tourne l'arbre, ce qui fait varier la vitesse du moteur. Le mouvement est obtenu au moyen d'un levier de contrôle placé sur la plate-forme de démarrage.

Les moteurs de ce type construits jusqu'à présent comportaient deux compresseurs distincts à deux étages actionnés au moyen de leviers par les têtes de tiges de pistons des deux cylindres centraux. Pour de plus grands moteurs, on emploiera sans doute des compresseurs à trois étages, et c'est ce qui a lieu en fait dans le moteur Neptune de MM. Swan, Hunter et Wigham Richardson.

Quand on renverse le sens de la marche, on change la durée de la course de la soupape d'admission de combustible, mais il est, de plus, nécessaire d'agir sur les soupapes d'aspiration et de refoulement de la pompe d'air de balayage pour les amener à 180° après le réglage ordinaire pour la marche avant. On obtient ce résultat d'une manière relativement simple en changeant les soupapes d'aspiration en soupapes de refoulement, et *vice versa*.

Les cylindres travaillent par paires et le dispositif adopté consiste à placer l'une au-dessus de l'autre les deux soupapes d'aspiration de deux cylindres adjacents tandis qu'il existe également pour les deux cylindres une soupape de refoulement au-dessus d'une autre soupape de refoulement. Au-dessus de l'enveloppe qui renferme les deux paires de soupapes d'aspiration et de refoulement existe ce que l'on peut appeler une boîte de distribution dans laquelle est placée une soupape que l'on peut déplacer vers la droite ou vers la gauche. En amenant cette soupape à l'extrême droite, les soupapes de refoulement de la pompe de balayage deviennent ses soupapes d'aspiration et les soupapes d'aspiration sont changées en soupapes de refoulement, ce qui permet d'obtenir pour les soupapes le mode de commande nécessaire quand le moteur marche dans le sens contraire.

Il existe pour le contrôle général et pour la commande du moteur un seul volant principal à main qui effectue toutes les opérations nécessaires pour renverser le sens de la marche et un levier qui sert à admettre l'air de démarrage aux cylindres de balayage pour le démarrage. Le volant déplace les blocs de cames dans le sens longitudinal de manière à amener à volonté soit la came de marche avant, soit la came de marche arrière sous le galet du levier de soupape, tandis qu'il existe également une position intermédiaire qui correspond à la position d'arrêt sur le volant. Il existe de plus une came à demi-vitesse qui est amenée au-dessous du galet du levier quand on veut fonctionner à marche lente pendant quelque temps.

En faisant tourner ce volant, les soupapes de distribution servant à admettre l'air à la pompe de balayage sont également actionnées en même temps, mais le moteur ne démarre que quand on agit sur le levier principal de démarrage placé sur la plate-forme de contrôle, de manière à admettre de l'air comprimé à 5 kilogs 273 par centimètre carré d'abord à deux cylindres de manœuvre, puis à quatre et finalement à six. On peut faire

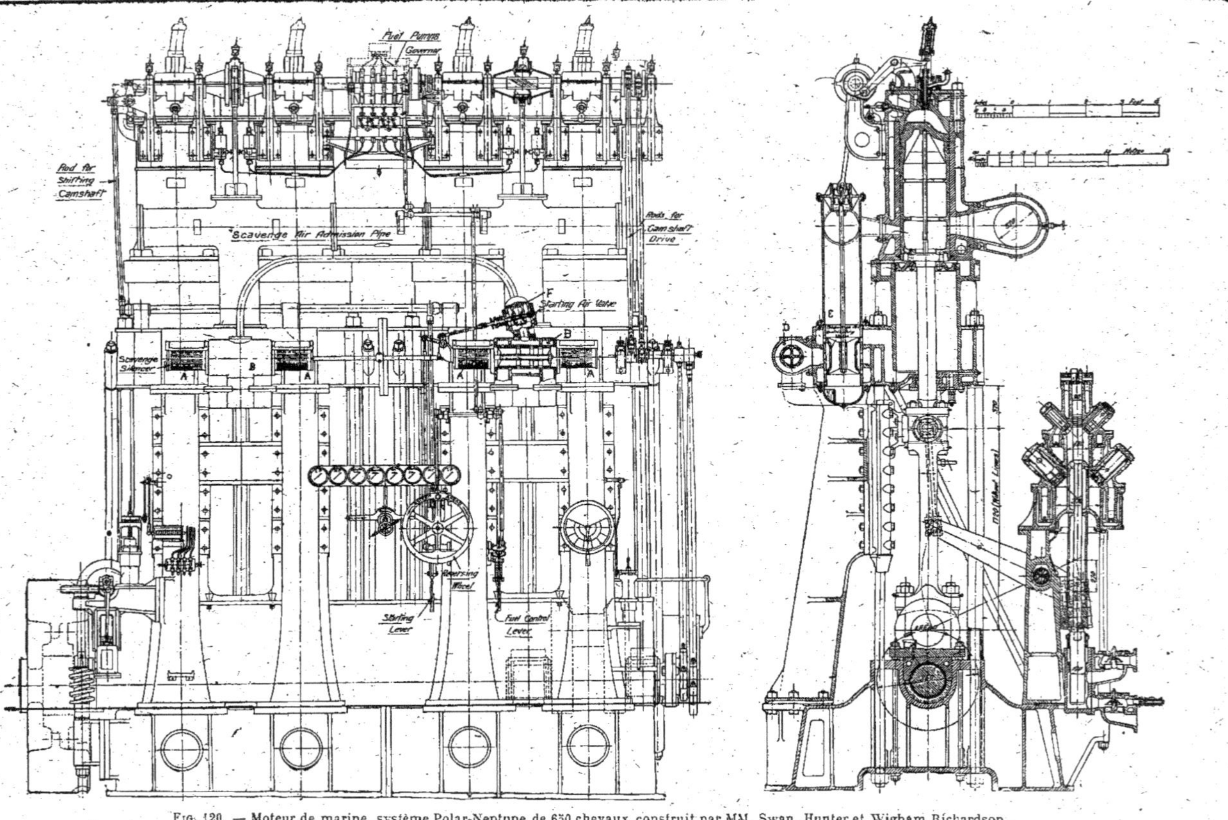

Fig. 120. — Moteur de marine, système Polar-Neptune de 630 chevaux construit par MM. Swan, Hunter et Wigham Richardson.

Fuel pumps = Pompes d'admission de combustible.
Governor = Régulateur.
Rods for camshaft Drive = Bielle de commande de l'arbre à cames.
Starting air valve = Soupape d'air de démarrage.

Fuel control lever = Levier de contrôle d'admission de combustible.
Scavenge air admission pipe = Tuyau d'admission d'air de ba-
lavage.
Starting lever = Levier de démarrage.

Rod for shifting camshaft = Bielle de commande de translation
de l'arbre à came.
Reversing wheel = Volant de l'appareil de changement de marche.
Without liners = Coussinets non compris.

Fig. 121. — Moteur, système Polar de marine, réversible à grande vitesse, pour sous-marins et pour yachts.

Fig. 122. — Moteur de marine, système Diesel-Polar.

remarquer incidemment que si le moteur est chaud il n'est pas nécessaire ordinairement d'agir sur plus de deux cylindres.

Pour régler la vitesse du moteur lors de la marche ordinaire, il existe une roue à
rochet que l'on manœuvre de la plate-forme de démarrage qui règle les soupapes d'aspiration des diverses pompes à combustible, le fonctionnement étant à peu près le
même que celui des moteurs fixes. Il existe un régulateur qui fait également varier
simultanément la course de toutes les soupapes d'aspiration des pompes d'admission de
combustible, mais cette commande n'est pas reliée du tout au mécanisme de réglage
de la soupape d'étranglement placé sur la plate-forme de démarrage.

Tous les cylindres sont munis de soupapes de décompression horizontales qui
peuvent être commandées de la plate-forme de démarrage au moyen d'un levier si
cela est nécessaire. Il n'est pas ordinairement essentiel que ces soupapes de décompression soient ouvertes, mais si l'on trouve que le démarrage du moteur est difficile, ce
qui peut être attribué à l'air comprimé qui agit sur la face inférieure des pistons de la
pompe de balayage quand le moteur essaie de partir, alors on peut ouvrir la soupape
de décompression et en même temps l'arrivée de l'air comprimé venant des soupapes
d'injection est coupée automatiquement.

On emploie de l'eau fraîche pour le refroidissement du piston, mais on utilise l'eau
de mer pour tous les autres usages. L'arrivée d'eau dans la tête de piston et le refoulement ont lieu au moyen de tuyaux concentriques disposés à l'intérieur de la tige de
piston elle-même, l'eau accédant à ces tiges de piston à travers les leviers qui actionnent
les pompes d'injection d'air sur le devant du moteur.

La firme Polar construit pour l'emploi à bord des sous-marins un nouveau type de
moteur à quatre temps qui est susceptible de tourner à une vitesse atteignant jusqu'à
500 tours et qui a été adopté à cause des difficultés du balayage et des autres ennuis
causés par les moteurs à grande vitesse à deux temps.

Modèles allemands. — MM. Krupp, de Kiel, ont construit un grand nombre
de moteurs à deux temps, système Diesel, dont plusieurs pour les marines militaires
allemande et italienne ; mais, récemment, la Société germano-américaine des pétroles a commandé, pour des bateaux-citernes, quatre moteurs de 1.250 chevaux chacun marchant à 140 tours par minute. Tous les moteurs dépassant 300 chevaux sont
établis sur le principe à deux temps, tandis que les moteurs d'une puissance inférieure
sont à quatre temps ; ils sont directement réversibles dans chaque cas, sauf quand il
s'agit de moteurs de très petites dimensions. La figure 123 représente un moteur de
marine réversible à deux temps, de 1.000 chevaux, récemment construit par MM. Krupp
pour l'Amirauté allemande, qui constitue le type général du moteur à deux temps.

Les cylindres moteurs, au nombre de six, sont divisés en deux groupes de trois cylindres
chacun, avec un compresseur d'air au centre et une pompe à air de balayage à chaque
extrémité. La figure montre bien le mode de construction particulier des chambres d'aspiration. Chaque pompe de balayage alimente trois des cylindres qui forment ainsi un
groupe complètement indépendant, de sorte que pour les faibles puissances on n'a

besoin de faire fonctionner que la moitié des cylindres moteurs ; on peut ainsi obtenir
une réduction plus forte de la puissance, avec une augmentation correspondante des
facilités de manœuvre. On emploie pour l'échappement des lumières ménagées dans les
fonds de cylindres, comme c'est l'habitude dans les cylindres à deux temps, et l'admission de l'air de balayage a lieu à travers des soupapes montées dans le plateau de
cylindre supérieur. Les chambres des manivelles sont complètement fermées ; des
portes de visite sont ménagées devant chaque cylindre pour l'examen des manivelles et
des coussinets.

Dans ce moteur on obtient le renversement du sens de la marche en employant
des cames de marche avant et des cames de marche arrière, calées sur le même arbre

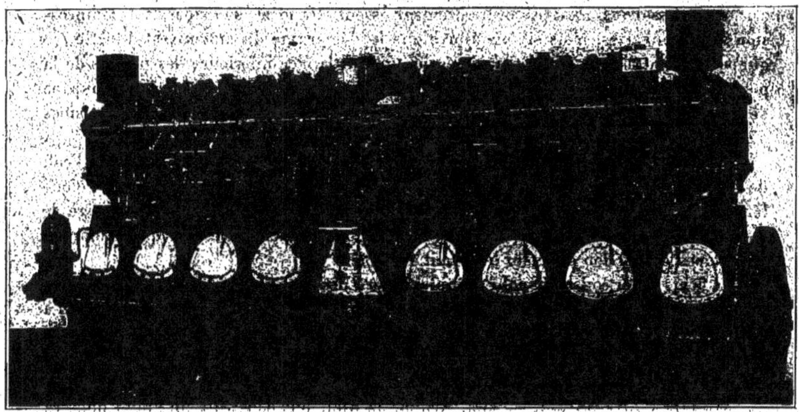

Fig. 123. — Moteur Krupp de 1.000 chevaux, à grande vitesse à deux temps.

à cames qui se déplace suivant le sens de son axe, pendant que le changement de
marche a lieu, de manière à amener les cames de marche avant ou arrière sous les
leviers commandant les soupapes qui doivent fonctionner. Les soupapes dont il est
nécessaire de modifier le moment d'ouverture pendant le renversement du sens de la
marche sont les soupapes d'admission de combustible, de démarrage et de balayage, à
moins que cette dernière ne soit remplacée par des lumières pratiquées dans le cylindre,
ce qui est quelquefois le cas. Les cames correspondant aux soupapes d'admission de
combustible et de balayage sont disposées à peu près comme le montre schématiquement la figure 124 ; il existe entre les pièces de cames correspondant à la marche avant
et à la marche arrière un méplat qui constitue une position de repos pour le galet du
levier de soupape quand le moteur est arrêté. La soupape de démarrage est munie de
deux cames séparées, l'une pour la marche avant, l'autre pour la marche arrière, l'une

ou l'autre pouvant être amenée dans la position de fonctionnement, suivant le sens de
marche désiré. Le renversement du sens de la marche peut être expliqué comme suit :
supposons que le moteur tourne en avant, dans ce cas les galets des soupapes d'admission d'air de balayage et de combustible occupent la position A dans la figure 124,
tandis que les deux galets des leviers de la soupape de démarrage sont soulevés bien
au-dessus de leurs cames de commande. Pour amener le moteur au repos, on fait mouvoir tout l'arbre à cames vers la gauche, d'une quantité égale à la moitié de la distance
qui existe entre les centres des cames de marche avant et de changement de marche.
Les galets de commande des leviers de soupape reposent alors sur le méplat du manchon de la came en B (fig. 124), et les soupapes ne s'ouvrent pas quand l'arbre à cames
tourne. Le déplacement de l'arbre à cames est obtenu au moyen d'un volant de manœuvre que l'on peut voir au milieu du moteur (fig. 123) et qui produit ce mouvement

au moyen d'un engrenage à vis. Les leviers des
soupapes d'air de balayage et d'admission de combustible étant dans leur position de repos, le moteur s'arrête ; le levier de la soupape de démarrage
pour le renversement de la marche est abaissé au
contact de sa came au moyen de l'un des deux
leviers que l'on peut voir au milieu du moteur ;
ceci amène un déplacement angulaire d'un arbre
placé sous l'arbre à cames, auquel il est relié par
de petites bielles d'accouplement. Les soupapes de
démarrage sont ouvertes, le moteur démarre en fonctionnant comme moteur à air et, après deux ou trois

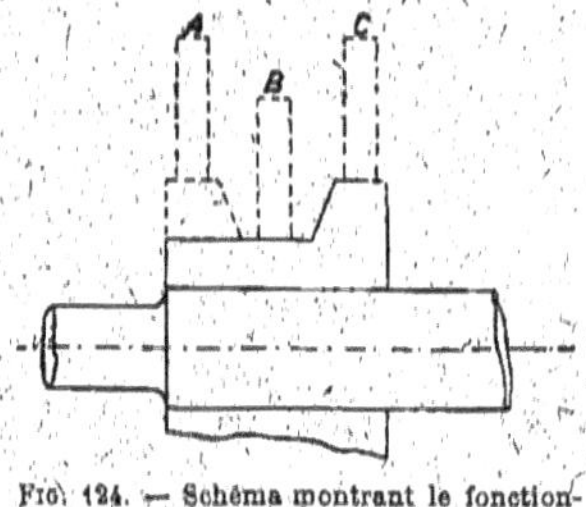

Fig. 124. — Schéma montrant le fonctionnement des cames d'un moteur Krupp.

tours, on soulève les leviers de la soupape de démarrage, puis on leur fait quitter leur
came en ramenant le levier principal de commande dans sa position médiane ; l'arbre à
cames continue à se déplacer vers la gauche d'une quantité égale à la première, jusqu'à ce que les galets des leviers de soupape soient dans la position C (fig. 124), qui
est la position de marche arrière. Le levier principal de démarrage qui commande les
soupapes de démarrage et la roue qui commande les déplacements de l'arbre à cames
sont convenablement enclanchés, de manière à empêcher que la soupape d'admission
de combustible puisse s'ouvrir pendant la période de démarrage.

MM. Krupp ont adopté un dispositif différent pour leur modèle de moteur à marche
lente qui convient aux grands cargo-boats et autres navires semblables : plusieurs moteurs de ce nouveau type ont déjà été construits. On a conservé le principe du moteur
à deux temps à simple effet et ce moteur ressemble sous beaucoup de rapports à celui
du type à crosse de tête de tige de piston ouverte qu'ont lancé MM. Carels et que nous
avons précédemment décrit. Tous les moteurs de dimensions diverses actuellement
construits (de 1.000 à 2.500 chevaux mesurés au frein) sont à six cylindres avec deux
cylindres de balayage disposés derrière le moteur et commandés par les crosses de têtes
de tiges de pistons des deux cylindres moteurs centraux, au moyen de leviers oscillants.

Les compresseurs qui fournissent l'air de démarrage et d'injection ainsi que l'air
nécessaire aux manœuvres sont commandés séparément, de sorte que le moteur pro-
prement dit ne comporte que les cylindres moteurs et les pompes de balayage. On
opère le balayage au moyen de soupapes ménagées dans le plateau de cylindre; il y en
a deux par cylindre, mais nous mentionne-
rons que ce dispositif n'est probablement pas
définitif. Comme on peut le remarquer en examinant les figures 125 et 126, les pompes de balayage sont supportées par le bâti du moteur et,
contrairement au dispo-sitif adopté par MM.
Carels, elles surplom-bent le niveau du parquet de la chambre des machines. Une boîte à
garnitures ménagée dans le fond de cylindre
empêche les gaz d'échap-pement de se répandre
dans la chambre des ma-chines.

Les cylindres sont supportés par un bâti
en A formé de colonnes creuses reliées à la plaque de fondation; les guides de têtes de tiges
de pistons, constitués par les faces internes des
colonnes de support, sont à refroidissement
d'eau. La figure 125

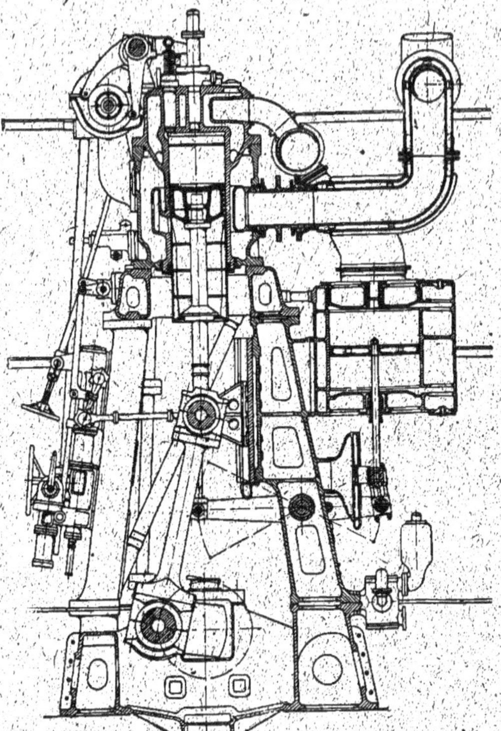

Fig. 125. — Coupe transversale d'un cylindre et de la pompe de balayage
d'un moteur Krupp de 1.250 chevaux.

montre comment est construit et disposé le piston : on voit que sa course est relativement longue en comparaison de l'alésage des cylindres. On peut faire remarquer
que les vitesses des moteurs de ce type varient de 100 à 160 tours par minute suivant leurs dimensions et suivant la vitesse des navires sur lesquels ils sont installés.
Les dispositifs adoptés pour le renversement du sens de la machine procèdent de

Fig. 126. — Moteur Diesel-Krupp de 1.250 chevaux.

Fig. 127. — Vue supérieure de deux moteurs à deux temps, système Krupp, de 1.250 chevaux, installés dans un navire à moteurs.

ceux qu'on a décrits à propos des moteurs à deux temps à grande vitesse de cette maison. Les cames de marche avant et de marche arrière sont toutes deux montées sur un arbre unique que l'on déplace longitudinalement pour amener les cames de marche avant et arrière au-dessous des leviers de soupapes, suivant le sens de rotation voulu. Le déplacement de l'arbre s'effectue soit à la main, soit au moyen d'un petit moteur à air comprimé ; un volant de manœuvre à main permet au moteur de fonctionner à l'air comprimé et finalement le combustible est amené sur tous les cylindres pour la marche à grande vitesse. Avant de déplacer l'arbre à cames longitudinalement, on soulève tous les leviers de soupapes au-dessus des cames, comme on le fait ordinairement dans les moteurs à deux temps quand on emploie ce mode de changement de marche.

Le poids de ce type de moteur est d'environ 113 kilogrammes par cheval mesuré au frein ; il consomme 200 grammes par cheval mesuré au frein, y compris le fonctionnement des pompes de balayage, mais sans compter les compresseurs d'air. On passe en 12 secondes de la pleine marche avant à la pleine marche arrière. La figure 128 représente le changement de marche.

Les moteurs Diesel, type marine, construits dans les ateliers de Nuremberg de la Fabrique de Machines d'Augsbourg-Nuremberg, sont à deux temps, mais ils se divisent en deux classes : le modèle léger et le modèle lourd ; le premier est surtout étudié pour les sous-marins, les canonnières et les torpilleurs, tandis que le dernier convient plutôt pour les cargo-boats et pour les navires à passagers.

Le modèle léger pèse environ de 13^{kg},608 à 15^{kg},876 par cheval-heure pour les moteurs puissants ; pour les petits moteurs, le poids par cheval-heure atteint 18^{kg},144, ce qui est un maximum.

Ordinairement les moteurs sont à six cylindres sans volant ou à quatre cylindres avec volant, mais on emploie quelquefois huit cylindres.

Les modèles types pour le moteur léger sont les suivants :

<pre>
 150   chevaux à 550 tours par minute.
 200   —   550
 300-500   —   500
 600   —   450
 900   —   420
1.200   —   400
</pre>

Nous donnons ci-dessous les dimensions approximatives de quelques-uns de ces moteurs :

		150	200	300	400	500	600
Puissance en chevaux-vapeur		150	200	300	400	500	600
Longueur totale	m.	3^{m},000	3^{m},502	3^{m},902	3^{m},400	4^{m},502	4^{m},800
Largeur totale	m.	0 ,679	0 ,800	0 ,892	1 ,029	1 ,092	1 ,203
Hauteur nécessaire pour le démontage	m.	1 ,327	1 ,505	1 ,701	1 ,905	2 ,000	2 ,102
Profondeur nécessaire au-dessous de l'axe de l'arbre manivelle	m.	0 ,349	0 ,368	0 ,432	0 ,451	0 ,483	0 ,502

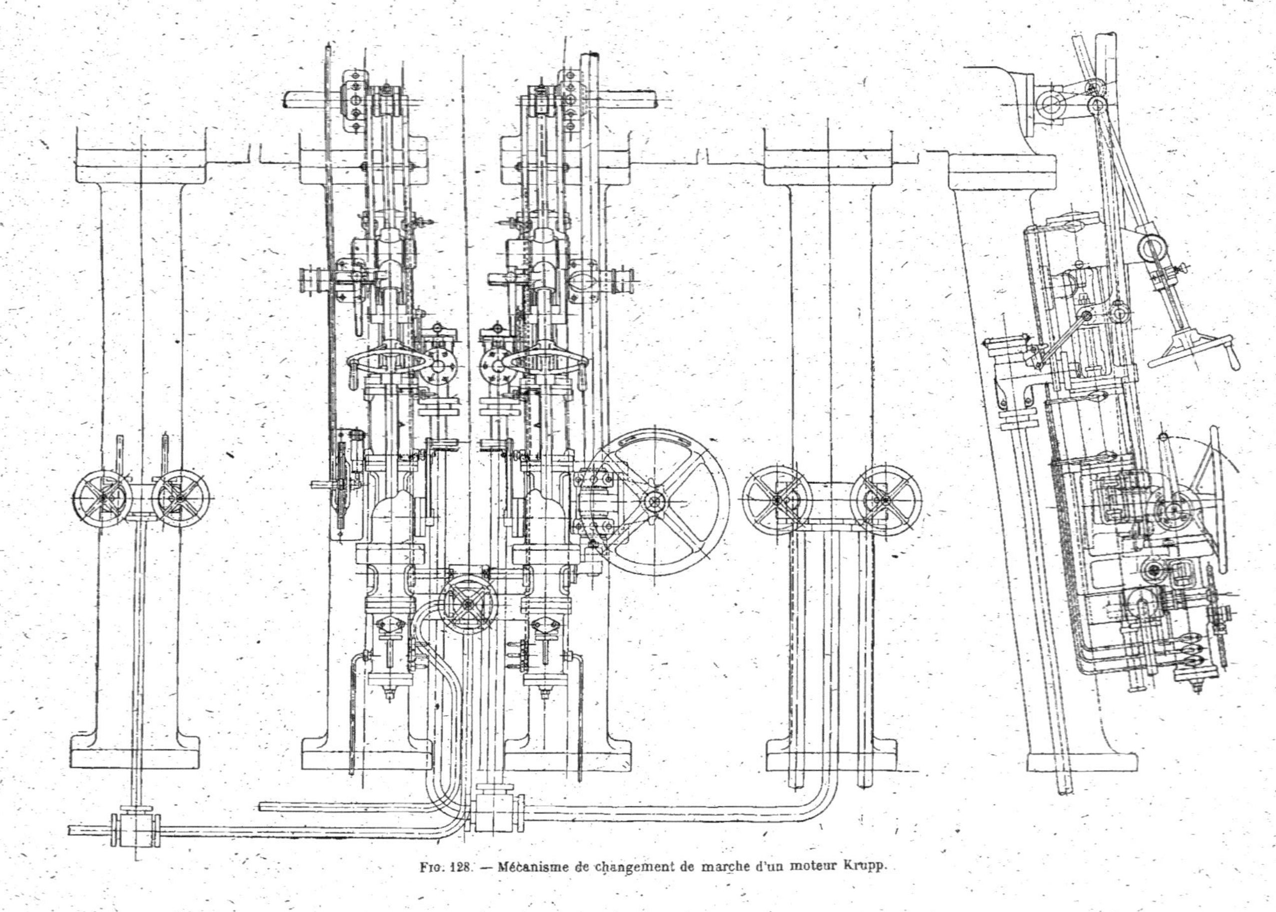

Fig. 128. — Mécanisme de changement de marche d'un moteur Krupp.

Fic. 129 — Moteur de marine à deux temps, système Krupp, de 1.250 chevaux.

Les vitesses habituelles des moteurs du modèle lourd sont les suivantes :

150-200 chevaux à 300-400 tours par minute
300-330   —   300-330
450-500   —   225-275
650-750   —   225-275
900   —   260
1.200   —   215

Les moteurs lourds sont meilleur marché, parce que le bâti et la plaque de fondation sont en fonte, tandis que pour les moteurs
légers on emploie ordinairement le bronze de man-
ganèse. La vitesse est également moindre et la
consommation de combustible est plus faible pour
le modèle lourd que pour le moteur léger.

Les grands moteurs sont munis de deux compresseurs à deux phases, qui fournissent l'air
nécessaire à l'injection et au démarrage, tandis
que les petits moteurs n'ont qu'un seul compresseur, ordinairement monté à l'une des extrémités
du moteur. Les pompes de balayage sont placées
sous les cylindres moteurs, à raison d'une par
cylindre ; les pistons sont agrandis au pied pour
former le piston de la pompe de balayage, il joue
ainsi le rôle que joue la tête pour la tige de piston. L'admission de l'air de balayage a lieu par les
soupapes ménagées dans le plateau supérieur du
cylindre.

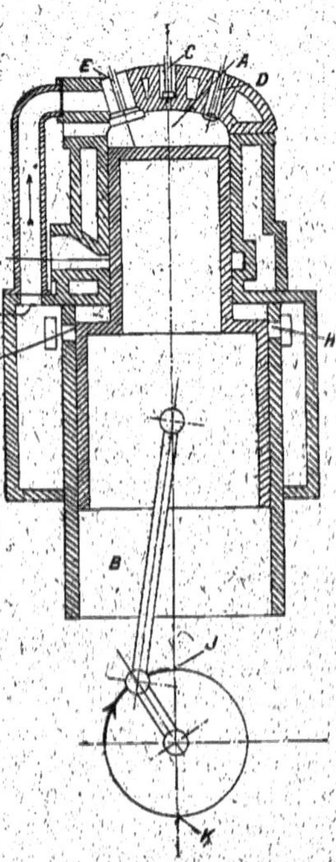

La disposition du cylindre moteur et du cylindre de balayage est représentée en coupe transversale (*fig.* 130) ; la surface transversale utile du
cylindre de balayage est égale à la différence entre
celle du cylindre moteur et celle du cylindre de
balayage lui-même, comme le volume d'air de balayage nécessaire est ordinairement compris entre
1,2 et 1,5 fois le volume engendré par le piston du
cylindre moteur, le diamètre du piston de balayage
représente 1,4 à 1,6 fois celui du piston moteur, le
dernier chiffre correspondant aux moteurs à grande
vitesse.

Dans la figure 130 qui est un simple schéma,
A représente le cylindre moteur, B le cylindre
de balayage, C la soupape d'admission de combustible, D la soupape de démarrage et E la soupape d'admission d'air de balayage. F est la soupape d'échappement

Fig. 130. — Représentation schématique
d'un moteur de marine à deux temps,
type marine de la Société de Nuremberg
montrant la disposition des appareils de
balayage.

qui débouche dans le cylindre de balayage, à travers laquelle l'air de balayage passe après avoir été comprimé à quelques kilogrammes au-dessus de la pression atmosphérique, *pour pénétrer dans le réservoir G, au sortir duquel il entre dans le cylindre moteur à travers la soupape E, quand cette dernière soupape s'ouvre.* H est la soupape d'admission du cylindre de balayage, à travers laquelle l'air est aspiré pour pénétrer à l'intérieur du cylindre de balayage, pendant la course d'aspiration ou de descente du piston. Dans la position que représente la figure, le piston moteur vient d'achever sa *course de compression ou de montée pendant laquelle l'air est comprimé à la pression nécessaire,* pour que la combustion du fluide ait lieu quand la manivelle est sur le point *d'atteindre le point mort supérieur J, la soupape d'admission de combustible s'ouvre et* la combustion a lieu ; le piston s'élance pour accomplir sa course utile ou de descente pendant que H est également ouvert, et que l'air est aspiré à l'intérieur du cylindre de balayage. Un peu avant que la manivelle atteigne le point mort inférieur K, la *soupape E s'ouvre ; l'air de balayage, provenant du réservoir G, fait son entrée et chasse les gaz d'échappement dans le cylindre moteur à travers les lumières* L, qui sont alors *découvertes par le piston, F étant fermé et H ouvert pendant toute la durée de cette course.* Quand la manivelle passe le point mort, F s'ouvre et H se ferme, tandis que la soupape reste ouverte jusqu'au moment qui suit la fermeture des lumières L par le piston ; alors elle se ferme et, pendant le reste de la course ascendante, F est maintenu ouvert, le réservoir G est chargé d'air de balayage provenant du cylindre de balayage, tandis que l'air est comprimé dans le cylindre moteur. Quand on met le moteur en marche en admettant de l'air par la soupape de démarrage D, comme ordinairement, cet air se détend dans le cylindre à travers les lumières d'échappement en admettant l'air de balayage par la soupape de balayage E, aussi longtemps que ces lumières restent découvertes par les pistons.

Les pistons moteurs sont à refroidissement d'huile et les chemises d'eau des cylindres ont des carters amovibles dont on se sert pour les nettoyages que rend nécessaire l'emploi de l'eau de mer pour le refroidissement.

Le graissage se fait sous pression ; l'huile traverse un appareil réfrigérant et peut être utilisée à nouveau. Dans tous les moteurs à deux temps dans lesquels on emploie des soupapes de balayage au lieu de lumières, il faut, lors du renversement du sens de la marche, modifier les moments d'ouverture des trois soupapes, c'est-à-dire des soupapes de démarrage, d'entrée d'air et de balayage. Pour les deux dernières soupapes, cette modification a lieu en faisant tourner l'arbre à cames lui-même d'un certain angle (environ 30° dans le cas du moteur de Nuremberg) ; de cette manière, chaque soupape de balayage et chaque soupape d'admission de combustible n'exige qu'une seule came pour les marches avant et arrière. Afin que les soupapes de balayage et d'admission de combustible puissent être amenées ensemble dans la position de renversement du sens de la marche, par le même déplacement de l'arbre à cames, il faut qu'il existe un rapport défini entre les angles d'ouverture et d'admission anticipée de ces soupapes. C'est ce que nous pourrons mieux expliquer en nous reportant à la figure 131, qui représente l'épure des positions des manivelles du moteur, A étant le point mort supérieur, et E le point mort inférieur. La question à résoudre est de déterminer l'angle d'ouverture (par rapport à la rotation de l'arbre manivelle) des soupapes de balayage et d'admission de combustible, de telle manière que les cames commandant les leviers de ces soupapes aient un axe de symétrie ; il en résultera qu'un seul changement de l'angle de l'arbre à cames suffira pour amener les soupapes d'admission de combustible et de balayage dans la position nécessaire pour le renversement du sens de la marche.

Dans la figure 131, B est le point d'admission du combustible, *d* étant l'angle d'admission anticipée. La soupape se ferme en D de telle sorte que *a* soit l'angle total d'ouverture. K représente le point où se produit le découvrement des lumières d'échappement, et L est leur point de fermeture ; mais ces éléments de la marche restent en dehors de la question, parce qu'évidemment il est inutile de les modifier pour renverser le sens de la marche. En F, la soupape

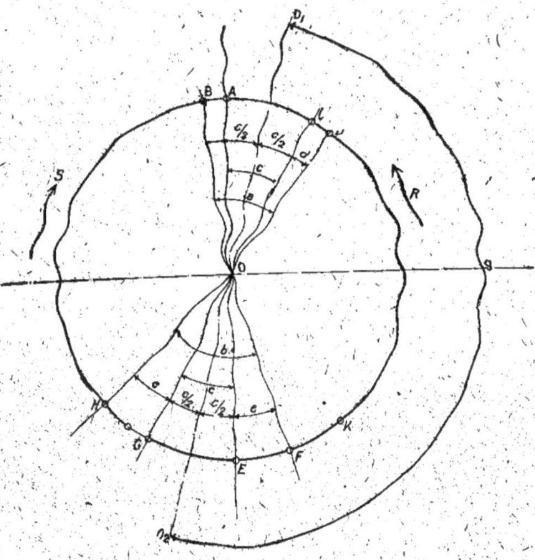

Fig. 131. — Épure du mécanisme de changement de marche d'un moteur de la Société de Nuremberg.

de balayage s'ouvre, H étant le point de fermeture et *b* l'angle total d'ouverture. L'angle d'admission anticipée pour l'air de balayage est *e*.

Les angles totaux d'ouverture de la soupape d'admission de combustible *a*, et de la soupape de balayage *b*, sont tels que l'on ait :

$$a = c + 2d$$

et

$$b = c + 2e ;$$

en d'autres termes, l'angle d'ouverture dans les deux cas est le double de l'angle d'admission anticipée plus un angle constant *c*. Dans l'épure, si l'on mène les bissectrices OO_1 et OO_2 des angles *a* et *b*, il est facile de démontrer que l'angle *g* est égal à 180° et que par conséquent la droite O_1O_2 est l'axe de symétrie des cames de la soupape d'admission de combustible et de la soupape de balayage.

Pour expliquer comment se produit le renversement du sens de la marche, supposons que l'on veuille faire tourner le moteur dans le sens de la marche avant, comme l'indique la flèche S ; A et B sont les points morts supérieur et inférieur de la manivelle ; les angles BOA ou d et FOE ou e sont respectivement les angles d'admission anticipée des soupapes d'admission de combustible et de balayage.

Quand on lance le moteur dans le sens de la marche arrière au moyen de l'air comprimé, comme on vient de l'expliquer, la manivelle tourne dans le sens indiqué par la flèche R, et, pour amener les cames dans la position voulue, il suffit de déplacer l'arbre à cames d'un angle égal à C', de sorte que, dans l'épure, C et G deviennent respectivement les points morts supérieur et inférieur. Les angles d'admission anticipée respectifs des soupapes d'admission de combustible et de balayage sont alors DOC ou d et GOH ou e qui sont exactement les mêmes que dans le cas de la marche avant. Les cames sont par conséquent dans la position voulue pour le renversement du sens de la marche, et le fonctionnement est exactement le même que si le moteur tournait dans le sens de la marche avant.

En ce qui concerne la soupape de démarrage, l'ouverture de la soupape n'aurait lieu que pendant une courte période, si l'on ne faisait tourner sa came que d'un angle de 30°, parce que l'angle d'ouverture serait aussi égal à 30°, plus le double de l'angle d'admission anticipée qui est petit. Il s'ensuit que le couple de démarrage ainsi produit serait insuffisant et que l'on doit avoir recours à un autre moyen. Le dispositif employé consiste à munir chaque soupape de démarrage de deux cames (une pour chaque cylindre, évidemment), une came pour la marche avant et une came pour la marche arrière. Ces cames commandent une petite soupape qui règle l'admission de l'air comprimé à la soupape de démarrage, et le sens de rotation du moteur au moment du démarrage est déterminé suivant celle des cames qui est amenée dans la position de fonctionnement.

Un simple levier commande tout l'appareil de changement de marche. Pour l'arrêt, on le place dans la position médiane, tandis qu'on le déplace vers la droite pour la marche avant, et vers la gauche pour la marche arrière ; son déplacement permet à l'air d'injection d'accéder à la soupape d'admission d'air correspondant à la marche avant ou à celle qui correspond à la marche arrière, soupapes dont il a été question plus haut. Quand le moteur démarre dans le sens voulu, il place automatiquement les cames des soupapes d'admission de combustible et de balayage dans la position convenable, c'est-à-dire que, pour la marche arrière, il fait tourner l'arbre à cames d'un angle de 30°. Ce déplacement s'obtient en entraînant l'arbre vertical intermédiaire qui commande l'arbre à cames horizontal, au moyen d'un accouplement à griffes dont les dents ou griffes ont un jeu correspondant à un angle de 30°, au lieu que leurs surfaces portent exactement l'une contre l'autre, comme cela a ordinairement lieu dans ces accouplements. Quand le moteur tourne dans le sens de la marche avant, les faces antérieures des griffes de la moitié de l'accouplement clavetée sur l'arbre manivelle portent complètement contre les faces postérieures de la moitié de l'accouplement fixée à l'arbre vertical. Quand on renverse le sens de la marche du moteur, en faisant mouvoir le levier de commande et en démarrant à l'air comprimé, la moitié de l'accouplement clavetée sur l'arbre manivelle tourne librement d'un angle de 30°, quand les faces postérieures de ses dents viennent au contact des faces antérieures des griffes de la moitié de l'accouplement calée sur l'arbre vertical. L'accouplement entraîne alors cet arbre et, par suite, l'arbre à cames dans cette position ; il en résulte que l'arbre à cames tourne automatiquement d'un angle de 30° par rapport à l'arbre manivelle et que les cames sont ainsi dans la position requise pour la marche arrière.

Pour empêcher qu'il y ait du jeu dans l'accouplement pendant que le moteur marche, ses deux moitiés sont maintenues en contact par de puissants ressorts.

Les moteurs ont six ou huit cylindres et les manivelles sont calées à 120° ou à 90°, dans les deux cas respectivement. La figure 132 représente la disposition générale de ce type de moteur dont elle donne une coupe longitudinale. Les pompes à air, montées à l'extrémité antérieure du moteur, consistent en deux compresseurs à deux étages ; elles peuvent être comparées aux moteurs de sous-marins des systèmes Krupp et autres. Les manivelles motrices de ces deux pompes sont calées à 180°, dispositif qui contribue considérablement à donner au moteur une marche très douce. Les cylindres peuvent être de fonte ou d'acier coulé et les pistons sont refroidis à l'huile, point qui présente un grand intérêt. On peut réduire le nombre de tours de 20 0/0 par rapport à la pleine vitesse normale du moteur.

Les pompes de circulation de l'eau de refroidissement sont actionnées par le moteur ; l'eau, après avoir traversé les chemises des cylindres de la pompe à air, les paliers, le refroidisseur à huile, les cylindres, les soupapes d'échappement, est ensuite évacuée à la mer.

Le graissage a lieu sous pression ; la pression de l'huile varie de 2 kilogrammes à $3^{k\text{s}},5$ par centimètre carré. Après avoir traversé l'arbre manivelle creux et les tourillons, elle est ensuite utilisée pour le refroidissement des pistons.

Ces moteurs ont une consommation relativement faible voisine de 200 grammes à l'heure par cheval indiqué, chiffre qui peut être regardé comme très satisfaisant pour ce type de moteur.

Les figures 133 et 135 représentent un des moteurs du type lourd (ce qui, comme on se le rappelle, est simplement un terme de comparaison). Un moteur de 900 chevaux de ce type, tournant à 250 tours par minute, a six cylindres de 360 millimètres de diamètre ; la course des pistons est de 600 millimètres. Les compresseurs à deux étages, actionnés directement par l'arbre manivelle, ont des cylindres dont les diamètres sont respectivement de 200 et de 100 millimètres avec une course de pistons de 450 millimètres. Les pistons sont refroidis au moyen de l'huile de graissage et les cylindres ont une chemise de refroidissement à circulation d'eau ordinaire. Les pompes à huile et les pompes de circulation de l'eau de refroidissement sont disposées sur le devant du moteur principal. Le poids de ce moteur estimé d'après sa puissance calculée de 900 chevaux est d'environ 55 kilogrammes par cheval mesuré au frein. A titre d'indication des surcharges que peuvent admettre les moteurs Diesel, on peut citer que ce moteur peut être poussé à 300 tours et développer 1.100 chevaux d'une manière continue. La vitesse minimum à laquelle le moteur tourne est de 50 tours par minute, ce qui représente 20 0/0 de la pleine vitesse normale; elle suffit pour toutes

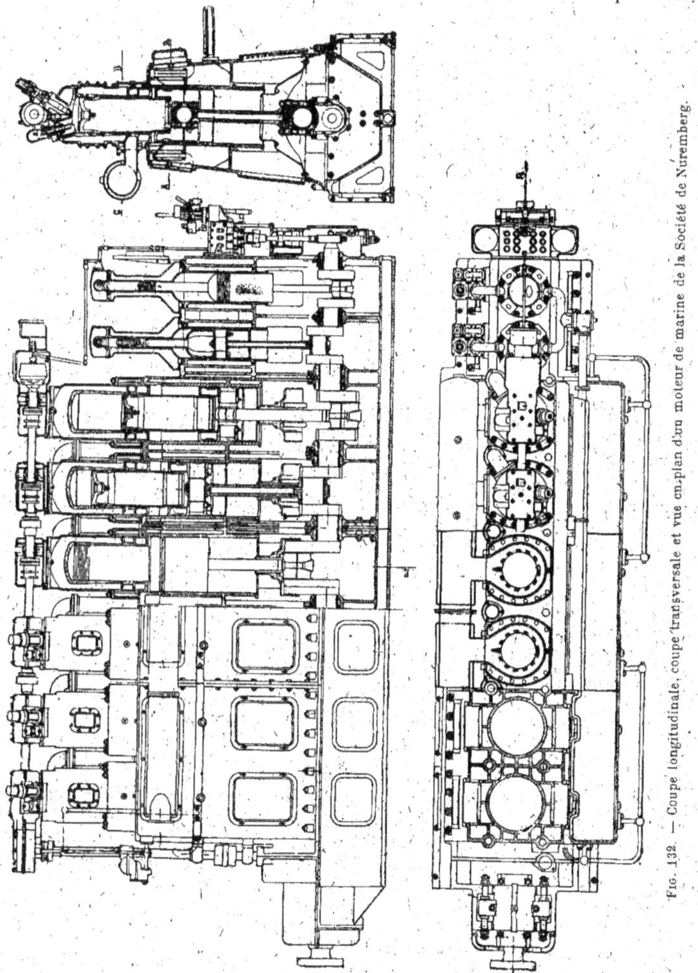

FIG. 132. — Coupe longitudinale, coupe transversale et vue en plan d'un moteur de marine de la Société de Nuremberg.

les manœuvres et on l'obtient en stoppant complètement trois cylindres. La consommation de combustible, qui est d'environ 213 grammes par cheval mesuré au frein, est légèrement supérieure à celle des meilleurs moteurs Diesel de marine à marche lente à bâti ouvert qui ont ordinairement une consommation de 190 à 200 grammes par cheval-heure mesuré au frein.

Pour les grandes puissances, la Société de construction de moteurs d'Augsbourg-Nuremberg construit un type intermédiaire de moteur ressemblant sous beaucoup de rapports à ceux des systèmes Krupp et Carels. C'est un type de moteur à bâti ouvert correspondant aux puissances de 1.000 à 2.000 chevaux, naturellement beaucoup plus lourd que les moteurs relativement légers que l'on vient de décrire; son poids varie de 82 à 100 kilogrammes, suivant les dimensions et les cas; la vitesse varie de 100 à 150 tours par minute.

Les pompes de balayage, montées sur le côté du moteur principal, sont commandées par les têtes de crosses de pistons au moyen de leviers oscillants; on a abandonné pour ce type de moteur le piston à fourreau. Les compresseurs sont actionnés directement par l'arbre manivelle, comme à l'ordinaire, au moyen d'un maneton calé à l'extrémité antérieure du moteur.

La Société de construction de machines d'Augsbourg-Nuremberg construit actuellement un type de moteur à deux temps à double effet qui diffère, sous plusieurs rapports du type à simple effet, sauf en ce qui concerne le principe même du fonctionnement.

Les moteurs ont trois cylindres moteurs et les cylindres de balayage sont séparés bien qu'il y en ait toujours un pour chaque cylindre moteur. Ces pompes

Fig. 133. — Vue par bout d'un moteur de marine de la société de Nuremberg.

de balayage peuvent être montées soit en prolongement des cylindres principaux et commandées directement par l'arbre manivelle, ou disposées devant le moteur et actionnées par des leviers reliés aux têtes de crosses de pistons. Des soupapes d'admission de combustible et de démarrage sont disposées aux deux extrémités des cylindres et sont commandées par des arbres à cames distincts montés sur le devant des moteurs ; le mode de changement de marche est le même que celui qu'on a déjà décrit pour le moteur à simple effet, mais la coulisse de changement de marche commande les deux arbres à cames. Comme on l'a indiqué précédemment en discutant ce type de moteur, il existe dans le fond de chaque cylindre deux soupapes d'admission de combustible combinées avec la boîte à garnitures qui est du même type que celle des moteurs à gaz à double effet.

Fig. 134. — Moteur de sous-marin de 900 chevaux, système M. A. N.

Pour fonctionner aux marches lentes, on peut paralyser les soupapes d'admission de combustible placées dans les fonds de cylindres et alors le moteur marche à simple effet.

L'air de balayage pénètre ordinairement des deux côtés à la fois, et il existe des tuyaux d'échappement devant et derrière le moteur.

On a adopté les modèles suivants ; des moteurs de 1.000 chevaux sont déjà en marche et deux moteurs de 1.500 chevaux ont également été construits :

Puissance en chevaux indiqués	Nombres de tours par minuté
750-1.100	100-140
1.100-1.900	100-140
1.700-2.700	100-140
2.400-3.800	100-140
3.100-4.900	100-140
4.100-5.200	100-120

Fig. 135. — Moteur normal de marine type Nuremberg, à grande vitesse.

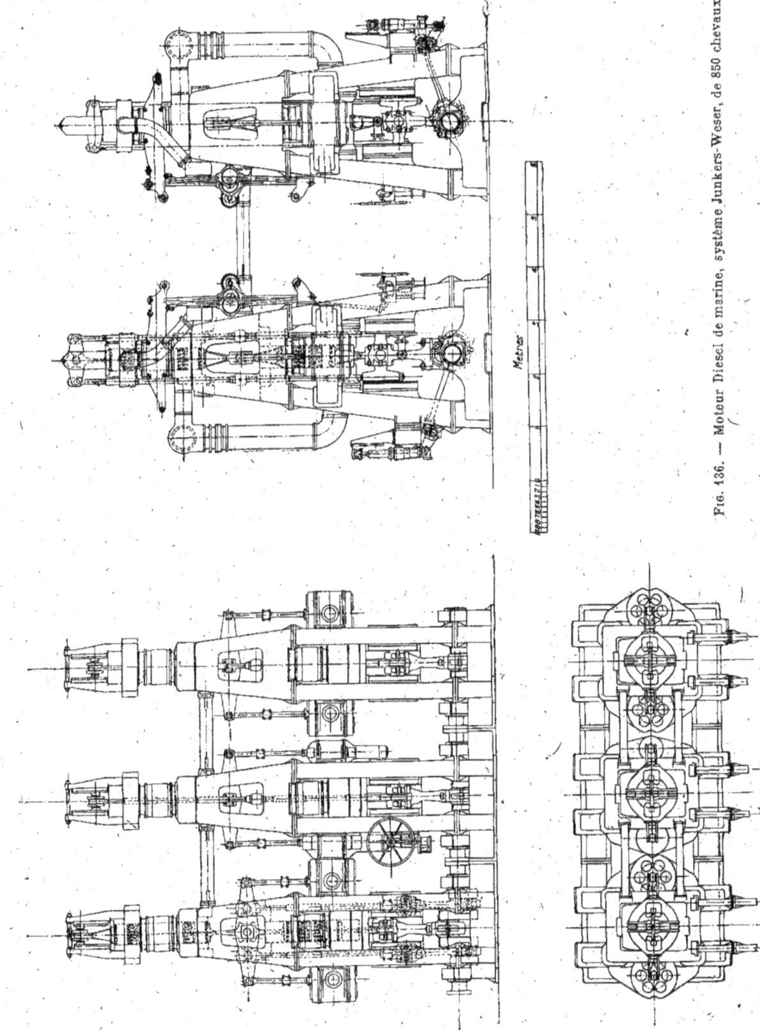

Fig. 136. — Moteur Diesel de marine, système Junkers-Weser, de 850 chevaux.

Le moteur du professeur Junkers est celui qui s'éloigne le plus de la pratique ordinaire en ce qui concerne le mode de construction des moteurs Diesel, bien

FIG. 137. — Moteur de marine, système Junkers-Weser, de 850 chevaux.

qu'il y ait appliqué plusieurs dispositifs bien connus empruntés aux moteurs à gaz.

Deux pistons se meuvent dans chaque cylindre; ils partent en même temps du centre l'un vers l'extérieur, l'autre vers l'intérieur. Le piston inférieur commande l'arbre manivelle de la manière ordinaire par l'intermédiaire d'une bielle motrice tandis que le piston inférieur est relié au moyen d'un levier à traverse à deux longues bielles latérales extérieures au cylindre accouplées à des bielles motrices attaquant des manivelles calées sur l'arbre moteur.

Le cylindre est ouvert au sommet et au fond et les seules soupapes nécessaires sont une ou deux soupapes d'admission de combustible placées au milieu du cylindre. Ces soupapes, évidemment horizontales, injectent l'huile combustible entre les deux pistons quand ils atteignent le milieu du cylindre. Dans le moteur Junkers on peut réaliser un balayage très efficace, la disposition des lumières est telle que les lumières de balayage sont placées au fond du cylindre tandis que les lumières d'échappement sont au sommet, et l'on peut donner ainsi à ces dernières des dimensions plus considérables qu'à l'ordinaire à cause de la plus grande surface disponible. Quand les pistons atteignent l'extrémité de leur course d'aller, l'air pénètre par les lumières de balayage, balaye le cylindre de bas en haut puis sort par les lumières d'échappement placées au sommet du cylindre. Il n'est pas douteux que cette méthode soit très satisfaisante particulièrement parce que l'air de balayage est presque froid, ce qui n'est pas le cas pour la plupart des autres systèmes de balayage. Ordinairement, deux pompes de balayage à double effet, actionnées directement par l'arbre manivelle, et munies de soupapes automatiques, sont montées à l'extrémité du moteur. Si on le désire à cause du manque de place, ces pompes peuvent être disposées perpendiculairement au moteur et commandées par les têtes de tiges de pistons, comme dans le cas des moteurs Carels et autres.

Ordinairement, chaque cylindre est pourvu d'une pompe d'alimentation de combustible et le régulateur règle l'admission de combustible au moyen de la soupape d'aspiration de la pompe. Le mode de changement de marche est relativement simple à cause du petit nombre des soupapes ; il consiste à faire varier l'angle que fait l'arbre à cames avec l'arbre manivelle. On démarre à l'air comprimé ; le compresseur est ordinairement du type à commande indépendante. On a construit des petits modèles de ces moteurs développant de 100 à 1.200 chevaux.

Types anglais. — Il existe deux modèles intéressants de moteurs Diesel de marine qui ont pris un certain développement en Angleterre. Bien qu'ils ne soient probablement pas destinés à être fabriqués commercialement sur une grande échelle, ils présentent quelques points remarquables, notamment parce qu'ils montrent la tendance des opinions que professent, en matière de construction de moteurs Diesel, les techniciens qui considèrent la question avec indépendance.

Le moteur Tanner-Diesel, représenté par la figure 138, est peut-être le seul qui montre un écart très marqué par rapport à la pratique ordinaire, et un moteur d'essai de ce type a été construit par MM. Workmann, Clark et C°. Il est du type à simple effet à deux temps, et dans le but de le rendre spécialement approprié à la réalisation des grandes puissances, il comporte certaines caractéristiques qui le rendent particulièrement intéressant.

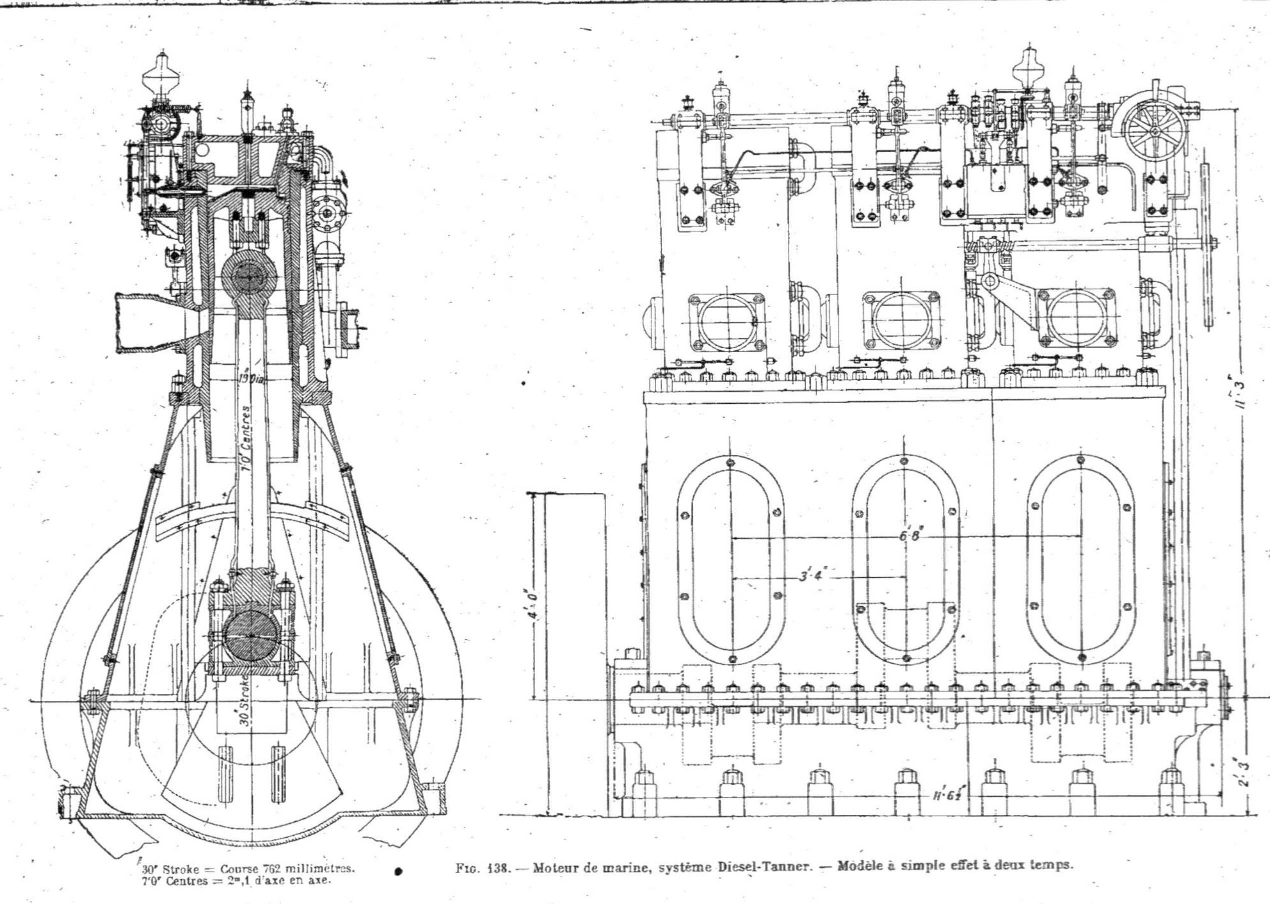

30" Stroke = Course 762 millimètres.
7'0" Centres = 2m,1 d'axe en axe.

Fig. 138. — Moteur de marine, système Diesel-Tanner. — Modèle à simple effet à deux temps.

On a autant que possible supprimé les soupapes et, dans l'état actuel des progrès faits par le moteur Diesel, il ne paraît pas douteux que cette tendance ne soit généralement accueillie avec faveur. Les lumières de balayage, placées au fond du cylindre, ne méritent pas d'observation spéciale; on n'emploie pas de soupape auxiliaire comme dans le type Sulzer. Les lumières occupent une moitié de la circonférence, l'autre moitié étant utilisée pour les lumières d'échappement. Au lieu d'une pompe de balayage actionnée par un moteur distinct, ou directement accouplée sur l'arbre-manivelle, on emploie une turbo-soufflerie dont l'avantage est de fournir un rendement relativement plus élevé et de permettre un réglage plus facile du débit d'air. Il semble que ce dispositif présente certains avantages dans le cas des grandes unités, bien que, pour les petites puissances, il soit quelque peu désavantageux d'augmenter le nombre des appareils auxiliaires dont la surveillance exige une attention spéciale. La pression de l'air de balayage, qui est d'environ $1^{kg},7$ par centimètre carré, est plutôt moindre que la pression ordinairement employée.

Dans ce système, il semble qu'on ait surtout cherché à obtenir un mode de construction approprié au moteur à double effet, avec des modifications aussi faibles que possible, et la culasse a été complètement débarrassée de soupapes, à l'exception d'une soupape de sécurité non réversible destinée à éviter toute compression excessive. Les deux soupapes d'admission de combustible et de démarrage sont disposées horizontalement, ce qui constitue une innovation.

Le moteur, du type à bâti fermé, a un piston à fourreau, mode de construction qui cependant ne paraît pas devoir être définitif, particulièrement pour les grands moteurs, bien que, même dans un type dénommé à bâti fermé, les organes puissent être rendus facilement accessibles par le démontage des légers panneaux disposés sur la face antérieure du carter des manivelles. Les cylindres sont supportés par des colonnes d'acier, analogues à celles du moteur de marine Sulzer.

Contrairement à la pratique ordinaire, les pistons du moteur ne sont pas munis d'un dispositif spécial de refroidissement, et, afin de prévenir toute surchauffe du métal, on a eu recours à des plaques formant écran qui protègent le corps du piston contre les températures excessives; mais ce dispositif est peut-être appelé à être modifié. La question du renversement du sens de la marche est rendue plus simple par l'absence de soupapes et, pour chaque soupape d'admission de combustible, il existe trois cames, une pour la marche avant, une pour la marche arrière et la troisième pour une admission à 50 0/0; cette dernière constitue une nouveauté. En réalité on obtient le changement du sens de la marche au moyen d'un grand volant que l'on peut voir sur la figure 138 qui représente un moteur Tanner-Diesel. Ce volant agit sur une soupape de distribution; un tiroir passe sur trois lumières dans un moteur à trois cylindres, ce qui détermine l'admission de l'air de démarrage aux trois cylindres l'un après l'autre. Le sens de rotation du moteur lors du démarrage dépend du sens dans lequel on fait tourner le grand volant, soit vers la gauche soit vers la droite; cette manœuvre force l'une des deux soupapes à s'ouvrir et à admettre l'air à la soupape de distribution. Dans la position normale du volant, l'admission d'air est coupée. Pour amener les cames d'admission de combustible dans la position voulue, on fait tourner automatiquement l'arbre à cames d'un angle de 36°; un dispositif analogue a été adopté dans les moteurs M. A. N. décrits ci-dessus.

Le premier cylindre d'essai, construit sur les dessins de Tanner, avait 483 millimètres d'alésage et 762 millimètres de course; il développait de 250 à 300 chevaux indiqués à la vitesse de 150 tours par minute.

Pour passer de ce moteur au type à double effet, il faudrait disposer un autre cylindre au-dessus du premier, avec une tige de piston commune reliant les deux pistons.

Le moteur Doxford-Diesel, tel qu'il est construit par MM. Doxford et Sons, ressemble sous beaucoup de rapports aux moteurs que l'on construit sur le continent. Il est du type à simple effet à deux temps et il est muni d'une soupape de balayage et d'un arbre à cames placé à la partie supérieure du cylindre. Le moteur monocylindrique, représenté dans

Fig. 139. — Moteur Diesel-Doxford construit pour essais.

la figure 139, a un alésage de 495 millimètres et une course de 940 millimètres; il développe environ 250 chevaux mesurés au frein, à la vitesse de 130 tours par minute.

Le renversement du sens de la marche s'obtient en faisant tourner l'arbre à cames d'un angle de 38° par rapport à l'arbre moteur; conformément à l'usage suivi dans cette classe de moteurs dans lesquels on emploie quatre soupapes de balayage par cylindre, celles-ci sont commandées par paires au moyen de deux cames calées sur l'arbre à cames. Étant donné que le renversement du sens de la marche est obtenu en faisant tourner l'arbre à cames, il existe deux cames et deux galets distincts, placés côte à côte, et destinés à la commande de la soupape d'air de démarrage, parce que l'angle dont il faut faire tourner l'arbre pour amener les cames de la soupape d'admission de combustible à la position voulue est trop faible pour amener à leur place les soupapes à air. La construction de ce type de moteur est actuellement abandonnée.

Moteur à simple effet à quatre temps. — Modèle hollandais. — Comme on l'a expliqué, le moteur à quatre temps n'est probablement pas la solution définitive du problème posé par l'application du moteur Diesel aux besoins de la marine, mais plusieurs constructeurs l'ont adopté, parce qu'il constitue le point de départ le plus facile pour passer du moteur fixe au moteur type marine. Le moteur de

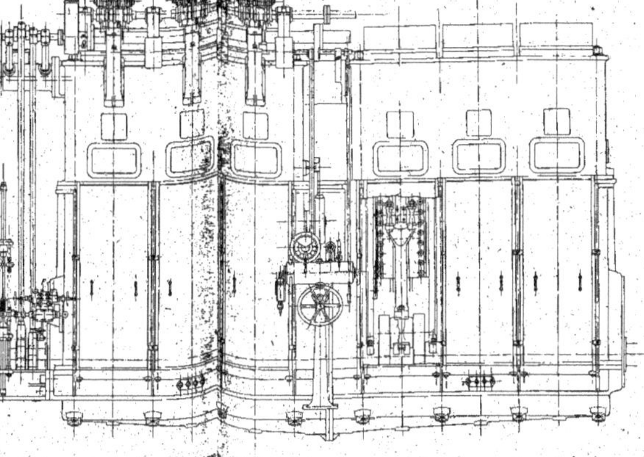

Fig. 140. — Moteur de 500 chevaux du « Vulcanus ».

navire construit par la Fabrique néerlandaise de machines d'Amsterdam appartient à ce type; un moteur de 500 chevaux à six cylindres a été installé par cette maison à bord du *Vulcanus* qui a été le premier grand navire de haute mer actionné par un moteur Diesel; il avait 59m,75 de longueur, et 1.960 tonneaux de déplacement. La figure 140 représente

ce moteur, la figure 141 montre en coupe la chambre des machines du navire. Chaque cylindre est muni, comme dans presque tous les moteurs type marine à quatre temps, de quatre soupapes commandées à la manière ordinaire par des leviers actionnés par des cames calées sur l'arbre à cames horizontal. Pour effectuer le changement de sens de la marche, on dispose dans ce cas de deux arbres à cames absolument indépendants, A et B (*fig.* 140 et 141); sur l'un (A) sont calées les cames occupant les positions

voulues pour commander les diverses soupapes pour la marche avant; l'autre (B) porte
les cames de marche arrière. Ces deux arbres sont supportés par des pièces à fourche
auxquelles est fixé l'arbre C placé devant le moteur. On peut faire tourner cet arbre au
moyen du volant à main D, qui, par l'intermédiaire d'un jeu de bielles représenté
figure 141, fait tourner les bras à fourche qui entourent l'arbre C, et qui amène ainsi
l'un ou l'autre des deux arbres à cames de marche avant ou de marche arrière dans la
position voulue pour qu'il commande les leviers de soupapes. L'arbre E fait tourner
l'arbre à cames; à cet effet, il porte une petite roue dentée qui engrène avec une roue
dentée calée sur chaque arbre à cames: par conséquent, il les entraîne constamment
quand le moteur tourne.

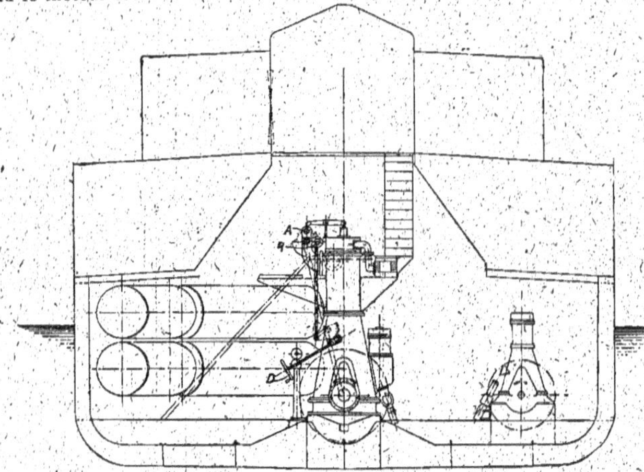

Fig. 141. — Chambre des moteurs du « *Vulcanus* ».

Ce dispositif peut être regardé comme présentant quelques inconvénients, mais
la quantité d'énergie nécessaire pour entraîner l'arbre à cames qui tourne à vide est
pratiquement négligeable et ne cause aucun trouble dans le fonctionnement du
moteur. L'arbre E est lui-même actionné directement par des excentriques calés sur
l'arbre manivelle du moteur, au moyen des deux longues bielles d'accouplement qui
commandent l'arbre E par l'intermédiaire de deux petites manivelles, comme le
montre la figure 140. Pour alimenter de combustible les soupapes d'admission de combustible, on emploie deux petites pompes à huile horizontales F, actionnées par une
bielle, mais dont une seule fonctionne en temps ordinaire. Ce dispositif diffère de celui
qu'on adopte ordinairement, car la solution la plus généralement admise consiste à
munir chaque cylindre d'une pompe distincte. La pression de l'huile refoulée dans la soupape est réglée automatiquement par l'appareil G, qui agit sur la soupape d'aspiration

de la pompe à huile, ce qui se rapproche beaucoup du levier de régulateur du moteur fixe, bien que ce moteur ne soit pas muni d'un régulateur. Le compresseur qui fournit l'air nécessaire à l'injection et au démarrage est du type à trois phases ; il est commandé par les têtes de crosses de piston, la première phase correspond à une pompe distincte, mais la seconde et la troisième sont mariées ensemble. Les pompes sont disposées à l'arrière du moteur ; la figure 141 permet de voir le cylindre à haute pression ; il existe un dispositif de refroidissement par circulation d'eau entre toutes les phases. Ce moteur est muni de têtes de tiges de pistons et de bielles. Bien que la bielle soit courte, le moteur est relativement plus haut que les moteurs ordinaires du type à quatre temps. Un compresseur auxiliaire actionné par un moteur Diesel fixe de 50 chevaux à deux cylindres fournit l'air nécessaire pour le démarrage pour les manœuvres, ainsi que l'air employé pour les appareils auxiliaires. Le moteur commande directement deux pompes auxiliaires, à savoir : la pompe de circulation d'eau pour le refroidissement des cylindres et la pompe de cale ; une seconde pompe centrifuge à huile qui sert pour le remplissage des réservoirs à huile est commandée par le moteur auxiliaire, étant donné qu'on n'a besoin de cette pompe qu'aux escales. L'arbre manivelle du moteur principal commande aussi par l'intermédiaire d'un excentrique la pompe à huile qui refoule l'huile aux réservoirs.

Un petit moteur à pétrole de 10 chevaux, accouplé directement à une dynamo, fournit la lumière électrique nécessaire pour l'éclairage, pour les autres besoins du bord.

Les machines principales sont munies du graissage sous pression, et les manivelles sont enfermées dans un carter, muni à l'avant et à l'arrière de portes de visite facilement amovibles (voir *fig.* 140). On remarquera que, dans ses grandes lignes, le moteur diffère peu du modèle de moteur fixe, construit par la Fabrique néerlandaise, décrit ci-dessus, sauf en ce qui concerne le dispositif de changement de marche ; on a étudié le moteur dans le but de s'écarter le moins possible de la pratique admise dans la marine en ce qui concerne les machines à vapeur.

Dans ses derniers modèles, la Fabrique néerlandaise a légèrement modifié ses dispositifs, conformément aux résultats de l'expérience acquise avec son premier grand moteur. Le type à six cylindres a été adopté pour tous les moteurs de 500 chevaux et au-dessus ; actuellement, la puissance maximum d'un moteur monocylindrique est de 1.100 chevaux mesurés au frein, et on escompte une limite d'environ 2.000 chevaux pour un moteur à six cylindres. On consultera avec intérêt le tableau suivant qui donne les vitesses et les dimensions d'un certain nombre de ces moteurs à six cylindres ; le dernier seul est un moteur à grande vitesse tournant 300 tours destiné à une petite canonnière.

Puissance en chevaux mesurée au frein	Nombre de tours par minute	Diamètre des cylindres	Course du piston
1.100	125	560 mm.	1.000 mm.
850	125	520	920
600	300	390	500

Comme le moteur précédemment décrit, les grands moteurs sont du type à tête de bielle ouverte et les cylindres sont simplement supportés par des colonnes cylindriques d'acier verticales ayant environ 50 millimètres de diamètre; les colonnes de fonte inclinées ont surtout pour but d'absorber la poussée due à la bielle motrice. L'avantage de ce dispositif réside dans le fait que la résistance des colonnes est exactement connue tandis qu'un bâti de fonte laisse toujours à cet égard un certain aléa. De plus on peut faire la plaque de fondation plus légère, puisque les colonnes de support sont plus rapprochées et le moment de flexion est moindre. Le moteur, complètement ouvert sur le devant, comporte simplement des carters légers, et facilement démontables. La figure 142 qui montre clairement ce dispositif représente le moteur de 250 chevaux du même type placé à bord du « Sembilan »; les figures 143 et 144 représentent un moteur de 1.100 chevaux mesurés au frein.

La disposition des soupapes est celle des moteurs à quatre temps ordinaires; il y en a quatre dans le plateau de chaque cylindre. La soupape d'admission de combustible placée au milieu du cylindre est d'un système nouveau.

Le ressort qui maintient la soupape sur son siège n'est pas placé immédiatement au-dessus d'elle; le levier de soupape est prolongé au delà de la soupape qui sert en quelque sorte de point d'appui; le ressort exerce sa pression à une des extrémités et agit en sens inverse de la poussée de la came, ce qui fait s'abaisser l'autre extrémité du levier. Le but de ce dispositif est de rendre plus facile le démontage et les visites de la soupape de combustible.

En principe, les dispositifs de renversement du sens de la marche sont les mêmes que ceux des moteurs précédemment décrits, mais le mode de fonctionnement est très différent quant aux détails. Tout le mécanisme de changement de marche est disposé au milieu du moteur; l'arbre à cames correspondant à la marche avant, est commandé de la même manière et on emploie trois longues bielles reliées à des excentriques calées sur l'arbre manivelle. Il existe deux arbres à cames séparés : l'un porte les cames de marche avant, l'autre celles de marche arrière; ils sont placés à la même hauteur et à une distance fixe l'un de l'autre, mais ils sont reliés l'un à l'autre par des engrenages; ainsi, bien que l'arbre à cames de la marche avant soit seul commandé directement par l'arbre manivelle, il entraîne l'arbre à cames de la marche arrière qui tourne constamment. Les paliers des deux arbres à cames supportés par des guides plans peuvent se rapprocher ou s'éloigner du moteur en entraînant les arbres à cames avec eux. Les paliers sont venus de fonte par paires de sorte qu'ils se déplacent simultanément et que les positions relatives des arbres à cames ne varient jamais. Les paliers situés au milieu du moteur sont fixés à un arbre auxiliaire horizontal placé derrière les arbres à cames et au-dessous d'eux; quand cet arbre tourne, les paliers et les arbres à cames sont entraînés en avant ou en arrière, suivant le sens de la rotation. Ce mouvement de rotation est obtenu par un homme qui se tient sur la plate-forme de démarrage placée sur le devant du moteur au moyen d'une vis et d'une coulisse commandée soit à la main, soit au moyen d'un petit moteur à air comprimé. Primitivement, on avait eu l'intention d'utiliser à cet effet un petit moteur à vapeur, solution qui a été abandonnée comme peu pratique.

Fig. 142. — Moteur Werkspoor de 250 chevaux.

Fig. 144. — Moteur Werkspoor de 1.100 chevaux.

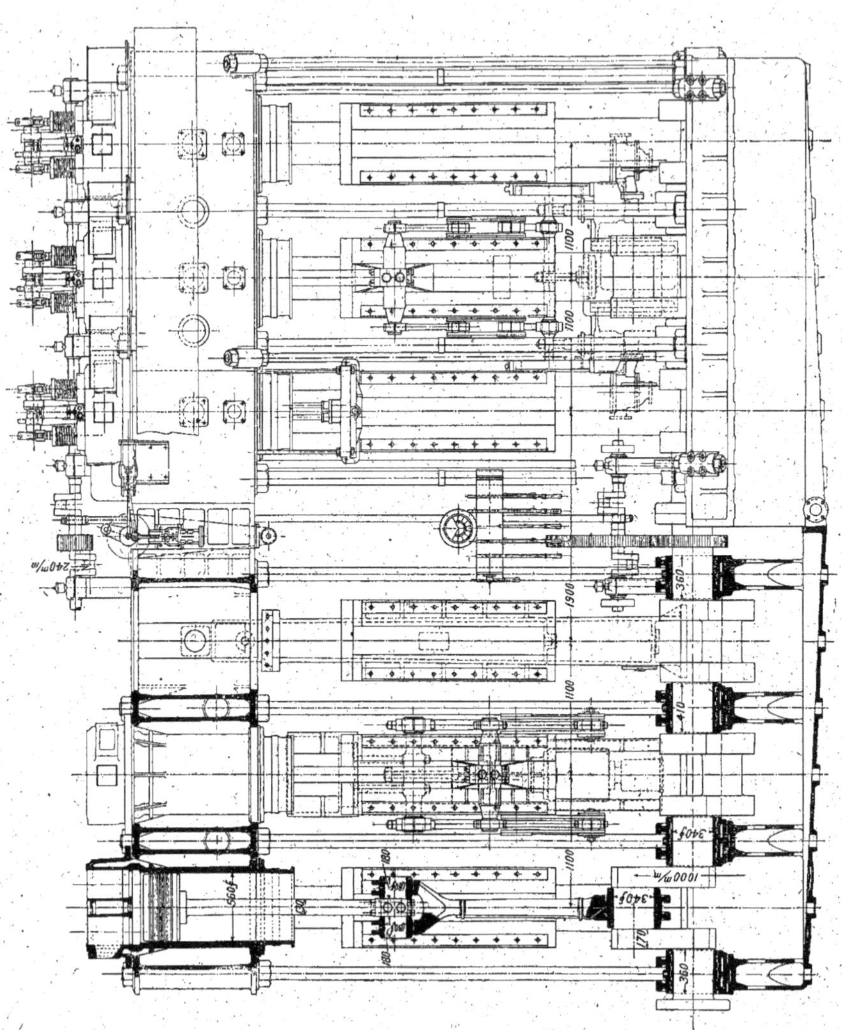

Fig. 143. — Moteur Diesel de 1.100 chevaux, système Werkspoor.

Le renversement du sens de la marche est obtenu très simplement au moyen de

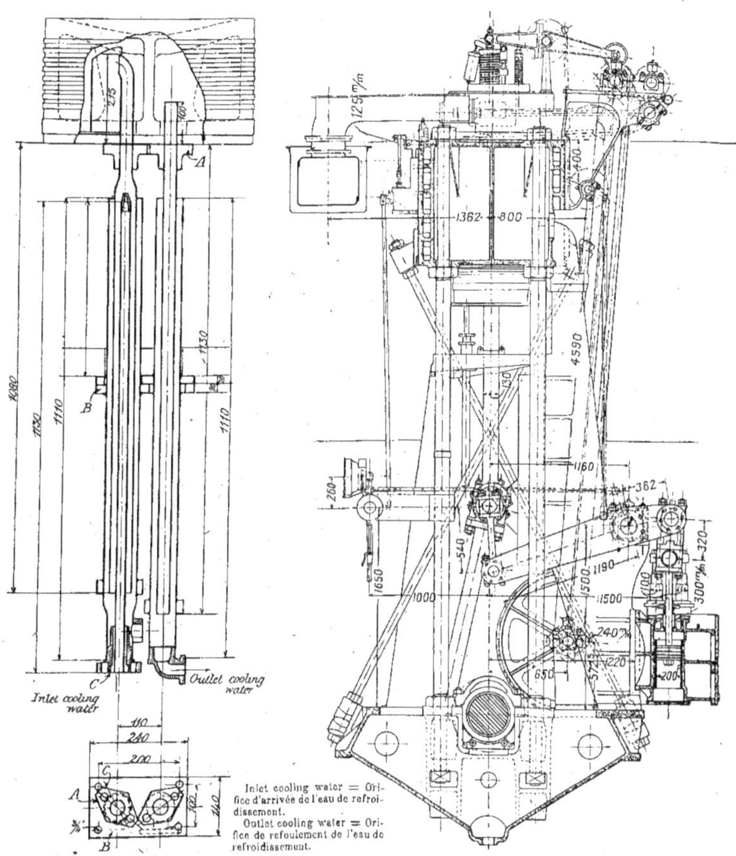

Inlet cooling water = Orifice d'arrivée de l'eau de refroidissement.
Outlet cooling water = Orifice de refoulement de l'eau de refroidissement.

Fig. 145. — Dispositif de refroidissement du piston dans un moteur de marine de 1.100 chevaux, système Werkspoor.

Fig. 146. — Coupe d'un moteur de marine à quatre temps, de 1.100 chevaux, système Werkspoor.

ce dispositif et on passe en douze secondes de la pleine vitesse avant à la grande vitesse arrière. Les leviers se soulèvent en abandonnant les cames, les arbres à cames se déplacent en arrière ou en avant, suivant le cas, les leviers s'abaissent de nouveau et le moteur est alors prêt à marcher en sens inverse.

Ce moteur ne présente pas de différence avec celui du *Vulcanus* en ce qui concerne les autres détails. La partie inférieure du cylindre est boulonnée sur le bâti principal, de manière à pouvoir être facilement démontée pour la visite et pour le démontage des pistons. Les pistons sont pourvus d'un refroidissement d'eau et le tuyau d'échappement consiste en un large conduit de section rectangulaire, ce qui permet de supprimer le silencieux. Si on le désire, on peut utiliser les gaz d'échappement pour chauffer une chaudière auxiliaire qui alimente de vapeur les divers appareils auxiliaires, dispositif qui exige évidemment que l'on fasse subir quelques modifications à la chaudière.

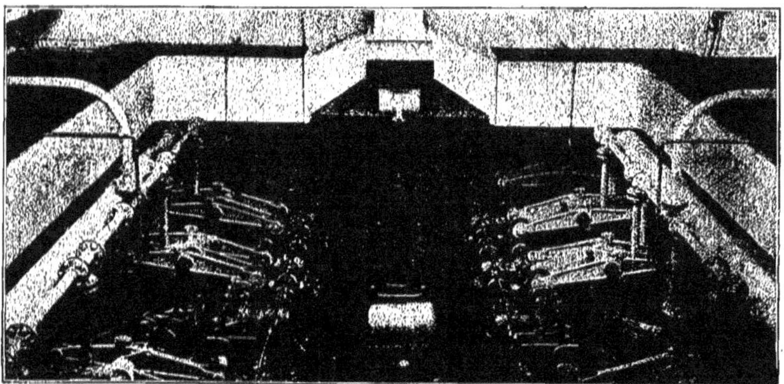

Fig. 147. — Vue supérieure de deux moteurs à quatre temps, système Werkspoor, de 1.100 chevaux, installés à bord du navire à moteurs « *Emanuel Nobel* ».

Le moteur Gusto. — C'est un moteur du type à deux temps. et à simple effet dont on n'a construit jusqu'à présent que des modèles relativement petits, c'est-à-dire de 350 chevaux et au-dessous.

Son principal intérêt réside en ce que c'est un des rares moteurs Diesel du type à deux temps dans lequel on réalise le balayage au moyen de lumières au lieu d'employer des soupapes. Dans le type étudié pour des puissances de 200 chevaux ou au-dessous, on a adopté le piston à étages avec la pompe de balayage disposée au-dessous de chaque cylindre moteur, comme dans le moteur M. A. N., mais, pour les moteurs plus puissants, on a adopté le dispositif représenté dans la figure 149. Dans ce dernier type, bien que la pompe de balayage soit placée sous chaque cylindre moteur, ces organes sont séparés au moyen d'un bâti servant à maintenir leur écart, ce qui a pour avantage que le piston moteur peut être retiré par la partie inférieure du cylindre moteur avec une facilité relative.

Comme il n'est pas besoin de soupapes de balayage, il n'y a dans chaque cylindre que la soupape de démarrage et la soupape d'admission de combustible ; dans ce moteur on a adopté un mode de construction spécial du cylindre dans lequel la chemise et l'enveloppe sont fondues d'une seule pièce et le cylindre n'est pas muni d'une véritable culasse. Ce dispositif bien qu'approprié au moteur dont il s'agit, qui est d'un type rela-

tivement faible, ne con viendrait probablement pas pour des moteurs plus grands.

En se reportant à la figure, 1 représente le cylindre moteur dans lequel on peut faire remarquer la forme spéciale du plateau supérieur qui correspond à celle du piston. Cette précaution est nécessaire afin que l'air de balayage qui pénètre à travers la lumière 10 au sortir du réservoir 7 ménagé dans le bâti puisse être dévié vers le haut, de manière à balayer tous les gaz contenus dans le cylindre et qui sont expirés à travers la lumière 11.

3 représente le cylindre de la pompe de balayage et 4 son piston, tandis que 8 est une soupape à piston qui règle l'admission de l'air de balayage à l'intérieur du réservoir 7 et de là dans le cylindre. L'air puisé dans l'atmosphère est aspiré à travers cette soupape à pis

Fig. 148. — Moteur de marine à deux temps, système Gusto.

ton à l'intérieur du cylindre de balayage, après quoi il est comprimé et la lumière lui permet alors de pénétrer dans le réservoir 7.

Cette soupape à piston 8 est actionnée au moyen d'une petite manivelle 9 commandée par un arbre auxiliaire horizontal qui actionne également l'arbre à cames 13 par l'intermédiaire de l'arbre auxiliaire 16.

Pour renverser le sens de la marche (quoique le moteur soit directement réversible), on déplace l'arbre à cames excentriquement dans son palier, ce qui amène la came dans la position voulue pour la marche arrière. Le volant à main 15 a pour fonction de placer la soupape à piston de la pompe de balayage dans la position correspondant au sens de rotation du moteur tandis que 23 représente la pompe à combustible dont le débit peut être réglé au moyen du levier que l'on voit près d'elle, ce qui fait varier la vitesse du moteur et intercepte complètement l'arrivée de combustible quand cela est nécessaire. On emploie un compresseur à deux étages accouplé directement à l'extrémité de l'arbre manivelle ; la bielle motrice 5 et l'arbre moteur 6 sont du même modèle que les organes ordinaires des machines à vapeur. Le moteur est du type à

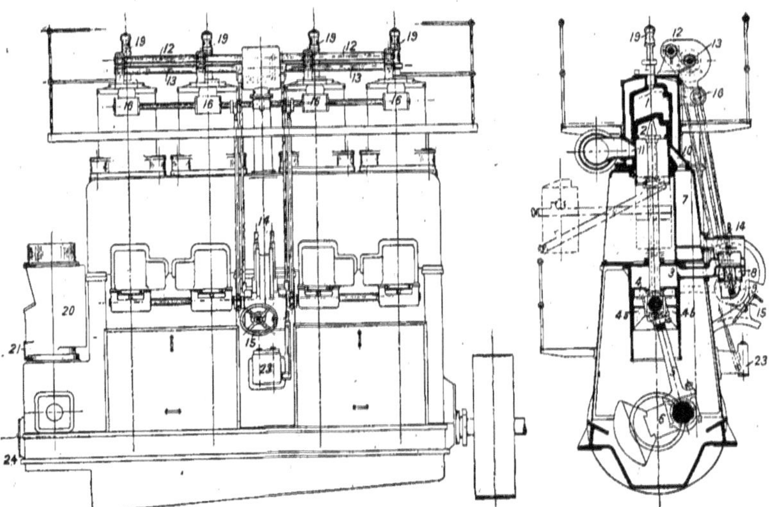

Fig. 149. — Élévation et coupe d'un moteur Diesel-Gusto.

carter fermé à cause de l'emploi du graissage forcé, mais il existe de larges portes facilement amovibles à la main.

Ce moteur a été adopté à bord d'un certain nombre de navires de commerce d'un tonnage relativement faible tels que des remorqueurs et des caboteurs, et il tourne à une vitesse relativement élevée, ordinairement comprise entre 220 et 300 tours par minute. Naturellement sa consommation de combustible n'est pas aussi satisfaisante que celle des petits moteurs à quatre temps et le mode de construction ne convient pas pour des puissances élevées, mais il paraît bien adapté au but pour lequel il a été établi.

Modèles allemands. — Plusieurs maisons construisent un moteur à quatre temps type marine pour faibles puissances ; elles emploient presque invariablement un moteur à grande vitesse qui diffère légèrement du type fixe de moteur à grande vitesse qui a déjà été décrit. Les moteurs sont à quatre ou à six cylindres. Avec six cylindres le démarrage a lieu au moyen des cylindres moteurs, quelle que soit la position d'arrêt de l'arbre manivelle ; avec quatre cylindres, la pompe à air doit être installée de manière à pouvoir être utilisée comme cinquième cylindre, pour effectuer les démarrages quand le besoin en est.

La Fabrique de machines d'Augsbourg-Nuremberg construit, dans ses ateliers d'Augsbourg, des moteurs à quatre temps atteignant 1.000 chevaux, et comportant

Fig. 150. — Moteur de marine à quatre temps, système M. A. N. à grande vitesse, de 850 chevaux.

ordinairement quatre cylindres avec deux compresseurs montés à l'extrémité de la plaque de fondation, et actionnés directement par l'arbre manivelle. Un moteur de 1.000 chevaux, tournant à 465 tours par minute, ne pèse que $20^{kg},412$ par cheval indiqué, et sa consommation de combustible est d'environ $0^{kg},190$ par cheval-heure indiqué. Il est d'usage de munir les moteurs à grande vitesse d'un régulateur de sécurité, qui ne fonctionne qu'en cas d'urgence, par exemple en cas de rupture de l'arbre porte-hélice pour empêcher le moteur de s'emballer ; dans le dispositif adopté, le régulateur agit sur la soupape d'aspiration de la pompe d'admission de combustible, et se rapproche beaucoup de celui d'un moteur fixe.

Dans le moteur d'Augsbourg, la méthode employée pour changer le sens de la marche présente quelques différences matérielles avec les dispositifs généralement adoptés. Il est muni d'un arbre à cames unique, comportant des cames distinctes de marche avant et arrière pour les quatre soupapes de tous les cylindres ; mais ces cames n'actionnent pas directement les leviers de soupapes, comme à l'ordinaire.

Au lieu de cela, le nez de la came soulève un petit galet dont chaque came est munie, et, de cette manière, le levier de soupape reçoit indirectement son mouvement de montée et de descente de la came par l'intermédiaire du galet. Si l'on considère une soupape quelconque, il existe un galet avant et un galet arrière, tous deux fixés à un tambour concentrique à l'arbre à cames, et que l'on peut tourner au moyen d'un levier à main ; sa largeur est égale à la somme des largeurs des deux cames. Dans la position de marche avant, le galet de marche avant est baissé sur sa came, et le galet de marche arrière est soulevé au-dessus de sa came ; le levier de soupape est donc ainsi actionné par la marche avant. Pour renverser le sens de marche du moteur, on fait mouvoir de droite à gauche le levier à main ci-dessus mentionné, ce qui fait tourner d'un certain angle le tambour qui porte les galets ; il en résulte que le galet de marche avant est soulevé de sa came, tandis que le galet de marche arrière tombe sur la came de marche arrière, et fait fonctionner le levier de soupape de manière à ouvrir la soupape au moment propice pour la marche arrière. La figure 150 représente un moteur à quatre temps du type Augsbourg de 850 chevaux tournant à 400 tours spécialement étudié pour fonctionner à bord des sous-marins, et des moteurs d'un type analogue à celui-ci ont été montés à bord de sous-marins pour le compte de l'Amirauté allemande.

Pour les puissances égales ou inférieures à 300 chevaux, MM. Krupp construisent un moteur à quatre temps, qui comporte ordinairement six cylindres ; un compresseur monté à l'extrémité du moteur est directement actionné par l'arbre manivelle, mais comme il existe six cylindres moteurs, il n'est pas nécessaire de faire jouer au compresseur le rôle d'un moteur lors du démarrage. Le moteur du type à grande vitesse entièrement cuirassé ressemble beaucoup à celui que l'on emploie pour le service à terre. Pour des puissances comprises entre 150 et 300 chevaux, la vitesse est ordinairement voisine de 400 tours par minute, tandis que le poids par cheval varie de $27^{k},216$ à $40^{k},824$.

Le mécanisme de changement de marche est à peu près le même que celui qu'on a décrit pour les moteurs à deux temps construits par cette maison, sauf naturellement qu'on emploie une soupape d'échappement dont le fonctionnement doit aussi être renversé. Pendant la période de marche à l'air comprimé qui correspond au démarrage, la came d'échappement est munie de deux pièces supplémentaires en forme de nez ; grâce à cet ingénieux dispositif, le moteur peut fonctionner comme un moteur à air à *deux temps* ; *le couple de démarrage est donc considérable et les qualités du moteur sont* accrues en ce qui concerne la facilité des manœuvres.

Type danois. — La figure 151 représente un moteur à quatre temps à simple effet qui a été étudié et construit par MM. Burmeister et Wain de Copenhague ; ce moteur développant 1.250-1.500 chevaux indiqués a été installé sur le *Selandia* navire de 10.000 tonneaux. Il comporte huit cylindres de 530 millimètres de diamètre et

730 millimètres de course et tourne normalement à la vitesse de 130-140 tours par minute. Ce moteur, du type à tête de tige de piston avec crosse, est complètement cuirassé ; les carters des manivelles ont des portes que l'on peut facilement démonter pour les visites. Quant à la disposition générale, ce moteur ne présente pas d'autres particularités marquées, sauf que les cylindres sont répartis en deux groupes de quatre, dispositif que l'on a trouvé très commode parce qu'il permet de placer l'appareil de changement de marche au milieu et de le manœuvrer facilement. Contrairement à ce qui a lieu dans les moteurs ordinaires, l'arbre à cames est placé au niveau des fonds de cylindres au lieu d'être à la hauteur des plateaux supérieurs. On ne peut donc pas commander directement les quatre soupapes montées dans le plateau au moyen de cames munies de leviers courts ; on est forcé à cet effet d'employer de longues bielles creuses verticales (ou presque verticales) représentées dans la figure 152. On peut faire remarquer que ce dispositif a été adopté par quelques autres constructeurs pour leurs moteurs à quatre temps, notamment par MM. Krupp qui cependant n'ont pas construit de grands moteurs de ce type. Quand on emploie ce système, il est de première importance que les bielles de commande soient rigides car elles accomplissent pour ouvrir les soupapes un déplacement tellement faible que le moindre jeu est très nuisible et dérange la distribution. On a toujours rencontré de sérieuses difficultés dans le fonctionnement des moteurs toutes les fois que l'on a négligé ce point de vue.

Les illustrations montrent comment les leviers de soupapes courts et horizontaux sont disposés pour commander ces soupapes, et on remarquera que toutes les soupapes ouvrent de haut en bas, ce qui constitue une exception quant à la soupape d'admission de combustible qui ordinairement ouvre de bas en haut : cette innovation simplifie un peu la construction et semble donner de bons résultats en ce qui concerne le rendement.

Dans les pages précédentes, on a décrit les moyens généralement employés pour obtenir le renversement du sens de la marche des moteurs Diesel, et le dispositif adopté par MM. Burmeister et Wain est un de ceux qui ont été cités comme étant du type ordinaire ; il comporte notamment deux cames spéciales de marche avant et de marche arrière placées côte à côte sur l'arbre à cames et commandant chaque soupape ; l'arbre à cames se déplace dans le sens longitudinal quand on renverse le sens de la marche de manière à amener les galets montés à l'extrémité inférieure des longues tiges de connexion au-dessus des cames correspondant à la marche avant. Le chemin que doit parcourir l'arbre à cames est par conséquent égal à la largeur des cames, et l'on obtient son déplacement au moyen d'une méthode nouvelle. Comme le montre la figure 151, qui est une vue de face en élévation, il existe, un peu à gauche du milieu du moteur, un large disque monté sur un arbre auxiliaire et dans lequel est taillée une rainure dont la largeur représente le tiers de celle du disque. Cette rainure est inclinée de droite à gauche à partir du haut ; un autre disque dont la largeur est presque égale à celle de la rainure, monté sur l'arbre à cames, pénètre à l'intérieur de cette rainure.

On peut faire tourner l'arbre auxiliaire à la main ou au moyen d'un moteur à air comprimé et, en tournant, il déplace le disque calé sur l'arbre à cames vers la droite ou vers la gauche suivant le sens de la rotation ; l'arbre à cames se déplace donc par la

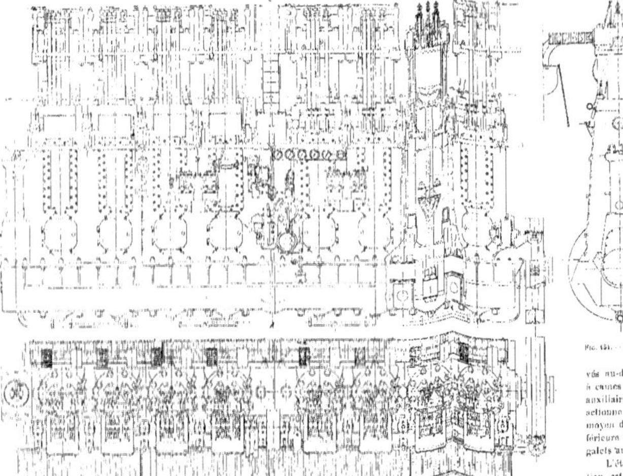

Fig. 151. — Moteur Diesel, système Burmeister et Wain, de 1.250 chevaux.

même jusqu'à ce que les cames de changement de marche soient dans la position vou-

lue. Avant de procéder à cette manœuvre, les galets que les cames soulèvent sont rele-

vés au-dessus des cames et sont de nouveau abaissés quand l'arbre à cames a été déplacé. On relève les galets au moyen du même arbre auxiliaire qui pendant la première phase de son mouvement de rotation actionne les excentriques calés sur lui. Ces excentriques sont reliés au moyen de leviers et de bielles de connexion très courts à l'extrémité inférieure des longues tiges verticales qui transmettent le mouvement des galets aux tiges de soupapes horizontales.

L'étage à haute pression du compresseur fournissant l'air d'injection est seul monté sur le moteur; ce compresseur porte la pression de l'air d'environ $2^{kg},170$ à $5^{kg},800$-$6^{kg},340$. Le compresseur à basse pression est commandé directement par un moteur auxiliaire fixe système Diesel auquel

Fig. 152. — Moteur Diesel de marine, système Burmeister et Wain, de 1.000 chevaux.

Fig. 153. — Intérieur de la chambre des machines d'un navire à moteur muni de deux moteurs Diesel,
système Burmeister et Wain.

est également accouplée une dynamo fournissant l'énergie électrique nécessaire à l'éclairage et à la commande des appareils auxiliaires. Ce compresseur à basse pression fournit de l'air à $2^{kg},170$ à l'étage à haute pression placé sur le moteur; il alimente aussi d'air comprimé les appareils de manœuvre.

Un navire à double hélice comme le *Selandia* comporte deux groupes auxiliaires, un par moteur; il existe aussi ordinairement un autre compresseur à vapeur comprimant l'air à $5^{kg},800$-$6^{kg},540$. Les gaz d'échappement de tous les cylindres du moteur aboutissent à un tuyau comme en forme de ⊂ prolongé par un silencieux. L'air atmosphérique est aspiré dans les cylindres à

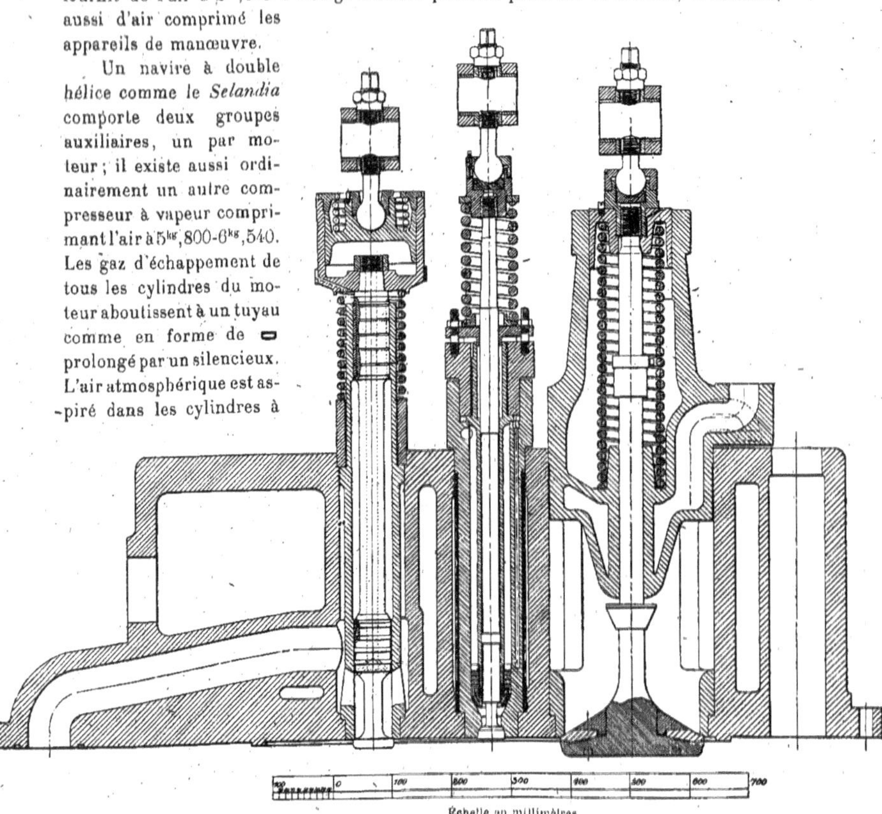

FIG. 154. — Soupapes de démarrage d'admission et d'arrivée de combustible d'un moteur Diesel de marine, système Burmeister et Wain de 2.000 chevaux.

travers des tuyaux d'aspiration horizontaux entaillés formant crépines, comme le montrent les figures; on s'écarte ainsi légèrement de la pratique ordinaire qui consiste à employer des tuyaux d'aspiration verticaux.

C'est le mode de construction général adopté pour les moteurs d'une puissance maximum d'environ 1.500 chevaux indiqués, mais dans quelques moteurs récents de 2.000 chevaux on a réalisé de nombreuses modifications. Les moteurs de cette puissance ont six cylindres de 740 millimètres d'alésage avec une course de piston de 1.100 millimètres et tournent à la vitesse normale de 100 tours par minute. La principale différence consiste dans le mode de support des cylindres car, dans les grands moteurs, le bâti, au lieu d'être continu et d'être constitué de quatre pièces boulonnées ensemble, chaque palier est surmonté d'un bâti en A d'une construction très massive et les chemises des six cylindres sont fondues par séries de trois avec des pieds qui sont boulonnés directement sur la tête du bâti en A. De légères portes étanches à l'huile sont placées sur le devant du moteur entre les montants du bâti (parce que ce moteur est muni du graissage forcé comme les autres) mais qui sont facilement amovibles, de telle sorte que le moteur est pratiquement du type à bâti ouvert quand elles sont enlevées. Cependant, entre les parties supérieures des montants, sont boulonnées des entre-toises auxquelles sont fixés les guides de tiges de pistons et de plus des colonnes d'acier s'élevant directement depuis le fond de la plaque de fondation jusqu'aux plateaux de cylindres en traversant les enveloppes des cylindres servent à supporter la culasse de cylindre. Sur le sommet du bâti en A le cylindre est muni d'un léger plateau à travers lequel la tige de piston passe au moyen d'une garniture convenable. Un godet est fixé dans ce plateau de telle sorte que l'huile de graissage tombant du piston ne pouvant se mélanger avec celle qui circule dans le carter des manivelles peut être recueillie et filtrée pour être utilisée à nouveau. Grâce à ce dispositif de cylindre et de bâti on obtient un cylindre plus facilement accessible.

Au lieu que l'étage à haute pression du compresseur d'air soit seul commandé

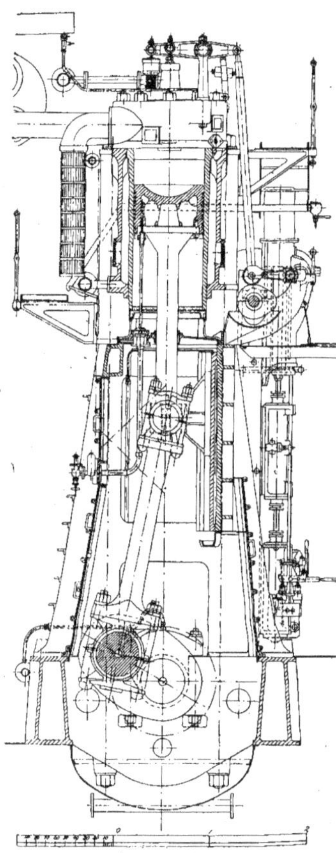

Échelle en mètres.

Fig. 155. — Coupe d'un moteur de marine, système Burmeister et Wain, à six cylindres, de 2.000 chevaux.

directement par le moteur comme dans ceux que l'on a précédemment décrits, les trois
étages sont actionnés directement dans le type de grande puissance. Tout navire muni
de ce dispositif comporte naturellement un compresseur auxiliaire.

Cependant le démarrage s'opère à basse pression de la même manière qu'ordinairement, la pression habituellement adoptée étant de 25 kilogrammes par centimètre
carré. Au lieu d'une pompe à combustible unique pour tous les cylindres, il existe une
pompe distincte pour chaque cylindre dans le grand moteur, ce qui constitue naturellement un perfectionnement spécialement au point de vue de la protection contre les

les avaries et contre
pertes de puissance.

On emploie
également un nou-
veau type de pla-
que de fondation
très analogue à la
plaque de fonda-
tion d'une ma-
chine de bateau à
vapeur. Cette pla-
que est ouverte à
sa partie inférieure
au lieu d'être fer-
mée comme dans
les petits moteurs.
Cependant une
auge servant à re-
cueillir l'huile est
boulonnée sur
toute sa longueur.
Dans les petits mo-
teurs on emploie

Fig. 136. — Moteur Diesel de marine, système Burmeister et Wain, de 2.000 chevaux.
On voit l'arbre intermédiaire et les tiges des poussoirs de commande des soupapes.

de l'huile pour refroidir le piston et on la refroidit elle-même en faisant circuler de
l'eau de mer autour du refroidisseur d'huile ; mais dans les grands moteurs, étant
donnée la grande quantité d'huile employée et la difficulté que l'on éprouve pour la
refroidir, on emploie simplement de l'eau de mer que l'on introduit directement par
pompage à l'intérieur du piston auquel elle accède par un tuyau à joint télescopique.

Le mode de commande des soupapes et le renversement du sens de la marche
restent pratiquement sans changement ; comme auparavant l'arbre à cames est placé
très bas, ce qui rend nécessaire l'emploi de longues tiges. Il existe également deux
groupes de cames pour chaque soupape ; un pour la marche avant et un pour la
marche arrière ; l'arbre à cames peut être déplacé suivant le sens de la longueur du
moteur, de manière à amener les cames voulues au-dessous des tiges.

Cependant l'arbre à cames n'est pas commandé par des bielles, mais au moyen de roues dentées, ce qui semble être un mode de commande plus précis et plus sûr.

Ce moteur présente un intérêt spécial à cause de ses dimensions très grandes pour un moteur à quatre temps et également à cause de sa faible vitesse de 100 tours par minute, qui est naturellement très commode pour obtenir un bon rendement de l'hélice. Il ne semble pas qu'on ait éprouvé de difficultés en ce qui concerne le fonctionnement de ces moteurs et il est même possible que l'on puisse construire de plus grands modèles, bien qu'on ait probablement presque atteint la limite dans l'économie de construction avec les moteurs de cette puissance.

Types russes. — Étant donnée l'abondance du pétrole en Russie, l'emploi des moteurs Diesel pour toutes sortes d'objets y a fait des progrès considérables. Depuis plusieurs années des bateaux munis de moteurs Diesel circulent sur les cours d'eau russes. Cependant, dans la plupart des cas, on s'est servi de moteurs fixes ordinaires et l'on a employé un appareil de changement de marche quelconque mécanique ou électrique.

Deux sociétés se sont actuellement engagées dans la construction du moteur Diesel, MM. Nobel frères et la Société de Kolomna. Dans les deux cas, l'attention s'est surtout portée sur le moteur à quatre temps, bien que le moteur à deux temps se répande actuellement.

Jusqu'à présent les moteurs construits par la firme Nobel appartiennent surtout au type à grande vitesse variant de 400 chevaux mesurés au frein et 250 tours par minute à 120 chevaux et 450 tours par minute bien qu'il existe un type de 400 à 500 chevaux tournant à 310 tours par minute.

Le moteur est du type à bâti fermé, avec carter de manivelles, et, contrairement à ce qui a lieu dans quelques autres moteurs à quatre temps, l'arbre à cames est placé en haut du cylindre. Les moteurs développant jusqu'à 1.000 chevaux sont construits d'après le cycle à quatre temps.

Le mode de renversement du changement de marche adopté pour ce moteur diffère quelque peu de celui qu'on emploie dans tous les autres moteurs à quatre temps.

Il existe deux cames pour chaque soupape comme à l'ordinaire, mais au lieu de faire glisser l'arbre à cames dans le sens de sa longueur afin d'amener les cames sous le galet du levier de soupape, ce levier est muni de deux galets. Quand on fait tourner le volant pour obtenir le renversement du sens de la marche du moteur, le galet du levier de soupape placé immédiatement au-dessus de la came de marche arrière est abaissé sur cette came tandis que la came de marche avant est maintenue hors de fonctionnement. Cependant, dans quelques moteurs construits par MM. Nobel frères, on a adopté le mode de renversement du sens de la marche ordinaire en déplaçant l'arbre à cames dans le sens de sa longueur. Ce dispositif est surtout employé pour les petits moteurs, car, dans les grands modèles, le déplacement de l'arbre à cames à la main devient trop difficile.

Les moteurs de la Société de Kolomna sont également du type à quatre temps; on

Fig. 157. — Moteur Kolomna Diesel de 250 chevaux.

Fig. 158. — Moteur Diesel Kolomna de 600 chevaux.

en a construit divers modèles : le plus puissant développe 1.000 chevaux. Les figures 157 et 158 représentent respectivement des moteurs de 250 et de 600 chevaux. Ces moteurs fonctionnent à une vitesse relativement élevée et leur construction ressemble en certains points à celle des moteurs Nobel.

Le système de changement de marche est nouveau. Au-dessus de l'arbre à cames sont disposés deux arbres séparés sur lesquels sont montés à pivot les divers leviers de commande des soupapes. Quand on désire renverser le sens de la marche du moteur, on fait tourner d'un angle de 45° les leviers placés sur le devant du moteur comme le montre la figure.

On soulève ainsi le levier de commande de la soupape d'admission de combustible au-dessus de la came, ce qui arrête le fonctionnement des pompes à combustible, de sorte que l'admission du combustible aux cylindres n'a plus lieu.

La même manœuvre provoque l'admission de l'air à l'intérieur de deux petits cylindres à air que l'on voit au-dessus de chacun des cylindres moteurs ; ils sont placés juste au-dessus des soupapes d'admission et d'échappement d'air de chaque cylindre. Ces cylindres jouent le rôle de moteurs à air dans lesquels le piston, que l'admission d'air force à s'abaisser, soulève au-dessus de leurs cames les leviers des soupapes d'échappement et d'admission de combustible. L'arbre à cames peut alors se déplacer longitudinalement et les cames de changement de marche sont amenées sous les divers leviers de tiges de soupapes. Les galets des leviers sont ensuite abaissés de nouveau sur leur came et le moteur a ses organes en position pour marcher en sens inverse. Le démarrage du moteur s'effectue à l'air comprimé ; auparavant le levier de la soupape d'admission de combustible est abaissé sur sa came et le combustible est admis dans les cylindres. Dans les grands moteurs, toutes ces opérations sont effectuées à l'air comprimé comme à l'ordinaire, mais dans les petits modèles on regarde comme préférable d'effectuer ces divers mouvements à la main.

Petits moteurs Diesel de marine. — Actuellement l'on peut dire que la limite minimum de la puissance des moteurs Diesel terrestres, imposée par le point de vue commercial, est d'environ 50 chevaux mesurés au frein ; au-dessous de cette force, on trouve généralement préférable d'employer un moteur dont le prix d'acquisition est moindre, même quand la consommation de combustible est plus élevée. Il existe à cette règle une ou deux exceptions, telles que les petits moteurs horizontaux que l'on fabrique en séries importantes afin de diminuer les dépenses de construction et de mettre ces moteurs sur un pied d'égalité, au point de vue du prix d'achat, avec les autres types tels que les moteurs à air chaud.

En ce qui concerne la marine, on pense généralement que le moteur Diesel est d'un emploi particulièrement difficile au-dessous des puissances voisines de 200 chevaux, surtout encore à cause de son prix d'acquisition et aussi de la plus grande simplicité des autres types. Il existe cependant de nombreux moteurs de 100 chevaux et au-dessus construits spécialement en vue de leur installation à bord d'embarcations dont la propulsion exige à peu près cette puissance. Ce genre de moteur ne donne pas lieu à une longue discussion, car aucun d'eux n'a reçu d'application étendue et, en fait, ils n'ont été adoptés que dans quelques cas spéciaux où ils présentaient des avantages particuliers. On doit cependant rappeler que ce type de moteur fera probablement son chemin dans l'avenir, surtout si l'on rend sa construction aussi simple que possible, de manière qu'il puisse être manœuvré par des hommes ignorants et être considéré comme aussi digne de confiance que les autres moteurs ordinairement installés à bord des embarcations de dimensions moyennes.

Ces petits moteurs Diesel ont été construits suivant le cycle à quatre ou à deux temps et, en dépit de la consommation plus élevée de combustible, il est probable que ce dernier type trouvera le plus de faveur à cause de sa plus grande simplicité qui est

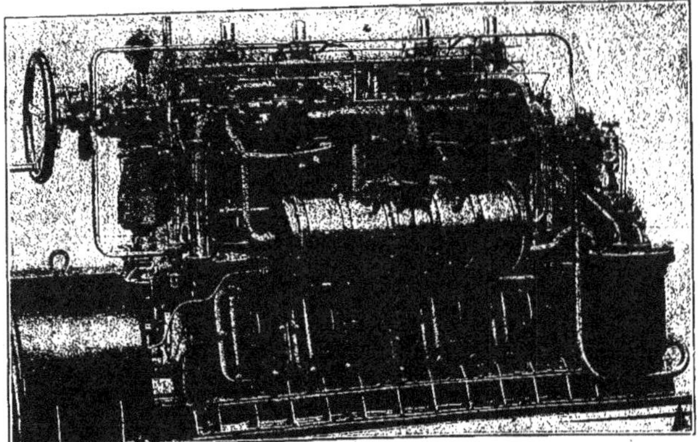

Fig. 159. — Moteur Daimler-Diesel de marine réversible à quatre temps de 100 chevaux.

peut-être le point essentiel dans la construction d'un moteur fonctionnant d'après ce principe.

Un des moteurs à quatre temps qui aient été fabriqués sur une très grande échelle est le type Daimler, que l'on construit surtout en bronze afin de le rendre plus léger car le poids est l'un des inconvénients ordinaires du petit moteur Diesel. Le groupe à quatre cylindres, représenté par la figure 159, a un alésage de 200 millimètres avec 230 millimètres de course et il développe environ 100 chevaux mesurés au frein quand il tourne à 530 tours par minute. Il est directement réversible et ne pèse complet qu'environ 2.040 kilogrammes, ce qui semble être à peu près la limite de légèreté que peut atteindre un moteur Diesel du type à quatre temps de cette puissance. Son mode de construction ne présente rien de particulier, sauf ce fait que les culasses des cylindres sont fondues par paires et que chaque culasse comporte une soupape supplémentaire pour le renversement du sens de la marche qui est naturellement obtenu par l'air comprimé. On renverse le sens de la marche en faisant glisser l'arbre à cames dans le

Fig. 160. — Moteur de marine à quatre temps, système Krupp.

Fig. 161. — Moteur de marine de 100 chevaux, système Junkers.

Fig. 162. — Moteur Diesel de marine à deux temps, type américain de 150 chevaux.

Fig. 163. — Moteur Diesel de marine à deux temps, système Kind de 150 chevaux.

sens de sa longueur, comme à l'ordinaire ; cet arbre est muni pour chaque soupape de deux cames dont l'une fait fonctionner le levier de soupape pour la marche avant tandis que l'autre came agit sur ce levier pour la marche arrière.

La figure 160 représente un autre moteur à quatre temps, également de 100 chevaux à six cylindres, du système Krupp. Il tourne à 500 tours, mais il n'est pas aussi léger que le précédent. Il n'est cependant pas directement réversible et sa seule caractéristique consiste dans le mode de commande des soupapes ; l'arbre à cames est placé à la partie inférieure du moteur et les culbuteurs de soupapes sont actionnés par l'intermédiaire de longs poussoirs verticaux.

Parmi les petits moteurs à deux temps que l'on ait construits, citons celui du type Junkers que représente la figure 161. C'est un moteur de 100 chevaux à deux cylindres tournant à environ 300 tours, le troisième cylindre vertical servant de pompe de balayage. Le principe du fonctionnement de ce moteur est le même que celui qu'on a décrit plus haut à propos du grand moteur système Junkers. Il existe dans chaque cylindre deux pistons opposés et la soupape horizontale d'admission de combustible est placée au milieu du cylindre. On dit que ce moteur donne lieu à une consommation de combustible particulièrement faible de 186 grammes par cheval-heure indiqué mesuré au frein.

La figure 162 représente un moteur à deux temps à quatre cylindres récemment lancé en Amérique par la Gas Engine Power Cⁿ. Dans ce cas le moteur est de dimensions un peu plus grandes que ceux que nous avons décrits précédemment ; les dimensions des cylindres sont 229 millimètres d'alésage avec 305 millimètres de course, la vitesse variant de 250 à 300 tours par minute tandis que la puissance est d'environ 150 à 175 chevaux mesurés au frein. Le moteur est directement réversible et il existe pour le renversement du sens de la marche deux cames pour chaque soupape, l'une pour la marche avant, l'autre pour la marche arrière comme dans les cas précédents. On fera également remarquer qu'on emploie pour ce moteur de longs poussoirs avec un arbre à cames placé dans le bas du moteur. Dans chaque culasse il existe deux soupapes de balayage en outre de la soupape de démarrage ordinaire, de la soupape d'admission de combustible et de la soupape de décompression. Le moteur est muni d'une pompe de balayage unique commandée directement par accouplement à l'extrémité de l'arbre manivelle et le compresseur d'air à deux étages est actionné au moyen d'un levier partant de la tige de tête de piston de cette pompe de balayage.

Un autre moteur réversible à deux temps employé dans une assez large mesure à bord des bateaux de pêche et des petits navires de commerce est le moteur Kind à six cylindres que représente la figure 163. C'est un moteur de 150 chevaux qui tourne à une vitesse d'environ 300 à 350 tours. Il est muni de pompes de balayage installées directement au-dessous du piston moteur qui est du type ordinaire à étages comme ceux des autres moteurs à grande vitesse tels que les moteurs de sous-marins types M. A. N. et F. J. A. T. Il n'existe qu'une seule soupape de balayage dans la culasse de cylindre en plus de la soupape d'admission de combustible et de la soupape de démarrage, et ce moteur n'est pas muni de soupapes de décompression.

CHAPITRE VIII

ÉTUDE DES PRINCIPAUX ORGANES DES MOTEURS DIESEL.
CYLINDRES ET CULASSES DE CYLINDRES.
PISTONS. — DIMENSIONS DES CYLINDRES. — ARBRES MANIVELLES.
COMPRESSEURS D'AIR. — POMPES DE BALAYAGE.

Il est complètement impossible d'exposer le mode de construction des moteurs Diesel suivant la méthode que l'on emploierait généralement, à cause du fait que les divers types présentent des différences considérables, non seulement dans les détails, mais aussi quant à des points très importants de leur construction. En premier lieu, on doit évidemment considérer à part les moteurs à quatre temps et les moteurs à deux temps. On constate que chaque type se distingue des autres par le mode de commande des compresseurs et par le dispositif de la pompe de balayage, ainsi que par d'autres différences, de telle sorte que les rendements des divers types ne sont pas du tout les mêmes. Il faut avoir ces faits présents à l'esprit quand on emploie les formules et les règles données plus loin pour le calcul des organes et pour la détermination des tolérances correspondant aux caractères particuliers que présente chaque type spécial de moteur.

Cylindres et culasses de cylindres. — Les culasses et les corps de cylindres d'un moteur Diesel constituent peut-être ses parties les plus vulnérables. En pratique, ils sont invariablement construits en fonte de fer à grain fin, bien que l'on ait employé l'acier moulé pour les culasses de plusieurs moteurs à deux temps type marine, mais ce choix a été jugé en pratique mauvais et susceptible de donner lieu à des fissures. On a par conséquent écarté presque complètement l'emploi de l'acier moulé et on ne l'utilisera probablement plus à l'avenir, bien qu'il soit possible que l'on puisse y avoir recours pour les très grands moteurs dans lesquels on adopte un mode de construction des cylindres tout à fait différent de la pratique ordinaire. On a également employé l'acier moulé pour les moteurs de sous-marins.

On peut penser que la raison essentielle qui conduit à étudier les cylindres des moteurs Diesel en vue de réaliser une grande solidité est le désir de les rendre capables de résister aux pressions élevées provenant de la combustion et de la compression qui ont lieu dans le cylindre lui-même. Il est probable cependant que l'élément le plus important de la question consiste dans les variations de température qui se produisent à l'intérieur du corps de cylindre et dans les efforts correspondants auxquels il est soumis. Ces efforts augmentent naturellement avec le diamètre des cylindres, et il est facile de voir, qu'étant donnée l'élévation de température qui a lieu à l'intérieur du corps de cylindre, il se produit une dilatation tandis que l'extérieur est refroidi par l'eau de circulation, de sorte que des efforts excessifs peuvent résulter de cette différence de température.

Si l'on considère que dans un moteur à deux temps pouvu d'un cylindre de 762 millimètres de diamètre par exemple, l'épaisseur du corps de cylindre doit être de 76 à 89 milli-

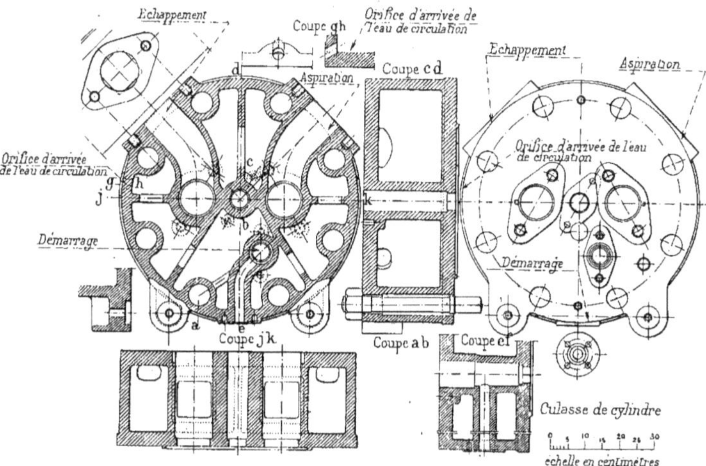

Fig. 164. — Détails de la culasse de cylindre d'un moteur système Hick, Hargreaves.

mètres, il n'est pas difficile de comprendre qu'il peut en résulter des ennuis, et c'est là une des causes qui contribuent à rendre plus difficile l'étude du mode de construction des moteurs Diesel de très grande puissance. Cependant, la question soulevée par le développement régulier d'efforts alternatifs mise à part, la haute température à laquelle est continuellement exposé le métal des cylindres rend possible l'intervention du phénomène connu sous le nom de gonflement de la fonte qui est un élément bien connu de difficultés dans d'autres circonstances, notamment en ce qui concerne la turbine à vapeur.

Dans un moteur à deux temps, la variation de température est deux fois plus rapide que dans un moteur à quatre temps et, de fait, ce dernier type donne comparativement lieu à peu d'ennuis en ce qui concerne les fissures dans les corps ou dans les culasses de cylindres, ce qui n'est pas le cas des moteurs à deux temps. Les remarques suivantes s'appliquent, par conséquent, plus particulièrement au type de moteur Diesel à deux temps.

Quel que soit le mode de construction adopté, il est impossible d'éviter le développement d'efforts très considérables dans les culasses et dans les corps de cylindres des moteurs à deux temps et l'ingénieur chargé de l'étude ne peut, par conséquent, que s'attacher à diminuer ces efforts autant que possible par un examen attentif de toutes les causes qui peuvent leur donner naissance.

Même dès le début des premiers essais effectués par le D' Diesel sur ses premiers moteurs, il apparut comme évident que la forme de la chambre de combustion avait une influence importante sur le degré de confiance que l'on pouvait avoir dans le moteur Diesel. Les essais ultérieurs ont encore plus clairement démontré qu'il est essentiel que la chambre de combustion soit autant que possible entourée de surfaces planes et qu'il faut en écarter toutes poches, et toutes saillies. De plus, la valeur du rapport de la surface de refroidissement qui entoure la chambre de combustion au volume total de la chambre doit être aussi élevée que possible, afin que l'effet du refroidissement soit énergique. Ce point de vue a été négligé dans plusieurs études de moteurs qui faisaient espérer d'autre part de bons résultats.

Les efforts développés dans la culasse de cylindre sont surtout énergiques dans le voisinage du maximum de la combustion et, par conséquent, il est bon de placer les soupapes qu'il est nécessaire de monter sur la culasse, aussi loin que possible du point où se produit ce maximum de combustion. Les points où l'épaisseur de la pièce de fonte qui forme le corps de cylindre est le plus faible sont naturellement ceux où elle a été percée pour recevoir les diverses soupapes. Par conséquent, il est évident qu'il faut placer ces soupapes aussi loin que possible les unes des autres et qu'il faut surtout limiter leur nombre au strict minimum ; ceci fait naturellement ressortir la grande supériorité d'un moteur dans lequel on a supprimé un certain nombre des soupapes ordinaires et on peut classer dans cette catégorie le moteur à deux temps dans lequel on remplace les soupapes de balayage par des lumières. L'expérience a déjà démontré que si l'on adopte ce mode de construction, la culasse et le corps de cylindre sont beaucoup moins exposés à se fissurer que dans un moteur muni de soupapes de balayage. Cette question est discutée plus loin. En plus des efforts dus aux pressions qui se développent dans le cylindre moteur et à la température, il s'en produit ordinairement d'autres pendant que l'on coule les cylindres, mais l'emploi des méthodes modernes en fonderie permet d'assigner à ces derniers efforts une limite raisonnable.

Il est impossible de calculer théoriquement l'épaisseur d'un corps de cylindre nécessaire pour la construction d'un moteur Diesel à cause du fait que l'effort principal (qui est dû à la température et non à la pression comme on l'a dit ci-dessus) ne peut être déterminé avec précision. Si le corps est trop épais, les efforts, dus à la température qui augmentent avec l'épaisseur du cylindre au delà d'une certaine limite, peuvent subir un accroissement de nature à contre-balancer réellement la diminution de l'effort dû à la pression, de telle sorte que l'effort résultant est rendu plus considérable par l'augmentation de l'épaisseur. Cette remarque ne s'applique pas aux moteurs relativement faibles, mais il n'est pas difficile de voir ce qui peut se passer dans ce cas par comparaison avec les moteurs de grande puissance. En fait, il semble que lorsqu'on arrive aux moteurs devant développer 1.500 chevaux par cylindre et plus, il soit opportun d'adopter un mode de construction totalement différent en ce qui concerne le corps de cylindre ; on aura dans ce cas un cylindre relativement mince (25 millimètres par exemple) de manière à permettre une transmission rapide de la chaleur de l'intérieur à l'extérieur des parois. A l'extérieur de la première enveloppe on emmanche une autre chemise à nervures qui absorbe les efforts dus à la pression. Un dispositif de ce genre a été proposé à l'auteur par M. Thunholm et paraît présenter un grand avenir bien qu'il existe divers moyens de mettre en pratique le même principe.

Pistons. — Étant données la compression élevée qui est réalisée dans un cylindre de moteur Diesel, et la nécessité évidente de prévenir d'une manière absolue les fuites et les chutes de pression qui en résultent, on doit exécuter les segments de pistons avec un soin particulier. Chaque piston comporte ordinairement de cinq à sept de ces segments, généralement de fonte ; le meilleur mode de construction est peut être celui que l'on adopte pour toutes les bagues qui ont pour rôle de maintenir une bonne étanchéité malgré une pression élevée. Avec l'ancien système de forgeage au marteau, il est difficile d'obtenir des segments totalement exempts d'une certaine excentricité qui peut naturellement donner lieu à une usure inégale des parois du cylindre. Le mode de fabrication auquel nous faisons allusion consiste à fixer le segment une fois sectionné (et dépourvu alors d'élasticité) dans une matrice que l'on fait tourner lentement en frappant sur sa face interne avec un marteau léger en forme de biseau. On fait varier automatiquement l'intensité des coups qui est maximum du côté de l'anneau éloigné de la saignée et minimum dans le voisinage de cette saignée. La largeur de la frappe du marteau est un peu moindre que la hauteur du segment. Après cette opération on constate que le segment, parfaitement circulaire, possède une élasticité suffisante pour le but à remplir et donne d'excellents résultats en service.

Le piston constitue dans le moteur Diesel un organe dont l'agencement et la construction exigent une attention spéciale, surtout à cause des températures élevées qui se développent dans le cylindre et des pressions excessives qui en résultent. Ordinairement le piston présente une forme légèrement conique à partir du sommet et on le fait naturellement toujours en fonte.

On laisse subsister un jeu important dans la région qui correspond à la pénétration de l'axe du tourillon où il est nécessaire de donner au métal une épaisseur supplémentaire, afin que la dilatation ne le fasse pas frotter sur les parois du cylindre. L'axe du tourillon est monté très serré, claveté et souvent muni d'une vis de serrage ; un trou de graissage central permet le passage de l'huile qui provient des parois du cylindre. L'axe du tourillon doit être placé aussi bas que possible, de manière à l'éloigner de la zone où la température est maximum. On réalise le graissage du piston en faisant arriver l'huile par des graisseurs à débit visible, ou par tout autre moyen, à travers des canaux de connexion qui traversent normalement l'enveloppe du cylindre. Pour de petits cylindres (ayant au maximum 381 millimètres de diamètre) deux canaux de graissage sont suffisants mais il en faut quatre pour les diamètres supérieurs et même six ou huit pour les grands cylindres. Pour les moteurs de marine il est indispensable que chaque paire de canaux soit alimentée par des pompes à plongeur distinctes, de telle sorte qu'aucune avarie ne puisse interrompre complètement l'arrivée de l'huile de graissage dans un cylindre.

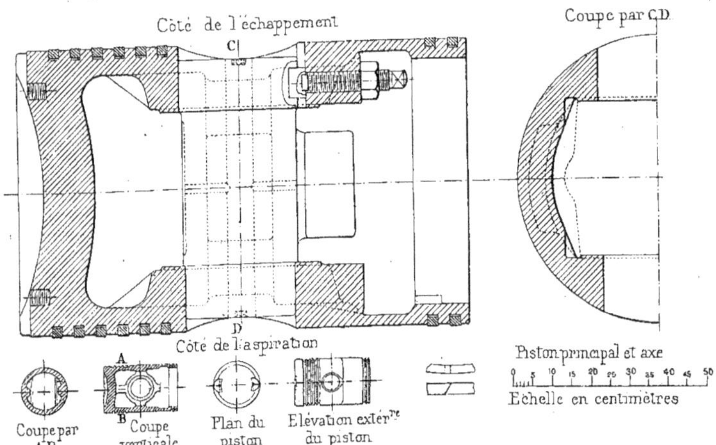

Fig. 165. — Détails d'un piston de moteur Diesel, système Hick-Hargreaves.

En règle générale, on peut admettre que l'épaisseur du corps d'un cylindre d'un moteur Diesel à quatre temps varie entre 8,5 et 10 0/0 du diamètre du cylindre, tandis que pour un moteur à deux temps l'épaisseur est comprise entre 10 et 12,5 0/0 du diamètre. Le chiffre exact dépend, dans une large mesure, de l'expérience acquise par chaque constructeur en ce qui concerne l'établissement de ces organes et la valeur maximum de l'effort auquel il pense opportun de résister. Jusqu'à présent, dans les moteurs à deux temps très puissants, qui ont été employés pour les besoins de la navigation, on a généralement donné aux parois des cylindres une épaisseur plutôt supérieure à celle qui était nécessaire et on a souvent adopté pour la valeur du rapport entre cette épaisseur et le diamètre du cylindre la valeur maximum donnée plus haut c'est-à-dire 12,5 0/0. Dans les moteurs à quatre temps, il est de règle de faire croître l'épaisseur en même temps que le diamètre (c'est-à-dire le rapport de l'épaisseur de la paroi au diamètre du cylindre), mais cette variation n'est pas très sensible étant donnée l'expérience acquise quant à la construction du moteur à quatre temps dans les dernières années.

On a constaté, qu'afin de diminuer les efforts résultant de la transmission de la chaleur il est très désirable que, dans tout moteur, la chaleur puisse être rapidement transmise à des organes très éloignés de la machine. On peut signaler que les culasses de cylindres du type ordinaire sont ordinairement très mal étudiées à ce point de vue, et l'un des avantages du mode de construction adopté par MM. Krupp pour les grands moteurs de marine à deux temps ainsi que par la firme Werkspoor pour les moteurs à quatre temps, réside dans ce fait que la culasse ne forme qu'une seule pièce avec le corps de cylindre. Il est évident que ce dispositif entraîne des inconvénients, car si un organe arrive à se fissurer il faut remplacer à la fois la culasse et le corps de cylindre; la valeur relative de ces deux dispositifs est sans doute une question de préférence personnelle.

Il est inutile de dire que les orifices que l'on pratique dans le corps de cylindre pour le montage des soupapes sont aussi nuisibles que ceux que l'on perce dans le même but à travers la culasse de cylindre; c'est une des particularités défavorables que présentent les moteurs, tels que ceux du type Junkers, dont les soupapes de combustible sont montées directement sur le corps de cylindre. C'est là aussi un argument contre la soupape d'injection de combustible horizontale que l'on a adoptée dans un ou deux modèles de moteurs.

Dimensions des cylindres. — Le constructeur dispose d'une grande latitude dans le calcul des dimensions des cylindres d'un moteur Diesel. En supposant le cas d'un moteur Diesel à quatre temps ordinaire, on applique pour le calcul du nombre de chevaux indiqués la formule suivante :

$$\text{Puissance en chevaux indiqués} = \frac{\frac{\pi}{4} D^2 \times L \times N \times p \times n}{60 \times 75}$$

dans laquelle

D = diamètre des pistons en centimètres ;
L = course du piston en mètres ;
N = nombre de tours par minute ;
p = la pression moyenne en kilogrammes par centimètre carré (ordonnée moyenne) ;
n = nombre de cylindres.

Pour les moteurs à deux temps à simple effet on a :

$$\text{Puissance en chevaux indiqués} = \frac{\frac{\pi}{4} D^2 \times L \times N \times p \times n}{60 \times 75} \times 2$$

Les variables dont dépend la puissance développée par le moteur sont par conséquent le diamètre du cylindre, la longueur de la course, le nombre de tours par minute, l'ordonnée moyenne et le nombre des cylindres. Parmi ces variables, le nombre des cylindres et le nombre de tours par minute sont ordinairement déterminés à l'avance d'après diverses considérations et la valeur de l'ordonnée moyenne qui est admissible pour un moteur Diesel est une quantité qui est actuellement complètement définie pour les divers types de moteurs. Le tableau suivant donne les valeurs ordinairement adoptées.

TABLEAU DONNANT LA VALEUR DE L'ORDONNÉE MOYENNE EFFECTIVE
DANS LES MOTEURS DIESEL

TYPE DE MOTEUR	PRESSION EN KILOGRAMMES PAR CENTIMÈTRE CARRÉ
Moteur à quatre temps à marche lente	6,679 — 7,382
— — à grande vitesse	6,327 — 7,030
— à deux temps à marche lente	5,976 — 7,030
— — à grande vitesse	4,921 — 5,976

En ce qui concerne les moteurs marins, quelques constructeurs adoptent une valeur moindre étant donné le fonctionnement continu. Par exemple dans les moteurs à quatre temps du type Burmeister et Wain la pression moyenne effective admise est d'environ $6^{kg},327$ pour les moteurs marins et de $7^{kg},210 — 7^{kg},382$ pour les moteurs fixes. Le maximum admissible pour ce type de moteur est d'environ $8^{kg},436$ par centimètre carré.

Dans le moteur à quatre temps Werkspoor la pression moyenne effective est de $6^{kg},679$.

Quand les constructeurs auront acquis une plus grande expérience en ce qui concerne le moteur à deux temps, il est probable qu'on admettra comme base de l'étude une valeur de l'ordonnée moyenne légèrement supérieure, probablement en augmentant la pression de l'air de balayage ainsi que la quantité de combustible injecté. Naturellement une augmentation de la pression moyenne effective entraîne une augmentation de la quantité de chaleur dégagée et introduit des difficultés relatives aux efforts qu'ont à supporter les culasses et les chemises des cylindres.

Dans quelques moteurs récents à deux temps on a même obtenu des pressions de $8^{kg},436$ par centimètre carré, mais on ne peut pas dire que le résultat ait été entièrement satisfaisant, surtout pour les moteurs marins.

Une fois que l'on est fixé sur le nombre de tours du moteur par minute, la longueur de la course dépend naturellement de la vitesse de piston admissible pour le moteur. Bien que l'on construise quelquefois des moteurs pour lesquels les vitesses de piston ne sont pas comprises dans les limites qu'indique le tableau ci-dessous, on peut le considérer comme représentant d'une manière générale la meilleure pratique, et l'on n'aurait de changements à y apporter que si cela était nécessaire pour satisfaire à des conditions spéciales. On doit remarquer que bien que la vitesse ordinairement adoptée pour le moteur fixe à quatre temps soit de 230 à 245 mètres par minute, cette vitesse peut atteindre jusqu'à 305 mètres par minute, le maximum correspondant à la vitesse adoptée pour les moteurs à très grande vitesse employés pour la propulsion des sous-marins.

TABLEAU DONNANT LES VITESSES DE PISTON DES MOTEURS DIESEL

GENRE DE MOTEUR	CLASSE DE MOTEUR D'APRÈS L'EMPLOI	VITESSE DU PISTON EN MÈTRES PAR SECONDE
Moteur à quatre temps à marche lente..............	Fixe	3,75 à 4
— — à grande vitesse.............	»	4 à 4,50
— — à marche lente..............	Marine	3,25 à 4
— — à grande vitesse.............	»	4,25 à 5
— à deux temps à marche lente................	Fixe ou marin	3,50 à 4
— — à grande vitesse.............	»	4,25 à 5

Il est probable que pour les grands moteurs à quatre cylindres construits jusqu'ici, c'est-à-dire pour des moteurs de 350 chevaux par cylindre et au-dessus, des vitesses de piston plus élevées eussent été admissibles mais 275 à 290 mètres peuvent être considérés comme une limite maximum absolue conforme aux idées actuelles des constructeurs à ce point de vue.

Pour toute puissance en chevaux indiqués que l'on désire réaliser, toutes les variables peuvent ainsi être déterminées d'après les tableaux, sauf le diamètre que l'on peut calculer. Evidemment la longueur de la course sera calculée d'après la vitesse du piston au moyen de l'équation :

$$L = \frac{N}{S}$$

dans laquelle S représente la vitesse du piston en mètres par minute.

Cependant on donne ordinairement la force d'un moteur en chevaux mesurés au frein et non en chevaux indiqués car ce dernier renseignement soulève la question du rendement mécanique du moteur. En un mot on a :

$$P = e \times P'.$$

P = puissance en chevaux mesurés au frein ;
P' = puissance en chevaux indiqués;
e = rendement mécanique du moteur.

Le tableau suivant indique la valeur des rendements que l'on obtient ordinairement avec des moteurs Diesel de construction courante appartenant aux divers types

RENDEMENTS MÉCANIQUES DES MOTEURS DIESEL

TYPE DE MOTEUR	RENDEMENT
A marche lente à quatre temps....................	75-79
A grande vitesse —	69-72
A marche lente à deux temps....................	69-73
A grande vitesse —	65-70

La question du rendement est susceptible de donner lieu à bien des erreurs. Tandis que pour un moteur de type donné, construit suivant la pratique ordinaire, le rendement peut ne pas varier de plus de 0,5 0/0, on constatera au contraire dans quelques cas des différences atteignant jusqu'à 10 0/0 pour certains moteurs à quatre temps à marche lente. Ces variations sont principalement dues au mode de commande des appareils auxiliaires. Les chiffres donnés ci-dessus s'appliquent à ce que l'on peut appeler le modèle ordinaire de moteur Diesel dans lequel le compresseur qui fournit l'air d'injection et la pompe de balayage (dans le cas du moteur à deux temps) sont actionnés directement par le moteur. Si au contraire le compresseur d'air est commandé séparément, comme, par exemple, dans le cas de quelques moteurs de marine système Krupp à deux temps, le rendement peut s'élever jusqu'à 0,78 au lieu de 0,70 comme dans le cas ordinaire. De même, dans les petits moteurs de marine à quatre temps système Burmeister et Wain, l'étage à haute pression est seul commandé directement par le moteur, tandis que les étages intermédiaires et à basse pression sont actionnés par un moteur séparé et le rendement du moteur atteint alors 0,84 à 0,85. D'autres questions viennent compliquer le résultat, comme par exemple le mode de commande employé pour les pompes auxiliaires de refroidissement et de graissage ainsi (dans le cas des moteurs de marine) le fonctionnement des pompes auxiliaires telles que les pompes de cale, etc. Quand on constate d'importantes variations de rendement, il faut de suite penser à ces causes, sinon on peut se faire une idée totalement erronée du rendement réel d'un moteur.

Si l'on fait entrer ces facteurs en ligne de compte et que l'on suppose une certaine valeur de la pression moyenne et un rendement mécanique voisin de ceux qui ont été indiqués ci-dessus, la puissance en chevaux, mesurée au frein P d'un moteur Diesel à deux temps à simple effet et à marche lente, peut être exprimée approximativement comme suit :

$$P = 0.00014 D^2 L N n.$$

En fait on peut employer cette formule comme très approchée pour les moteurs que l'on construit actuellement pour des vitesses comprises entre 90 et 150 tours par minute et pour des puissances égales ou supérieures à 500 chevaux. La vraie valeur du coefficient variera entre les limites données par les formules :

$$P = 0.000125 D^2 L N n$$

et

$$P = 0.000155 D^2 L N n.$$

Quand il s'agit de moteurs à quatre temps, la puissance en chevaux mesurée au frein est donnée d'une manière générale par la formule :

$$P = 0,00008 D^2 L N n$$

bien qu'ici encore il puisse se produire un certain écart.

Afin de constater si les résultats du calcul sont conformes à la pratique ordinaire, on peut contrôler de diverses manières les dimensions obtenues en employant les moyens indiqués ci-dessus.

Le rapport de la course à l'alésage dans les divers types de moteurs Diesel a une valeur nettement définie, bien que l'on constate des écarts assez marqués en considérant des moteurs construits par différentes firmes, suivant les particularités qu'offre le mode d'agencement de ces moteurs. En fait, la valeur réelle de ce rapport varie de 1 à un peu plus de 2, comme on le verra d'après le tableau ci-dessous qui donne les dimensions des divers moteurs.

Le dernier chiffre mentionné est cependant une exception, tandis que l'unité est la valeur adoptée pour ce rapport dans les moteurs à grande vitesse tels que ceux des sous-marins, et cela pour des raisons évidentes, notamment parce qu'il est nécessaire de maintenir la vitesse du piston en dessous d'une limite raisonnable.

Dans les moteurs à quatre temps à marche lente, du type fixe ordinaire, dont les organes sont établis d'après des modèles beaucoup plus stables que ceux des autres moteurs, on adopte habituellement 1,4 à 1,5 comme valeur du rapport de la course à l'alésage.

Dans le cas des moteurs à très grande vitesse, c'est-à-dire de ceux qui marchent à 350 tours par minute et au-dessus, le rapport considéré varie à peine de 1 à 1,1 suivant la vitesse et la puissance du moteur. Pour les moteurs à deux temps à marche lente, particulièrement pour ceux du type marin 1,4 à 1,5 est une valeur très fréquente, bien que de nombreux moteurs présentent un rapport de 1,8 à 1,9 et même plus.

Quoique cela ne constitue pas une ligne de démarcation absolue, on divise généralement les moteurs Diesel en deux classes désignées sous le nom de type à grande vitesse et de type à marche lente. Le tableau suivant donne les vitesses moyennes correspondant à chaque classe.

VITESSES DES DIVERS MOTEURS DIESEL EN NOMBRE DE TOURS PAR MINUTE

TYPE DE MOTEUR	FIXE OU MARIN	NOMBRE DE TOURS PAR MINUTE
A quatre temps à marche lente....................	Fixe	140-190
— à grande vitesse....................	»	200-400
— à marche lente....................	Marin	100-160
— à grande vitesse....................	»	300-500
A deux temps à marche lente....................	Fixe ou marin	90-150
— à grande vitesse....................	»	300-450

Le volume engendré par le piston d'un moteur Diesel, par cheval mesuré au frein et par minute, est une quantité absolument constante pour un type de moteur particulier et on peut se baser sur ce fait pour contrôler les valeurs obtenues pour la course et pour l'alésage d'un moteur, par l'emploi des formules précédentes. Le tableau ci-dessous donne une idée complète des divers volumes correspondant à chaque modèle de moteur, bien que les chiffres dépendent naturellement de plusieurs facteurs variables et surtout de la pression moyenne effective utilisée dans le moteur. On peut admettre que le moteur ordinaire se tiendra entre les limites données dans le tableau, à moins que l'on n'impose des conditions exceptionnelles.

VOLUME ENGENDRÉ PAR LE PISTON PAR CHEVAL INDIQUÉ AU FREIN DANS DIVERS MOTEURS

TYPE DE MOTEUR	VOLUME ENGENDRÉ PAR LE PISTON PAR CHEVAL INDIQUÉ AU FREIN en mètres cubes par minute
A quatre temps à marche lente..........	0,34 à 0,38
— à grande vitesse.........	0,30 à 0,38
A deux temps à marche lente............	0,17 à 0,20
— à grande vitesse..........	0,18 à 0,22

Comme on l'a dit plus haut (p. 12) l'espace nuisible dans un moteur Diesel ordinaire du type à quatre temps à marche lente est choisi de telle manière que son volume soit à peu près le cinquième du volume total engendré par le piston. Ce rapport peut naturellement varier, car il dépend de la pression maximum de compression qui se développe à l'intérieur du cylindre. De plus il faut rappeler ici ce fait qu'en général le piston a une forme concave, de sorte que la distance entre le sommet du piston et le fond du plateau de cylindre mesurée le long des parois est inférieure au cinquième de la valeur de la course. On peut calculer le volume de l'espace nuisible en se basant sur la loi de compresssion de l'air pendant la période de compression de la course.

Des formules ordinaires on peut tirer l'équation :

$$P_1 V_1^n = P_2 V_2^n$$

en se reportant à la figure 6, page 10, on voit que l'on a :

$$V_2 = \text{volume de l'espace nuisible} ;$$
$$V_1 = \text{volume de l'espace nuisible} + V_c.$$

V_c représentant le volume engendré par le piston.

$$P_1 = \text{la pression avant compression} ;$$
$$P_2 = \text{la pression après compression}.$$

On peut mettre l'équation ci-dessous sous la forme :

$$P_2 V_2^n = P_1 (V_2 + V_c)^n$$

ou

$$\left(\frac{V_2 + V_c}{V_2}\right)^n = \frac{P_2}{P_1}$$

ou

$$\log \frac{P_2}{P_1} = n \log \left(1 + \frac{V_c}{V_2}\right).$$

En général on a $n = 1,25$ à $1,3$ soit, en moyenne, $1,25$.

TABLEAU DES DIMENSIONS DE DIVERS TYPES DE MOTEURS DIESEL

CONSTRUCTEURS		TYPE	FORCE en CHEVAUX	NOMBRE de CYLINDRES	NOMBRE DE TOURS par minute	ALÉSAGE en MILLIMÈTRES	COURSE	VITESSE DU PISTON en mètres par seconde	RAPPORT DE LA COURSE à l'alésage
Sulzer……………	Fixe	4 temps, marche lente	50	1	190	340	510	3,2	1,5
Tosi……………	—	— —	450	4	180	450	670	4,02	1,48
Hick, Hargreaves…………	—	— —	300	3	175	460	660	3,85	1,44
— …………	—	— —	450	3	150	570	790	3,95	1,38
Sulzer……………	—	4 temps, grande vitesse	300	4	300	380	420	4,2	1,1
Krupp…………	—	— —	275	4	300	380	450	4,5	1,18
M. A. N…………	—	— —	18	1	250	215	340	2,84	1,58
Hick, Hargreaves…………	—	— —	200	3	250	408	482	4,0	1,18
Burmeister et Wain………	Marine	4 temps, marche lente	1.000	8	140	530	730	3,4	1,38
— — ………	—	— —	1.300	8	125	590	800	3,35	1,36
— — ………	—	— —	1.650	6	100	740	1.100	3,67	1,49
Werkspoor………	—	— —	1.100	6	125	560	1.000	4,17	1,78
— ………	—	— —	850	6	125	520	900	3,75	1,73
Krupp…………	—	4 temps, grande vitesse	300	4	400	330	330	4,4	1
A. B. Diesels Motorer……	—	— —	350	6	500	290	300	5,0	1,04
— ………	—	— —	450	6	400	350	350	4,67	1
M. A. N. Augsburg………	—	— —	850	6	450	400	400	6,0	1
Sulzer……………	—	2 temps, marche lente	4.000	6	132	750	1.000	4,4	1,33
Carels-Reiherstieg…………	—	— —	1.800	6	100	600	1.100	3,67	1,83
Carels-Tecklenborg………	—	— —	1.500	6	125	500	900	3,75	1,8
Sulzer……………	—	— —	850	4	150	470	680	3,65	1,45
Krupp…………	—	— —	1.150	6	130	440	800	3,8	1,83
— ………	—	— —	2.000	6	90	625	1.200	3,6	1,92
A. B. Diesels Motorer……	—	— —	800	4	165	450	540	2,98	1,20
Swan Hunter (Polar Type)…	—	— —	600	4	135	410	850	3,85	2,06
Weser Co. (Junkers Type)…	—	— —	850	3	120	400	400	4,6	1
Carels-Schneider…………	—	2 temps, grande vitesse	900	4	230	450	560	4,3	1,25
M. A. N…………	—	— —	900	8	450	300	340	5,4	1,13
D. A. G. (Berlin)…………	—	— —	480	6	425	190	280	3,95	1,38
Körting……………	—	— —	850	6	425	350	350	4,95	1
Krupp…………	—	— —	350	6	450	250	300	4,5	1,2
M. A. N…………	—	2 temps, double effet	1.000	3	125	470	650	2,7	1,2

Si l'on prend par exemple $\frac{500}{16}$ ou plus exactement $\frac{496}{16}$, c'est-à-dire 31, pour valeur du rapport $\frac{P_2}{P_1}$, on aura :

$$1,25 \log \left(1 + \frac{V_c}{V_2} \right) = \log 31$$

ou

$$\log \left(1 + \frac{V_c}{V_2} \right) = \frac{1,4914}{1,25} = 1,1933 = \log 16$$

ou

$$\frac{V_c}{V_2} = 16 - 1 = 15.$$

Arbres manivelles. — En faisant certaines restrictions relatives aux caractéristiques spéciales du moteur, on peut calculer le diamètre de l'arbre manivelle d'un moteur Diesel *ab initio* en employant les règles bien connues que l'on applique dans la pratique pour la machine à vapeur. Les calculs sont basés sur la considération du moment de torsion que l'on combine avec le moment de flexion de l'arbre manivelle qui est une poutre supportée par deux points fixes, à savoir les milieux des deux paliers adjacents.

Cependant la pression maximum exercée sur les pistons des moteurs Diesel est absolument constante et la distance qui sépare les paliers est en général une fonction définie du diamètre du cylindre et de la course du piston ; on peut donc obtenir une formule simple et précise donnant le diamètre de l'arbre manivelle en fonction du diamètre du cylindre et de la course du piston. Dans la formule indiquée ci-dessous, on a supposé que la distance qui sépare les milieux des deux paliers adjacents est approximativement égale à 1,3 fois la course du piston et à environ 2 fois le diamètre du cylindre. Cependant, même quand cette circonstance n'est pas réalisée, la formule reste exacte dans des limites très resserrées.

Soit :

D = le diamètre du cylindre en centimètres ;
L = la course du piston en centimètres ;
D = le diamètre de l'arbre manivelle,

on a :

$$d = K \sqrt[3]{D^2 L}$$

K étant une constante dont le tableau suivant donne les valeurs pour différents types de moteurs.

TABLEAU DES VALEURS DE K SERVANT A LA DÉTERMINATION DU DIAMÈTRE DE L'ARBRE MANIVELLE

NOMBRE DE CYLINDRES			VALEUR de la CONSTANTE K
MOTEUR A 4 TEMPS	MOTEUR A 2 TEMPS à simple effet	MOTEUR A 2 TEMPS à double effet	
6 ou moins	3	»	0,525
8	4	2	0,530
	6	3	0,539
	8	4	0,555

Dans un moteur Diesel, le diamètre de l'arbre manivelle varie de 0,55 à 0,65 D (diamètre du cylindre en centimètres) ; la première valeur qui correspond généralement aux moteurs fixes à quatre temps du type à marche lente atteint 0,58 pour les moteurs à quatre temps à grande vitesse, 0,6 pour les moteurs de marine à quatre temps et de 0,62 à 0,65 pour les moteurs de marine à deux temps, dans lesquels cependant, la marge de sécurité semble être quelque peu considérable.

Bien que le Lloyd n'ait pas publié de formules relatives aux moteurs de marine, le Lloyd allemand a donné les règles suivantes pour le calcul des arbres manivelles. Cependant on obtient pratiquement la même valeur dans chaque cas qu'en appliquant les formules données ci-dessus.

La règle est que le diamètre de l'arbre doit être calculé d'après la formule suivante :

$$d = \sqrt[3]{D^2 A}$$

Dans laquelle :

$d =$ le diamètre de l'arbre manivelle en centimètres ;
$D =$ le diamètre du cylindre en centimètres ;
$A =$ une constante déterminée d'après le tableau suivant ;
$H =$ la course du piston en centimètres ;
$L =$ la distance existant entre les milieux de deux paliers adjacents en centimètres.

NOMBRE DE CYLINDRES	VALEURS DE A
1, 2 et 3	0,09H + 0,0351 L
4	0,10H + 0,0351 L
5	0,11H + 0,0351 L
6	0,13H + 0,0351 L

Le tableau ci-dessus s'applique aux moteurs à deux temps à simple effet. Pour les moteurs à quatre temps, on doit diviser par 2 le nombre des cylindres du moteur quand on arrive aux constantes données ci-dessus. Pour les moteurs à deux temps à double effet, on doit multiplier par 2 le nombre des cylindres du moteur afin d'arriver à ces constantes.

En déterminant le diamètre de l'arbre manivelle d'après les règles mentionnées ci-dessus, l'effort maximum autorisé est d'environ 5^{kg},3 par millimètre carré.

Le diamètre du tourillon de manivelle est presque toujours égal à celui de l'arbre manivelle ; sa longueur, que l'on choisit aussi faible que possible, est généralement égale à environ 1,3 fois le diamètre de l'arbre manivelle et descend même souvent au-dessous de cette valeur. La longueur du tourillon de l'arbre doit également être maintenue dans des limites raisonnables et on n'admet pas pour la pression à la surface du tourillon de manivelle et sur le palier du tourillon de l'arbre manivelle, une valeur supérieure à 280 kilogrammes par centimètre carré, bien que ce chiffre se rencontre ordinairement dans la pratique des moteurs Diesel modernes.

Pour les moteurs dans lesquels la valeur de la compression dans le cylindre est inférieure à celle de la pratique ordinaire, par exemple dans le cas du moteur

Werkspoor, on autorise une diminution de la pression sur le tourillon de manivelle et on adopte pour son diamètre une valeur inférieure de 5 0/0 à celle que donne la formule ci-dessus. Cette pratique n'est cependant pas à recommander d'une manière générale en raison de l'incertitude régnant sur la valeur exacte des pressions que doit supporter l'arbre manivelle.

Les règles données ci-dessus pour le calcul du diamètre des arbres manivelles sont celles qui s'appliquent aux moteurs Diesel ordinaires dans lesquels le compresseur fournissant l'air d'injection et de démarrage est actionné directement par le moteur. Si ce compresseur est commandé par un moteur séparé, comme cela a lieu quelquefois dans le cas des grands moteurs de marine, on peut diminuer légèrement, c'est-à-dire d'environ 5 0/0, les chiffres obtenus pour le diamètre de l'arbre manivelle par l'emploi des formules précédentes.

Une fois que l'on connaît le diamètre de l'arbre manivelle, on peut étudier les manivelles d'après la règle ordinaire bien connue qui s'applique également dans le cas d'une machine à vapeur. Dans les moteurs marins, on observe, à propos du calcul du diamètre de l'arbre de couche, les mêmes rapports entre le diamètre de cet arbre et celui de l'arbre manivelle que ceux qui s'appliquent dans le cas des machines à vapeur, c'est-à-dire que le diamètre de l'arbre de couche est inférieur d'environ 5 0/0 à celui de l'arbre manivelle.

Dans la plupart des moteurs Diesel du type fixe ordinaire à quatre temps, avec pistons à fourreau, la longueur de la bielle motrice est à peu près 2 fois 1/2 celle de la course du piston, mais il est de règle de diminuer cette longueur quand le moteur est muni de têtes de crosses de pistons. Dans certains moteurs de marine à quatre temps, de grandes dimensions, la longueur de la bielle motrice est double de celle de la course, tandis que dans les moteurs de marine à deux temps, la bielle motrice a une longueur égale à 2 fois 1/2 celle de la course.

Pour les grands moteurs, particulièrement pour ceux qui sont destinés à la marine, il est préférable que les manivelles soient du type à manivelles rapportées et c'est une des raisons qui militent en faveur de l'emploi d'une course de piston très longue dans les moteurs de ce type.

DIMENSIONS DES ARBRES MANIVELLES (Toutes les cotes sont en millimètres.)

CONSTRUCTEURS	TYPES, de MOTEURS	FORCE en CHEVAUX	NOMBRE de CYLINDRES	DIAMÈTRE des CYLINDRES	COURSE	NOMBRE de TOURS par minute	DIAMÈTRE de L'ARBRE MOTEUR	DIAMÈTRE du BOUTON de manivelle	RAPPORT des DIAMÈTRES de l'arbre moteur et des cylindres
Krupp.......	4 temps, fixe	300	4	380	450	300	220	220	58
Werkspoor...	4 — —	600	4	500	640	215	270	280	54
Carels.......	4 — —	700	4	570	780	150	320	325	56
Werkspoor...	4 temps, marine	1.100	6	560	1.000	125	340	340	60
Schneider....	2 — —	900	4	450	560	230	260	260	58
Tecklenborg.	2 — —	1.500	6	540	920	120	330	330	64
Reiherstieg ..	2 — —	1.800	6	600	1.100	90-100	390	400	65

Compresseurs d'air. — D'après ce qui a été déjà dit à propos des difficultés que présente la détermination exacte des dimensions des cylindres d'un moteur Diesel, on comprendra facilement que les calculs relatifs aux compresseurs d'air sont encore plus sujets à des variations importantes. La quantité d'air exacte qu'exige l'injection n'a jamais été déterminée avec précision. De plus, comme elle varie avec les différents combustibles et que le compresseur doit également fournir l'air de démarrage, la plupart des constructeurs préfèrent conserver une marge importante dans l'établissement du compresseur.

Pour le moteur fixe à quatre temps à marche lente, la pratique est basée sur de nombreuses années d'expérience et l'on a pu ramener la marge à sa limite minimum, mais, même dans ce cas, pour toute étude qui s'écarte tant soit peu de la normale, on doit tolérer un excès raisonnable.

Pour les moteurs à quatre temps à grande vitesse, on n'a pas encore obtenu les mêmes données et les différences entre les divers modes de construction sont plus marquées. En ce qui concerne les moteurs à deux temps, il y a peu de doute que, dans la plupart des cas, la capacité de débit du compresseur n'excède considérablement les exigences réelles.

Évidemment, sur mer, il est particulièrement important de ne pas manquer d'air parce que non seulement on l'emploie pour d'autres usages que l'injection d'air et le démarrage, tels que la commande des servo-moteurs, du changement de marche, etc, et de certains appareils auxiliaires, mais que la consommation d'air pendant les manœuvres est parfois excessive. On peut parer jusqu'à un certain point à cet inconvénient grâce au compresseur auxiliaire actionné par un moteur indépendant qui, en pratique, est toujours installé dans le compartiment des moteurs et que l'on met en marche si la pression baisse dans le réservoir ou quand on doit manœuvrer pendant longtemps, comme, par exemple, lors d'un parcours en rivière ou dans un port. Il est hors de doute qu'il est préférable qu'un compresseur d'air soit calculé trop largement plutôt que de le voir à peine capable de suffire à son travail normal ; mais, cependant, le désir de parer à tout prix aux exigences de la sécurité a certainement été poussé trop loin dans quelques cas. Par exemple, il est probablement suffisant de calculer le compresseur d'un moteur de marine à deux temps sur la base d'un débit de 6 litres par minute et par cheval mesuré au frein du moteur principal, tandis que, dans quelques cas, on devra pouvoir atteindre un débit de 10 à 12 litres par minute et par cheval mesuré au frein.

Dans le cas d'un des types les plus usuels de compresseurs que l'on ait à construire, qui est le modèle vertical placé à une des extrémités du moteur et actionné directement par l'arbre manivelle, il n'est pas difficile d'augmenter le débit d'air si les essais en démontraient l'insuffisance. Ce résultat peut être obtenu principalement en remplaçant la bielle motrice par une bielle plus courte, de manière à augmenter la course du compresseur et en même temps le volume de l'air comprimé. Naturellement cette méthode qui consiste à corriger l'erreur après essai n'est pas à recommander et on ne devrait l'adopter en aucun cas lorsqu'il s'agit d'étudier un moteur absolument neuf.

Le tableau suivant fournit quelques données concernant les débits usuels des compresseurs destinés à divers types de moteurs, les volumes étant basés sur la quantité d'air qui pénètre dans l'étage à basse pression de la machine. On exprime ordinairement cette quantité d'air en fonction du rapport qui existe entre le volume engendré par le piston de l'étage à basse pression du compresseur et le volume engendré par les pistons des cylindres moteurs, c'est-à-dire par autant de pistons qu'il y a de cylindres.

TABLEAU DES DÉBITS DES COMPRESSEURS D'AIR

TYPE DE MOTEUR	CAPACITÉ DE DÉBIT du compresseur en litres par minute et par cheval mesuré au frein	RAPPORT EXISTANT ENTRE LE VOLUME des cylindres du compresseur et celui des cylindres moteurs
A quatre temps à marche lente.....	6 à 9	5,5 à 7
— — à grande vitesse....	8 à 10	8 à 9
A deux temps à marche lente.......	6 à 9	6 à 12
— — à grande vitesse......	9 à 12	10 à 14

Dans les compresseurs réversibles du type marine, quelques constructeurs autorisent un surcroît de capacité de débit de 10 à 12 0/0 en plus de celle des moteurs non réversibles, mais cette pratique n'est pas du tout générale.

Sous beaucoup de rapports il n'est pas avantageux de calculer un compresseur en tablant sur un excès de débit par rapport à la consommation exigée, parce que, dans ce cas, on doit laisser perdre une partie de l'air comprimé fourni par le premier étage ou bien munir l'aspiration d'une valve à papillon.

Ceci signifie que le rapport de compression dans l'étage à haute pression est trop élevé (il ne devrait pas dépasser 9 à 1) et que cet étage est trop surchargé. En un mot, l'on peut dire que les limites inférieures des chiffres indiqués par le tableau ci-dessus représentent la meilleure pratique.

Étude des compresseurs d'air. — Les compresseurs d'air pour moteurs Diesel sont étudiés de telle manière que l'étage à haute pression débite de l'air à une pression comprise entre 60 et 70 atmosphères. Il est évidemment impossible d'employer dans ce cas des compresseurs à simple effet, parce que la température de l'air après compression serait excessive. On utilise en général des appareils à deux étages pour les moteurs de petites dimensions, et, comme la diminution du nombre d'étages permet de réduire la complication, la compresssion à deux phases se recommande d'elle-même. On peut l'appliquer, semble-t-il, aux moteurs d'une puissance égale ou inférieure à 500 chevaux, mais, au-delà de ce chiffre, on choisit ordinairement un compresseur à trois étages. Cependant, quand on emploie certains systèmes de compresseurs, tels que l'appareil Reavell quadruplex, il convient d'adopter dans tous les cas un nombre d'étages supérieur à deux, de sorte que l'on a recours au mode de compression à trois étages, même pour un petit moteur, quand on le munit d'un compresseur du système Reavell quadruplex. Tous les types de compresseurs doivent comporter un appareil de refroidissement agissant pendant et après la compression, afin de maintenir l'air à une température modérée.

Dans le cas d'un compresseur à deux étages, on calcule, comme suit, la pression à chaque étage.

Désignons par :

P la pression finale (absolue) de l'air comprimé en kilogrammes par centimètre carré;
P_i la pression (absolue) de l'air à la sortie du premier étage de compression, en kilogrammes par centimètre carré.

$$P_i = \sqrt{P}$$

En désignant par P_a la pression en kilogrammes par centimètre carré de l'air sortant du second étage d'un compresseur à trois étages on a :

$$P_i = \sqrt[3]{P}$$
$$P_a = \sqrt[3]{P^2}.$$

Les tableaux donnés précédemment fournissent la capacité approximative du compresseur exprimée par le volume d'air que débite l'étage à basse pression. On connaît ainsi le volume engendré par le piston à basse pression du compresseur, ce qui permet de déterminer la course et l'alésage de ce dernier. Le rapport réel de la course à l'alésage dépend en grande partie des préférences personnelles de chaque constructeur, car la vitesse de piston admissible pour un compresseur comporte une grande marge. Pour la plupart des moteurs ordinaires à quatre temps, du type à marche lente, cette vitesse varie de $0^m,75$ à $1^m,20$ par seconde, c'est-à-dire de 45 à 72 mètres par minute. Dans les moteurs à grande vitesse, elle est souvent égale à 2 mètres ou $2^m,50$ par seconde, c'est-à-dire à 120 ou 150 mètres par minute. Ces derniers chiffres peuvent être atteints avec les grands moteurs à deux temps pour lesquels on choisit une course de longueur raisonnable pour plus de commodité, bien que la vitesse de rotation soit faible.

Si l'on considère le cas d'un compresseur à deux étages, on peut obtenir comme suit le diamètre des deux cylindres.

Soient :

V, le volume du cylindre à basse pression fourni par le tableau ci-dessus;
D, le diamètre du cylindre à basse pression;
D_i, le diamètre du cylindre à haute pression;
S, la course du piston compresseur;
P, P_a P_i, les pressions (absolues) respectives à l'entrée de l'étage à basse pression, à la sortie de l'étage à la basse pression, et à la sortie de l'étage à haute pression;
V_a, V_i, les volumes d'air respectifs à la sortie du premier et du second étage de compression;
V_a^i, le volume d'air après le refroidissement intermédiaire pendant le passage du premier au second étage.

On a :

(1) $V_a^i = \frac{\pi}{4} D_i^2 S$, non compris l'espace nuisible ni les pertes.

En se reportant à la figure 166, on voit que le compresseur a pour effet de comprimer l'air suivant l'équation $PV^n =$ constante, de l'état (P, V, T) à l'état (P_a, V_a, T_a) ; il refroidit ensuite le fluide jusqu'à l'état (P_a, V_a^1, T_a^1), puis le comprime jusqu'à l'état P_1, V_1, T_1.

On adopte pour n les valeurs suivantes :

Pour la détente adiabatique, $n = 1{,}41$
—   isothermique, $n = 1{,}00$
Dans la pratique générale, $n = 1{,}25$

On détermine d'abord V_a^1 de la manière suivante :

$$(2) \qquad PV^n = P_a V_a^n.$$

V est connu ; on a $P = 1$ et P_a peut être déterminé au moyen des formules données ci-dessus, dans lesquelles on peut prendre $n = 1{,}25$, d'où :

$$(3) \qquad V_a^n = \frac{PV^n}{P_a}$$

ce qui permet de déterminer la valeur de V_a. Après refroidissement du fluide comprimé à l'état (P_a, V_a, T_a), par son passage dans le réfrigérant intermédiaire, sa température devient T_a^1 et son volume est réduit à V_a^1.

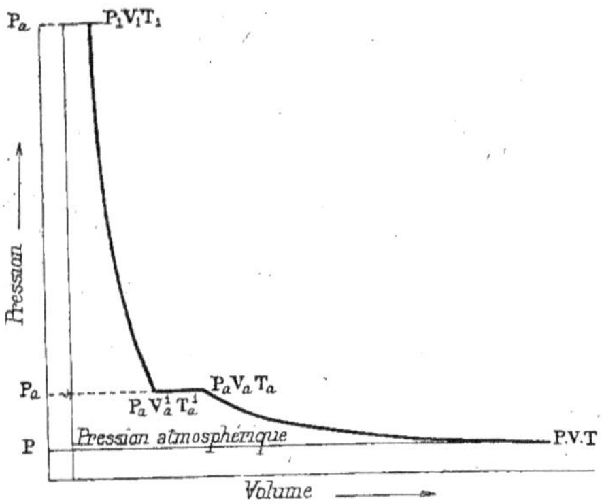

De l'équation (3), p. 3, on tire :

$$(4) \qquad \frac{T_a}{T} = P_a^{\frac{n-1}{n}}$$

puisque, dans ce cas γ est remplacé par n ou :

$$(5) \qquad T_a = P_a^{\frac{0{,}25}{1{,}25}} \times T = P_a^{\frac{1}{5}} \times T.$$

Fig. 166. — Courbes de compression dans un compresseur à deux étages.

T peut être évalué à 288° C, ce qui permet de calculer T_a.

On peut ensuite calculer V_a^1, puisque la pression P_a est constante pendant le refroidissement. On a :

$$(6) \qquad \frac{V_a^1}{V_a} = \frac{T_a^1}{T_a}.$$

La température T_a^1, de l'air après refroidissement, est d'environ $+ 32°$ C. Il s'agit évidemment de températures absolues et l'on a :

$$T_a^1 = 273° + 32° = 305°.$$

On tire donc V_a^1 de la relation :

$$(7) \qquad V_a^1 = \frac{V_a T_a^1}{T_a}.$$

De l'équation (1) ci-dessus, on tire :

$$(8) \qquad D_1^2 = \frac{4 V_a^1}{\pi S} \qquad \text{ou} \qquad D_1 = \sqrt{\frac{4 V_a^1}{\pi S}}.$$

On connaît donc ainsi le diamètre du piston de l'étage à haute pression du compresseur. Le diamètre du piston de l'étage à basse pression résulte de la relation :

$$(9) \qquad V = \frac{\pi}{4}(D^2 - D_1^2) \times S$$

d'où

$$(10) \qquad D = \sqrt{\frac{4 V}{\pi S} + D_1^2}.$$

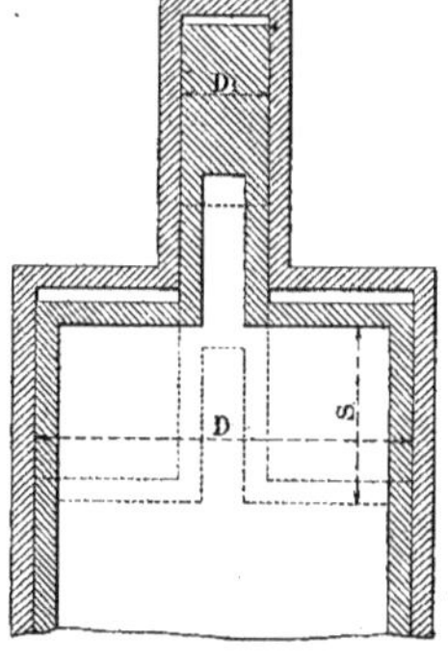

Fig. 167. — Représentation schématique d'un compresseur à deux étages.

On peut rendre ces calculs plus clairs en prenant pour exemple le cas d'un moteur à grande vitesse à quatre temps, à trois cylindres, capable de développer 275 chevaux mesurés au frein à la vitesse de 300 tours par minute; les trois cylindres ont 381 millimètres d'alésage avec une course de piston de 451 millimètres. On peut choisir pour ce moteur un compresseur capable de débiter 9 litres par cheval et par minute. Le compresseur est établi pour une pression absolue de 70 kilogrammes par centimètre carré, d'où l'on tire P_a, pression absolue à la sortie du premier étage de compression :

$$P_a = \sqrt{70} = 8^{kg},5 \text{ environ par centimètre carré.}$$

En prenant 120 mètres pour la vitesse du piston du compresseur par minute, la course S en centimètres s'obtient facilement car on a :

$$S = \frac{120 \times 100}{300 \times 2} = 20 \text{ centimètres.}$$

Le volume engendré par le piston du cylindre à basse pression est (en litres) :

$$V = \frac{9 \times 275}{300} = 8 \text{ litres } 250 = 8.250 \text{ centimètres cubes.}$$

On tire de l'équation (3) :

$$V_a^{1,25} = \frac{8.250^{1,25}}{8,5}$$

d'où

$$1,25 \log V_a = 1,25 \log 8.250 - \log 8,5$$
$$\log V_a = \frac{1,25 \times 3,916454 - 0,9294189}{1,25}$$
$$\log V_a = 3.172918$$
$$V_a = 1.489 \text{ centimètres cubes environ.}$$

De l'équation (5) on tire :

$$T_a = 8,5^{\frac{1}{5}} \times 288$$
$$\log T_a = 0,20 \log 8,5 + \log 288$$
$$\log T_a = 0,20 \times 0,9294189 + 2,45939249$$
$$T_a = 2,64527627$$
$$T_a = 441°.$$

L'équation (7) permet de calculer V_a.

$$V_a^1 = \frac{1.489 \times 305}{441} = 1.030 \text{ centimètres cubes.}$$

On tire de l'équation (8) le diamètre D_1 du cylindre à haute pression qui est :

$$D_1 = \sqrt{\frac{4}{\pi} \times \frac{1.030}{20}} = \sqrt{65} = 8 \text{ centimètres environ.}$$

Pour calculer le diamètre D du cylindre à basse pression, on emploie la formule (10).

$$D = \sqrt{\frac{4 \times 8.250}{\pi \times 20} + 8^2} = \sqrt{591} = 24 \text{ centimètres environ.}$$

Donc le compresseur aura une course de piston de 20 centimètres, le diamètre du cylindre à haute pression étant de 8 centimètres et celui du cylindre à basse pression étant de 24 centimètres.

Pompes de balayage. — La question du balayage dans les moteurs Diesel à deux temps a une grande influence sur leur mode de construction, influence qui deviendra de plus en plus marquée avec le développement des moteurs de grand modèle, particulièrement en ce qui concerne les moteurs de marine. Comme on l'a expliqué précédemment, le moteur muni de lumières de balayage présente d'énormes avantages au point de vue de la simplicité et permet de réduire au minimum les risques de fissures dans la culasse du cylindre ; cependant la construction des moteurs auxquels on applique ce mode de balayage n'est naturellement pas sans comporter des difficultés essentielles. Pour faire ressortir plus clairement ces inconvénients, on peut se reporter aux figures 168 et 169 qui représentent respectivement les diagrammes des cycles d'un moteur muni du balayage par soupapes et d'un moteur à balayage par lumières.

D'après le diagramme d'indicateur correspondant à la figure 168, l'injection de combustible commence en *c* et continue, à pression plus ou moins constante, jusqu'en *b*, on coupe alors l'alimentation et la détente a lieu le long de la ligne *b*, *a*, jusqu'à ce que les lumières d'échappement soient obturées par le piston dans sa course de retour. De *a* en *e*, la pression baisse rapidement, atteint approximativement la valeur de la pression atmosphérique en *e*, quand s'ouvre la soupape de balayage, placée dans la culasse de cylindre ; le cylindre est alors rempli d'air de balayage à l'aller

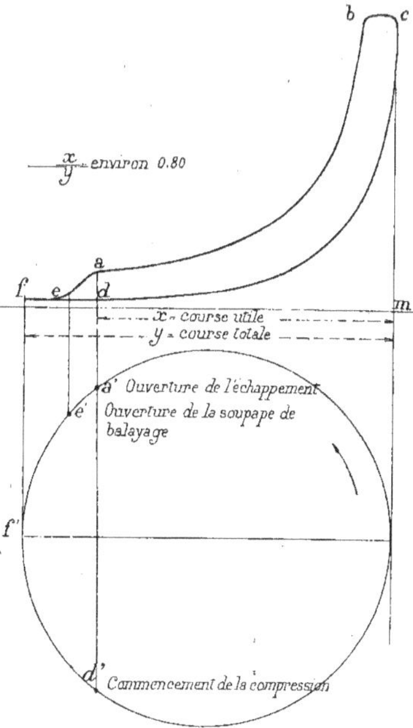

Fig. 168. — Diagramme d'indicateur relevé sur un moteur Diesel muni du balayage par soupapes.

le long de *e f*, puis, au retour, le long de *f e*, la soupape de balayage se fermant à peu près (ordinairement juste avant) quand les lumières d'échappement sont couvertes par le piston. La compression suit alors de *d* en *c*, et le cycle recommence.

On peut par conséquent voir, d'après ce diagramme, que ce que l'on peut appeler la course utile a lieu de *m* à *d*, soit *x*, tandis que la course totale est représentée par *m*, *f*, c'est-à-dire *y*. Dans les moteurs dont la puissance atteint de 500 à 400 chevaux par cylindre, ce rapport, quand on applique le balayage par soupapes, est d'environ 0, 8, bien qu'il décroisse dans les moteurs plus puissants.

Si nous passons maintenant à la figure 169 qui représente un moteur muni du balayage par lumières, le combustible est injecté en *c* comme auparavant, et la combustion a lieu le long de *c b* ; la détente a lieu ensuite le long de *b a* pendant la descente jusqu'en *a* ; le piston découvre alors les lumières d'échappement et permet à la pression des gaz d'échappement de s'abaisser jusqu'en *e*

quand l'air de balayage pénètre, à travers les lumières, dans l'autre moitié du cylindre qui est alors découverte par le piston. Dans le but d'éviter toute contre pression et tout retour en arrière subséquent des gaz d'échappement dans le conduit de balayage, il est nécessaire que la pression des gaz d'échappement puisse être diminuée, bien que l'on ait observé que les lumières de balayage peuvent s'ouvrir quand la pression existant dans le cylindre a une valeur d'environ 141 grammes par centimètre carré. De *e* en *f*, et pendant la course de retour de *f* en *e*, le cylindre se remplit d'air de balayage mais, pendant la course de retour, les lumières de balayage sont fermées une fois de plus en e, les lumières d'échappement restant ouvertes jusqu'en d, où la compression commence et a lieu comme ci-dessus le long de la ligne $d\,b$.

Dans ce cas, on voit que la longueur effective de la course est encore $m\,d$ ou x, et la course entière y, mais il est évident, d'après le diagramme, que la valeur du rapport de x à y doit être bien moindre qu'auparavant; en fait, même dans les moteurs de dimensions modérées, la valeur de ce rapport est comprise entre 0,70 et 0,72. Cette valeur diminue pour les moteurs plus puissants.

La moitié de la circonférence du fond de cylindre étant forcément occupée par les lumières d'admission d'air, et la seconde moitié seulement étant disponible pour les lumières d'échappement, il est évident que ces dernières doivent être beaucoup plus longues dans le moteur muni d'un balayage par lumières que dans celui qui possède le balayage par soupapes. Le fonctionnement du moteur à balayage par lumières que nous venons de décrire est celui d'un moteur muni d'une seule série de lumières, mais on peut facilement se rendre compte qu'il est avantageux de pouvoir pomper à l'intérieur du cylindre, après la fermeture des lumières d'échappement, une quantité plus considérable d'air de balayage. Cette dernière solution a été adoptée dans le moteur Sulzer et dans d'autres types de moteurs mais elle n'a pas d'influence sur la longueur des lumières d'échappement.

Le calcul des dimensions des lumières d'échappément et de balayage dans un moteur Diesel de ce type est trop compliqué pour être basé entièrement sur des considérations théoriques. Ces dimensions dépendent en effet de plusieurs facteurs que l'on ne peut calculer avec précision parce que, dans beaucoup de cas, ils dépendent les uns des autres. Avec une pression d'air de balayage de 211 à 352 grammes par centimètre carré au-dessus de la pression atmosphérique la vitesse ordinaire de l'air de balayage est voisine de 98 à 107 mètres par minute. La pompe de balayage d'un moteur muni du balayage par lumières doit être capable de débiter de 1,5 à 2 fois le volume du cylindre, avec une tolérance en excès d'environ 1,3 à 1,5 fois la quantité d'air de balayage qui pénètre dans le cylindre, par rapport au volume réel engendré par le déplacement du piston.

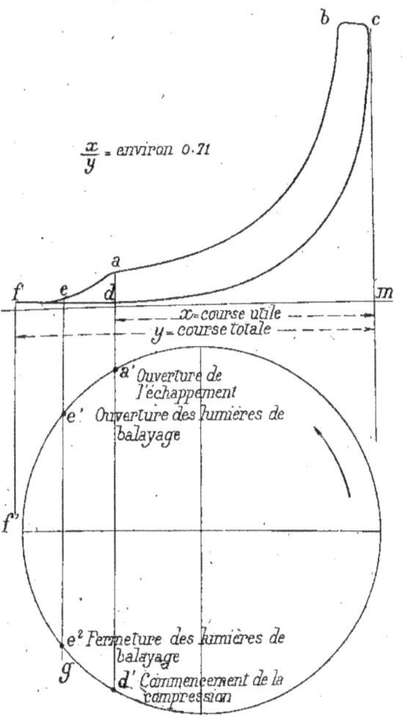

Fig. 169. — Diagramme d'indicateur relevé sur un moteur muni du balayage par lumières.

Il existe ordinairement de 7 à 8 lumières servant à la fois pour l'admission de l'air de balayage et pour l'expulsion des gaz d'échappement ; la largeur combinée de ces lumières est voisine de 0,45 à 0,55 fois la circonférence du cylindre et cette largeur est partagée en deux parties égales correspondant l'une aux lumières de balayage et l'autre aux lumières d'échappement. En d'autres termes la largeur totale de la lumière de balayage serait de 0,225 à 0,275 fois la circonférence du cylindre.

La hauteur de la lumière d'échappement dans le sens vertical, avec balayage par lumière unique, est comprise entre 2 et 2,2 fois la hauteur verticale de la lumière de balayage. Les formules suivantes qui donnent les dimensions des lumières d'échappement et de balayage sont considérées comme très précises bien qu'elles fournissent en général des résultats un peu faibles :

$$A = 0,0065\ S\ \sqrt[3]{D^2 n^2}$$
$$B = 0,0013\ S\ \sqrt[3]{D^2 n^2}$$

Dans ces formules :

$A =$ la longueur de la lumière d'admission en pouces anglais ;
$B =$ la longueur de la lumière d'échappement en pouces anglais ;
$D =$ le diamètre du cylindre en pouces anglais ;
$n =$ le nombre de tours par minute ;
$S =$ la course du piston en pouces anglais.

Ces formules ont été établies en supposant remplies les conditions mentionnées ci-dessus, mais on peut faire remarquer, en passant, que dans la plupart des moteurs à deux temps munis du balayage par lumières, dans lesquels les lumières de balayage et celles d'échappement ont la même largeur, les lumières d'échappement ont une longueur qui représente 22 à 30 0/0 de la course totale et les lumières de balayage ont une longueur qui correspond à environ 11 à 15 0/0 de cette course. Ces lumières peuvent d'ailleurs dépasser ces dimensions et, dans les grands moteurs, la longueur de la lumière d'échappement atteint 35 0/0 de la course totale.

On peut donner à peu près la même longueur aux lumières principales et aux lumières auxiliaires quand il existe des lumières auxiliaires pour l'admission de l'air de balayage après la fermeture des soupapes d'échappement dans des moteurs de dimensions modérées développant de 200 à 300 chevaux par cylindre. Mais, dans les moteurs très puissants, on peut trouver préférable de donner des dimensions relativement faibles aux lumières principales qui sont placées en dessous, tandis que les lumières auxiliaires sont beaucoup plus grandes. Les lumières sont en tout cas inclinées vers le haut de telle sorte que l'air de balayage ne puisse pas passer directement par dessus le sommet du piston pour se rendre aux lumières d'échappement.

Dans le but d'obtenir la même puissance avec un moteur à balayage par lumières ayant des cylindres de dimensions identiques à celles des cylindres d'un moteur à balayage par soupapes, il est essentiel de recourir à une pression moyenne plus élevée et, en pratique, c'est ce que l'on fait souvent dans certains moteurs construits sur ce principe. Par exemple, dans le moteur à deux temps Sulzer (type marine et type fixe) on fait ordinairement marcher le moteur à une pression moyenne effective égale ou légèrement supérieure à 7 ou 7,7 kilogrammes par centimètre carré et les diagrammes d'indicateurs que nous donnons dans la figure 8 mettent ce fait en évidence. Dans ce cas, avec un moteur à quatre cylindres, les pressions moyennes effectives constatées dans les divers cylindres varient de 7,6 à 7,9 kilogrammes par centimètre carré, la moyenne des quatre cylindres étant de 7,7 kilogrammes par centimètre carré, ce qui donne une puissance en chevaux mesurés au frein de 795 chevaux et une puissance en chevaux indiqués de 1.135 chevaux, ou un rendement d'environ 70 0/0, ce qui est normal pour un moteur à deux temps.

CHAPITRE IX

AVENIR DU MOTEUR DIESEL

Les applications qui se présentent comme possibles à l'avenir pour les moteurs Diesel et pour les moteurs de types semblables sont tellement étendues qu'il est nécessaire de modérer la tendance naturelle que l'on aurait à tomber dans l'exagération quand on touche à cette question. En ce qui concerne les applications à terre, l'imagination n'a plus où s'exercer, tellement le moteur a pris racine dans toutes les branches de l'industrie. Chaque année on a vu fonctionner des moteurs de plus en plus puissants, et, au moment où l'on a cru que l'on approchait de la limite de puissance du moteur à quatre temps, le moteur à deux temps s'est développé et a pu se répandre sur le marché ; il en résulte que l'on voit actuellement fonctionner des moteurs fixes à deux temps, dont la puissance atteint 2.500 chevaux, et qui commandent des dynamos. Les constructeurs sont prêts à accepter des commandes pour des puissances beaucoup plus considérables. L'avenir du moteur Diesel du modèle fixe destiné aux applications ordinaires ne donne plus lieu à aucune conjecture ; on ne pourra qu'enregistrer des progrès continus faisant suite aux succès déjà acquis.

Il existe cependant un ou deux cas, dans lesquels le moteur Diesel n'a pas pris jusqu'à présent un grand développement, et c'est dans ces ordres d'idées que l'on peut prévoir les progrès les plus intéressants dans le cours des années qui vont suivre. Les plus importantes de ces applications sont l'adoption des moteurs Diesel comme moteurs de traction en général, sur les locomotives, les automobiles, les autobus et les tramways.

On a déjà beaucoup travaillé la question de la construction d'une locomotive actionnée par des moteurs Diesel, et MM. Sulzer frères ont, en fait, réellement construit une locomotive de ce type. Toutes les difficultés pratiques une fois vaincues, il est évident que l'on pourrait réaliser une économie évaluée par les compagnies qui ont soigneusement étudié la question à environ 75 0/0 des frais d'exploitation actuels.

Bien qu'il soit téméraire d'affirmer que la réalisation d'une locomotive actionnée directement par un moteur Diesel soit impossible, il est infiniment probable qu'avant qu'on ait atteint une telle étape, si jamais on l'atteint, on adoptera d'abord d'autres solutions qui présenteront une différence moins radicale avec les méthodes actuelles d'emploi du moteur Diesel. Actuellement on serait injuste en disant que le moteur Diesel est un moteur trop délicat pour vaincre l'effort considérable auquel il serait

soumis en service, si on l'employait à actionner une locomotive, et que ce mode de
fonctionnement serait, à très peu près, le même que celui des moteurs ordinaires. Si
l'on fait exception de certaines autres considérations, telles que l'augmentation du
couple de démarrage et la possiblité de faire varier la vitesse de marche avec facilité et
économie, on est naturellement amené à la question de l'emploi de l'électricité comme
intermédiaire entre le moteur et les roues motrices de la locomotive, et c'est dans cet
ordre d'idées que l'on peut s'attendre aux progrès les plus immédiats. Avec ce dispositif on peut accoupler directement à une dynamo un moteur Diesel non réversible, dis-
tribuant son énergie à des moteurs actionnant les roues motrices; parmi les avantages

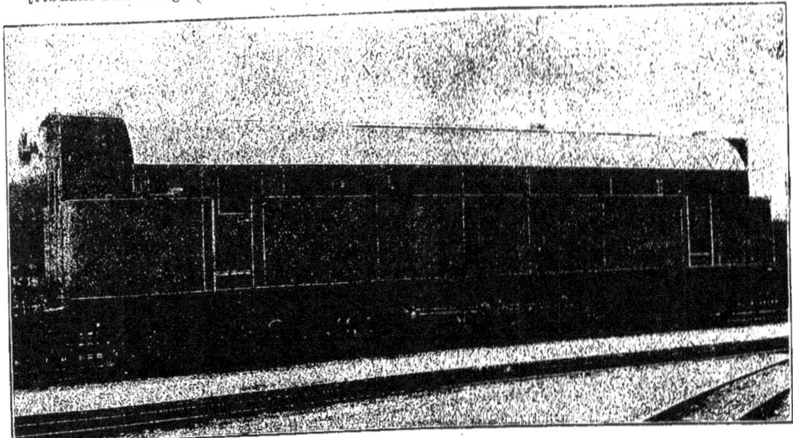

Fig. 170. — Locomotive Sulzer-Diesel construite pour les chemins de fer de l'Etat prussien.

à invoquer, on peut citer l'emploi d'un seul genre de moteurs de modèle type (dans la
construction desquels on a acquis une très grande expérience), une grande adhérence
et un bon couple de démarrage. On a déjà fait quelque chose dans cette voie avec
les moteurs à pétrole, et les locomotives pétroléo-électriques sont actuellement comparativement communes sur le continent où on les emploie pour le service des
embranchements : il est évident que si on réalise déjà une économie avec les moteurs
à pétrole, cette économie serait beaucoup plus grande avec les moteurs Diesel. Une
locomotive à vapeur turbo-électrique pour le service des grandes lignes a aussi été construite en Angleterre, de sorte que la question ne constitue pas un écart radical de la
pratique ordinaire. Cependant on a employé jusqu'à présent des génératrices et des
moteurs à courant continu, ce qui n'est pas une solution très satisfaisante, et il est
probable que la locomotive électrique Diesel, dont on peut beaucoup attendre dans
l'avenir, sera un type de locomotive dans lequel on emploiera des dynamos et des

moteurs à courants alternatifs, fonctionnant d'après un des nombreux systèmes qui ont été proposés.

Le problème soulevé par la construction d'une locomotive mue par un moteur Diesel est peut-être, plus compliqué qu'aucun des autres problèmes correspondant à l'emploi de ce moteur, et les difficultés rencontrées sont certainement plus ardues à surmonter que celles qui ont surgi à propos des applications du moteur Diesel à la navigation.

Bien qu'il ne s'agisse jusqu'à présent que d'un essai, on doit signaler qu'une puissante locomotive, mue par un moteur Diesel, a été construite par MM. Sulzer frères. Un moteur à simple effet à deux temps et à quatre cylindres accouplés par paires ayant leurs manivelles calées à 90° commande un arbre manivelle intermédiaire placé entre les deux arbres moteurs. Les manivelles des deux essieux moteurs sont calées à 180°, et il paraît que l'on obtient ainsi un bon équilibrage. Deux pompes de balayage, distinctes des cylindres moteurs, sont commandées par des leviers qu'actionnent les bielles motrices ; ces pompes verticales, placées entre les deux paires de cylindres, sont disposées en longueur.

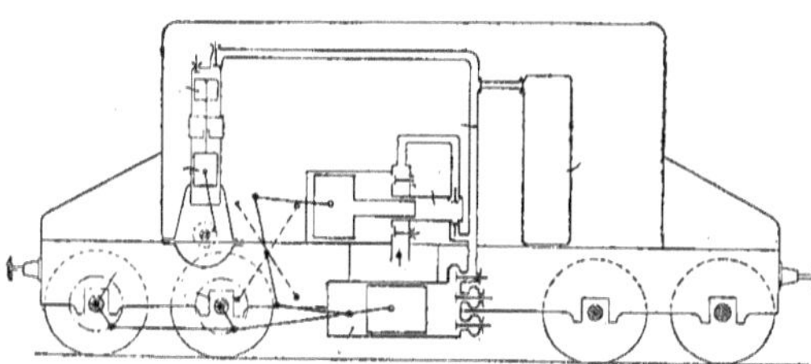

Fig. 171. — Diagramme de la locomotive Sulzer-Diesel.

Un compresseur d'air auxiliaire améliore le moment de démarrage et vient en aide au moteur pendant les à-coups. Ce compresseur à deux cylindres horizontaux est actionné par un moteur Diesel vertical à deux temps et à deux cylindres. Quand on a besoin d'un supplément de force, ce compresseur fournit de l'air comprimé aux cylindres qui admettent alors plus de combustible ; on obtient donc un supplément de puissance pendant un temps relativement court ; en temps ordinaire le compresseur auxiliaire ne fonctionne pas.

La provision d'air comprimé est très considérable, car de nombreux réservoirs à air sont disposés derrière le moteur ; il existe également un dispositif pour refroidir et pour faire circuler l'eau, de sorte que la consommation d'eau est infinitésimale si on la compare à celle d'une locomotive à vapeur. La puissance développée est d'environ 1.200 chevaux ; le poids total de la locomotive, y compris l'eau et le combustible, est de 85 tonnes. Une petite chaudière auxiliaire sert au chauffage du train.

Il ne s'écoulera pas non plus beaucoup de temps avant qu'on prête une très sérieuse attention à l'emploi des moteurs Diesel sur les véhicules routiers, tels que automobiles, autobus et tramways, et ici encore il est probable que l'électricité sera employée dans le même ordre d'idées que dans le premier cas précédent. Cependant le progrès final est difficile à prévoir, mais il est significatif de noter qu'une des maisons les plus importantes d'Allemagne s'occupe actuellement de perfectionner un petit moteur Diesel pouvant convenir pour la commande directe des automobiles.

En ce qui concerne le cas du moteur type marine, les applications possibles sont tellement nombreuses qu'il est facile d'être trop optimiste. Cependant on est en train de construire des moteurs à simple effet atteignant 6.000 chevaux, et il n'y a aucune raison de supposer que, lorsqu'on aura acquis l'expérience nécessaire, il soit douteux que l'on puisse construire des moteurs de puissances quelconques pour les plus grands cuirassés et pour les paquebots les plus rapides. Une expérience de quelques années est cependant nécessaire avant que cette révolution définitive puisse s'accomplir, mais on consacre beaucoup de temps et d'argent à cette question, et, de plus, les difficultés les plus essentielles paraissent avoir été vaincues ; on ne saurait donc douter du résultat final. L'adoption sur une grande échelle des moteurs à pétrole à bord des navires est probablement le progrès le plus révolutionnaire qu'on ait accompli dans l'histoire de la machine marine, progrès qui, par son importance et par ses effets, dépasse l'introduction de la turbine à vapeur ; il semble cependant que l'on n'en atteindra pas trop rapidement l'apogée, étant donné le nombre des conflits d'intérêts soulevés. La plupart des amirautés font preuve d'un louable esprit d'initiative en procédant sur une grande échelle à des essais dont le résultat ne serait pas désastreux, même en cas d'accident. On en a une preuve excellente dans le cas de l'Amirauté anglaise, qui équipe un croiseur à deux hélices dont un arbre est commandé par un moteur Diesel (de 6.000 chevaux) tandis que l'autre est actionné par une machine à vapeur comme à l'ordinaire ; sur un autre navire à double hélice, chaque arbre est commandé par une turbine à vapeur et par un moteur Diesel, réunis par un manchon d'accouplement, et le moteur commande l'arbre par l'intermédiaire de la turbine, qui ne fonctionne qu'en cas de marche à grande vitesse.

On a obtenu des résultats probants au bout de près de trois années de fonctionnement, avec le *Selandia*, navire de 10.000 tonnes, pourvu de moteurs développant environ 2.800 chevaux. Cette expérience confirme ce que nous avons dit plus haut quant aux avantages du moteur Diesel marin et aux économies qu'il permet de réaliser. La consommation totale de pétrole, y compris les machines auxiliaires, est d'environ 9 1/2 à 10 tonnes par jour en prenant la moyenne de toutes les traversées ; un vapeur de même tonnage aurait brûlé de 40 à 45 tonnes de charbon. Le graissage ne coûte pas sensiblement plus cher que pour un steamer et la main-d'œuvre est beaucoup moins dispendieuse. Pendant les huit premiers mois de navigation, le navire a parcouru plus de 40.000 milles sans que les moteurs aient exigé ni réparations, ni remplacements de pièces importantes autres que celui d'une chemise de cylindre qui s'était fendue par suite de l'obstruction d'un canal de circulation d'eau de refroidissement.

Le moteur à simple effet le plus puissant actuellement installé sur un navire est le moteur Reiherstieg de 2.000 chevaux indiqués représenté plus haut. On peut dire qu'en ce qui concerne les navires dont le tonnage atteint ou dépasse de très peu 10.000 tonnes, l'emploi du moteur Diesel comme moyen de propulsion est un fait accompli et que le succès a été de tous points complet. Les constructeurs de moteurs à simple effet à deux temps sont en mesure de réaliser des moteurs atteignant une puissance de 6.000 chevaux et ceux qui construisent des moteurs à quatre temps peuvent atteindre 2.000 chevaux, de sorte que l'on ne prévoit pas de difficultés pour équiper des navires de 18.000 chevaux de moteurs à simple effet ; ce chiffre sera dépassé dans un an ou deux. Incidemment on peut mentionner que les constructeurs ont actuellement en commande des moteurs fixes analogues à ceux du type marine atteignant 4.000 chevaux.

La possibilité d'appliquer le moteur Diesel à la propulsion des cuirassés a peut-être plus que tout autre facteur

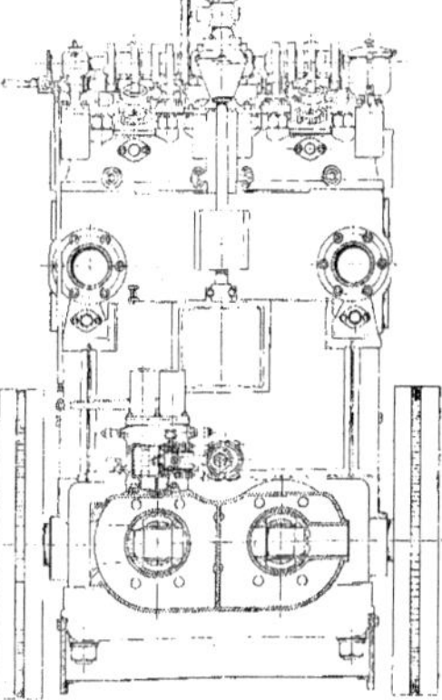

Fig. 173. — Appareil de mise en marche de la locomotive Sulzer-Diesel.

attiré l'attention du monde maritime sur le moteur à double effet à deux temps, en vue de la réalisation de moteurs de très grandes puissances. MM. Krupp ont construit récemment un moteur de ce type à six cylindres d'une puissance nominale de 12.000 chevaux, mais qui peut probablement en développer 15.000. Le cuirassé à mo-

leur devient ainsi d'un coup presque réalisable ; bien que la puissance de 45.000 chevaux qu'on peut atteindre avec le dispositif à trois hélices ne soit pas suffisante pour les croiseurs de bataille les plus modernes, il ne sera certainement pas très difficile de donner à ce genre de moteurs une puissance suffisante pour ces applications. Suivant toute probabilité on pourra prochainement construire des moteurs développant 4.000 chevaux par cylindre et on peut assigner à la puissance par cylindre la limite de 5.000 chevaux.

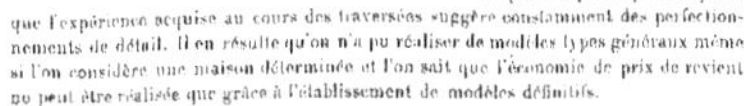

Le prix de revient comparativement élevé des moteurs Diesel par rapport à celui des machines à vapeur a été invoqué comme devant être un obstacle à leur adoption générale, bien qu'on ait démontré dans le chapitre VI combien était rapide l'amortissement de cet excédent de dépense grâce aux économies réalisées. On a affirmé à plusieurs reprises dans ce livre que les moteurs Diesel ne peuvent pas être construits économiquement dans de bonnes conditions ; cependant leur prix de revient diminuera graduellement et dans un petit nombre d'années il n'excédera plus celui d'une machine à vapeur. Actuellement, on peut rappeler que chaque moteur de grande puissance est construit d'après des plans spéciaux parce que l'expérience acquise au cours des traversées suggère constamment des perfectionnements de détail. Il en résulte qu'on n'a pu réaliser de modèles types généraux même si l'on considère une maison déterminée et l'on sait que l'économie de prix de revient ne peut être réalisée que grâce à l'établissement de modèles définitifs.

Cette situation se prolongera encore pendant un an ou deux, mais quant à présent on peut estimer à 200 francs par cheval le prix de revient des moteurs Diesel à deux temps à simple effet, prix qui ne dépasse guère celui d'une machine à vapeur.

L'avenir du moteur Diesel fixe ou marin est lié dans une très large mesure à la question du ravitaillement en pétrole. En ce qui concerne spécialement la Grande-Bretagne, cette question a été discutée dans sa préface par feu M. le Dr Diesel et l'Amirauté anglaise a nommé une commission royale chargée de procéder à une enquête à ce sujet. Il n'est pas douteux que les ressources en pétrole soient suffisantes pour faire face à tous les besoins pendant un certain temps, mais c'est au sujet du transport et du magasinage que l'on rencontre les principales difficultés. En ce qui concerne les navires marchands, la question n'a pas généralement une grande importance, car le genre de trafic qu'ils assurent est souvent tel qu'ils peuvent facilement embarquer du pétrole dans des ports relativement voisins des puits où le prix du combustible est bas. Pour la marine de guerre et pour les navires qui sont obligés de se ravitailler en Europe ou dans des ports éloignés des puits, la question est quelque peu différente. Si le prix de transport du pétrole reste tel que ce combustible soit assez cher pour qu'on ne réalise par rapport au charbon qu'une économie faible ou nulle, l'application du moteur Diesel subira dans ce cas un certain retard. Même si l'économie de combustible était nulle, il n'y aurait pas de sérieux retard parce que les autres avantages du moteur à pétrole sont suffisants pour justifier son emploi ; on peut cependant prévoir que les difficultés relatives au transport et au magasinage ne tarderont pas à être surmontées ; le manque de bateaux-citernes aura bientôt une fin et les facilités de magasinage augmenteront. M. le Dr Diesel avait signalé la possibilité d'extraire du combustible liquide directement de la houille, éventualité qu'on n'a pas envisagée sur une grande échelle en Angleterre, mais il est certain que cette question recevra dans un avenir prochain l'attention qu'elle mérite sans aucun doute.

APPENDICE

RÈGLEMENT DU LLOYD POUR LES MOTEURS A COMBUSTION INTERNE
INSTALLÉS A BORD DES NAVIRES. — PREMIER BREVET DIESEL

Le Lloyd, office d'enregistrement des navires britanniques et étrangers, a formulé les règles suivantes, pour régir l'application des moteurs à combustion interne à la propulsion des navires. Ces règles ne sont cependant pas applicables dans tous les cas aux moteurs Diesel ni aux autres moteurs semblables fonctionnant avec des pressions initiales élevées, et des règlements spéciaux ont été publiés pour ces moteurs.

Règlement du Lloyd pour la surveillance des moteurs à combustion interne appliqués à la navigation.

GÉNÉRALITÉS

Section I. — A bord des navires actionnés par des moteurs à combustion interne, les règlements relatifs aux machines seront les mêmes que ceux qui s'appliquent aux machines à vapeur, en ce qui concerne les essais auxquels doivent être soumis les matériaux employés dans leur construction et la disposition des prises d'eau à la mer, tuyaux de décharge, lignes d'arbres, tubes d'étambot et propulseurs.

CONSTRUCTION

Section II. — 1° Les points suivants doivent être observés en ce qui concerne l'étude des moteurs:

2° Les paliers de l'arbre de couche, les coussinets de bielles motrices, la distribution, les soupapes d'admission et d'échappement doivent être facilement accessibles ;

3° L'appareil de changement de marche et d'embroyage doivent être solidement construits et facilement accessibles pour permettre leur visite et leur réglage ;

4° Les moteurs d'une puissance supérieure à 60 chevaux non réversibles, et manœuvrés au moyen d'un embrayage, doivent être munis d'un régulateur ou de tout autre dispositif convenable, afin d'empêcher le moteur de s'emballer quand on débraie ;

5° Tout organe exigeant un graissage continu doit être muni de moyens de graissage efficaces (de préférence à gouttes visibles) ;

6° Si les moteurs sont du type cuirassé (à carter fermé), ils doivent être établis de telle manière que l'huile de graissage qu'ils contiennent puisse être recueillie; une auge en métal ou garnie de métal doit être disposée de manière à éviter les fuites d'huile de graissage ou d'huile combustible qui pourraient saturer les boiseries;

7° Les carburateurs, si on emploie le pétrole, et les vaporisateurs, quand on emploie la paraffine, seront étudiés de telle sorte que le débit du fluide combustible soit coupé automatiquement quand on arrête le moteur.

Si le carburateur ou le vaporisateur comporte un trop-plein, on doit installer une auge recouverte d'une étoffe légère munie d'une tuyauterie d'écoulement pour empêcher le combustible de suinter dans les cales.

Des cloisons en forte toile métallique seront établies entre le carburateur (ou le vaporisateur) et les cylindres ou aux orifices d'admission d'air ;

8° Si l'allumage se fait électriquement, par magnéto, par bobine ou par accumulateur, tous les conducteurs électriques doivent être bien isolés et convenablement protégés contre les avaries d'ordre mécanique. Les conducteurs doivent être tenus éloignés des tuyauteries de pétrole et ne doivent être placés dans aucun endroit où ils pourraient être en contact avec l'huile.

Le commutateur doit être enfermé dans un carter ; les bobines donnant des étincelles ne doivent pas être placées dans un endroit où elles pourraient être exposées à être en contact avec des vapeurs explosibles ;

9° On devra éviter les étincelles de rupture à nu ;

10° Les lampes servant à l'allumage ou à la vaporisation, dans les moteurs à paraffine et à huile lourde, doivent être fixées par un support convenable, et la flamme sera enfermée quand on s'en servira ;

11° L'orifice d'aspiration d'eau de mer des pompes de circulation sera muni d'un robinet (ou d'une soupape) ménagé dans la tôle de bordé correspondant à l'angle extérieur de la cale et sera placé dans une position accessible ; la tuyauterie de la pompe de circulation sera munie d'une crépine convenable placée à l'intérieur du navire. L'orifice de décharge à la mer sera muni d'un robinet ou d'une soupape ménagé dans le bordé du navire et placé sous la ligne de charge du navire ou dans son voisinage ;

12° Le navire doit être muni d'une pompe de cale, actionnée par les moteurs principaux ou par une source d'énergie indépendante, qui doit aspirer dans toutes ses parties. Dans les navires non pontés, on supprime cette pompe de cale que l'on remplace par des pompes à main convenables ;

13° Les cylindres seront essayés à la presse hydraulique à une pression double de celle à laquelle ils doivent être soumis en service. Les chemises d'eau des cylindres seront essayées à une pression de 3kg,5 par centimètre carré ; les tuyaux d'échappement et le silencieux seront essayés à la pression de 7 kilogrammes par centimètre carré ;

14° Les tuyaux d'échappement et le silencieux doivent être refroidis par une circulation d'eau d'une manière efficace ou entourés d'une enveloppe calorifuge pour éviter toute avarie causée par la chaleur ; si le tuyau d'échappement débouche à l'extérieur près de la ligne d'eau, on doit prévoir des dispositifs pour éviter que l'eau revienne vers le moteur par siphonnage ;

15° Les moteurs doivent être essayés à pleine puissance ; le rapport doit mentionner la vitesse approximative du navire, le nombre de tours des moteurs à pleine puissance dans les deux sens de marche avant et arrière, et le nombre minimum de tours que peuvent donner les moteurs, et auquel on peut les maintenir pour manœuvrer.

RÈGLES SERVANT A DÉTERMINER LES DIMENSIONS DES ARBRES

SECTION III. — Si l'arbre manivelle, l'arbre intermédiaire et les autres arbres sont en acier doux, leurs diamètres ne devront pas être inférieurs à ceux qui sont donnés dans le tableau suivant.

MOTEURS A QUATRE TEMPS	MOTEURS A DEUX TEMPS	COUSSINET entre CHAQUE MANIVELLE	DEUX MANIVELLES entre LES COUSSINETS
Moteurs à 1, 2, 3, 4 cylindres	1 ou 2 cylindres	C = 0,34	C = 0,38
— 6 cylindres	3	C = 0,36	C = 0,40
— 8 —	4	C = 0,38	C = 0,425
— 12 —	6	C = 0,44	C = 0,49

Quand on emploie l'acier spécial, les dimensions devront être soumises pour examen.

1° Moteurs à pétrole ou à paraffine pour le service en eau douce :

$$\text{Diamètre de l'arbre manivelle en centimètres} = C \sqrt[3]{DS},$$
$$D = \text{le diamètre du cylindre en centimètres,}$$
$$S = \text{la course du piston en centimètres.}$$

Pour les navires de mer, ajouter 0,02 à C.

$$\text{Diamètre de l'arbre intermédiaire et de l'arbre porte-hélice} = C \sqrt[3]{DS\ (n3)},$$
$$D = \text{le diamètre du cylindre en centimètres,}$$
$$S = \text{la course du piston en centimètres,}$$
$$n = \text{le nombre des cylindres.}$$

	Navires naviguant en eau douce	Navires de mer
$C = 0,155$ pour les arbres intermédiaires		$C = 0,165$
$C = 0,170$ pour les arbres porte-hélice munis de garnitures continues		$C = 0,180$
$C = 0,180$ pour les arbres porte-hélice munis de garnitures séparées ou sans garnitures.		$C = 0,190$

Dans les moteurs à deux temps, on prend pour valeur de n le double du nombre des cylindres ;

2° Quand on emploie des collets de poussée ordinaires, le diamètre de l'arbre entre les collets doit être égal à $\frac{21}{20}$ au moins de celui de l'arbre intermédiaire ;

3° Quand il s'agit de moteurs Diesel ou d'autres moteurs dans lesquels on emploie des pressions initiales très élevées, on doit soumettre les dimensions pour examen spécial.

CITERNES A COMBUSTIBLE ET PRISES D'EAU A LA MER

SECTION IV. — 1° Les citernes à combustible isolées doivent être essayées avec toutes leurs tuyauteries sous une pression correspondant à une hauteur d'eau d'au moins 4m,574. Si on emploie des citernes d'alimentation sous pression, on doit les essayer sous une pression double de celle qu'elles doivent supporter en service et au minimum sous une hauteur d'eau de 4m,574. Si les citernes sont en tôles de fer ou d'acier, ces tôles doivent être galvanisées ;

2° Tous les orifices des citernes à pétrole doivent être munis de diaphragmes en toile métallique solides et facilement amovibles ;

3° Les citernes à paraffine ou à huiles lourdes non soumises à une pression doivent être munies de prises d'air débouchant au-dessus du pont.

Les réservoirs d'alimentation fonctionnant sous pression et les citernes contenant du pétrole doivent être munis de soupapes d'évacuation ou de décharge débouchant dans des tuyauteries aboutissant à l'air libre au-dessus du pont. Les extrémités supérieures de toutes les tuyauteries d'air doivent être orientées de haut en bas et les tuyaux ayant un diamètre supérieur à 25mm,4 doivent être munis à leurs extrémités de diaphragmes en toile métallique ;

4° Les citernes à combustible contenant soit du pétrole, soit de la paraffine ou de l'huile lourde ne doivent pas être munies de tubes manométriques en verre ;

5° Des tuyaux de remplissage traversent le pont pour permettre aux gaz chassés des citernes de s'échapper librement dans l'atmosphère ;

6° Le navire doit être pourvu de citernes à combustible isolées, munies de récipients à godets doublés en métal pour éviter toute fuite possible de pétrole dans les cales et pour empêcher le pétrole d'imprégner les boiseries. Des dispositifs spéciaux doivent être établis pour permettre de vider les réservoirs et d'assécher les tuyauteries.

Les réservoirs à pétrole doivent être munis de récipients à godets pourvus de tuyaux de drainage débouchant hors du bordé, ou bien on devra prévoir des auges recouvertes de toiles métalliques et pourvues de tuyaux de drainage ;

7° Toutes les tuyauteries servant à la circulation du combustible devront être en cuivre recuit et fabriquées sans soudure avec coudes flexibles. Les joints seront du modèle conique aboutés métal sur métal. On munira d'un robinet ou d'une soupape chacune des extrémités de la tuyauterie servant à amener le combustible depuis la citerne jusqu'au carburateur ou au vaporisateur. Les tuyauteries de combustible devront occuper des emplacements où elles seront protégées contre les avaries d'ordre mécanique et être visibles sur toute leur longueur ;

8° La chambre des machines et le compartiment dans lequel sont placées les citernes à combustible doivent être ventilés d'une manière efficace ;

9° On devra disposer d'un appareil extincteur d'incendie d'un modèle approuvé par l'administration.

VISITES PÉRIODIQUES

SECTION V. — 1° Les moteurs devront être visités tous les ans. Lors de ces visites on examinera les cylindres, les pistons, les bielles motrices, les arbres coudés et les autres arbres, les soupapes d'admission et d'échappement, la distribution, les embrayages, l'appareil de changement de marche, l'hélice, les prises d'eau à la mer et les pompes. On visitera l'allumage électrique et on essaiera les conducteurs électriques. Les citernes à combustible et tous les joints seront examinés et essayés à la pression que l'on exige d'eux à l'état neuf, si l'inspecteur chargé de la surveillance le juge utile. S'il est possible, les moteurs seront essayés dans les conditions de marche ;

2° L'arbre porte-hélice sera démonté périodiquement, mais pas plus souvent que tous les deux ans.

SPÉCIFICATION COMPLÈTE

ANNEXÉE A LA DEMANDE DE BREVET DÉPOSÉE PAR FEU M. LE Dr DIEESL

LE 27 AOUT 1892 (¹)

PROCÉDÉ POUR PRODUIRE DE LA FORCE MOTRICE EN FAISANT BRULER UN COMBUSTIBLE

Le mode de fonctionnement des moteurs connus jusqu'ici qui emploient directement la chaleur de combustion des combustibles dans le cylindre pour accomplir un travail, est caractérisé par le diagramme d'indicateur théorique représenté par la figure 1.

Un mélange d'air et de combustible comprimé suivant la courbe 1-2, s'allume au point (2) ; pendant la combustion qui en résulte, il se produit de 2 en 3 une augmentation subite de pression qui est accompagnée d'une élévation de température très considérable ; l'explosion et la combustion sont d'autant plus rapides que la course du piston est plus voisine de zéro pendant la combustion. Au point 3, la combustion prend fin. De 3 en 1, a lieu une détente avec production de travail moteur, pendant laquelle la pression et la température des gaz de combustion continuent à s'abaisser.

Dans tous les procédés de combustion connus jusqu'ici, la combustion est abandonnée à elle-même dès que l'allumage a eu lieu ; la pression et la température du mélange ne sont ni réglées ni contrôlées pendant la combustion, suivant que la masse d'air coupe à ce moment·

Dans tous les procédés de combustion existants, il résulte les inconvénients suivants du manque de proportion convenable entre la pression, la température et le volume.

1° La combustion produit toujours une température très élevée ; pour atteindre une température moyenne des gaz contenus dans le cylindre, qui permette de conserver l'étanchéité des organes ainsi que le bon fonctionnement du graissage et du moteur en général, il faut donc recourir à un refroidissement énergique des cylindres et des parois du foyer, ce qui donne lieu à une perte de chaleur importante ;

2° Les gaz de combustion sont insuffisamment refroidis par la détente, et ils sont

(¹) Publiée avec l'autorisation du Contrôleur du Bureau anglais des brevets.

évacués à une température très élevée, ce qui constitue une seconde cause de perte de chaleur importante.

D'ans ces moteurs où l'air pur est comprimé de 1 en 2 (voir *fig.* 1), le combustible subitement injecté dans le voisinage du point 2 est enflammé en même temps ; on constate donc de 2 en 3 une augmentation de pression combinée avec une élévation de température considérable.

Il se produit également une forte élévation de température dans les moteurs où la compression est amenée à un degré tel que le mélange s'enflamme spontanément sous l'influence de la température produite par la compression. Les points d'inflammation de la plupart des combustibles sont très bas (celui du pétrole, par exemple, varie de 70° à 100° C.) ; quand la compression a produit cette température, ce qui a lieu même pour les pressions faibles (pression inférieure à 5 atmosphères dans le cas du pétrole et pression d'environ 15 atmosphères dans le cas du gaz), l'allumage a lieu spontanément, et la combustion subséquente produit une élévation de température considérable avec augmentation de pression parallèle de 2 en 3 (voir *fig.* 1). La température maximum ou température de combustion atteinte pendant la combustion est tout à fait indépendante du point d'inflammation qui ne dépend que des propriétés physiques du combustible.

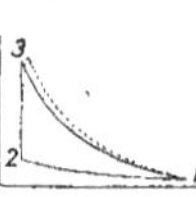

Fig. 1.

En pratique, l'explosion ou la combustion exige un temps matériel, car la droite 2-3 est non pas verticale, mais quelque peu inclinée, comme le montre le tracé en pointillé, avec un arrondi en 3.

Toutes ces méthodes conservent cependant les mêmes caractères, à savoir :

Élévation de la pression et de la température causée par la combustion pendant la combustion et production subséquente de travail par suite de la détente. Une fois l'allumage produit, la combustion est abandonnée à elle-même.

Le nouveau mode de combustion décrit ci-après diffère complètement de tous les autres procédés connus jusqu'ici ; il est représenté par le diagramme théorique donné figure 2. Dans ce procédé, un volume d'air atmosphérique pur est comprimé dans un cylindre suivant une courbe 1-2, à un degré tel que depuis le début et avant qu'aucune combustion ait lieu, cette compression produise la pression maximum du diagramme et en même temps la température maximum, c'est-à-dire la température à laquelle doit avoir lieu la combustion subséquente, c'est-à-dire la température de combustion (et non le point d'inflammation).

Si l'on désire par exemple que la combustion ait lieu à la température de 700° C., la pression devra être de 64 atmosphères ; pour 800° C., la pression devra être de 90 atmosphères et ainsi de suite.

Dans cette masse d'air comprimé, on introduit ensuite graduellement de l'extérieur une certaine quantité de combustible finement divisé, qui s'enflamme dès que la masse d'air est échauffée par la compression à une température supérieure à la température nécessaire pour l'inflammation ; en même temps que l'on introduit graduellement le combustible, il se produit une détente de la masse d'air ; cette détente est réglée de telle manière que l'abaissement de température qu'elle produit détruit à chaque instant la quantité de chaleur résultant de la combustion des particules de combustible introduites ; cette combustion n'a pour effet ni une élévation de température (mais une production de travail), ni une élévation de pression, car elle est la conséquence d'une détente simultanée avec un abaissement de pression.

La combustion a lieu suivant la courbe 2-3 (*fig.* 2) ; par conséquent elle n'est pas soudaine, mais elle a lieu pendant la fraction de la course du piston w, qui correspond à une période déterminée de l'admission de combustion ; cette période d'admission est déterminée réglée par un appareil de distribution ; il en résulte que la combustion qui suit l'allumage n'est pas abandonnée à elle-même, mais qu'elle est réglée pendant toute sa durée, de telle manière qu'il existe une relation déterminée à l'avance entre la pression, la température et le volume. L'appareil de distribution règle la durée de cette période d'admission, sur laquelle le régulateur influe aussi ; comme dans les machines à vapeur, cette période d'admission peut être égale ou supérieure à 10 0/0 et plus de la course du piston, mais, dans certains crs, elle peut être réduite à un pourcentage moindre par rapport à la course du piston.

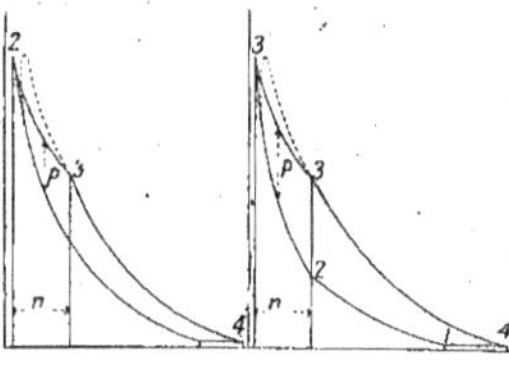

Fig. 2 et 3.

Si l'on permet à l'air de se détendre sans lui fournir du fluide combustible, on n'obtiendra que la courbe 2-1, c'est-à-dire que la détente ne produira aucun travail, mais restituera simplement au piston le travail de compression antérieur ; au contraire l'introduction graduelle d'une certaine quantité de combustible crée une différence de pression p, en un lieu quelconque situé entre les courbes 1-2 et 2-3, il en résulte que le travail dû à la détente surpasse le travail de compression et qu'il y a production d'effet utile.

Au point 3 du diagramme, l'admission de combustible cesse, la détente des gaz de combustion s'accomplit automatiquement en produisant un travail suivant la courbe 3-4. La pression au point 2, nécessaire à la production de la température maximum, étant très élevée, de même qu'au point 3, la détente produira de 3 en 4 un refroidissement si énergique du volume gazeux, qu'en sortant du moteur il n'entraînera que des quantités de chaleur insignifiantes.

L'angle 2 du diagramme n'aura donc pas en pratique une forme aiguë, mais présentera plutôt la forme arrondie que représente le tracé en pointillé ; par conséquent, au cours de la présente spécification, les termes tels que *combustion sans élévation de température*, et autres termes analogues ne doivent pas être pris au sens mathématique exact, afin de tenir compte de la pratique. Je désire seulement faire comprendre que, dans le nouveau procédé, la pression et la température maxima sont produites, non pas par combustion, mais par compression mécanique ; de même la combustion ne doit donner lieu en aucune manière, ni même à un degré insignifiant à aucune élévation de température et, qu'en tous cas, cette élévation de température doit être très faible en comparaison de celle que produit la compression.

Les caractéristiques de ce procédé restent toujours les suivantes :

Augmentation de la pression et de la température jusqu'aux environs de leur maximum non par combustion, mais antérieurement à la combustion, par compression mécanique d'un certain volume d'air pur, avec production subséquente de travail par une combustion graduelle correspondant à une fraction de la détente exactement déterminée, et caractérisée par la fixation précise de la période d'admission de combustible au moyen de l'appareil de distribution.

D'après ce qui a été dit plus haut, la combustion elle-même, par opposition à tous les modes de combustion connus jusqu'ici, ne doit produire aucune élévation de température, ou tout au moins seulement une élévation de température insignifiante; la température maximum est produite par la compression de l'air; elle est par conséquent réglable et peut être maintenue entre des limites modérées; comme de plus la détente subséquente refroidit très énergiquement la masse de gaz, il est évident qu'il n'est pas nécessaire de refroidir artificiellement les parois du cylindre et que l'on réalise, grâce au mode de combustion lui-même, une température moyenne des gaz contenus dans le cylindre nécessaire pour maintenir une étanchéité et un graissage satisfaisants des organes, et pour obtenir en général un bon fonctionnement du moteur, ce en quoi le mode de combustion en question diffère également de tous les procédés connus.

La figure 3 représente une modification ultérieure du procédé consistant en ce que la première période de la compression de l'air a lieu avec injection d'eau, ce qui engendre une courbe 1-2 plus aplatie; la seconde partie de la compression a ensuite lieu sans injection d'eau suivant la courbe plus accentuée 2-3, après quoi la combustion et la détente se produisent exactement de la même manière que dans la figure 2. Par ce moyen, je réalise des pressions maximum de compression beaucoup plus élevées que dans la figure 2, sans atteindre des températures trop élevées qui exigeraient un refroidissement du cylindre.

Étant donné l'accroissement de la chute de température, la détente subséquente de 3 en 4 cause un refroidissement plus accentué de la masse de gaz; au moment de leur évacuation, les gaz d'échappement sont à une température inférieure à celle de la figure 2, et entraînent par conséquent une moindre quantité de chaleur; cette modification du procédé donne par conséquent des résultats très avantageux.

Dans ce cas les gaz d'échappement peuvent être refroidis à une température inférieure à la température atmosphérique, et canalisés pour être utilisés dans des appareils réfrigérants. Comparé à tous les autres procédés employés jusqu'ici, le nouveau procédé donne lieu à une économie de combustible considérable, le travail produit restant le même.

Toute espèce de combustible à un état quelconque de cohésion convient pour l'utilisation de ce procédé.

Quand on emploie des liquides, des gaz ou des vapeurs, un jet de gaz ou de liquide à un état de division aussi parfait que possible est projeté sous pression dans la masse d'air comprimé pendant toute la durée de la période d'admission. Les combustibles

solides peuvent être introduits à l'état de poudre ou de poussière fine ; les combustibles
solides que la chaleur agglomère ou qui ne conviennent pas pour une raison quelconque, sont transformés en gaz avant d'être utilisés. Les combustibles liquides peuvent
être convertis au préalable en vapeur et introduits sous cette forme. Les matières
difficilement inflammables telles que l'anthracite ou
autres peuvent être mélangées à des substances facilement inflammables telles que le pétrole ou autres.

On peut employer ce mode de combustion dans
un cylindre à simple ou à *double effet* vertical ou
horizontal, muni d'un ou de plusieurs pistons attaquant le même arbre manivelle à volant avec une
ou plusieurs phases de compression et de détente.

Les figures 4 et 5 représentent un moteur avec
cylindre à simple effet C et piston plongeur P, dont
les organes sont construits en vue des hautes pressions. Le piston P est relié comme ordinairement à
l'arbre manivelle à volant *d* par le guide *a*, la bielle
motrice *b* et la manivelle *c*.

L'arbre manivelle à volant commande en *f*, au
moyen d'un train de roues dentées hyperbolique,
l'arbre vertical supérieur *g* qui supporte le régulateur et actionne l'arbre de distribution horizontal *h*.

Sur ce dernier sont fixées les cames *i* qui
ouvrent au moment propice la
soupape d'entrée d'air A (*fig*. 5)
et la soupape d'admis-
sion de combustible *k*.
Le mécanisme de com-
mande de cette der-
nière soupape est clai-
rement représenté dans
la figure 4 ; celui de la
soupape A est de cons-
truction identique.
Aussitôt que les cames *i*

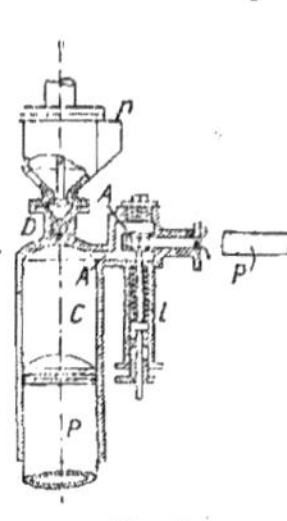

Fig. 4.

Fig. 5.

cessent d'agir, les deux soupapes sont ramenées et maintenues sur leurs sièges par les
ressorts 1.

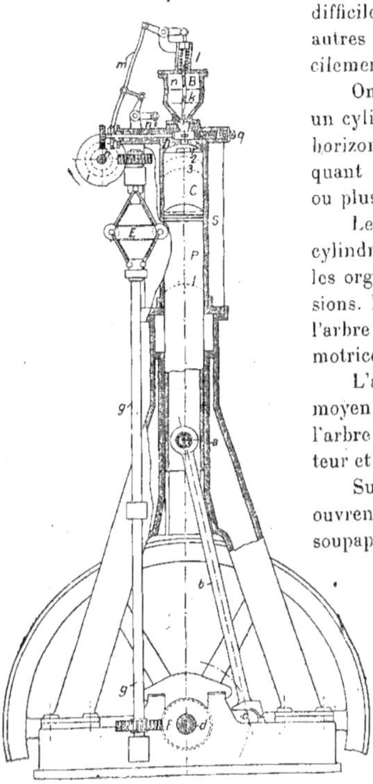

La succession des phénomènes qui ont lieu dans le cylindre C, d'après cette invention, est la suivante :

1° Course descendante ou de retour du piston P produite par la force vive accumulée dans le volant et provenant des courses motrices précédentes. L'air atmosphérique est aspiré à travers la soupape A ouverte à l'intérieur du cylindre C, la position

inférieure extrême du piston est représentée en pointillé dans la figure 4 et marquée 1.

2° Course ascendante ou d'aller du piston P, produite aussi par la force vive accumulée dans le volant, la soupape A étant maintenant fermée. L'air préalablement aspiré à l'intérieur du cylindre est comprimé à des pressions suffisamment élevées pour que la température à laquelle la combustion doit avoir lieu plus tard, c'est-à-dire une température voisine de la température maximum, soit produite par cette compression seule.

Cette pression de compression, déterminée par la température de combustion fixée à l'avance, est produite par le piston P qui, lorsqu'il occupe la position extrême 2 représentée en pointillée (*fig.* 4), doit avoir ramené par compression la masse d'air aspirée au volume correspondant à une pression fixée à l'avance.

On ne peut obtenir de telles pressions si le combustible est mélangé à l'air dès le début, comme on le fait dans les moteurs à gaz et à pétrole ; en effet, dans ce cas, l'allumage se produirait en des points intermédiaires de la course, correspondant à des températures trop basses, c'est-à-dire dès qu'on aurait atteint le point d'inflammation du combustible (température en général très basse) ; par conséquent il y aurait interruption de la compression par combustion que l'on recherche, de sorte que, dans ces cas, il serait impossible de réaliser le mode de combustion voulu.

3° Seconde course descendante de retour du piston P ou course de travail utile.

La trémie contient le combustible pulvérisé que l'on introduit par l'ouverture latérale *n* représentée dans la figure 5, cette trémie est fermée par le cylindre *c* au moyen d'un robinet D tournant sous l'action d'un arbre distributeur par l'intermédiaire d'un train de roues dentées à profil hyperbolique représenté sur la figure.

La figure 6 représente le robinet dans quatre positions à une échelle plus grande ; il est muni d'une rainure latérale *r* qui, lorsqu'elle occupe sa position supérieure *a*, est

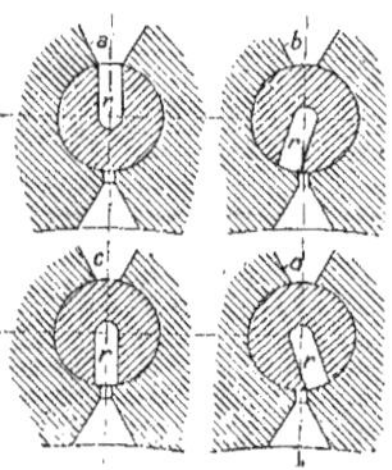

remplie de poussière de charbon provenant de la trémie B ; quand le robinet tourne, la rainure tourne également vers l'intérieur du cylindre (voir *b*) ; dans cette position, il y a équilibre de pression entre l'intérieur du cylindre et la rainure ; comme le combustible en poudre n'oppose aucun obstacle qui puisse empêcher le passage aux autres positions dont l'une est représentée en *c*, le robinet permet à la poussière de charbon de tomber à l'intérieur de la masse d'air comprimé ; étant donné la température élevée de cet air, le charbon prend feu et engendre de la chaleur qui, au moment même de sa production, est convertie en travail par un déplacement correspondant d'aller du piston.

Fig. 6.

La poudre introduite graduellement pendant un laps de temps déterminé se comporte de la même manière que le sable dans un sablier ; les dimensions de l'orifice d'admission déterminent la durée de l'introduction pendant une fraction de la période d'admission du combustible fixée à l'avance. La quantité de charbon admise est déterminée par les dimensions de la rainure pratiquée dans le robinet. Grâce à ces organes intérieurs combinés avec l'appareil de distribution extérieur, l'admission du combustible a lieu pendant la durée prescrite, et les dernières particules de charbon ne passent que quand le piston est parvenu à la fin de la période d'admission.

La combustion graduelle, telle que nous venons de la décrire, continue jusqu'à ce que le piston ait atteint la position 3 (tracé pointillé dans la figure 4). A ce moment la rainure du robinet est vidée et passe devant l'orifice servant à l'admission du combustible, qui est par conséquent suspendue.

L'air mélangé aux gaz de combustion continue à se détendre automatiquement en accomplissant un travail, parce que toute la masse gazeuse, étant donné la forte chute de pression, subit un refroidissement considérable, et cela seulement par suite de production du travail accompli sans refroidissement des parois du cylindre qui sont convenablement isolées par une chemise S (*fig.* 4).

4° Seconde course ascendante ou d'aller du piston P produite par la force vive du volant,

La masse de gaz est conduite, comme par un tuyau d'échappement, à travers la soupape A (ou à travers une soupape d'échappement distincte) dans une tuyauterie p (*fig.* 5), qui la dirige vers l'extérieur ; comme cette masse gazeuse a déjà été refroidie presque entièrement au préalable par la détente, elle n'entraîne que des quantités de chaleur insignifiantes sous forme de pertes. Les résidus de la combustion sont représentés par une très petite quantité de fine poussière, maintenue en suspension dans les gaz de combustion qui se déplacent rapidement en tourbillonnant, poussière qui est par conséquent simplement évacuée à l'extérieur.

Après cette seconde course d'aller, le cycle de phénomènes décrit ci-dessus se répète.

On fait démarrer le moteur en introduisant par l'orifice r (*fig.* 4) un certain volume d'air comprimé provenant d'un réservoir, au moyen d'une tuyauterie reliée en q. Le réservoir est maintenu plein d'air comprimé par le moteur pendant la marche. En q, on peut disposer un appareil spécial, grâce auquel on peut provoquer le démarrage du moteur en allumant une petite quantité de matière explosive.

La régulation du moteur s'opère au moyen du régulateur E, d'une construction quelconque connue, qui empêche le combustible de tomber de la trémie dans la rainure quand le moteur marche trop vite. La petite soupape à charbon k s'ouvre à chaque second tour au moyen de la came i et de la tige m, ce qui permet à une certaine quantité de charbon de tomber dans la rainure.

Quand le moteur tourne trop vite, la tige n reliée au manchon du régulateur déplace la tige m de manière que le galet fixé à son extrémité inférieure cesse d'être actionné par la came i ; la soupape k reste donc fermée, et il ne tombe de charbon ni dans le robinet, ni dans le cylindre, jusqu'à ce que la vitesse soit redevenue normale.

Le moteur décrit ci-dessus peut aussi être réalisé sous la forme d'un moteur horizontal ; dans ce cas, on ne change que la position des organes et non leur construction. On peut employer un piston plat à disque, au lieu d'un piston plongeur, le cylindre devient alors un cylindre à double effet.

Dans le mode de construction décrit, le moteur, comme la plupart des moteurs à gaz, n'a qu'une course motrice à chaque second tour de l'arbre du moteur. On peut accoupler sur le même arbre moteur à volant deux ou plusieurs cylindres à simple effet, ce qui rend plus uniforme le fonctionnement du moteur. La compression de l'air aussi bien que la détente des gaz de combustion peuvent avoir lieu en plusieurs phases, comme le montre à titre d'exemple la figure 7.

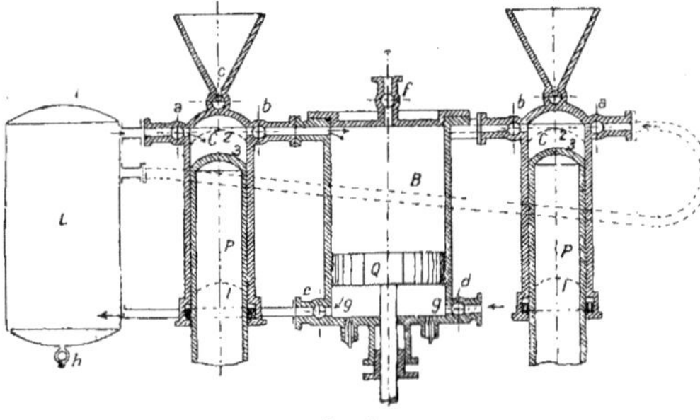

Fig. 7.

Dans cette figure 7 les soupapes ne sont représentées que schématiquement, le bâti la bielle motrice, le volant, etc., sont omis ; tous ces organes sont exactement les mêmes que ceux que représentent les figures 4 et 5. Dans la figure 7, il existe deux cylindres C avec des plongeurs P, c'est-à-dire deux cylindres de combustion dont le mode de construction, les appareils de distribution, etc., sont identiques à ceux du cylindre que représentent les figures 4 et 5. Ces deux cylindres sont reliés au moyen de soupapes commandées b aux deux côtés d'un grand cylindre central B ; les deux cylindres de combustion communiquent avec le réservoir à air L, par les deux soupapes a également commandées.

Les manivelles des deux cylindres C occupent la même position et forment avec la manivelle du cylindre central B un angle de 180°.

Le fonctionnement du moteur ainsi construit est le suivant : pendant sa course ascendante, le piston Q aspire de l'air dans l'atmosphère à travers la soupape d, pendant sa course descendante il comprime cet air à une certaine pression et force ensuite l'air à pénétrer dans le réservoir d'air L, en traversant la soupape g.

La partie inférieure du cylindre central sert donc seulement de pompe à air et effectue la compression préalable de l'air de combustion.

Cette compression préparatoire ne doit donc être poussée que jusqu'à un degré tel que l'échauffement de l'air qu'elle produit reste compris entre des limites modérées.

Des tuyères à eau disposées en gg servent à injecter une petite quantité d'eau pendant la compression préparatoire. Cette eau est ensuite évacuée en traversant le robinet h du réservoir d'air.

Le mode de combustion peut être employé avec ou sans injection d'eau. Les phénomènes qui se passent dans les cylindres C sont exactement les mêmes que ceux qu'on a décrits en se référant aux figures 4 et 5, sauf que, pendant sa course descendante ou de retour, le piston P emprunte l'air qu'il aspire non pas à l'atmosphère, mais à un réservoir L, dans lequel l'air est déjà sous pression. Lors de sa course ascendante, ou d'aller, le piston P effectue par conséquent la seconde phase de la compression et amène l'air à la pression voulue. Les positions extrêmes, inférieure et supérieure du piston, sont représentées en pointillé et marquées 1 et 2.

Le piston P se déplace maintenant de haut en bas et regagne la posiiion 3 ; pendant ce temps il y a introduction graduée du combustible, et combustion réglée, comme on l'a décrit ci-dessus. En 3, l'admission du combusttble cesse et l'air continue à se détendre ; quand le piston a atteint sa position inférieure extrême 1, la soupape *b* s'ouvre, le piston Q occupe à ce moment précis sa position extrême supérieure, grâce au calage des manivelles ; le piston P monte ensuite, le piston Q descend, et il se produit une détente ultérieure des gaz de combustion, jusqu'à ce qu'ils aient atteint le volume du cylindre B ; la soupape *b* se ferme, la soupape *f* s'ouvre, de sorte qu'à la course suivante, quand le piston Q remonte, les gaz de combustion complètement refroidis sont expulsés dans l'atmosphère à travers la soupape *f*, toute la chaleur qu'ils contenaient ayant été absorbée par le travail produit pendant la détente.

On a déjà mentionné que, dans les moteurs ainsi construits, les gaz d'échappement sont forcément expulsés à une température inférieure à celle de l'atmosphère, de sorte qu'ils peuvent servir dans des appareils réfrigérants.

Comme les cylindres C ne comportent qu'une seule période de combustion à chaque deuxième tour, j'obtiens, en ayant recours à deux de ces cylindres, une combustion, c'est-à-dire une course utile, à chaque tour, car la combustion est réglée de manière à se reproduire alternativement à droite et à gauche. On peut sans inconvénient se servir d'un seul cylindre de combustion au lieu de deux, ou en employer plus de deux ; dans ce dernier cas, la partie inférieure du cylindre B peut être utilisée comme cylindre de détente ; la pompe à air servant à la compression préalable pourrait ensuite être montée séparément et refouler l'air qui vient d'être comprimé dans le réservoir L.

Dans ce mode de construction, l'air du réservoir L sert directement pour le démarrage du moteur, et comme ce dernier peut être alimenté pendant quelques tours par le réservoir qui fournit de l'air à pleine pression, la combustion n'a lieu qu'après que le volant a atteint le moment moteur nécessaire.

Le genre d'appareil à employer pour l'introduction graduée du combustible dépend des propriétés particulières de ce combustible.

On emploiera, pour les substances solides en poudre, une tuyère à poudre, ou une petite pompe au lieu du robinet que nous avons décrit, pour les liquides une tuyère à giclage ou une petite pompe, pour les gaz une petite pompe ou tout autre appareil convenable, permettant d'introduire graduellement le combustible, dont la quantité doit être proportionnelle à une fraction déterminée de la course du piston.

Les figures 8 à 10 représentent un autre système de moteur dans lequel on emploie du combustible liquide ; en même temps l'appareil de distribution extérieur, et en particulier l'organe qui sert à l'introduction graduelle du combustible, est construit d'une manière différente.

Ce moteur comporte deux cylindres à simple effet complètement identiques, avec pistons plongeurs, dont les manivelles sont calées dans la même position sur un arbre à volant commun ; le bâti, le volant et l'appareil de distribution sont presque exactement les mêmes que les organes représentés dans les figures 4 et 5, et par conséquent nous ne les figurons pas ici.

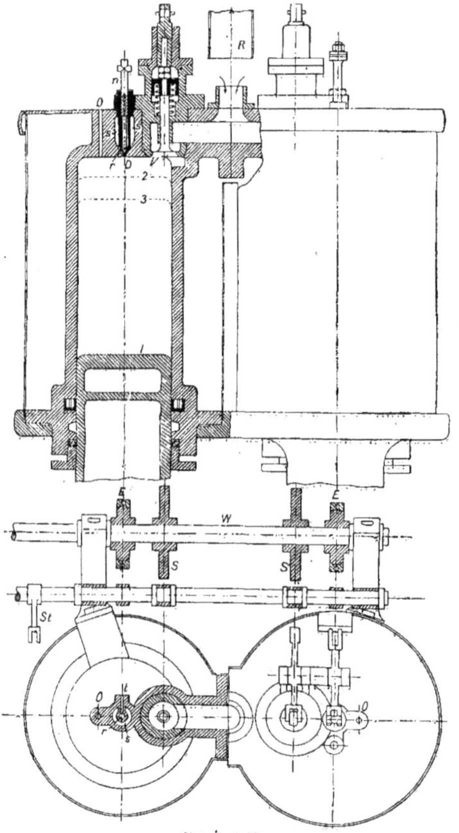

La combustion dans les cylindres a lieu alternativement, de sorte qu'à chaque tour correspond une course motrice.

La figure 8 représente un des cylindres en coupe verticale, et l'autre vu de face, avec son carter de protection. La figure 9 est une vue de face du cylindre avec l'appareil de distribution.

La figure 10 représente une vue en plan et une coupe des appareils de distribution.

La succession des phénomènes qui se passent dans chaque cylindre, par suite de l'application du mode de combustion, est la même que celle que nous avons décrite en nous référant aux figures 4 et 5, à savoir :

D'abord aspiration de l'air à travers la soupape V, puis compression lors d'une course ascendante jusqu'à ce que le piston ait atteint sa position extrême 2 représentée en pointillé ; introduction par la tuyère D et combustion du combustible liquide pendant une fraction déterminée à l'avance de l'admission 2-3 (*fig.* 8), et finalement détente et expulsion de la masse de gaz par la soupape V, comme par un tuyau d'échappement de départ dans une tuyauterie R.

Fig. 8 et 10.

Comme l'aspiration suit immédiatement l'expulsion, la soupape V reste d'abord ouverte pendant un tour entier, et demeure ensuite également fermée pendant un tour entier. La came S (*fig.* 8 et 10) règle la distribution de la manière la plus simple possible par l'intermédiaire d'un levier coudé, comme le montre le dessin.

La came S est calée sur l'arbre de distribution W commandé par l'arbre qui porte le volant de la même manière que dans les figures 4 et 5. La tuyère D est maintenue fermée par l'aiguille *n* et sert pour l'admission graduelle du combustible.

Au moyen d'une pompe d'alimentation (non figurée) munie d'une chambre à air, le combustible liquide est maintenu dans la chambre intérieure de la tuyère D à une pression supérieure à la pression maximum de l'air comprimé que renferme le cylindre.

Dans la figure 10, *t* représente la tuyauterie qui amène à la tuyère le combustible liquide venant de la pompe.

Au moment du maximum de compression, c'est-à-dire quand le piston occupe la position 2, la distribution ouvre l'aiguille *n*, ce qui permet à un mince filet de liquide de pénétrer par la très petite ouverture D, parce que la pression du liquide est supérieure à celle qui règne dans le cylindre. L'admission du combustible continue jusqu'à ce que le piston occupe la position 3; elle est alors coupée par l'appareil de distribution, et les gaz de combustion continuent à se détendre automatiquement.

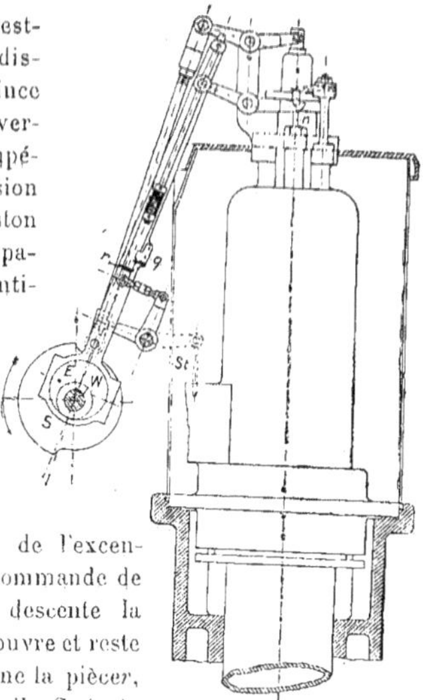

L'appareil que j'ai prévu pour le réglage du jet de combustible est exactement le même que celui qui sert à régler la période d'admission de la vapeur dans les machines à soupapes système Sulzer.

Le coulisseau en acier *q* monte et descend en décrivant une courbe en œuf sous l'action de l'excentrique E ; le bloc en acier *r* est relié à la tige de commande de l'aiguille *n* ; aussitôt que dans sa course de descente la pièce *q* vient buter contre la pièce *r*, l'aiguille s'ouvre et reste ouverte jusqu'à ce que la pièce en acier *q* abandonne la pièce *r*, qui se règle par le régulateur au moyen de la bielle S*t* (voir *fig.* 9) ; le régulateur règle donc en même temps dans les deux cylindres la durée de la période d'admission du combustible, et par conséquent la vitesse du moteur.

Fig. 9.

Dans les figures 8 et 10, la tuyère D est entourée d'un espace annulaire *s*, qui communique librement avec l'intérieur du cylindre.

Quand le piston descend parce que la pression décroît, l'air provenant de cet espace annulaire est refoulé à l'intérieur du cylindre; il sert par conséquent à diviser le jet de combustible et à produire un brassage qui répartit toute la chaleur produite par la combustion dans toute la masse d'air. L'existence de cet espace annulaire *s* n'a qu'une importance pratique et n'est pas essentielle pour l'application du procédé de combustion.

Il existe de plus en O, dans les figures 8 et 10, un orifice servant à introduire de l'air ou des gaz comprimés provenant de substances explosives pour faire démarrer le moteur. Quand on comprime du gaz ou de la vapeur au lieu de liquide, dans l'espace annulaire intérieur *r* de la tuyère D (*fig.* 8), on peut employer le même mode de construction.

Il n'est cependant pas nécessaire de représenter un moteur construit en vue de cette application. On doit spécialement remarquer que les résultats thermiques sont indépendants de la nature du gaz contenu dans le cylindre; il suffit que l'on fournisse la quantité d'air nécessaire à la combustion, le reste de la masse de gaz considérable qui n'agit que comme véhicule pour la chaleur, peut provenir d'une combustion précédente dont les gaz seront additionnés de gaz ou de vapeurs étrangers ou encore de vapeur d'eau sans que le résultat final soit changé en aucune façon. Il résulte de ce qui précède que les moteurs cuirassés peuvent être disposés de telle manière qu'à chaque course, ils n'aspirent que la petite quantité d'air nécessaire pour assurer la combustion ; le moteur renfermera en réalité toujours la même masse de gaz, sauf une légère perte.

Ayant décrit en particulier et certifié la nature de ladite invention, ainsi que la manière dont elle doit être réalisée, je déclare revendiquer ce qui suit :

1° Le moyen de faire fonctionner des moteurs à combustion en comprimant dans un cylindre au moyen d'un piston moteur, soit de l'air pur, soit un autre gaz ou une vapeur neutre mélangée à de l'air pur, à un degré tel que la température ainsi produite soit un peu plus élevée que le point de combustion ou d'inflammation du combustible employé (courbe 1-2 du diagramme dans la figure 2) ; le combustible est introduit graduellement au point mort 50, par suite du déplacement du cylindre qui accomplit sa course d'aller et de la détente de l'air ou du gaz comprimé qui en résulte; la combustion a lieu sans élévation notable de la température et de la pression (courbe 2-3 du diagramme de la figure 2); par suite, après que l'admission de combustible a été coupée, il se produit une détente de la masse de gaz contenue dans le cylindre moteur (courbe 3-4 du diagramme de la figure 2), le tout conforme en substance à notre description.

2° Le mode de réalisation du procédé dans la revendication précédente décrit avec compression multiple et détente, en munissant le cylindre de combustion, d'une part, d'une pompe de compression et d'un réservoir, d'autre part, d'un cylindre de détente, ou en accouplant plusieurs cylindres de combustion, soit les uns avec les autres, soit avec la pompe de compression ou avec le cylindre de détente, le tout conforme en substance à notre description.

TABLE DES FIGURES

TABLE DES FIGURES

TABLE DES CHAPITRES

TABLE DES MATIÈRES

CHAPITRE IV

INSTALLATION ET MARCHE DES MOTEURS DIESEL

CHAPITRE V

ESSAIS DES MOTEURS DIESEL

CHAPITRE VI

MOTEURS DIESEL TYPE MARINE

CHAPITRE VII

CONSTRUCTION DU MOTEUR DIESEL TYPE MARINE

CHAPITRE VIII

ÉTUDE DES PRINCIPAUX ORGANES DES MOTEURS DIESEL

CHAPITRE IX

AVENIR DU MOTEUR DIESEL

TOURS. — IMPRIMERIE DESLIS FRÈRES ET Cⁱᵉ.